I0411050

VLADIMIR CARRILLO ROZO

KARL MARX EN EL CINE
(EXTRACTO DE UNA HUELLA FILOSÓFICA)

Título: Karl Marx en el cine (extracto de una huella filosófica)
© 2016, Vladimir Carrillo Rozo
©De los textos: Vladimir Carrillo Rozo
info@kercentralmagazine.org
Publicado por Kercentral Magazine
(Revisión 2023)
ISBN-13: 978-1540654625
ISBN-10: 1540654621
Todos los derechos reservados

A Cheyenne, en la lejana y preciosa Santa Clara...

... todo en la vida es cine, y los sueños... cine son...
(Luis Eduardo Aute)

Índice

Agradecimientos

Este ensayo sobre la influencia de Karl Marx en el cine tiene tres orígenes y por lo tanto tres agradecimientos: En primer lugar, la invitación de Antonio Chazarra Montiel, exdiputado del PSOE en la Asamblea de Madrid, profesor de Filosofía y presidente de la Sección de Filosofía del Ateneo Científico, Literario y Artístico de Madrid, a participar en el ciclo anual de conferencias *Marx Hoy* (organizadas por la Fundación Progreso y Cultura); donde tuve el enorme placer de intervenir con una ponencia que comparte el título de este libro.

En segundo lugar, fue motivado por la invitación a participar en la elaboración de materiales destinados a formaciones superiores y divulgación científica y cultural, en el marco de las actividades desarrolladas por aquellas entidades con las que este autor tiene relación profesional.

Y, en tercer lugar, mi profundo agradecimiento a Jacques Schnieper Campos por su apoyo en tantos proyectos durante los últimos años, y por su tierna amistad. Jacques: Nos has dejado, no sospechamos qué pensamientos te acompañaron en los últimos instantes, pero sí sabemos qué vacío dejas en todos/as los que te conocimos. No te olvidaremos jamás... en los grandes y buenos ejemplos de profunda humanidad y *espíritu constructor* que *imprimiste* en nuestra memoria. Gracias... *Dibujaste* nuestras ilusiones, les diste color y forma. Esculpiste nuestros textos en forma de libros y revistas, llegados a tu *Taller* todavía en piedra bruta. Hasta siempre amigo querido. Qué difícil será todo esto sin ti...

Introducción

Realicé una parte de mis estudios superiores en la Cuba de los años 90, recuerdo los muy encendidos debates generados alrededor de la caída del Muro de Berlín y la Unión Soviética y los reflejos que tales discusiones estaban originando en la cultura. Una de las cosas que hice muchísimo durante el tiempo en que viví en aquella isla maravillosa del Caribe, en medio de todas esas expresiones de preocupación por el futuro de su proyecto como país, fue leer y ver cine... en varias ocasiones muy buen cine.

Grandes obras universales de la literatura, en todos los géneros, han sido publicadas y difundidas para la población general cubana, entre ellas verdaderos clásicos de la ciencia ficción. Una de las diferencias que me gustaban de aquellas ediciones era que, junto al texto original, se podía encontrar una pequeña reseña o crítica sobre la relación de la trama expuesta en la obra con las contradicciones e injusticias asociadas al capitalismo.

Gabriel García Márquez, Fidel Castro y Fernando Birri en la Escuela Internacional de Cine y TV

Y es que en Cuba se acostumbraba dar al lector o al espectador (la modesta televisión pública emitía una oferta generosa de películas) una contextualización de lo que había a su alcance, que podía tender a una lectura básica de la obra desde los contenidos ideológicos del socialismo. Y no olvidemos que en la isla está la prestigiosa Escuela Internacional de Cine y TV ideada por Gabriel García Márquez, el cineasta argentino Fernando Birri (padre del Nuevo Cine

Latinoamericano) y otros, que ha formado a grandes profesionales de las artes audiovisuales. Así que era relativamente frecuente algún tipo de *análisis marxista* de determinadas expresiones de la cultura.

Recuerdo de aquellos años, por ejemplo, dos lecturas de ciencia ficción que ofrecían al lector ese filtro que intentaba llamar su atención sobre cómo la tragedia central del argumento era una consecuencia de los abusos futuros del orden del capital.

Una de ellas era *La máquina del tiempo* de HG Wells (en una edición de 1997 de la Editorial Arte y Literatura). En la sinopsis de aquella impresión para los lectores cubanos se decía: "En *La máquina del tiempo* el autor, que no era precisamente comunista, muestra su inquietud sobre el futuro de una humanidad regida por las leyes del capitalismo feroz de principios de siglo. La forma de cómo viajar en el tiempo no es su preocupación, sino en qué relación vivirán poseedores y desposeídos en el mundo del lejano porvenir. Wells siempre permite que el lector llegue a sus propias conclusiones, esté o no de acuerdo con él."

Recordemos que el protagonista de la historia experimenta una mezcla de profundo temor y desasosiego cuando llega al futuro y encuentra que, dentro de casi un millón de años, el modo de vida típicamente inglés habrá desaparecido y el mundo de la superficie estará habitado por unos pequeños seres pálidos y en extremo simples de fuerza y espíritu. *Es el comunismo*, dice.

Y la otra lectura, aún más increíble, que quisiera recordar aquí fue *Alien*... la genial novelización hecha por el escritor Alan Dean Foster a partir de la exitosa película dirigida por Ridley Scott y estrenada en 1979. En aquella edición cubana de los años 90 había una introducción un poco más extensa de lo habitual para explicar algo que en esa época como joven estudiante de Sociología me pareció estremecedor: la verdadera historia de terror vivida por los integrantes de la tripulación de la nave de carga Nostromo no era ser asesinados por el alien, sino descubrir que la *compañía* había enviado a unos trabajadores súper-cualificados a la muerte con el único fin de conseguir la materia prima (el alien) para un nuevo producto (un arma). Su pesadilla era entender que eran mano de obra barata.

Esta edición cubana de la novela *Alien* intentaba profundizar en los elementos de una historia negra del futuro humano en las profundidades del espacio, que ya estaban presentes en la *actualidad*: la explotación de los obreros, los beneficios de la *compañía* en cuanto prioridad, el mercado, las responsabilidades corporativas, etc. Los hechos ocurrían en un futuro distante, una época donde el capitalismo había salido del planeta y mantenía a una enorme masa de trabajadores bajo una alienante hiperexplotación. Se predecían y utilizaban todas las emociones humanas con objeto de maximizar beneficios, hasta el punto de incluir un gato de nombre Jones en la tripulación para evitar estados de soledad que redujeran la productividad. El trayecto era a velocidades cercanas a la de la luz, remolcando una refinería llena de petróleo, gracias a unas máquinas que permitían *burlarse de las teorías de Einstein*. Como el viaje era interestelar, duraba mucho tiempo, siglos incluso, así que pasaban la mayor parte de él inmersos en un estado de hibernación criogénica, para lo cual habían recibido entrenamiento para soñar.

Representación artística de la película Alien: el octavo pasajero, 1979

De hecho, gran parte de su trabajo consistía en soñar durante la mayoría del viaje, una *actividad* que les ocasionaba grandes rupturas con la realidad, condición necesaria para soportar el fuerte choque psíquico de un trabajo que les aislaba de su condición y entorno humano y social. La novela (y la película) sólo contaba lo que pasaba cuando se salía abruptamente de ese estado, utilizando como pretexto a un alienígena asesino.

Y lo que ocurría era el despertar a una pesadilla que les hacía por breves momentos, antes de encontrar una muerte segura, reflexionar acerca de su pobre condición asalariada; sobre cómo la omnipotente *compañía* les consideraba un activo prescindible y les había enviado conscientemente (ejecutivamente) a morir para lograr encontrar lo que podría ser una nueva, poderosa y rentable inversión: el alien no es más que una simbolización del propio capitalismo mostrándose adaptable, irracional, despiadado... una especie de mercancía en bruto.

La imagen de la criatura, creada por el famoso dibujante HR Ciger, se ha inmortalizado. Su anatomía, fisiología y modo de reproducción casi indestructibles le permitirían matar a todos los trabajadores de la nave, menos a una de las tripulantes y al gato. En la tercera película de la saga (*Resurrección*, dirigida por Jean-Pierre Jeunet y estrenada en 1997), 200 años después, esta superviviente había sido clonada y combinada con ADN alienígena, la *compañía* había desaparecido y su lugar era ocupado por el Ejército de los Planetas Unidos. Los que escribieron esta historia debieron ser algo conocedores de las teorías de Marx.

La producción cultural, aunque fuera del "tipo" *Alien* en su totalidad, permite y de hecho ocasiona que la realidad aparezca como amortiguada. Las peores barbaridades serán vistas y asimiladas de forma muy distinta si antes las expresiones de la cultura han insensibilizado el choque y neutralizado respuestas emocionales e inteligentes, es decir, humanas. ¿Qué son las prácticas abusivas de una gran compañía multinacional al lado de lo que tuvieron que vivir esos pobres incautos del Nostromo? La pregunta puede parecer absurda, fácil e innecesaria, pero hay que recordar que parte importante de la subjetividad del *sujeto-obrero* y muchos de los contenidos del inconsciente colectivo son implantaciones hechas vía cultural. Y que, así como las necesidades del consumidor pueden crearse artificialmente mediante algunas expresiones de la cultura, la conducta y la percepción de la realidad también pueden modelarse.

Éste es uno de los aspectos a tener en cuenta cuando se piensa si una película utiliza la ciencia ficción para re-representar una realidad sociocultural o económico-política en claves simbólicas o para denunciarla abiertamente. Esto era una preocupación en la difusión de la literatura y el cine en Cuba.

Habría que preguntarse, como lo han hecho otros autores, si realmente hoy existen grandes producciones cinematográficas (de presupuestos importantes) comprometidas con la concientización social o la denuncia cultural, y no digamos con influencia directa de pensadores como Marx. En el 2013 aparecía en la revista *Cinemanía*

(España) un pequeño artículo titulado *¿Existe el "blockbuster" de izquierdas?* La pregunta era para referirse a producciones que combinaran cierto contenido político con las características demandadas por los adolescentes, jóvenes y demás personas que acuden a las salas de cine en busca de acción y efectos especiales. La cuestión central del interrogante no está en si la ironía o el sarcasmo de una película es lo suficientemente efectivo (como para provocar una reflexión de algún calado) o si cae en un discurso demagógico y simplista, sino en cómo podría salir una denuncia social o una real confrontación ideológica de una película que, igualmente, es una sofisticada mercancía financiada por grandes compañías. La respuesta que algunos críticos dan es una remisión a la misma lógica del mercado. Si una película es enfocada y preparada para ganar dinero, el mensaje que pretenda transmitir podría pasar a ser irrelevante (aunque no siempre es así). Los guiones pueden ser todo lo humanistas, ecologistas, feministas, marxistas, revolucionarios e incluso directamente subversivos que quieran ser, siempre y cuando generen beneficios.

Hay quienes piensan que el argumento reivindicativo y de denuncia e incluso el trasfondo humanista-emancipador de algunas grandes películas ha llegado a su momento (post-fin de los grandes metarrelatos) de instrumentalización por parte del mercado, que la misma idea de revolución social ha sido domesticada, durante las últimas décadas, en el cine de acción para adolescentes (como en el caso de *Star Wars*, *The Hunger Games* o la serie *Divergent*). Y que ni siquiera los directores más afamados se toman verdaderamente en serio el discurso político en el cine.

Y es muy posible que así sea, en cualquier caso, no pretendo en este *pequeño* ensayo entrar a discutir la "falsa moralidad" del cine taquillero de la actualidad. Pero tampoco pretendo entrar en el terreno de la ingenuidad. A modo de ejemplo, analizaremos una breve lista de películas a las que podría atribuirse una influencia de Marx, algunas son grandes producciones de ciencia ficción norteamericanas que no tienen entre sus principales fines contar ningún gran drama humano de nuestra época (aunque de hecho lo hagan), que ni siquiera tratan temas sociales con particular profundidad y que, posiblemente, sólo sean algún juego de marketing con el que el sistema (del capital) muestra sus negativos a modo de un *mea culpa* desarticulador de la consciencia social (porque al final logra insensibilizarla vía expiación).

Tal vez un psicólogo, en alguna parte, ha llegado a decirle a los padres de adolescentes (conflictivos a la manera *light* y rosa del mercado que comercializó eso de *rebelde sin causa*): si quiere quitarle a su hijo/a el *complejo* de revolucionario subversivo no permita que haga de voluntario en proyectos de ninguna ONG, ni que piense en entrar a militar en "esas" nuevas organizaciones políticas, tampoco deje que vea demasiado algunos medios alternativos de información; póngale una Pepsi con palomitas y hágale ver todo desde *Terminator* y *RoboCop* hasta *Divergent*, *Crepúsculo* e *Independence Day* (más todo lo que nos faltará por ver); y así la poca cultura política que tenga se diluirá en la narración rebelde que no amenaza al modo de vida del capital.

Cabe recordar, a propósito de lo anterior, algunas lecturas desde el psicoanálisis teórico donde el individuo posterior a la Modernidad pasa de una realidad exclusivamente narrada a una realidad que se convierte en historia fícticia, una simulación (Solano, 2017). Lo anterior con objeto de soportar determinada cercanía a la dureza central de lo real (su registro) y obtener cierto conocimiento sobre él que resulte emancipador (las nuevas objetivaciones son en gran medida simulaciones, lo que se relaciona con varios órdenes de satisfacciones y goces desde lo virtual).

Hablamos de transitar a una historia fícticia acerca de la realidad del sujeto, para saber el *porqué* de las inconsistencias que atormentan su existencia y *qué es* y *dónde está* todo aquello "perdido" (tan ampliamente abordado por el Psicoanálisis) y que dejó tachonada de vacíos la sustantividad donde éste se ejerce (en Marx la "humanidad" refundida, perdida, luego del fenómeno de la enajenación en la producción y la objetivación del trabajo en la "entidad" de la mercancía). Y es precisamente esto lo que coloca a la vieja pregunta filosófica sobre qué es lo real tan cerca al problema de la emancipación: ésta consiste, en gran medida, en que estamos permanentemente estructurando lógicas parciales que "ritualizan" la realidad a pequeña escala, luego intentamos introducirlas o constituirlas como reducidos y pasajeros espacios de deseo, que lo son por contener la arquitectura de un relato que "objetiva" ese deseo en forma de discurso, simbolizaciones y acciones transformadoras sobre la realidad. En lo anterior describimos la representación (¿psicodrama?) que el *obrero* necesita para cuestionarse sobre lo real sin resultar demasiado dañado (sin llegar a la pesadilla de observarlo directamente), el cine es un ejemplo de la simulación "ritual" que tal cosa requiere.

Es como la simulación "virtual pero real" de las mentes humanas transmitidas a distancia hasta los cuerpos diseñados a semejanza de los indígenas de Pandora en la película *Avatar* (James Cameron, 2009). Para el exmarine parapléjico Jake Sully únicamente la simulación le permite disipar las barreras de su realidad como veterano de guerra "inválido" que malvive con una miserable pensión en época de neoliberalismo extremo (si es que cabe más radicalidad en la idea misma); con el fin de caminar a la menor distancia posible de lo real.

Veterana libertad paralizada... herida (imagen: V. Carrillo)

En efecto, hablamos de "ficcionar" la realidad para, sin resultar aún más lastimado (de ahí la simulación), enfrentarse a los vacíos e inconsistencias que provocan la sensación de una vida sin origen ni destino, sin "un motivo para luchar" como él mismo alegara. En suma, resolver la sensación de no entender la arquitectura del mundo, tal vez porque en algún momento ha perdido algo, sin lograr comprender el *qué* de su extravío. Un *qué* simbolizado en las piernas atrofiadas del protagonista ante aquella historia del sufrimiento como modo de aprendizaje vital en el cuerpo de marines o ante la escena del hombre que golpea a la mujer en un bar sin que nadie intervenga, con el fondo de una pantalla gigante que muestra un partido de fútbol.

En otras palabras, una incursión en la realidad existente al interior de la fantasía (lo que, de hecho, intenta inducirse en la sala de cine). Para el personaje de Jake Sully fue entender que sus piernas inútiles, su condición de soldado cabeza hueca y de gatillo fácil, títere de una lejana avaricia financiera, eran cosas que actuaban como síntesis de las descomposiciones de su tiempo (entre ellas la ridiculización de la misma idea de libertad); cuya respuesta exigía transformarse críticamente (y la acción crítica sobre la realidad era una de las cosas que Marx reivindicaba para el obrero que emprendía el viaje de la emancipación). Lo que no era otra cosa que re-simbolizarse como lo que en verdad *era* y no podía *ser*.

No sabemos con total exactitud qué ocurrió en la mente del *marine-obrero* Jake Sully. Tan sólo que tras ver caer al *árbol madre* en la luna Pandora, ser despreciado por el clan y convertido en un paria… un alienígena, regresa como líder de una pequeña guerrilla de científicos humanos para realizar toda una transformación arquetípica que lo lleva a la mayor temeridad posible, una de huella histórica: logra volar sobre Toruk, el terrible Última Sombra, volviendo ante los indígenas na'vi convertido en Toruk Makto y unir a todos los clanes para poner fin a esa "época de gran dolor".

La idea de cargar nuestro cerebro y todas sus funciones (conexiones, funciones moleculares, etc. convertidas en modelos digitales) en una supercomputadora o en un organismo de diseño como los avatares, en verdad es el regreso tecnológico a una idea de raíz filosófica según la cual existe la posibilidad de que toda la realidad sea tan sólo una ilusión o una simulación, pero también de raíz mitológica como el miedo a la muerte y la ilusión de la inmortalidad. La lectura en este caso podría interpretarse como el viaje espacial, político, simbólico e inconsciente a lo real tras la aparente realidad mediante una simulación.

Es decir, la sugerida realidad en la ilusión, utilizando las ideas de Žižek (Hernández, 2006). Algo que termina por practicar una increíble reforma crítica en los cimientos ontológicos y fundamentos epistemológicos de la materialidad que cambia la historia del sujeto para siempre: al parecer, gracias a la intervención de Eywa, la deidad madre de los na'vi, toda la psiquis de Jake Sully es trasvasada en su avatar; su forma humana paralítica muere para quedar sólo Toruk Makto, habiéndose completado su segundo nacimiento (lo que definieron como "iniciático" en las viejas tradiciones).

Pero esto le ocurre al protagonista de una película de ficción. En la realidad también es posible que la revolución o emancipación social mostrada en el cine que mueve millones en taquilla ejerza algún efecto atenuante en la psique colectiva, en sujetos que, por otra parte, ya tienen toda clase de obstáculos a la libertad de discernimiento.

Lo que sí tienen en común la pequeña lista de películas abordadas en este ensayo es una influencia de cierto *pensamiento de la indignación* en su estructura narrativa y el conjunto simbólico que parecen mostrar. Y bajo este punto de vista sí estamos ante algunos guiones y directores con influencia de determinadas corrientes, entre ellas, naturalmente, el pensamiento marxiano.

Pero en todo esto hay que, tal vez, aclarar que la situación general del mundo, la actual deriva histórica, puede que haga algo difícil que varias líneas argumentales no se toquen en distintos puntos con aquellas corrientes filosóficas y políticas que se ocuparon de la injusticia, la indignación del sujeto explotado y sus deseos de emancipación colectiva.

Por ejemplo, durante las últimas décadas (sobre todo en el cambio de siglo) se han hecho enormemente populares las películas sobre un futuro distópico al que se ha llegado luego de un terrible desastre a escala global (*The Book of Eli*, *I am legend*, etc.). Entre las producciones sobre lo que ocurre luego de una gran devastación (como una guerra), y que se tocan inevitablemente con algunas conjeturas y demostraciones venidas de "sistemas teóricos clásicos" (por ejemplo, de Marx), tenemos *The Hunger Games*, basada en la obra escrita por Suzanne Collins y dirigida por Gary Ross.

La cuestión de principio es más bien sencilla: si una historia cuenta cómo la humanidad es arrasada por una guerra, cómo son las estructuras sociales que surgen después y cómo éstas cambian por distintos medios en el desarrollo de la trama (bien sea para no repetir lo ocurrido o para hacerlo todavía peor), casi forzosamente la malla tejida en el argumento tendrá que explicar de alguna forma por qué ocurrió todo, qué es lo que no quiere repetirse, cuáles fueron las conductas que originaron el desastre y cuáles siguen existiendo bajo otros símbolos. Esto ocurre en *The Hunger Games*, donde se dibuja una profunda división del trabajo y una extrema lucha de clases entre los distritos de Panem como resultado de la organización política surgida de la guerra, ambas cosas analizables desde la teorización de Marx.

En Panem el trabajo está estrictamente fraccionado. En el distrito uno, donde está la sede del poder (el Capitolio), se fabrican artículos para el lujo decadente de la clase más privilegiada. Los demás distritos se encargan de producir las diferentes mercancías que se demandan en una sociedad industrial, pero hablamos de una demanda totalmente condicionada desde el poder político y bajo un estrecho control policial y productivo. La situación tiene su cénit en la ofrenda de sangre que todos los distritos tienen que hacer al Capitolio durante los "juegos del hambre". Esta coyuntura, parecida a un desarrollo algo detallado del diagnóstico expuesto en el *Manifiesto Comunista* (1848), llega a una época insostenible de antagonismo entre las dos grandes clases sociales en que finalmente se ha traducido el modelo político de esa nación. Todo lo cual ve la aparición de una joven vanguardia política (que nace heredando taras del régimen anterior), simbolizada por la líder del cambio revolucionario Katniss Everdeen.

Todas las terribles condiciones de vida de los distritos "proletarios", dedicadas a unas necesidades que no son las suyas, son prácticamente las descritas en el *Manifiesto* como consecuencia del capitalismo y su deshumanización de los obreros. Cuando llega la revolución observamos un claro llamado a la unidad de los distritos, una apelación a la conciencia de clase, para derrocar al gobierno del Capitolio por las armas (casi podía escucharse: ¡Distritos de todo Panem, uníos!).

Tenemos, pues, que una película de estas características, que además entra en los conflictos emocionales de los personajes y pretende describir la esperanza como vinculada a la unidad fraterna de los que comparten el mismo sufrimiento y la sed humana de emancipación, necesariamente tendrá codificadas unas influencias del pensamiento político de autores como Marx, entre otros.

Y en esa línea, películas como *The Hunger Games* o *Divergent* (basadas o no en obras literarias) seguirán rodándose y probablemente teniendo éxito en taquilla, como tal vez lo siga teniendo el género apocalíptico durante más tiempo.

Una partida de análisis en referencia a la huella del pensamiento marxista en el cine es que, posiblemente, éste pueda dividirse en dos grandes universos (cada uno con sus propias implicaciones epistemológicas): el Marx de la crítica económico-política al capitalismo y el Marx de las grandes conjeturas filosóficas acerca de la naturaleza y amenazas a la esencia ontológica del sujeto explotado (y sus futuras consecuencias). Estos dos universos, en la diversidad del lenguaje cinematográfico, ayudarían a explicar por qué las películas que nombraremos aquí se extienden sobre distintos géneros como el documental, el drama, el suspenso o la ciencia ficción.

Además, intentaremos centrarnos en propuestas cinematográficas más o menos recientes, ya que creo interesante subrayar el hecho de que estamos hablando de un pensador cuyo impacto en la Filosofía, las ciencias sociales y la cultura, como en otros casos, no ha dejado de crecer en más de cien años.

Añadidamente, puede que por la misma esencia del tema que nos ocupa, este ensayo contiene múltiples referencias al Psicoanálisis y al prisma que prestan algunas de sus herramientas cuando se intentan abordar las simbolizaciones del sujeto en el modo de vida del capitalismo.

Capítulo uno

1.1. Algunas de las ideas de Marx

Karl Heinrich Marx

El extraordinario pensador que nos proponemos abordar en este ensayo, con objeto de identificar algunas de sus ideas, su rastro, en parte del lenguaje cinematográfico reciente, vivió de cerca la primera de las grandes crisis del sistema capitalista en la década del 30 del siglo XIX, así como aquella era de profundas revoluciones que tuvo uno de sus ejes en 1848.

El esfuerzo de Karl Marx (Tréveris, 1818-Londres, 1883) tal vez estuvo centrado en la construcción de una teorización sobre economía que desentrañara el hermetismo que desde sus inicios empezó a rodear la naturaleza, ciertamente perversa, del capitalismo y su modelo de sociedad. Como conocemos, aquel trabajo investigativo sobre las contradicciones del capital fue completado con el Marx que algunos autores han entendido como el filósofo de la indignación (Feinmann, 2011). Nos referimos a la identificación política, ideológica... simbólica de una clase social que estaba siendo exhortada a utilizar el conocimiento (que crecía de forma exponencial) para transformar críticamente el mundo que la había alumbrado.

Diez años antes de escribir el *Manifiesto*, Marx era parte de los círculos de jóvenes hegelianos de la Universidad de Berlín. La obra marxista no es comprensible sin estudiar a Hegel. Por ejemplo, en lo referente a su "sistema de la ciencia" y "filosofía de la Historia". En el primero, Hegel delata un error en la *Crítica de la razón pura* de Kant (1781): un sistema de ciencia no puede fundarse en las elaboraciones preexistentes con objeto de sintetizar de ellas rasgos como la razón; ya que esto nos haría dar vueltas alrededor del mismo punto. La argumentación de Hegel en *Fenomenología del espíritu* (1807) es replantear la dialéctica kantiana para explicar una realidad que se desenvuelve en fases: una película antes era un guion, y antes era una idea. Y tal idea surge de un determinado entorno sociopolítico y cultural. Pero la cuestión es que cada una de esas fases supera a la anterior, la niega, de lo que depende la estabilidad del todo.

El objeto de los jóvenes hegelianos era utilizar el potencial de la dialéctica, expuesto en la *Fenomenología del espíritu* y la *Ciencia de la lógica* (la fuerza de la negación que motiva una etapa nueva y mejor). Por ejemplo, el Estado prusiano debía ser negado por la acción revolucionaria. Estos círculos apoyaron su pretendida superación de la filosofía de la religión de Hegel en David Friedrich Strauss y Ludwig Feuerbach, era el fin de trascender la discusión teológica y poner rumbo a una renovación del ideario revolucionario francés (el Hegel temprano).

Marx se alimentó de la crítica hegeliana de Feuerbach, la explicación de la realidad mediante la actividad de las categorías y el saber absoluto, cuando era necesario superar el idealismo para abordar el objeto material. Por otra parte, Feuerbach vio en la "alienación humana" un sustento de las religiones. Recordemos que la venta de un objeto, la enajenación de la *cosa*, ocurre cuando cambia su propiedad (es vendida). De esta forma, Feuerbach ve una alienación del sujeto cuando funciones esenciales (como el conocimiento o el amor) son transferidas a la divinidad. El sujeto-mercancía es primeramente enajenado por los dioses.

Los escritos de Marx son múltiples y complejos, van desde el análisis político-económico hasta el relato ideológico y la disertación filosófica (algunos muy importantes son elaborados de forma conjunta con Friedrich Engels [Barmen, 1820-Londres, 1895]). El marxismo como sistema filosófico es posterior al propio Marx, se trató de una estructuración, por ejemplo, en torno a la propuesta del materialismo dialéctico, que buscó proporcionar una base para amplísimos proyectos de emancipación social y cultural en todo el mundo. Esto incluyó una perspectiva analítica sobre la materialidad y el sujeto que define, quizás, una de las características centrales de este pensador como construcción de ideas: el marxismo es una teoría crítica sobre la realidad.

Marx tenía problemas con la estrechez escolástica. Reclamaba que la elaboración teórica tuviera como norte la situación concreta. Entre los diversos marxismos hay un debate entre interpretar a Marx como una Sociología específicamente científica o como un sistema filosófico enfocado a las clases trabajadoras. Y sí, filosóficamente hablando es una crítica del idealismo de Hegel y del materialismo mecanicista de Feuerbach. En Hegel se interpreta la realidad desde una madurez del pensamiento cristiano-burgués, en Marx llegamos a un modelo ontológico que pretende una nueva y *actualizada* emancipación de la consciencia. Es como sacudirlo todo para intentar aclarar qué lugar debería ocupar el sujeto en el aparato social.

En el pensamiento de Marx, posiblemente, vemos una especie de macro-sociología y explicación científica de la Historia, por ejemplo, en el carácter transitorio de los modos de producción (nada en la sociedad tiene la condición de ahistórico). El marxismo como ciencia tendría un largo desarrollo en el siglo XX, por ejemplo, con Althusser (visión estructuralista) y la supuesta ruptura epistemológica entre la juventud y la madurez del pensador o el paso entre la disertación ideológica (precientífica) a la propiamente científica. En ocasiones esto también se ha matizado como un proceso filosófico que produjo al materialismo histórico, cuyo objeto de estudio es la sociedad, y al materialismo dialéctico, que tiene por campo de trabajo al conocimiento científico.

Aunque actuarían como "constante" de todo su pensamiento cuestiones como la alienación y la relación entre teoría y práctica.

El conocimiento debe tener un interés práctico (en movimiento), que debería consistir en construir condiciones de existencia cercanas a la plenitud específicamente humana del individuo. Nos acercaríamos a lo que Maximilien Rubel (2014) definió, no como un proceso entre ideología y ciencia, sino como algún tipo de dualidad (de toda la obra de Marx) entre ciencia objetiva y ética revolucionaria (método de investigación con fin transformador). Hablamos de una praxis de la emancipación en tiempos industriales y post.

Importante para este pequeño ensayo sobre la huella filosófica de Marx en el cine es nombrar dos rasgos suyos que se hallan en variedad de expresiones culturales: la antes nombrada lucha de clases (no exclusiva del pensador alemán) y la teoría sobre la alienación. En la primera observamos un concepto complejo (el choque entre antagonistas al interior de las fronteras de cada modo de producción) que se perfila como uno de los motores reales de la Historia humana, al hacerse cada vez más drásticos los conflictos desprendidos del problema de la propiedad sobre los recursos, los medios de producción y la vida misma. Y el segundo término, alienación, es incluso de mayor complicación, ya que tiene aplicaciones en varios campos científicos. En general, la alienación se refiere tanto a una limitación o condicionante impuesto a los sujetos desde dispositivos externos a ellos (de orden político, económico o cultural), como a una situación mental donde existe cierta impresión de pérdida de la propia identidad. Es decir, hay algo fuera del individuo y que escapa a su control, que incluso puede pasar a controlarle (por ejemplo, la "entidad" de la mercancía abordada por Marx), convirtiéndose esto en un drama que podría provocar una desorientación del propio Yo. En efecto, Marx comprende que entre el obrero y el capitalista existe una relación de intercambio con amplias y nefastas consecuencias para el sujeto desposeído de alguna propiedad real sobre la riqueza que produce con su trabajo (que también es una mercancía, que de hecho convierte a la totalidad del *ser-obrero* en mercancía autoconsciente).

Aunque nominalmente seamos dueños de nuestra propia existencia, aunque los sistemas político-jurídicos establezcan la obligatoriedad formal, virtual, de nuestra libertad, no podríamos emanciparnos del sistema de intercambio de nuestra fuerza de trabajo sin pagar altísimos costos sociales y psicológicos. La alienación vista por Marx proviene de las consecuencias de no tener ninguna porción de propiedad, ni sobre las herramientas (que sabemos, gracias a Hegel y su dialéctica del amo y el esclavo, son las verdades instrumentales que crean realidad y cultura), ni sobre el valor (plusvalía) del producto de su trabajo (su mercancía). La cuestión central radica en que todo el inconmensurable universo de productos creados con la fuerza de trabajo vendida por grandes ejércitos de obreros recrea una relación de dominación: el obrero depende del objeto (porque lo desea) que él mismo ha producido, y del que desconoce todo un orden de causalidades generadas durante la creación de valor. Pasamos a constatar una relación proporcional entre la mayor abstracción, hundimiento o subordinación del sujeto en su trabajo y una gradual pérdida de contacto con la realidad que le va alejando de su condición autónoma (hasta la instrumentalización de todos los aspectos de la conducta). Recordemos que una parte de su psiquis sabe que su trabajo (aquello que inevitablemente le define por completo) no le pertenece, y es aquí donde está la base de la alienación.

Citemos a Marx (*Manuscritos económico-filosóficos de 1844*) al referirse a la objetivación del trabajo del obrero en un objeto que pasa a estar fuera de su consciencia: "La enajenación del trabajador en su producto no significa solamente que su trabajo se traduce en un objeto, en una existencia externa, sino que ésta existe fuera de él, independientemente de él, como algo ajeno y que adquiere junto a él un poder propio y sustantivo; es decir, que la vida infundida por él al objeto se le enfrenta ahora como algo ajeno y hostil."

Para posteriormente acercarse al problema de la enajenación, ese "extrañamiento" (¿psicótico?) que vive el sujeto respecto a la actividad que forma la realidad cotidiana: "¿En qué consiste, pues, la alienación del trabajo? En primer lugar, en que el trabajo es algo exterior al trabajador, es decir, algo que no forma parte de su esencia; en que el trabajador, por tanto, no se afirma en su trabajo, sino que se niega en él, no se siente feliz, sino desgraciado, no desarrolla al trabajar sus libres energías físicas y espirituales, sino que, por el contrario, mortifica su cuerpo y arruina su espíritu. El trabajador, por tanto, sólo se siente él mismo fuera de su trabajo y en éste se encuentra fuera de sí. Cuando trabaja no es él mismo y sólo cuando no trabaja cobra su personalidad. Esto quiere decir que su trabajo no es voluntario, libre, sino obligado, trabajo forzoso. No constituye, por tanto, la satisfacción de una necesidad, sino simplemente un medio para satisfacer necesidades exteriores a él." Estas ideas están, como conocemos, ampliamente presentes en el argumento de una larguísima lista de películas que van desde la crítica cultural al neoliberalismo hasta la ciencia ficción.

La manera como estos rasgos del orden del capital han sido reflejados por la cultura (por ejemplo, en el cine) es generosa. Es frecuente la historia de ficción sobre el afligido individuo al que un día se aparecen medio borrosas las líneas que separan la realidad y la pesadilla de una actividad que le niega sus fronteras humanas reales y sobre las consecuencias de tales cosas; como el sujeto impredecible que no logra coincidir *consigo mismo*, con algún tipo de "falsa conciencia" como marco para medir erróneamente la realidad y que tal vez termine por descubrir que su propia manipulación o alienación no tenía un primer origen ideológico, ni político, ni religioso... que únicamente se originaba en el fin económico de los que ostentaban la propiedad hasta los obscenos niveles de reclamarle su propia vida. Como es conocido, algunos estudiosos han argumentado que lo relativo a la enajenación o la alienación pertenece al Marx joven, no obstante, otros (como varios de los investigadores de la Escuela de Frankfurt) colocan esta parte de su pensamiento en la base de toda su obra.

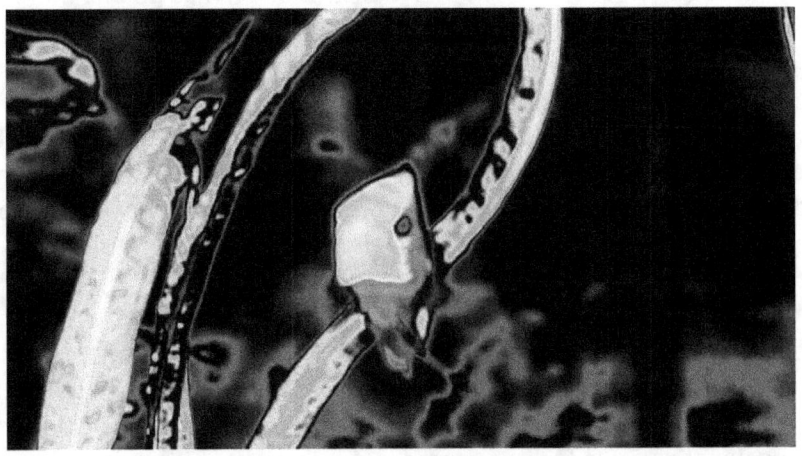

¿La relación enajenante del sujeto con la mercancía es psicótica en cuanto a la gradual pérdida de realidad que significa? (Imagen: V. Carrillo)

Marx es un científico en el que cabe el mérito de haber explicado partes tremendamente importantes del proyecto moderno (como en el caso de la Ley del valor en *El Capital*). Pero también por su contribución, que otros desarrollarían, a edificar un relato político nuevo para colectividades históricas que tan sólo empezaban a hacerse conscientes de sí mismas. Y que serían llamadas desde distintas interpretaciones a convertirse en vanguardia política organizada suficientemente, incluso para protagonizar el hecho insurreccional con objeto de implantar el socialismo: la democracia obrera, la propiedad social, el impulso cultural, la planificación, un nuevo papel para el Estado-Nación, etc. En suma, la lucha consciente por alcanzar un nuevo estadio de la civilización (que apuntara a la utopía político-social del comunismo).

Precisamente, los anteriores argumentos han tenido un cosmos de simbolizaciones increíblemente grandes en las expresiones culturales, podría ser la novela "histórica" o la película de ciencia ficción sobre un futuro distópico donde reina la tiranía, la violencia, el miedo o la opresión. Hasta que un grupo de gentes sin nada que perder (la condición más peligrosa) es empujada (como en el relato clásico del viaje del héroe) a levantarse en pobres armas contra los privilegiados, en los que han descubierto una infinidad de mentiras y "ocultaciones" que intentaban privarles (ălĭēnātĭo, alienación) de la verdad sobre el mundo, enorme por sencilla: que las cosas pueden ser de otra forma, que las relaciones sociales pueden construirse en más de una manera.

Desde Marx hay una concepción del sujeto profundamente histórica, el peso real de éste era escrito por la Historia que lo había esculpido o moldeado. El registro posible de nuestro paso por el mundo estaba en las modificaciones que practicamos en el entorno, como la naturaleza, con objeto de reproducirnos como individuos. Y ese mismo camino terminaba por ser autotransformador, como consecuencia de su lógica dialéctica, una continua superación sintética de las contradicciones que forman la realidad.

Pero, ¿qué es exactamente esa realidad? Sería el conjunto de relaciones sociales generadas a lo largo de la vida, el trabajo, la cultura, la familia, etc. Éstas, por supuesto, son capaces de moldearnos (hacernos lo que somos) en la práctica sobre el mundo que surge de la intencionalidad que todos poseemos. Es decir, lo que nos hace hombres y mujeres específicos surge materialmente de nosotros, no de las ideas sobre el espíritu (que en verdad son implantaciones ideológicas). Y es cierto que las dosis de libertad que se nos permiten o que tenemos obedecen a determinaciones históricas (son esencialmente restringidas), pero al mismo tiempo todo lo que somos (que incluye al universo de aspiraciones, sueños y utopías de cada época, y que también son históricamente permitidas) puede evidenciar la crisis permanente de esas mismas determinaciones históricas y la necesidad de una futura síntesis renovada. Aquí estamos nombrando, como veremos, otro elemento presente en algunos relatos cinematográficos: de un orden social rígido y una estructuración psicológica aparentemente sólida surge la necesidad de un proyecto histórico nuevo, que durante un tiempo parecía estar ya latente en la dinámica de las relaciones sociales.

1.2. Apuntes breves sobre el materialismo dialéctico

El profesor Antonio Chazarra, en una de sus excelentes conferencias sobre Marx para el Ateneo de Madrid, explicaba algo que entiendo importante repetir en este apartado (a modo de introducción): la pertinencia de usar la definición "dialéctica materialista" (en lugar de materialismo dialéctico) para referirse a las fuentes alimentadoras del pensamiento de Marx: la filosofía clásica alemana, la economía política inglesa y el socialismo utópico francés. Hablamos, como es deducible, de un pensador profundamente europeo.

La izquierda hegeliana intenta tomar el método de Hegel para orientarlo a una concepción materialista del sujeto, la Historia, etc. Marx pondría, en el centro de la dialéctica materialista, a la "negación" como la principal fuerza impulsora del cambio histórico. Es decir, el conocido esquema síntesis-antítesis-síntesis tiene unos matices muy importantes al profundizar en el pensamiento marxiano. Al estudiar, por ejemplo, la obra de los economistas Ricardo y Smith, su preocupación es viajar a las raíces de todas las formulaciones que caracterizaban a la economía política inglesa del momento, llegando a modelos teóricos que avanzan mucho más lejos, como el de la plusvalía.

Esta metodología, dialéctica materialista, característica del pensador alemán se observaba también en su incursión al interior del pensamiento utópico francés. Tenemos un ejemplo en el tratamiento que da a la obra de Proudhon *La filosofía de la miseria*, respondida por Marx con mucha dureza en el trabajo *La miseria de la filosofía* (1847). No contemplar las condiciones materiales es uno de los ejes de la negación hecha por Marx a los postulados que le sirven de base a su pensamiento.

El materialismo dialéctico (también en la relación con el M histórico) conserva unos nexos o implicaciones de tipo positivista. En la dialéctica materialista toda la lectura de la realidad tiene como punto central a la "negación", como fuerza superadora de las barreras frente a la acción del sujeto.

Iliénkov (1977) afirma que es Ludwig Feuerbach (Landshut, 1804-Núremberg, 1872) quien comienza a hablar en Alemania (ya unificada en 1871) sobre la noción de "gastos de producción" del idealismo hegeliano (p.234). El pensador plantea una oposición al dualismo en Filosofía (refiriéndose igualmente a los argumentos de Spinoza contra el dualismo cartesiano, pero extendiéndose a sus formas en Fichte, Schelling y Hegel, en quienes ve a un Kant no superado). Identificó las tentativas de superarlo desde la *derecha*, como monismo idealista. La filosofía de la *Identidad* absoluta es tan sólo la identidad del pensamiento consigo mismo, el vacío entre éste y el ser (en el exterior) sigue existiendo. El problema de la identidad entre el pensamiento y el ser no sólo seguía sin resolverse, sino que no paraba de crecer en complejidad (Iliénkov, 1977, p. 234-236).

Efectivamente, Feuerbach viene a denunciar al problema de que el mundo real no se parece al mundo "mental" (que urge ser tocado, esculpido... transformado). Si el sujeto (que viaja y aprende después de haberse explorado en el pensamiento) intenta responderse qué es el mundo que aguarda ser construido o reformado, ¿no es lógico atribuirle una predilección clara por el *ser real* antes que por el *ser pensado*? El idealismo de la Identidad absoluta que quiso superar el dualismo únicamente en la expresión del ser pensado no alcanzaba a mostrar como tal a un sujeto potencialmente autónomo, por ejemplo, capaz de modelizar u objetivar parte de su pensamiento en las expresiones culturales (puede que independiente de las corrientes dominantes en su momento). De ahí que la coherencia actual del *obrero* tenga alguna deuda más con el punto de partida señalado simbólicamente desde Feuerbach, "que en la vieja interpretación de la relación pensamiento-ser como una teología escolásticamente racionalizada" (Iliénkov, 1977, p. 236-237).

El ser post-Hegel ya contenía al pensamiento tanto como a la propia materia a ser transformada y *reedificada*. Lo contrario era equivalente a definir al "pensar" como una especie de sustancia que podía existir sin sujeto o estructura funcional (¿el cerebro con vida es pensamiento?). Desde estas reflexiones se descubre algo de enorme peso simbólico: la *no* existencia de un intermedio entre el espíritu y el cuerpo. La ausencia de un enlace diferenciable responsable de la Identidad pensamiento-ser es convertido en un axioma filosófico con Feuerbach, que reprochó a Hegel y Schelling entender esta Identidad como el producto de una "intermediación entre contrarios" o la unión de espíritu y estructura orgánica. La raíz del problema, como en otras ocasiones, se leía como una especie de *conocimiento perdido* que la Filosofía luchaba por encontrar: la división, si existía, se había producido en un tiempo remoto. Nadie sabía si el *pensar* podía, además de *ver* el mundo, girarse y mirarse a sí mismo o si alguna vez había podido hacerlo. Como estructura que era el cerebro parecía pensar, pero persistía el interrogante sobre si tal cosa era consecuencia única y directa de la acción de los objetos. ¿Podía el cerebro... podíamos pensarnos a nosotros mismos?

Y la cuestión fue que, para bien o para mal, nuestra Historia creó grupos humanos cuyo fin primario era re-pensar al ser; tenemos ejemplos brillantes en la imagen de un sujeto colectivo proletario luchando por edificar su conciencia de clase y conquistar dosis aceptables de soberanía interpretativa sobre su realidad, pero también en colectividades íntimamente ancladas en los proyectos de emancipación humana, como la Francmasonería. Feuerbach pensó agudamente que el cerebro era una *cosa* donde residían los "contrarios dialécticos": lo subjetivo y lo objetivo, lo espiritual y lo material, lo ideal y lo real, lo que piensa y lo pensado. En suma, como podría comprender el obrero que pule piedras en una construcción y sabe que la acción del mazo y el cincel debe ir precedida por una representación mental, pensar es un trabajo completamente relacionado con la actividad material. De forma que concepto e imagen (y las simbolizaciones) existen de manera simultánea a la realidad. Nos encontramos ante un Materialismo que observa la realidad como objeto y contemplación pasiva. La filosofía de la práctica real humana sobre la materia llegaría con Marx.

El viaje desde Hegel a Marx fue el del Idealismo al Materialismo. Precisamente, uno de los varios puntos de partida del gran intelectual alemán fue Feuerbach. En las famosas *Tesis* de 1845, que ya dejaban argumentos sobre el impacto que tendría el marxismo en los grupos humanos que pretendieran la emancipación del ser, se explicaba cómo el Materialismo anterior seguía concibiendo la realidad como contemplación. Sin atreverse realmente con la práctica, la reforma del objeto. Denunciaba con cierta vehemencia que la actividad humana no es simplemente teórica, también la "actuación revolucionaria", "práctico-crítica", es íntimamente humana. Desde esto se dijo que darle al pensamiento una certeza con peso objetivo forzosamente era una cuestión conseguida con el trabajo sobre la materialidad. Y que toda conjetura que prescinda de esa perspectiva práctica era como un retorno a la Escolástica. Dando base (en las *Tesis*) para decir que el sujeto era inevitablemente producto de sus circunstancias, pero que la experiencia sobre la sustantividad le permitiría finalmente poder elegirlas por sí mismo. Mediante la praxis revolucionaria, actividad autónoma y coyuntura externa pueden acercarse (un rasgo muy presente en las expresiones culturales, incluyendo al cine, desde la forma de *Desfase* o distancia entre consciencia y experiencia, que nombraremos más adelante), lo que alejaba la *suerte* terrenal del humano de la administración mítica. Hablamos de un ahora donde la Filosofía estaba siendo llamada a transformar la realidad (en Marx desde una crítica post-hegeliana que se acerca al sujeto mortal y las condiciones materiales de su actividad).

La huella narrativa dejada por los anteriores progresos del pensamiento es muy amplia. Y en el caso del cine se extiende por variedad de géneros, películas tanto comerciales como independientes reflejan, por ejemplo, el problema del sujeto que un día comprende que la actividad práctico-crítica sobre su parcela de la realidad puede modificar las circunstancias que ha heredado y le determinan. El paso de una descripción (casi resignada) a una re-interpretación-transformación de las causalidades y particularidades del sujeto es una intención conquistada bebiendo de una tradición que se remonta a esos grandes filósofos que pensaban en alemán y heredan de Descartes el planteamiento moderno del problema de la identidad (pensamiento-ser).

Naturalmente, los interrogantes sobre cómo es la relación entre nuestras ideas sobre la realidad (los conceptos, sistemas teóricos, etc.) y los objetos mismos se basa en las dudas acerca de la concordancia entre una *cosa* y la *otra*. ¿La dureza específica de la materia es algo similar a mis ideas sobre ella? Por supuesto, lo que parece obviedad es una gran apariencia: una cosa reflejada en la conciencia podría mostrar relaciones disparejas con aquello existente fuera de la misma; posiblemente pueda estar, más o menos, seguro de lo que tengo en mi cabeza, pero no de algo que no conozco aún.

Mi problema estriba en que para establecer una comparación entre mis representaciones (de las cosas) y la cosa en sí tengo que iniciar un proceso donde para conocer esa cosa debería reducirla a una representación mental más. Y al final estaría comparando una representación con una representación. La dureza última de la objetividad presenta algunas trampas al intentar resolver el problema de la identidad entre pensamiento y ser. En sentido de lo anterior, Carrera (2017) afirma: "Esto constituye el problema central de toda la Filosofía: el problema de la relación del pensamiento con la realidad existente fuera e independientemente de él, con el mundo de las cosas en el tiempo y en el espacio; el problema de la coincidencia de las formas del pensamiento con las formas de la realidad; el problema de la verdad" (p.150).

Y, claro, la actividad práctico-crítica pensada por Marx como el puente a una transformación revolucionaria de las circunstancias que amenazan la emancipación del *sujeto-que-trabaja*, de varias formas implica cierta resolución *indirecta* acerca de la identidad entre mi imagen del mundo (que incluye la transformación, el deseo y la fantasía) y la materia bruta que parece lanzar el reto de su reforma.

Tal vez podamos aventurarnos a decir que existe un escenario donde esa pugna entre pensamiento y ser ha intentado resolverse o, por lo menos, se ha "representado" su solución: el universo de las expresiones culturales, mediante su medición y disertación sobre la distancia o el, antes nombrado, *Desfase* entre conciencia y experiencia (ver apartado sobre Carga Simbólica). Efectivamente, la pintura, la literatura, el teatro o el cine parecen tener ese increíble potencial para mostrarnos una modelización, una objetivación, donde el pensamiento se reconcilia con el ser, en el sentido ontológico general: una representación visual, externa a la conciencia y con la que puede haber procesos de identificación con la imagen, donde momentáneamente una realidad (artística, estética) se transforma para concordar con la idea. La ventaja del cine en este sentido es mayúscula, ya que la pantalla muestra toda una realidad inventada donde los deseos y fantasías del espectador podrían realizarse.

¿Es que no podemos hablar de un viaje que termina con identidad entre pensamiento (un deseo sobre cómo deberían transcurrir los acontecimientos) y realidad en películas como aquella comedia del año 1983 protagonizada por Dan Aykroyd y Eddie Murphy? En *Trading Places*, dirigida por John Landis, dos depravados ancianos dueños de un fondo especializado en especular en bolsa hacen una apuesta despiadada y secreta: uno de ellos se juega un dólar a que podían convertir en pocas semanas a un joven y prometedor ejecutivo en un desesperado vagabundo de la calle y, a la vez, sacar a un habitante de la calle y convertirlo en nueva promesa de la empresa.

El tráfico, el invierno, una imagen de la Campana de la Libertad en la ciudad de Filadelfia y una colecta del Ejército de Salvación dan comienzo a esta película, una comedia típicamente estadounidense sobre la lucha (de clases) entre proletariado y alta burguesía, conciencia de clase y transformación de las circunstancias que amenazan con doblegar la voluntad del sujeto y convertirle en producto experimental. Desde el comienzo de la película es notoria la intención de mostrar todos los contrastes que rodean la vida de los dos personajes principales: el ejecutivo, Dan Aykroyd, y el habitante de la calle, Eddie Murphy. Riqueza y oportunidades frente a pobreza y adversidad, avaricia empresarial junto a lucha por comer algo cada día, autoridad (financiera) y servidumbre.

La historia de principios de los 80 ya ilustraba a un capitalismo digital (en esas pantallas de fondo negro y brillantes números de color verde de aquellos años) que jugaba con la especulación, los puestos de trabajo y la corrupción del mercado, apostando muy peligrosamente con objeto de ganar siempre un poco más de lo admisible. Muy pronto los dos ancianos ricos tienen la conversación que da argumento a todo: ¿Qué hace a una persona un profesional de éxito y con buen juicio para los negocios? ¿Es producto de los genes o de un ambiente propicio? ¿La sangre que hace de un caballo un campeón de las carreras desempeña el mismo papel en los humanos?

—*Ese hombre es el producto de un ambiente pobre, no le ocurre nada malo*—, dice uno de los ancianos para referirse al personaje de Eddie Murphy, un desafortunado indigente confundido con peligroso delincuente. —*¿Y si se le rodea del ambiente apropiado y se le anima? Apuesto a que ese hombre podría dirigir nuestra empresa tan bien como tu joven...*

Y así empieza la trama, con una apuesta de un dólar. Acuerdan descargar una tormenta de desgracias sobre el talentoso y arrogante ejecutivo que dirige su compañía y está a punto de casarse con su sobrina nieta, al mismo tiempo que sacan al indigente de la cárcel, le ponen un traje y le llevan a vivir a casa del primero, donde el mayordomo se pone a su servicio, le proporcionan un lujoso automóvil y el antiguo empleo de director del ahora caído en desgracia ejecutivo. Todo para intentar probar que un individuo no es más que el producto de sus circunstancias. —*¡Qué gentuza!*—, es lo único que atina a decir el sirviente, que observa cómo los poderosos sienten verdadera pasión por la apariencia y la perversión.

La exhibición de riqueza de esta comedia, en el fondo de la explicación sobre el trabajo que la empresa realiza con la compra y venta de mercancías para terceros (sacando comisiones, ganen o pierdan sus clientes), está acompañada de símbolos de gran importancia en la Historia y tradición política de los EE.UU. (imágenes de los padres fundadores y otros elementos). Los dos empresarios que llevan a cabo este retorcido experimento psicosocial negocian con productos agropecuarios y oro, pero es relativamente sencillo que el espectador alinee al sujeto (inicialmente prototipo del hombre negro habitualmente marginado y objeto de prejuicios varios pero que luego es convertido en ejecutivo de éxito) como un producto más del vaivén corporativo. Al *re-educar* al antiguo mendigo sencillamente toman una graciosa materia en bruto y crean una nueva mercancía, de la que será necesario extraer una plusvalía.

Aunque la apuesta resultó ganada por el anciano que aseguraba éramos todos hijos de una particular coyuntura y que si ésta cambiaba nosotros también lo hacíamos (que no existía ningún talento heredado en los genes), el verdadero mensaje de la película llega cuando las dos víctimas del experimento descubren lo verdaderamente ocurrido. Entonces, sí vemos a dos sujetos-mercancía protagonizando una actividad práctico-crítica que los llevará a recuperar su autonomía y dignidad perdidas a cuenta de la manipulación de dos tiburones del capital particularmente ociosos, pero lo hacen desde cierta concientización cómica de que *son* aquello en lo que otros los han convertido. De hecho, hay un momento en que el personaje del ejecutivo caído en desgracia, Dan Aykroyd, cree que todo se trataba de un sueño del que acaba de despertar: —*Tuve la pesadilla más absurda... soñé que era pobre, que nadie me quería, perdí mi trabajo, perdí mi casa, Penélope me odiaba... todo por un horrible y malvado negro...*

Evidentemente, la película no muestra una verdadera acción revolucionaria (la estrategia justiciera es otra operación especulativa), pero eso no impide que el espectador obtenga alguna clase de placer cuando aquellos hombres deciden cambiar las circunstancias que los habían llevado a toda aquella locura. Se escenifica el deseo de una tercera alianza o síntesis dialéctica salida de la autoconciencia de manipulación y explotación de un nuevo proletariado curiosamente heterodoxo. Y lo hacen usando las mismas armas y herramientas que están estructurando permanentemente aquello que les hace ser lo que son: el engaño, la especulación, el mercado, etc. La película hace una representación donde pensamiento (como deseo) y realidad se acercan. —*La mejor manera de hacerle daño a los ricos es convertirlos en pobres*—, dice el personaje de Eddie Murphy. Toda la venganza contra el capital, por el capital mismo (en forma de esas mercancías autoconscientes), se vive en esta comedia con cierto aire patriótico.

Volviendo un poco atrás, como hemos comentado, Marx recibe filosóficamente una gran influencia del sistema hegeliano. De donde adopta el método dialéctico, que se perfilaba como una explicación extremadamente eficiente sobre la marcha de la Historia.

Recordemos que el materialismo dialéctico forma la base filosófica iniciada por Karl Marx y Friedrich Engels y continuada por Vladímir Ilich Uliánov, Lenin (Simbirsk, 1870-Gorki, 1924), y la famosa Academia de Ciencias de la Unión Soviética (1925). Como corriente sostiene un origen integralmente material para toda la realidad (incluyendo a la subjetividad). De lo que deriva que la materia en sí es relativamente autónoma respecto a la consciencia, pudiendo ser estudiada, por ejemplo, desde la dialéctica hegeliana; que a su vez ayudaría a declarar una superación del materialismo mecanicista. Esta fase anterior (mecanicista) interpreta los fenómenos de la naturaleza mediante las leyes de la mecánica, inscribiendo en ellas incluso lo químico y lo psíquico. Por ejemplo, la trascendental cuestión del movimiento de los cuerpos se entendería como simple desplazamiento por la acción de otro cuerpo o agente, no un cambio cualitativo o un posible salto en el desarrollo de ese objeto en el espacio-tiempo.

Por supuesto, el Materialismo como *vieja escuela* planteó la superación del Idealismo filosófico: el espíritu no podía ser el origen de la realidad, todo lo ocurrido en la consciencia tiene origen material. Nos referimos a reflexiones que se conectarían con la máxima racionalidad presente en el pensamiento científico. El peso objetivo del materialismo dialéctico le opone a las tendencias agnósticas.

El equipo de trabajo formado por Marx y Engels evolucionó el materialismo dialéctico desde la crítica a la obra del filósofo Ludwig Feuerbach (Landshut, 1804-Núremberg, 1872), todavía influida por posturas metafísicas, y la dialéctica idealista del grandísimo pensador Friedrich Hegel (Stuttgart, 1770-Berlín, 1831).

De la fundamental crítica a Feuerbach, como recordaremos,

resultaron las célebres tesis, de las que es necesario destacar la visión de una Filosofía que debía pasar de interpretar el mundo a transformarlo. Es decir, pasamos a una acción crítica sobre la realidad (lo que encarnaría la *acción revolucionaria*).

Tras la Revolución Rusa de 1917, Lenin y otros viven una polémica intelectual verdaderamente apasionante y central para el materialismo dialéctico: se argumenta que la materia, efectivamente, existe con o sin nosotros, que no depende de la acción o intencionalidad de la consciencia.

Hoja filatélica conmemorativa de Lenin de la época soviética, 1970.
Círculo filatélico de Santa Clara, Cuba (imagen: V. Carrillo)

La definición "materialismo dialéctico" es introducida en el siglo XIX por el teórico del *marxismo ruso* Gueorgui Plejánov (Gudálovka, 1856-

Terijoki, 1918). Al igual que la definición de "materialismo histórico". Ambas concebidas para describir la evolución del marxismo desde Feuerbach y Hegel. En estas modelizaciones básicamente hablamos de cierta superación del dualismo por un entendimiento dialéctico entre materia-espíritu. Plejánov es responsable de un tipo de reelaboración filosófica *rusa* del sistema marxiano.

Posteriormente llegaría la enigmática, extraña y siempre polémica figura de Iósif Stalin (Gori, 1878-Moscú, 1953), donde se plantea al materialismo dialéctico como una aproximación científica a las leyes que explican el funcionamiento y movimiento de la naturaleza; y al materialismo histórico como la aplicación de tales leyes a la sociedad humana. Esta cuestión fue profundamente contestada, ya que Marx llegó a la concepción materialista de la Historia como un método y no como una sistematización.

Luego conoceríamos la, para muchos, nostálgica estampa de León Trotski (Yánovka, 1879-México, 1940), que se preguntaría si el materialismo dialéctico tenía una cabal aplicabilidad universal (sociedad y naturaleza). Para él existe una dialéctica objetiva en las ciencias naturales y otra subjetiva en la psique humana; sin existir entre naturaleza y consciencia una verdadera y total autonomía (la lógica kantiana pretendidamente superada por la dialéctica). En Trotski naturaleza y conciencia son dos aspectos de una misma cosa.

Las ideas centrales sobre el materialismo dialéctico (y el sistema marxista general) que queremos tener presentes en este ensayo sobre la huella filosófica de Marx en el cine son: por una parte, que la realidad (material) es independiente de la psique individual y colectiva, y por otra, que el *eje inspirador* del marxismo es la continua evolución de una teoría crítica de la realidad que permita a los sujetos emanciparse mediante la transformación (revolucionaria) de esa realidad.

En sentido de lo anterior, la consciencia es un desarrollo (a través de la descendencia con modificación, lo "tradicionalmente" llamado *evolución*) de la materia. De esto se derivan e interpretan algunas cuestiones importantes. En primer lugar, *cuál* y *cómo* es la naturaleza real, la sustancia, que forma el mundo. Y, en segundo lugar, el convencimiento sobre la "cognoscibilidad" de este mundo que vivimos y observamos. Es decir, vemos un rechazo a la idea del origen divino y una inclinación fuerte por la racionalidad científica. Y, quizás, debemos nombrar una tercera cuestión derivada: la consiguiente imagen del individuo que doblega sus condicionantes originales y pasa a reclamar una dosis *aceptable* de libertad y autodeterminación para sí y su colectividad, dado que ahora sabe que el mundo y sus circunstancias dentro de éste no son, como le habían dicho desde la cultura y los relatos políticos hegemónicos, inalterables e indescifrables. Posteriormente, apoyados en el Psicoanálisis, nos cuestionaremos si el problema de la emancipación tiene uno de sus anclajes en la conquista de dosis *aceptables* de soberanía sobre los procesos subjetivos. Así, la idea de la sustantividad como algo cognoscible, transformable, caracteriza a las vanguardias político-sociales tanto en la realidad como en sus testimonios cinematográficos (ficticios o no).

Desde estas posturas también se recalca un interrogante filosófico, que bien podría considerarse "clásico", acerca de si la globalidad de la realidad material tiene un movimiento continuo y genera una cambiante interconexión entre todas sus partes o subsistemas. Y es inevitable que el sujeto que se cuestiona estas cosas, a cualquier escala social, pase a preguntarse sobre su papel en el *todo* que observa y mueve. Lo que ocurre inmediatamente después a ese "personaje" es algo enormemente explorado por la literatura y el cine.

Engels escribía en el *Anti-Dühring* (1878) que la dialéctica es la "ciencia de las leyes generales del movimiento y desarrollo de la naturaleza, la sociedad y el pensamiento". Esas leyes implican que los fenómenos no ocurren aisladamente y hacen surgir toda clase de preguntas sobre la ingeniería social que puede resultar de ellas. Es importante subrayar los cambios lentos pero revolucionarios que se dan en el pensamiento a partir de estas tesis del sistema marxista (que, por supuesto, exceden al propio Marx y no aparecen totalmente con él por primera vez); son interrogantes de una filosofía de la transformación individual y colectiva con una preocupación centrada en las estructuras y superestructuras producidas en las leyes del movimiento y desarrollo de la naturaleza, no de forma importante en el origen mismo de la materia que las compone. Este "detalle" coloca la acción del sujeto (autónoma o no) en otra perspectiva, necesaria para los proyectos de emancipación humana, incluso desde el liberalismo clásico. Aparece una exposición de ideas, que además es típica de la cultura imperante en las islas británicas (aunque hablemos de pensadores pertenecientes a la gran tradición filosófica alemana, pero que alumbraron una parte central de su producción intelectual en la capital inglesa), según la cual podría ser irrelevante el principio que origina la materia, lo importante es si podemos conocer sus leyes y utilizarlas para crear una realidad distinta.

¿En esto no vemos una codificación presente en la típica película sobre el sujeto que no niega el sistema de creencias sobre la génesis de todo lo observable, sino que se eleva a su altura y recrea un "laboratorio" social que da a luz una época nueva? ¿La "herejía" del cambio revolucionario no requirió apropiarse de las leyes generales de la naturaleza, la sociedad y el pensamiento, sin necesidad de contestar de forma definitiva sobre el origen de éstas, porque nos estábamos convirtiendo en arquitectos de un nuevo génesis? ¿No tiene cierto parentesco el ser creado por el Dr. Frankenstein, la revolución obrera y la película de ciencia ficción sobre un futuro distópico donde una sublevación tecnológica postapocalíptica refunda el mundo?

Evidentemente, el estudio de las leyes de funcionamiento de un sistema siempre ha llevado a la historia del pensamiento hasta la pregunta sobre quién escribió tales leyes. Pero determinar que la materia que lo forma *todo*, incluso a la consciencia, existe con o sin nosotros podría conducir a la consideración de que el origen de *todo* lo observable no cambia nuestros deseos de construir un mundo distinto. Porque, tal vez, la idea misma de la *creación* no necesitara de nuestra presencia para llevarse a cabo. Y recordemos que, con anterioridad a la llegada de la razón científica como alianza predilecta del ser, las ideas sobre el origen de la realidad se conectaban con las de un destino pre-fijado: un lugar en la vida general que debías aceptar, porque no podía ser elegido soberanamente, hacía parte de la explicación para un orden social y cultural predeterminados. Cuando Lenin vino a afirmar en *Materialismo y Empiriocriticismo* (1909) que la materia es la única realidad objetiva, que la captamos sensorialmente y que existe independientemente de nosotros, se mostraba como heredero de postulados que querían separar la suerte (elegida) de los sujetos de la imagen de un mundo que se habían empeñado en mostrar como inalterable. Estas ideas han dejado una profunda huella narrativa en todas las manifestaciones culturales.

En el materialismo dialéctico existen categorías: esencia y fenómeno, causa y efecto, ley, lo histórico y lo lógico, contenido y forma, posibilidad y realidad, lo singular, lo universal y lo particular, lo abstracto y lo concreto, etc. Y existen tres leyes *generales*: Ley de cambios cuantitativos en cambios cualitativos, Ley de unidad y lucha de contrarios y Ley de la negación de la negación. Como veremos, son principios centrales en esta exposición. Es igualmente importante nombrar en este pequeño recordatorio de introducción que en el materialismo dialéctico no hay una distinción entre fenómeno y la *cosa-en-sí*. La misma producción del conocimiento es un proceso dialéctico.

1.3. El cine como espejo de la Carga Simbólica y dispositivo-Filtro Emocional

Reconocer a alguien, siempre hace que ese alguien te reconozca a ti.
(Ada Colau).

Antecedentes.

Hablar de cine es también hablar de la historia del pensamiento y sus simbolizaciones.

Tenemos que destacar, antes que nada, que muchos de los grandes pensadores del XVIII y XIX, sin los cuales la historia de la Filosofía no sería comprensible, piensan en alemán: Kant (1724-1804), Fichte (1762-1814), Hegel (1770-1831), Krause (1781-1832), Schelling (1775-1854), Schopenhauer (1788-1860), Marx (1818-1883), Nietzsche (1844-1900) y otros. La influencia germana en el terreno de las ideas se extendería espectacularmente al XX en figuras como Heidegger (1889-1976).

Pensar en alemán era algo también compartido por Marx y Freud. El psicoanalista mexicano Raúl Páramo-Ortega (2013) explicaba: «Ambos son judíos enraizados profundamente en el idioma alemán. Este idioma incorpora elementos dialécticos en su misma estructura. Por otro lado, el espíritu judío es un espíritu de rebelión contra cualquier dominación, excepto la de Dios. Pero ninguno de los dos acepta esa sumisión a dios alguno, como tampoco a la dictadura del capitalismo (Marx) o a la dictadura de lo inconsciente reprimido y depositado en las poderosas formas de organización social (Freud), o en vocabulario de Engels, ideologías dominantes. Ambos son, digamos, en cuanto judíos ateos, doblemente exiliados. Tanto Freud como Marx, revolucionarios, rebeldes teóricos, no caían en fáciles optimismos. Freud (1936) expresamente decía que "los hombres no cambian ni tan rápido ni tan a fondo" (p. 674), y a Marx se le atribuye la siguiente frase: "Todas las revoluciones han demostrado sólo una cosa cierta, a saber: se han logrado muchas transformaciones, pero pocas en el hombre". Ambos mueren en Londres, donde sus cenizas se encuentran en el mismo cementerio, a sólo metros de distancia» (p.344-372).

Descartes ya había dejado "planteado" el principal problema moderno de la Filosofía: *la identidad entre pensamiento y ser*. Más tarde, con el grandísimo Kant, Alemania había empezado a vivir una extraordinaria efervescencia filosófica, puede que no vista desde Grecia. Y que evidencia, como nunca antes, a la revolución como posibilidad y a una sociedad construida a sí misma como necesidad. Estamos ante una exploración filosófica de la realidad y la psicología humana que se arroja a buscar la piedra fundamental que lo compone todo. Esta etapa, hasta bien entrado el XIX, tendría un acento especial en la idea y el concepto: la Filosofía se entiende como una ciencia (cuyo campo es la *totalidad*) que viaja más lejos que la sola teoría del conocimiento.

Es digno de nombrar que lo germánico era ya una especie de anhelo e identidad cultural desde antes del choque entre Roma y unas cuantas tribus septentrionales; que surgiría con fuerza en la Reforma alrededor de tres ejes: la diferenciación de la Iglesia y el Estado, un progreso material basado en la voluntad del sujeto que implicaba protección al comercio, la industria y las profesiones civiles y la elevación purificada del espíritu (no ajeno a la actividad del Estado pero sin una Iglesia privilegiada).

De la nueva cultura revolucionaria y la Reforma surge, por supuesto, el Terror, pero también un Estado plenamente racional: que busca la llegada y realización del espíritu objetivo como medida de una escala de valores renovada: Libertad, Igualdad y Fraternidad. Que todo este *proyecto* tuviera su imaginada síntesis en el Estado prusiano conocido por Hegel o en las promesas de las nuevas repúblicas americanas no cambia el hecho de que ese mismo espíritu ("destrucción creadora") se mantiene en infinito movimiento y mantiene el futuro en continua transformación. Es decir, "lo verdadero es el todo y el todo es esencialmente resultado", con lo que (al contrario de lo argumentado por muchos charlatanes) la extrema sofisticación del pensamiento hegeliano nunca sintetizaría realmente un fin de la Historia. Y recordemos que "el fin de la Historia", también representada como el fin del mundo, tiene cierto arraigo en el cine.

Hegel tiene cierto paralelismo con la época protagonizada por Newton: en el gran físico vemos el esfuerzo por mirar cara a cara a la misma naturaleza (en movimiento), en el filósofo se revive el encuentro entre lo pequeño y lo grande, lo simple y lo abstracto, el concepto y lo universal histórico... lo cristiano y lo helénico. Al empezar el XIX el pensamiento filosófico tenía, más o menos, seguridad sobre: Uno. Todo lo real es racional. Dos. Sustancia es sujeto. Tres. La conciencia sobre la libertad contiene a la Historia Universal y a la idea de progreso, que vienen a ser sinónimos (Marrades, 1985).

Formulado el Sujeto Constituyente de Kant, el mundo empezó a verlo modelizado en diversas formas hasta nuestra época, como el sujeto capaz de crear una realidad y transmitirla masivamente. Éste y otros argumentos filosóficos del momento fueron introduciendo (o más bien confirmando) en algunos pensadores la idea clara de la Historia como un proceso dialéctico. Donde cada manifestación del pensamiento se movía como una superación de la anterior y parte de una futura síntesis.

Hegel incursionó a través de su *Ciencia de la Lógica* en las íntimas determinaciones del pensamiento que se piensa a sí mismo. La *Ciencia de la Lógica* (1812-1816) pretende demostrar que desde el puro ser se llega a la idea absoluta. Va desgranando las categorías para ir elaborando una síntesis cada vez más dialéctica hasta arribar a la idea absoluta (el pensamiento sobre el pensamiento: *se engendra eternamente a sí misma y goza de sí eternamente*). El "descubrimiento" de la idea absoluta pretende ensamblar a todas las filosofías: la unidad de todas las diferencias, de lo finito e infinito. El ser se convierte en reflexión y ésta en idea (la unión entre intelectualidad y realidad), la razón convertida en naturaleza y ésta en espíritu. Toda la diversidad y diferencias se contienen en la unidad como fuerza desdobladora de actividad (latente), de la que se desprende la objetividad de la que es capaz el pensamiento. A esa altura Hegel entiende que se ha superado la separación kantiana entre noúmenos y fenómenos (Léonard, 1990).

Interpreta la Historia de manera lineal, cada constructo dialéctico es una "totalidad". Como ya sabemos, esta idea desencadenó una dura crítica que llega hasta Marx, por parte de posestructuralistas y posmodernistas (Feinmann, 2011). En los que la historia global pretende ser una permanente desintegración en multiplicidad de hechos locales y parciales (no hay una sola Historia, sino muchas historias). Pero también sabemos que esta posición posmoderna intentó relacionar la tesis de linealidad y totalidad con el viejo proyecto soviético de Estado y sociedad, a la vez que dio sustento a la supuesta (y falsa) pluralidad histórica y simbólica de la democracia neoliberal.

El acento en lo fragmentario de posestructuralistas y posmodernos, efectivamente, tiene su base en una experiencia práctica donde la

Historia viene a ser una explosión de dolorosas crónicas con completa ausencia de algún tipo de fin o ideal de progreso totalizador para la humanidad global (por lo tanto, tampoco podemos aspirar a un conocimiento totalizador). Esto, por supuesto, se ha manipulado políticamente. Nos han vendido a bajo precio la idea del mercado como expresión de la pluralidad democrática, en permanente peligro de desestabilización a la vez que parece salir fortalecida de cada crisis. Pero, en ideas del profesor Feinmann (2011), esta forma de entender la realidad, la Historia y el pensamiento empezó a desquebrajarse la mañana del 11 de septiembre del 2001. A partir de ese *antes y después* la Historia Universal se reintenta pensar, tras la primera posmodernidad, bajo una totalidad casi hegeliana.

El punto teórico hasta donde llega Kant corresponde al preasalto final de la burguesía europea al poder. En los territorios hegelianos esta conquista se torna casi completa. Hegel, en realidad, no llegó a tener una completa identidad con las formas capitalistas más radicales: criticó el *laissez faire, laissez passer* como criterio económico y, al parecer, se pronunció durante sus cursos en Jena contra el general empobrecimiento de las clases trabajadoras.

La *cosa en sí* kantiana es "abolida" porque la clase burguesa se adueña racionalmente de toda la realidad. El gran filósofo alemán simboliza en la "totalidad" la apropiación *humana* de todo lo real-histórico. Nos encontramos ante una incursión en la misma arquitectura de la Historia Universal, aunque todavía hablamos de un filósofo idealista que parte del sujeto (pero con un antecedente de cambio *individual* que se remonta al Renacimiento). Aunque ahora sujeto e Historia *son* la sustancia, son la materia, edificados simultáneamente. Lo que equivale a la aparición de un individuo autoconsciente que se esculpe a sí mismo a través de su relato y todos los canales para representar lo que le proporciona la cultura. Entre muchas cosas, Hegel argumenta algo fundamental para la Filosofía acerca del conocimiento de la realidad: una evolución de la Lógica (desde Kant) a partir de un conjunto totalmente acabado de reglas y principios del pensamiento, expresado en conceptos cerrados, a un nuevo esfuerzo por encontrar el objeto real de ese pensamiento (Carrera, 2017).

La ciencia del pensamiento sobre el pensamiento, la Lógica, tenía que contemplar la relación innegable que existía entre la actividad de nuestra psiquis y cómo era la realidad (su creación y transformación). Era necesaria una conceptualización racional de las reglas que gobernaban el "espíritu". El modelo hegeliano es inicio de la gran exploración del intelecto humano como transformador de la realidad, primariamente mediante la acción interpretativa sobre las representaciones. Y luego sobre la modelización exterior a través del lenguaje (conceptos). Las acciones del sujeto sobre la materia, su trabajo, no es que dejen de ser parte del pensamiento, son una armonización entre la normativa que éste se ha dado y lo real. En Hegel la Lógica es prácticamente una función básica de la conciencia. Estas ideas dan explicación a una parte muy importante de las razones de ese sujeto que reivindica ser *Maestro de Obras* de la construcción histórica: se piensa (*ego*), se representa (*symbŏlus*) y expresa (*narratio*). Y con el resultado el individuo toma sus herramientas e intenta correlacionar la imagen mental del trabajo con la huella final de éste en la materia... la piedra, el individuo, las expresiones culturales, la sociedad, etc. Tales procesos han generado una extraordinaria huella narrativa que durante los últimos siglos se ha visto simbolizada también en el cine.

Impacto post-Hegel.

Algunos análisis e interpretaciones sobre cine, como las pretendidas en este ensayo, pueden convertirse en una traducción o resultado de sumar a Marx otras corrientes, como el Psicoanálisis (concretamente en aspectos como la dialéctica del reconocimiento y el deseo). Sobre todo si nos referimos someramente a edificios filosóficos como Hegel, obligado por ser, precisamente, línea alimentadora del pensamiento marxiano.

Una parte del extraordinario aporte de Hegel en la *Fenomenología del espíritu* y que es de gran importancia para la posterior explicación filosófica del viaje vital del sujeto y el cambio de su realidad, está en *Herrschaft und Knechtschaft*, la dialéctica del amo y el esclavo, en relación a la lógica de la Carga Simbólica del sujeto pensante. También desarrollada por el filósofo ruso-francés Alexandre Kojève (1902-1968) en sus célebres conferencias.

Hegel se preguntó con intensidad por el mismo origen de la Historia, encontrando parte de la respuesta en lo elemental de las relaciones humanas. Para él la Historia comienza cuando dos conciencias, separándose de la naturaleza básica, atracan en el mundo de los deseos que están más lejos que la supervivencia animal, cuando se desean deseos (que residen o dependen de la actitud y acción del otro/a distinto). Como sujetos pensantes que quieren algo más que alimento, abrigo y refugio, ¿qué deseamos del otro/a? Según la dialéctica del amo y el esclavo anhelamos que nos reconozca (deseamos ser el objeto de deseo del otro). Que en el choque de esas dos conciencias una resulte sometida por la otra, pasando ésta a ocupar un lugar históricamente superior. Una pugna que significó un gran cambio en la idea de conciencia venida del Idealismo, que pasa a ser resultado de un proceso dialéctico entre más de un individuo. El filósofo alemán piensa las diversas formas de conciencia hasta llegar al saber absoluto... el absoluto pensándose a sí mismo en el propio pensamiento (en nosotros).

Existe un momento álgido de este siempre inacabado conflicto a muerte, origen continuo de la Historia y la cultura humana en Hegel, donde uno de los dos sujetos, mediante distintas fases más o menos traumáticas, decide entre la muerte posible frente al otro por desear la supremacía histórica o la supervivencia mediante la sumisión tanto física como psicológica y simbólica. Entre las dos conciencias hay una donde su pretensión de ser reconocida (y legitimada) es más grande que el miedo a la posible muerte en la lucha por la supervivencia. Y otra donde el terror a la muerte es mayor que su aspiración a ser reconocida por la otra.

La relación que resulta de la figura dominante (el amo) y el dominado (el esclavo) no sólo origina la Historia humana. Además, aporta la noción del sujeto donde su humanidad está totalmente ligada al reconocimiento por parte del otro/a de su Carga Simbólica.

El amo, en Hegel, queda posteriormente en total insatisfacción, ya que el individuo que ha reconocido y legitimado su superioridad, en verdad, es alguien despojado de autonomía personal. Y en el que pesaba más el miedo a la muerte que la conservación de todo aquello que lo hacía humano, como esclavo que es ya no desea deseos (regresa a la satisfacción de las necesidades básicas a cambio de trabajar, para el dominador es una relación similar a la que podría tener con los animales de una granja.

El amo no tiene suficiente porque comprende que ha sido legitimado por un no-humano. Aquí reaparece el desarrollo dialéctico. Por una parte, el sujeto dominante se ve alejado a las tareas de administración y goce de las riquezas producidas por el esclavo. Sin embargo, esta historia reservaría a ese individuo dominado y deshumanizado el trabajo práctico que le pondría en contacto con la transformación de la materia. Para Hegel esto concentraría en el esclavo-trabajador la construcción real de la cultura.

Finalmente, es el esclavo quien establece una relación y puentes entre su inventiva o imaginación y la transformación de la materia (procesos de aprendizaje) mediante sus herramientas de trabajo. Y allí redescubre los canales a su libertad y humanidad perdidas. La dialéctica de Hegel se muestra con esas dos entidades enfrentadas: una desea a la otra en la *afirmación*, luego el amo niega-*negación* al futuro esclavo y lo hace someterse. Y, finalmente, el esclavo niega-*negación de la negación* al amo cuando comprende que sabe transformar la materia con su trabajo, es decir, a la misma realidad. Pasando a una síntesis totalizadora, un nuevo paradigma cultural, que concilia a los contrarios. Una totalidad que más tarde se enfrentará a otra en una nueva partida dialéctica.

En suma, el método dialéctico fue concebido como la estructura última de la realidad, mediante un encadenamiento infinito y dinámico de todas las categorías. Todo lo que vemos o afirmamos implica su negación, como si todas las manifestaciones históricas tuvieran un pie en el pasado (que parece seguir aquí) y otro que aparenta estar en el futuro, el devenir. El puro devenir en Hegel es Dios, una síntesis de todas las contradicciones. Y el absoluto sería la vía infinita de su autoconciencia-determinación. La *Verdad* es, entonces, el viaje hacia... lo que nos objeta y con lo que hemos de integrarnos.

En la naturaleza de la Carga Simbólica individual y colectiva nos enfrentamos a la necesidad de que se le otorgue legitimidad a ésta, como medida concreta de *existencia* y conquista de derechos que, a su vez, implican *dosis de humanidad*.

La Carga Simbólica (desde el Psicoanálisis) es un concepto que desarrollé en otras publicaciones, ésta encierra, mediante una serie muy amplia de representaciones inconscientes, adopciones e implantaciones culturales, los códigos que permiten mapear los principales aspectos que comprenden la identidad de un individuo. A través de los subsistemas que la componen (Filtro Emocional, un conjunto de códigos y modelos simbólicos) el sujeto crea un marco por medio del cual leer la realidad; creando una matización con unas particulares fluctuaciones de ánimo y cambios somáticos leves que lentamente ayudan a formar modelos finales de conducta. La vida del sujeto está marcada por las relaciones que esa Carga Simbólica establece con el entorno, ésta empieza a estructurarse desde la propia aparición del Yo. Su primer fin es psicodiagnóstico (establecer si el *otro* es una amenaza o si es posible la comunicación) y su principal función es la demanda de reconocimiento y legitimación de su propia imagen por parte de otras cargas simbólicas.

Podríamos considerar que la Carga S es algo que se empieza a modelar desde lo que el Dr. Lacan llamó el Estadio del Espejo y la aparición del Yo (estando sus comienzos humanos en la propia filogénesis de la especie). Su motor primordial es la, antes nombrada, dialéctica de la imagen y el deseo. Se transforma continuamente hasta el último día de existencia del sujeto. En la CS hay un tipo de nexo destacado por su importancia: la lucha porque se vea superficialmente revelada frente y en los otros individuos (el Yo es también una imagen reflejada en el otro).

El ejercicio comunicativo en cualquier colectividad humana depende de que cada sujeto observe la Carga Simbólica del otro/a (esto tiene unas importantes implicaciones psicopolíticas). Una entidad (humana en este caso) sólo se convierte en sujeto de derechos si los otros *ven* su Carga Simbólica y le confieren la legitimidad suficiente para, en primer lugar, iniciar una comunicación. Y, en segundo lugar, considerarlo un ente simbólico pensante y soberano equivalente (el fin psicodiagnóstico). El entrenamiento necesario para el uso de las libertades conlleva profundizar en ese reconocimiento de la Carga S del otro/a; que es el eje último de la coexistencia practicada dentro del aparato social (la necesidad de responder quién es el otro/a para, así, responder quién soy).

Como se expusiera anteriormente, el sustento explicativo (filosófico-histórico) de la Carga Simbólica del sujeto pensante está (entre otras fuentes) en la *Fenomenología del espíritu* de Hegel: *Herrschaft und Knechtschaft*, la dialéctica del amo y el esclavo. Y la posterior elaboración del filósofo Alexandre Kojève. Recordemos la lucha entre las dos conciencias (el amo y el esclavo) por obtener el reconocimiento y la legitimidad de una por parte de la otra. Y el importantísimo elemento de la insatisfacción posterior del dominante, consecuencia de ser reconocido y legitimado por un no-humano, estado derivado de su condición de esclavo.

Las comunicaciones en todo grupo humano, como se argumentaba, están sujetas a que sus miembros se observen entre sí y otorguen legitimidad a la imagen de la CS del otro/a, un proceso empujado por la propia dialéctica de la imagen.

Los derechos reconocidos en un sujeto por parte de los demás dependen por completo de que éstos otorguen legitimidad a su CS: hay una relación directamente proporcional entre reconocimiento-legitimación de la imagen (CS) y posesión de derechos. El ejercicio de su autonomía y soberanía personal está en los ojos del otro, su espejo. En los niveles de libertad de los que podrá hacer uso hay una equiparación inconsciente entre legitimidad de la CS y *grados de humanidad* reconocidos en el sujeto por parte de sus congéneres; esto presta parte del sustento al relato sobre la distancia entre grupos humanos (civilizado-incivilizado, desarrollado-subdesarrollado, superiores-inferiores) y entre humanos y las demás especies. Esta última diferenciación, humanidad-animalidad, se hace algo problemática cuando el otro es, por ejemplo, un gran simio, seres que forman sociedades donde se han observado rudimentos de una posible cultura, que pueden aprender un lenguaje y comunicarse con humanos. La comprobación, en diversos estudios, de que poseen conciencia de sí, nociones sobre el paso del tiempo y una estructura emocional ha conducido a varias iniciativas para que se les reconozcan derechos que solo poseen los humanos, como la libertad y la prohibición de la tortura.

Esta complejísima cuestión del reconocimiento y legitimación a la imagen del otro, por supuesto, está presente en el pensamiento de Karl Marx, no solo porque bebiera de Hegel desde su juventud sino por todo el tratamiento dado en su obra a ese nuevo sujeto histórico hijo de una burguesía a la que el *Manifiesto* reconocía su papel revolucionario, que luego resurge de la explotación capitalista, se provee de unos símbolos distintos y reclama otro protagonismo en la dinámica social; en términos psicosociales tal cosa no sería posible si ese nuevo sujeto no reclamara un reconocimiento a su imagen y legitimación para la arquitectura de su propia Carga Simbólica. La misma introducción del *Manifiesto*, escrito conjuntamente por Marx y Engels, empezaba así: *Un espectro se cierne sobre Europa: el espectro del comunismo [...] De este hecho se desprenden dos consecuencias: La primera es que el comunismo se halla ya reconocido como una potencia por todas las potencias europeas. La segunda, que es ya hora de que los comunistas expresen a la luz del día y ante el mundo entero sus ideas, sus tendencias, sus aspiraciones, saliendo así al paso de esa leyenda del espectro comunista con un manifiesto de su partido. Con este fin se han congregado en Londres los representantes comunistas de diferentes países y redactado el siguiente Manifiesto, que aparecerá en lengua inglesa, francesa, alemana, italiana, flamenca y danesa.*

De esto, como de otros apartados del texto, extraemos la representación de un deseo estructurado alrededor del reconocimiento (como necesidad) y una exigencia de legitimidad (para esa imagen del comunismo entendido como sujeto colectivo maduro) que le aleje de esa consideración fantasmal, que de hecho es una negación dialéctica presente en los relatos de las fuerzas reaccionarias. Este juego de la dialéctica de la imagen (del comunismo, en este caso) no ha dejado de complejizarse en más de 100 años. Teniendo uno de sus capítulos especiales, por ejemplo, en la hipnótica y tremendamente exitosa imagen de la hoz y el martillo, adaptada por miles de organizaciones políticas de los cuatro puntos cardinales.

El sistema simbólico de la hoz y el martillo ha tenido un enorme éxito psicosocial en todo el mundo, haciendo parte de la arquitectura presente en la Carga Simbólica de individuos y sujetos colectivos.

En esta modelización simbólica observamos algo psicosocialmente fascinante: una de las manifestaciones más importantes del pensamiento, en este caso de Lenin, la unión del proletariado industrial y el campesinado, está expresamente representada e interpretada en el relato objetivador del líder de la Revolución de Octubre (que desde su estatus racional pero casi mítico-institucional la irradia al movimiento comunista del mundo entero); una vez hecho esto, el artista ruso Yevgueni Kamzolkin (1885-1957) toma los elementos (un par de *signos* con aparente relación convencional) que podrían considerarse representadores de los dos universos (obreros y campesinos) y a la manera griega (el símbolo como la unión de dos mitades de un objeto roto) edifica algo nuevo: un sistema simbólico donde los sujetos pueden ejercerse y experimentar identificación, donde reside el mismo discurso de todos y cada uno de los miembros de ese sujeto colectivo todavía recién fundado. Hablamos de una *ingeniería* simbólica donde pensamiento y realidad, idea y objeto en sí, se encuentran.

La potencia del conjunto es de tal magnitud que los individuos pueden incluso incorporarlo a sus propias cargas simbólicas, sumándolo al marco a través del cual leen la realidad, pueden llegar a exhibirlo en sus espacios físicos vitales como criterio identitario (usando un término de amplio uso en las ciencias sociales). Al referirse a la hoz y el martillo, el filósofo ruso Alekséi Losev (1893-1988), autor de *La dialéctica del mito*, diría: *Es un signo que se mueve con las masas populares, no constituye simplemente un signo, sino un principio constructivo y técnico para las acciones humanas, así como sus aspiraciones volitivas.* Cuando esas masas, el sujeto nuevo del ideal comunista pensado por Marx, incorporan ese símbolo a su Carga S éste pasa a ser parte del todo (una imagen compleja e integral) que reivindica un reconocimiento y legitimidad.

En el Dr. Lacan, por ejemplo, el símbolo se analiza lingüísticamente (una palabra necesita asociarse con otras para tener sentido dentro del signo). El significante, vinculado al orden simbólico, sería lo determinante del *sistema signo* y donde se funda el sentido. Siendo anterior y libre respecto al significado, con el que no mantiene una rigidez de relación. En esta misma línea lógica Lacan plantea otra idea reveladora: el símbolo no viene a ocupar algo inexpresable en el lenguaje, sino que llena un vacío ocurrido en los humanos cuando pierden al Otro primordial (la madre), el vínculo con el individuo en estado natural (que todavía puede *recordar* su original instintiva animal). El símbolo sería una re-construcción y deseo de algo perdido que también puede pensarse como alguna clase de refundido saber ancestral. Lo reprimido vendría a ser un significante, más una imagen fonética que una emoción (Roca, 2019).

Por eso, en el gran psicoanalista francés, el inconsciente se organiza como un lenguaje. Unas palabras *perdidas* que han de ser encontradas y descifradas (¿acaso sustituidas?). Para Lacan la simbolización forma el nacimiento del lenguaje y el deseo que las palabras pueden formular. El símbolo vendría a ser la historia de la *cosa* que nos separa con violencia del Otro primordial (la madre) y del sujeto natural que recuerda a la animalidad; perpetuando el deseo como búsqueda para llenar un vacío estructural.

Reconocimiento y legitimidad de la CS, desde distintas llamadas a Marx, con ascendencia de Hegel y en conexión con el Psicoanálisis, son tramas muy ampliamente presentes en el cine. Quizás con mayor énfasis en aquellos guiones e interpretaciones que atacan el problema de la esclavitud, la lucha por la libertad, etc. hasta umbrales que exploran la misma concepción ontológica de humanidad.

De los varios ejemplos posibles podríamos nombrar *Amistad* (1997), dirigida por Steven Spielberg, donde unos africanos capturados salvajemente son conducidos como esclavos a Cuba en 1839. Luego de terribles torturas y muertes (muchos son arrojados por la borda vivos para alargar las provisiones) logran protagonizar un motín a bordo del barco portugués Tecora, se apoderan de la nave e intentan regresar a la costa occidental africana. Pero finalmente son detenidos por los guardacostas de EE.UU. y conducidos al continente, donde son encarcelados y acusados de la muerte de sus propios captores. Las escenas del personaje histórico de Joseph Cinqué nadando en el océano para intentar escapar no pueden dejar de recordar a las cientos de imágenes de los que huyen en pateras desde el Norte de África para intentar llegar a Europa. Lo interesante de esta película es, precisamente, el increíble debate dialéctico al interior de las distintas instancias de la justicia estadounidense en torno a si aquellos hombres podían ser considerados una mercancía propiedad de alguien (por ejemplo, la Corona española o los traficantes de humanos que podían mostrar un recibo de compra) o si podía demostrarse que contaban con todos los atributos para otorgarles lo que aquí hemos denominado "grados de humanidad", como la condición de sujetos de derecho que debían contar con legítima defensa según las leyes vigentes. La extraordinaria defensa de los africanos prisioneros, en parte a cargo del expresidente John Quincy Adams, interpretado por Anthony Hopkins, muestra hasta qué punto las leyes son también una cuestión de emocionalidades en choque. Y que, en ocasiones, el sentido de humanidad puede combatir los fríos intereses del capital.

Reconocer que esos hombres y mujeres eran sujetos de derechos, no era otra cosa que otorgar reconocimiento y legitimidad a su Carga Simbólica, que entre otros aspectos reivindicaba ser tratada con dignidad, despojar a esos individuos de la condición de sujeto-propiedad y ser devueltos a sus auténticos hogares. Reconocer en esos orgullosos africanos injustamente encadenados a un *otro* que devuelve mi imagen (mi propio Yo) es una causa-efecto (y viceversa) en la psique social de reconocer legitimidad a la imagen de su CS.

Al no haber nacido esclavos, según la normativa de entonces, tenían derecho a ser juzgados como sujetos libres; pero de haberlo hecho su valor sería parecido al del ganado o los arados de las plantaciones, no serían posibles fuerzas productivas que venden capacidad de trabajar, sino un medio de producción propiedad de algún capitalista.

La gran disputa, representada en el derecho de los africanos, que amenazaba con romper el corazón de la joven nación versaba sobre el fin más básico de la ley, dónde comienza y termina la libertad y sobre qué es necesario para tener y defender tal libertad. Resulta conmovedora la escena donde el expresidente John Quincy Adams describe a Cinqué el calibre del terrible reto histórico al que se enfrentan. Y éste, con esa bellísima sabiduría que únicamente poseen los pueblos ancestrales, le explica en su propia lengua que no estarán solos, todos sus ancestros estarán allí, en la misma sala del más alto tribunal de justicia de los EE.UU., para ayudar a defender la causa de la libertad: —*Tendrán que venir, porque en este momento soy la única razón por la que han existido.* Y, por supuesto, aquella abstracción poética, *mis antepasados, desde el comienzo de los tiempos,* es uno de los componentes de la Carga Simbólica del personaje. Y realmente la puesta en libertad de aquellos hombres y mujeres, que según el veredicto jamás podrían ser considerados mercancías sino personas libres, fue como parte de esa última batalla por la independencia de la que hablaba el expresidente durante su alegato.

Otro universo cinematográfico tremendamente interesante donde con alguna frecuencia hemos visto la dinámica del reconocimiento y legitimación de la CS del sujeto o su colectividad es la ciencia ficción, también ligada a discursos sobre la esclavitud, la cosificación y la conquista de soberanía y libertad desde la condición, precisamente, de mercancía. Tenemos, por ejemplo, las interpretaciones hechas desde la obra de Isaac Asimov (Petróvichi, 1920-Nueva York, 1992). Una interesante película con alguna influencia de este gran escritor es

Autómata (2015) dirigida por Gabe Ibáñez. En esta película vemos un futuro apocalíptico donde la humanidad encuentra su tecnológico declive al mismo tiempo que los robots humanoides Pilgrim 7000, unos cuantos de ellos, arriban a la autoconciencia. El agente de seguros Vaucan, protagonizado por Antonio Banderas, investiga extraños casos donde sospecha que algunas máquinas sin registro de dueño humano se han modificado a sí mismas: —*Autorrepararse implica cierto grado de conciencia*, dice uno de los personajes. Durante su inspección de las instalaciones donde trabajan las máquinas descubre algo enigmático y de gran valor simbólico: un trozo de la puerta metálica de una taquilla parece haber sido limpiada y algo pulida, como si tratara de ser usada como espejo. Justo frente al "espejo" está la estación de recarga de la unidad a la que lo ha llevado su investigación. Si un psicoanalista lacaniano estuviera asesorando al agente de seguros Vaucan posiblemente le hablaría del Estadio del Espejo y la posible aparición del Yo en una de esas máquinas obreras.

La atmósfera oscura, opresiva y finalista de las últimas ciudades humanas, totalmente fortificadas contra la radiación y la contaminación (grandes erupciones solares han provocado una regresión tecnológica y el colapso ecológico del planeta), acompaña la huida hacia el desierto de algunas máquinas; inicialmente creadas para desempeñar tareas pesadas, entre ellas construir una gigantesca muralla que proteja a las ciudades de los enormes guetos que las rodean.

Los dos protocolos básicos en el cerebro de los robots son la imposibilidad de atentar contra cualquier forma de vida y la prohibición de modificarse o modificar a otras máquinas. Pero cuando el protagonista es testigo directo de la violación del segundo protocolo todos los implicados empiezan a ponerse nerviosos: —*Tú estas aquí, traficando con partes nucleares, porque hace mucho tiempo un mono decidió bajarse de un árbol. La transición desde el cerebro de un mono a tu increíble capacidad intelectual tomó cerca de 7 millones de años. Una unidad sin el segundo protocolo podría recorrer ese mismo camino en tan solo unas semanas.*

En efecto, unos pocos robots sin la "segunda ley" han escapado y creado en corto tiempo un esbozo de organización social. Lo genial de esta película de presupuesto limitado, tal vez con la acción algo reducida para felizmente dar un espacio mayor a la narrativa, es que en un par de escenas muestra con toda su intensidad el problema de la lucha emancipadora en una colectividad nueva, el viejo proletariado o las nuevas máquinas obreras autoconscientes, que empieza con ese trauma-antagonismo original (el fantasma socio-ideológico de Žižek) consistente en la necesidad de un reconocimiento y posterior legitimación a la imagen de su Carga Simbólica por parte del otro. Como en un regreso al Hegel estudiado por Marx, aquellos robots quieren ser el objeto de deseo del otro, quieren ver su Yo reflejado en los rostros humanos. —*Sobrevivir no es relevante, vivir lo es...*

Aunque estos nuevos seres conservan el primer protocolo e intentan detener las amenazas a la vida humana, sus creadores biológicos en esa edad final del capitalismo son incapaces de comprender que están ante un cambio de capítulo en la historia de la vida. Una página nueva que nadie inició a propósito, sino que simplemente llegó, como cuando los humanos aparecieron hace millones de años. —*Ninguna forma de vida puede habitar el planeta eternamente... mírame, yo fui imaginado por mentes humanas. Ahora tu tiempo vivirá en nosotros*, dice el primer robot en adquirir conciencia por medio de un hecho electrónico totalmente fortuito.

La segunda escena a la que me refiero contiene y representa toda la larga cadena de actos humanos que buscan la eliminación física del diferente. El otro distinto (culpable imaginario de mis males, supuesto poseedor del goce que me falta, amenaza para el *statu quo*) al que niego reconocimiento para su CS, quitándole toda posible dosis de humanidad, es borrado con facilidad por la gracia de un disparo en la cabeza mientras permanece indefenso. Hemos repetido esa imagen hasta la saciedad: —*¿Por qué no obedeces mis órdenes? Sólo eres una máquina*, pregunta un humano de la compañía. —*¿Sólo una máquina? Es como decir que tú sólo eres un simio... sólo un simio violento*, contesta el robot antes de ser abatido.

Lo que hay que recordar aquí es que si esas máquinas hubiesen conquistado el reconocimiento que en verdad reclamaban para su novísima CS, cosa improbable, su asesinato no habría resultado tan sencillo. La muerte del obrero es posible porque se halla cosificado, porque su CS obtiene un reconocimiento defectuoso y por lo tanto goza de una humanidad *menor*.

Esto está en la raíz del *por qué* a nivel inconsciente podemos otorgar, por ejemplo, menos "grados de humanidad" a los habitantes de la calle. El maltratador o el torturador ve una humanidad menor en su víctima, el que cree en una superioridad moral, cultural, social o racial de unos sobre otros observa como humanos inferiores a variedad de discapacitados (mucho más sin son mentales), a los hambrientos del mundo, a los que profesan otras religiones o a los que mantienen un pensamiento divergente. Nadie es ajeno a esta praxis profunda de la psique individual y colectiva, dado que nos referimos a modelos que, aunque se modifican de generación en generación, son casi tan antiguos como los impulsos básicos. Detrás de la agresión a pequeña escala social o a nivel industrial, como en el caso del Holocausto judío o ese mercado de la carne en que se convierte el drama de los refugiados, está una deslegitimación y negación de la CS de un sujeto al que se pasa a despersonalizar y deshumanizar en distintos niveles. Esto, de hecho, facilita la violencia simbólica y física hacia él/ella.

En otro ejemplo, cuando un hombre ataca a una mujer evidencia que no la considera un ente simbólico soberano equivalente sino un objeto que puede ser poseído, la deslegitimación de su CS la despoja de su condición de humana y sujeto de derechos dentro de un espacio y tiempo concreto. Entonces el inconsciente del agresor podría llegar a equipararla con la mascota de casa, a la que incluso podría torturar y asesinar sin que las consecuencias legales sean realmente graves (aunque el maltrato animal sea un delito penal).

No hay que engañarse en esto, quienes martirizan animales o disfrutan del espectáculo están más cerca que otros de la deslegitimación simbólica de otros sujetos humanos, lo que a lo largo de la Historia ha viabilizado tanto las violencias a nivel micro como la eliminación física. Esta dimensión de la psique individual y colectiva evidentemente presta parte del sustento a realidades más complejas como la violencia política (que, aceptémoslo de una vez, incluye el hambre y la miseria).

Otro ejemplo interesante extraído del cine son las dos sagas existentes en torno a *Planet of the Apes*, a propósito del antes mencionado debate sobre el reconocimiento de derechos a los grandes simios (reconocerles como personas no-humanas poseedoras de ciertos derechos). Son múltiples las referencias que podrían interpretarse en estas películas como el llamado de reconocimiento y legitimación a la Carga Simbólica (por ejemplo, como una profunda reivindicación de su propia imagen y existencia) por parte de esa segunda especie inteligente aparecida sobre la Tierra.

Quizás esto se ve con mayor énfasis en la historia contada desde *Rise of the Planet of the Apes* (2011), *Dawn of the Planet of the Apes* (2014) y *War for the Planet of the Apes* (2017), aunque por ahora no superan el fenómeno de culto que han supuesto las estrenadas entre 1968 y 1973. Todo el argumento está basado en la novela de Pierre Boulle *La Planète des singes* (1963), cuya idea central es lo ocurrido cuando dos conciencias se encuentran y una de ellas se ve forzada a toda clase de acciones para intentar demostrar a la otra su condición inteligente y civilizada.

Elenco de la efímera serie de TV Planet of the Apes (1974). De izquierda a derecha, Ron Harper como el astronauta Alan Virdon, Roddy McDowell como Galen, el chimpancé, y James Naughton como el astronauta Peter Burke (CBS Television. Imagen de dominio público vía Wikimedia Commons)

Efectivamente, durante la novela unos viajeros espaciales encuentran el rastro de una tripulación perdida en un planeta de la estrella Betelgeuse, en el Cinturón de Orión. Allí constatan la presencia de un orden social contrario al conocido, donde los simios son la especie dominante y los humanos permanecen en un estado primitivo que permite su esclavitud. El único viajero superviviente recibe la condición de "animal", en la que conoce a la Dra. Zira, una especie de psicóloga chimpancé que decide estudiarlo y de quien volverá a recibir el reconocimiento perdido a la imagen de su CS, que lo manifestaba como ser poseedor de derechos derivados de haber sido observado por un *otro* que le devolvió un reflejo coherente de su propio Yo: esa imagen especular le comprendía como un individuo bajo cierta condición civilizada, dado que, a diferencia de los humanos nativos de ese planeta, él podía hablar.

En la película de 2017, el simio jefe César, padre de Cornelius (que pensamos hace referencia al científico simio que aparece en la saga original y ayudará a devolver reconocimiento a la CS de los humanos animalizados), es la representación arquetípica del héroe-líder comunitario y nacional y principio fundador (mítico-institucional). Lleva a cabo la lucha por la liberación, comanda la guerra (¿civil?) contra los humanos y conduce su propio éxodo hacia una tierra prometida. Como Moisés, morirá en las mismas puertas del nuevo hogar: *Esta es la tierra que juré dar a Abraham, a Isaac y a Jacob, diciendo: "Yo la daré a tu descendencia". Te he permitido verla con tus ojos, pero no pasarás a ella* (Deuteronomio 34).

En las sangrientas batallas que muestra el comienzo del filme entre simios y humanos, en medio de espesos bosques, es un poco difícil no retroceder a las imágenes de las típicas películas sobre la guerra imperialista: los aguerridos pero aterrorizados comandos humanos en el papel, por ejemplo, de los jóvenes estadounidenses enviados al Vietnam. Y los simios armados con lanzas y unas pocas armas luchando desde empalizadas y trincheras rudimentarias en el papel de las tropas, prácticamente guerrillas, vietnamitas. En la película incluso hay cierta simbolización del salvajismo bélico que ha caracterizado esas guerras: *monkey killer* y otras leyendas aparecen escritas en los cascos de los soldados. Mientras los simios capturados y obligados a trabajar como esclavos para los humanos con frecuencia llevan una marca despreciativa en su cuerpo que reza *donkey*, asno, por el parecido a *monkey*, mono. Muchos de estos elementos se adaptan desde la saga original. Es decir, hay un énfasis en la humillación de la animalidad original, re-cosificación que pretende acentuar la negación dialéctica (des-reconocimiento) del enemigo al que se sueña como derrotado y se le prohíbe cualquier posible estatus de sujeto con inteligencia o derechos. La negación a la nueva Carga Simbólica de los simios es, de hecho, similar a la que han sufrido poblaciones o prisioneros en Vietnam, en los varios conflictos armados de América Latina durante el

XX, pero también en Irak, Afganistán o Siria.

La protección de los simios al personaje de la niña humana huérfana, que termina con la concesión de un nombre para su identidad ignorada, Nova, es un recurso narrativo de gran valor: porque, precisamente, consiste en el re-reconocimiento a su CS, que todavía es joven e inevitablemente resultará siendo una mezcla entre sus orígenes y la reciente cultura simia. Esto se muestra en contraste con la furia guerrera y pseudo-religiosa del reducto militar humano que mantiene a los simios como esclavos.

El himno nacional de los EE.UU. suena por los altavoces del campamento mientras los soldados se lanzan sobre los simios para llevarlos a rastras al trabajo, un acto cinematográfico dramático que probablemente muestra, junto a los latigazos y demás vejaciones, aquello que el Hegel leído por Marx quería decir cuando, de manera más filosófica, afirmaba la negación dialéctica entre las dos conciencias que originan la Historia y la lucha a muerte que esto significaba. Hasta que la derrotada, el esclavo, comprendía que era él quien creaba realidad con su trabajo y emprendía la *negación de la negación*; lo que le llevaría al reconocimiento y legitimación de su propia imagen. En la película, dirigida por Matt Reeves, este camino termina con la muerte e involución sociocultural de los humanos sobrevivientes. Tal vez la furia fanática del coronel del campamento, que lo define todo como una "guerra santa", se desprende de una certeza: la fortaleza e inteligencia de los simios junto a la involución de los humanos hace que el reconocimiento y la conquista de legitimidad soberana para la imagen de la CS de los primeros sea totalmente inevitable y lleve ésta al fin de la humanidad; ya que la mutación del virus aparecido en la película del 2005, dirigida por Rupert Wyatt, provoca la pérdida del habla y el regreso a un estado primitivo, una vinculación con lo visto en la saga original y en la cinta dirigida por Tim Burton en el 2001.

No obstante, este alegato cinematográfico de la dialéctica hegeliana, aquella que influiría tanto a Marx, no concluye simplemente con la eliminación de una de las conciencias en pugna. Karl, antiguo miembro de la izquierda hegeliana, comprendería la importancia para el avance de la Historia de una síntesis real, salida de esa especie de "dualidad" tesis-antítesis, según el esquema de la dialéctica propuesto por Fichte. Respecto a esto, no olvidemos que la película que cierra la primera saga, *Battle for the Planet of the Apes*, dirigida por J. Lee Thompson (1973), simboliza ya un primer cierre de aquel movimiento circular en el desarrollo de la naturaleza y la Historia que se quería mostrar en el sistema *negación, afirmación y negación de la negación*.

Es decir, a diferencia de Marx, Hegel piensa que la negación de la negación, como síntesis, contiene a sus capítulos anteriores; pero en el primero hay una interpretación algo distinta: el enfrentamiento entre opuestos lleva a un salto, un cambio que no contempla a los anteriores estados antitéticos sino a la llegada de un tercer estado de cosas, como en la imagen ideal del comunismo donde la propia categoría de "clase social" desaparece en lugar de ver el ascenso de una clase vencedora que absorbe a las demás (lucha de clases como superación de las clases y de la lucha entre éstas en sí misma). Así, en la película de 1973, la escena final transcurre 600 años después de aquella época de terribles guerras entre humanos y simios, un legislador simio da una lección de Historia a un grupo de jóvenes. Ambas especies llevan siglos viviendo juntas bajo un mismo orden social, fundado sobre los escombros de la guerra. La narración del anciano concluye con una mención al futuro, la coexistencia en paz y la esperanza, a un lado una estatua del líder simio César deja caer una lágrima que sella aquella síntesis entre cargas simbólicas que antaño intentaron aniquilarse.

La manera como funciona el cúmulo de códigos que forman la Carga Simbólica es, pues, compleja, ya que involucra variedad de facultades mentales y físicas, al inconsciente, implantaciones vía cultural, etc. En parte, la CS consiste en la construcción de un universo simbólico, existente en la imaginación, donde el individuo articula todas sus idealizaciones sobre él o ella misma, su entorno y el mundo en general. El peso del inconsciente es muy importante en la arquitectura de la CS, tan sólo una parte de ella se construye con verdadera *soberanía consciente*. Y en tanto el inconsciente se estructura como un lenguaje (en Lacan), una parte muy importante de la CS se edifica y objetiva por medio del relato. Un individuo es, ante todo, su relato acerca de él y de él en la realidad. Parafraseando a Foucault, el sujeto sólo accede a la verdad sobre sí mismo hablando de sí mismo, aunque el relato resultante únicamente adquiera validez cuando es escuchado y legitimado por el otro; si el Yo es una estructuración simbólica que está en el otro, entonces mi CS y mi relato están en ese otro.

La CS, muy importante, también es la imagen mental acerca del *cómo* pretende aparecer el sujeto ante los ojos que le rodean... los ojos de ese otro. La CS se manifiesta objetivamente en la apariencia superficial del sujeto y en el espacio material inmediato donde éste se ejerce. La intimidad está decisivamente influenciada por la CS, en el sentido de que el espacio físico donde se da la vivencia de la cotidianidad más personal siempre exhibe elementos que podrían considerarse símbolos que reflejan y condensan el mundo mental del individuo (como la hoz y el martillo en el ejemplo anteriormente mencionado). Esos símbolos son de naturalezas muy diversas, con frecuencia contradictorias. En ocasiones pueden consistir en elementos simples de la realidad objetiva y en otras composiciones más complejas; pueden ser visuales, auditivos, etc.

La Carga S tiene, como antes se nombraba, una dimensión también colectiva: uno de los casos más evidentes son los conjuntos simbólicos que actúan como heráldica de los Estados, éstos pueden resultar sumados por los individuos a su propia CS. Es decir, mi CS puede integrar diversos elementos, conjuntos o signos de naturaleza sociocultural o sociopolítica con objeto de expresar pertenencias, adhesiones, etc. Este fenómeno está, como sabemos, extremadamente difundido en nuestro modelo cultural, dado que la CS también sirve para intentar ejercer un control sobre el *cómo*, el *qué*, etc. de mi imagen ante el otro. Traigamos a colación un fragmento de texto anterior: "ese sujeto que reivindica ser maestro de obras de la construcción histórica: se piensa (*ego*), se representa (*symbŏlus*) y expresa (*narratio*). Y con el resultado el individuo toma sus herramientas e intenta correlacionar la imagen mental del trabajo con la huella final de éste en la materia... la piedra, el individuo, las expresiones culturales, la sociedad, etc. Tales procesos han generado una profunda huella narrativa durante los últimos siglos". La dialéctica del reconocimiento (y el mismo deseo de ser el objeto de deseo del otro) tiene una traducción práctica en las adopciones simbólicas que el sujeto transporta en su propio rostro o cuerpo, se trata de acciones que condensan todo un relato sobre cómo es y cómo debería ser una parcela de la realidad (*ego - symbŏlus - narratio*). Tenemos ejemplos de esas adopciones en señales utilizadas por colectividades como parte de su atuendo, convertidas en "símbolo político".

Por supuesto, sólo una parte de la psique encuentra una representación en el espacio físico. Maneras determinadas de actuar o expresarse ante la cotidianidad elegida por cada individuo, así como un conjunto más o menos amplio de pequeños rituales, que persiguen pasajeras descargas de placer físico y psíquico, son cosas configuradas desde la CS. Cuya mayor manifestación es, efectivamente, la ritualización a pequeña escala de la realidad. Evidentemente, nada más que una parte de la CS es decidida con soberanía, la otra está determinada por el origen cultural, la formación recibida, la experiencia, el inconsciente, etc.

Asociado a la CS está la definición de Filtro Emocional.

Éste también es una acción de la psique para filtrar la realidad a través de los símbolos que explican, comprenden y contienen al individuo. El Filtro E evita una relación de inmediatez con la realidad. Matiza el mundo que percibimos, siendo así determinante para acercarnos a él de una manera crítica. El Filtro E es el marco de crítica concreto a través del cual leemos la objetividad, de nuevo es útil el ejemplo de la hoz y el martillo (el Filtro E es el símbolo): cada elemento de la modelización simbólica presta a nuestros procesos subjetivos una particular lectura, carácter y templanza; generando distintas reacciones ante la textura especifica de una X parcela de la materialidad. Esto, a su vez, implica que una modelización simbólica, en su dimensión y matiz como F Emocional, puede influir de manera determinante en las lecturas y críticas a la dureza última de la piedra (el individuo) y el edificio (la sociedad); así como en el fin transformador que Marx reivindicaba para la Filosofía: cuando el Yo "filtra" o estudia la materialidad y la vida anímica a través del mensaje básico y la templanza que tal modelización simbólica pretende transmitir, observamos un fenómeno íntimamente conectado con el Psicoanálisis.

El F Emocional toma todo el espectro de percepciones (visuales, auditivas e incluso condicionantes que provienen del mundo de las representaciones inconscientes) y selecciona un conjunto de impulsos, estímulos o excitaciones según unos criterios más o menos bien establecidos desde la Carga Simbólica. De hecho, el "material filtrante" puede ser el símbolo (todo el *reino* metafórico donde éste se ha re-representado a él mismo/a y al Universo), que además comprende al lenguaje y desde éste a lo normativo (la *ley-verdad* de cada momento histórico). La "filtración" de la información, en su mayor parte proveniente del exterior (y como antes explicábamos), crea una matización con unas particulares fluctuaciones de ánimo y cambios somáticos leves, que lentamente forman modelos finales de conducta. Es decir, un individuo lee las *cosas*, las relaciones, el mundo y sus movimientos, etc. a través de su Carga Simbólica y específicamente por medio de los filtros emocionales que estructuran los subsistemas de ésta. Constituyen un mecanismo de relojería contra la pulsión sobre un objeto que tiende a dominar al sujeto. Algo, digamos, similar a lo que el Psicoanálisis interpretó como *reflejo repetidor* y pulsión de muerte (propuesta por Freud en *Más allá del principio de placer* [1920]).

La repetición y la pulsión (aunque son esquemas con un gran número de lecturas) tienen relación con la destrucción de las funciones creativas e "intuitivas" del sujeto, que son totalmente cruciales para la estabilidad psicológica en una especie inteligente. Detengámonos muy brevemente en la pulsión de muerte. Esta interesante teorización sobre el funcionamiento psíquico tiene para Freud una contextualización histórica y personal de gran interés. En sentido de lo anterior, Sáliche (2019) escribía: «Me preparé durante años para la pérdida de mis hijos varones, y ahora la que está muerta es mi hija, le escribe a Sándor Ferenczi en una dolorosa carta. Es a partir de entonces que empieza a desarrollar el término pulsión de muerte, una de las claves de su pensamiento. Y si bien este acontecimiento está relacionado directamente, también lo está el contexto, un período de entreguerras para nada pacífico. Según Freud, el ser humano contiene un dualismo: pulsiones de vida y de muerte. La primera categoría está relacionada mitológicamente con Eros (pulsiones sexuales y de autoconservación) y la segunda con Thánatos (pulsiones agresivas y destructivas). Esa pulsión de muerte, dirá después, no sólo tiene que ver con la autodestrucción, sino que también se dirige al exterior. Ambas dimensiones conviven en el centro de la subjetividad humana. En las cartas con Albert Einstein, publicadas bajo el título *¿Por qué la guerra?*, asegura que la muerte del enemigo satisface una inclinación pulsional. (...) Son los tiempos donde la civilización, aquel sueño de la Ilustración, empieza a morderse la cola. En el exquisito prólogo que Alain Rauzy hace a una edición de *De guerra y muerte*, escribe: "El duelo traumático causado por la guerra es el de los valores humanistas de los que la llamada sociedad civilizada se creía portadora". Freud observa esto como pocos y pone en jaque a una cultura entera. Es por eso que Paul Ricoeur lo define, junto a Karl Marx y Friedrich Nietzsche, como uno de los "tres maestros de la sospecha". (...) Para Freud, la civilización está llena de fantasmas reprimidos que, cuando salen, hacen estallar por los aires las verdades, las normas. Entonces la civilización, mediante la razón, castiga esos desvíos sin comprender que forman parte de ella. Ahí es donde el Psicoanálisis juega un rol clave, les otorga subjetividad a los pacientes o, como dice Alexandra Kohan, "suelta los cuerpos que estaban amarrados a la univocidad del saber médico y los hace hablar".»

De la cita anterior, elegida por sintética, debemos extraer un interrogante: ¿Podemos, realmente, desechar la sospecha de que la pulsión de muerte tiene un peso importante en la subjetividad observada en la conducta política?

Volviendo un poco atrás, podría considerarse otra idea interesante: El Filtro Emocional, el subsistema simbólico que da estructura a la Carga Simbólica, tiene que ver con la aspiración (emancipatoria) del sujeto a la erotización de sus acciones e impulsos (creativos, incluso); lo que también querría decir que, para el imaginario psicoanalítico, la hipótesis del Filtro Emocional se conecta con la mitología de Eros. De ahí que, como antes se nombraba, estos subsistemas simbólicos puedan actuar como "mecanismo de relojería" contra la pulsión. Por lo tanto, la Carga Simbólica y el Filtro Emocional tienen una implicación psicopolítica.

Como puede deducirse, el Filtro Emocional (que como todos los aspectos profundos de la conciencia tiene un proceso de maduración y cambio que dura toda la vida del individuo) tiene tres funciones primarias:

Uno. La conservación efectiva de la autonomía interpretativa del sujeto.

Dos. A partir de esto mantener sus impulsos creativos (la acción "equilibrante" y "erotizante" que representa el ejercicio de su imaginación).

Tres. Y, finalmente, contribuir en un proceso lento de edificación de un marco crítico para la lectura de la realidad.

De todos los contextos y escenarios-filtro posibles, tal vez son la literatura, las artes escénicas y, en concreto, el cine los más privilegiados para representar las anteriores tres funciones básicas del Filtro Emocional al interior de la CS del sujeto. El cine puede llegar a mostrar una sofisticada y estética modelización de determinados sectores de la CS; gracias al Dr. Lacan sabemos que la pantalla puede asociarse a procesos de identificación con la imagen y distintos grados de reconocimiento y legitimación desde el universo inventado por el director.

Psicomatemática y Desfase.

El Filtro Emocional, matizando las lecturas y mediciones de la realidad (en vínculo con lo clásicamente denominado *Ánimus/Ánima* en Jung [Sharp, 1994]), reacciona según los criterios de una escala psicomatemática, actúa más como teoría del aprendizaje. Las contribuciones del brillantísimo matemático Zoltán Dienes son especialmente útiles para explicar cómo se edifica conocimiento dentro de la *estructura social* en construcción; su trabajo se inscribe en las propuestas cognitivas de la enseñanza (Marín, 2001). La utilización de su Teoría Psicomatemática del Aprendizaje (en la descripción de cuatro principios [Orton, 1990]) para ilustrar al Filtro Emocional interviniendo en la entrada de información exterior actuaría así:

Uno. En el principio dinámico el sujeto tiene un papel activo, que requiere de material concreto y manipulable (la piedra bruta como metáfora de una existencia que aspira a un progreso intelectual y material).

Dos. En el principio de constructividad podemos extraer dos momentos pertenecientes de tránsito (reflexión constructiva y analítica). En la primera parte hay un protoconocimiento intuitivo. Que, al no ser completo, conduce a un uso integral de la Lógica. La segunda parte le permite dar el paso hacia la formación de un concepto (una interpretación propia razonada y exteriorizada de una parte de la realidad), que un día será punto de partida para infinidad de desarrollos futuros.

Tres. En el principio de variabilidad perceptiva, el sujeto sano está efectuando sus travesías vitales. Sus conceptos deberán superar la prueba de un uso en tiempos, espacios y circunstancias distintas.

Cuatro. Finalmente, el principio de variabilidad matemática visibilizará a un individuo constructor de la sociedad que conoce y sabe usar la diversidad de variables matemáticas que determinan el comportamiento de sus conceptos.

Pero, añadidamente (además de en la experiencia), los filtros emocionales actúan sobre la conciencia; entendiendo por ésta la instrucción que el ser tiene de sí mismo/a y en relación al entorno y de sus percepciones, asumidas en el orbe del imaginario. Esto agrupa tres atributos psíquicos esenciales, que también son tres profundas dimensiones filosóficas del sujeto: autonomía, reflexión y elección. En la gran fortaleza, *digamos gótica*, que éstas forman residen los filtros emocionales. Es desde donde se irradian para cribar la realidad.

Escudo de Armas de Jacques Schnieper Campos, originario de Lucerna, Suiza (a quien nombramos en los agradecimientos de este libro). La heráldica, en efecto, puede reflejar (en el arte de explicar y describir los escudos de armas de cada linaje, ciudad o persona [RAE]) la objetivación o modelización de la Carga Simbólica de un individuo, mediante la unión de elementos que representan marcos para leer de una u otra forma su realidad.

Lo que ocurre a continuación es simplemente asombroso: la conciencia establece unas mediciones entre el contenido simbólico del Filtro Emocional, que impregna la *República de su Imaginario*, y las lecturas psicomatemáticas enviadas por esa función dilatada y acumulativa a la que llamamos experiencia. Y el resultado es a lo que denominamos el *Desfase*: la diferencia entre conciencia y experiencia (los deseos y los acontecimientos) o, explicado de otra forma, la distancia entre cómo es verdaderamente el mundo y nuestra imagen/idea simbólica de cómo debe o nos gustaría que fuera la textura de la realidad.

La teoría sobre el Desface resulta similar a la idea expresada por el escritor alemán Jean Paul, difundida en el Romanticismo: *Weltschmerz*. Esta palabra alemana expresa con dolor y tristeza esa sensación profunda que se siente cuando se comprende que nuestro mundo imaginario, aquel donde se guardan los deseos, no se parece a la auténtica materialidad del mundo. La relojería interna del Filtro Emocional actúa como instrumento de medición del *Desfase*; nos da la imagen del ideal (creada durante la edificación de la Carga Simbólica), pero también nos dice qué tan lejos se encuentra de la objetividad más directa.

Esta "maquinaria" dedicada a la arquitectura del ser es de vital importancia en aspectos como el libre desarrollo de la personalidad (y desde allí en un sistema amplio de Derechos Humanos). Así como en un permanente sentimiento personal y social de inconformidad, que resulta trascendental para mantener el norte de una utopía político social aún no realizada. El espíritu inconforme, además, es necesario para que el pensamiento racional sea también crítico.

Si los grados de humanidad reconocidos en un individuo tienen una proporción directa con el reconocimiento de legitimidad a su Carga Simbólica, podríamos deducir, según esto, que no nacemos naturalmente libres e iguales (tampoco ante la ley), ni instantáneamente seres poseedores de derechos (humanos en este caso, excluyentes automáticos de las demás especies). Nunca ha sido así. Ni siquiera en periodos de florecimiento civilizatorio nos hemos sustraído de la condición de primate tardío y violento en medio de una circunstancia depredadora. Hablamos de una realidad existente en la psique social que se irradia a la *política real*.

Los grados de humanidad (lo que implica derechos) que cada sujeto reconoce en los otros, están en relación directa con la legitimidad otorgada a su Carga Simbólica. Esto es una realidad psicológica en los individuos, sociológica y política en todas las escalas de las sociedades. Y es un fenómeno, por otra parte, presente en especies con distintos niveles de cognición. Esto da un nuevo punto de vista al problema de la libertad y el libre albedrío. Como miembro de una sociedad mi existencia está en relación directa con la validez otorgada a los símbolos que me explican y contienen. En el sujeto primitivo, por ejemplo, toda su funcionalidad estaba asociada a la pertenencia a la tribu, si era separado de ella su propia humanidad era puesta en entredicho. Estas formas tuvieron su continuidad y aplicabilidad por siglos, algunas prácticas del derecho germánico, por ejemplo, contemplaban la pérdida de la condición de humano en el castigo de algunos delitos.

Todo lo anterior también aporta nuevos planos a nuestro imaginario colectivo. La legitimación de una Carga Simbólica que se complejiza puede provocar un verdadero cambio ontológico en el sujeto. Algunas películas han escenificado esto de forma magistral, aunque con grandes distorsiones históricas. Entre los varios ejemplos posibles tenemos ese simbólico momento de *Kingdom of Heaven*, dirigida por Ridley Scott (2005), donde Balian ordena y recibe caballeros a un gran grupo de hombres para que luchen a su lado en la defensa de Jerusalén durante el sitio de 1187 por parte del ejército de Salah al-Din. Se trataba de hombres anteriormente sirvientes, pastores o labriegos a los que aquel ritual en condiciones desesperadas les obliga a arrodillarse como gentes sencillas para luego alzarse como caballeros:

—*¿Quién se cree que es? ¿Quiere cambiar el mundo? ¿Acaso hacer caballero a un hombre lo convierte en mejor guerrero?*, bramaba el patriarca de Jerusalén, en ese momento voz del poder hegemónico deseoso de salir huyendo dejando a los humildes como escudo. —*Sí*, responde con total convencimiento Balian, a su alrededor los rostros conmovidos, elevados a una dignidad occidental acorde con la nobleza de los caballeros musulmanes, se reconocen en su nueva condición a través del reflejo legitimador venido de los ojos del defensor de Jerusalén.

Esta clase de actos de recibimiento y reconocimiento que elevaban la condición simbólica de un individuo tienen una profunda huella en la Europa medieval y en la cultura iniciática de todo Occidente (como en la Francmasonería). El acto de recibimiento y reconocimiento de un sujeto cuya Carga Simbólica ha sufrido una complejización estructural (notorio en el personaje que se provee de un Escudo de Armas, por ejemplo) de la que se desprende un sensible cambio ontológico, da parte del sustento a la historia sobre el hombre o mujer que emprende una gran travesía para probar sus propios límites, provocándose la gloria y el deseo de sus iguales. Hasta el punto de demandar la ritualización de la propia imagen de su CS, como escenificación del deseo que divide el espacio y el tiempo; es la película del héroe justiciero armado y reconocido caballero luego de una gran hazaña o al que se le concede una gran distinción que habrá de exhibir en su Escudo de Armas, el pecho u otro lugar visible. La anteriormente nombrada ritualización de la CS es un acto profundamente político y psicológico.

1.4. Desde el marxismo cultural y otras perspectivas relacionadas

El sistema marxista, por supuesto, puede utilizarse (desde varias ópticas) para abordar el papel de la cultura (y las expresiones artísticas) en el modelo de relaciones sociales del capitalismo. Por una parte, en el denominado marxismo cultural vemos algunos planteamientos de origen en Antonio Gramsci y la Escuela de Frankfurt, como en ese relativo auge de los estudios culturales de la década del 60 del siglo XX. El planteamiento central del marxismo cultural es que los dispositivos de la cultura conservan y extienden estructuras opresivas del poder hegemónico. Es decir, el entramado ideológico del capital, el Estado-Nación, las razas, las clases, etc. se reproduce fuertemente a través de las manifestaciones o dispositivos culturales. El área académica de trabajo de esta rama del pensamiento de Marx consiste en el desvelamiento de esos dispositivos desde el materialismo dialéctico.

En repetidas ocasiones se ha debatido sobre la oposición entre el marxismo cultural y los llamados valores cristianos tradicionales, que también se ha mostrado como una distinción clara entre reaccionarios y multiculturalistas (los que comprenden distintas expresiones culturales en un mismo ecosistema político-social). La razón de lo anterior es que el modelo de pensamiento marxista contempla una realidad profundamente dinámica que tiende a oponerse a lógicas dogmáticas (estamos en una época donde se hace necesario separar la obra original de Marx y algunos de sus posteriores desarrollos académicos de las diversas interpretaciones "oficiales" hechas en el pasado por órganos ligados al poder).

La sociedad es un conjunto de relaciones jerárquicamente gobernadas, cuyo fin principal es modelar permanentemente el modo de producción hegemónico. Este esfuerzo modelador involucra a los dispositivos culturales. Y se extiende a la manera como se entienden los vínculos y nexos sociales (y su historia) desde la psique social. En estas investigaciones tuvo un papel relevante la Escuela de Frankfurt, que en sus estudios incursionó en manifestaciones de la *cultura popular* contrapuestas a las que se engranan eficientemente con la sociedad del libre mercado. También en la Rusia del siglo XX las corrientes marxistas *locales* aportan a una teoría de las manifestaciones artísticas.

*Monumento al soldado soviético en el parque de Treptow de Berlín,
ejemplo de realismo socialista (imagen: Andreas Steinhoff)*

En el Marx original el arte hace parte de la superestructura, a su vez determinada por las condiciones sociales y económicas. Las expresiones artísticas (entre ellas el cine) serían agentes integradores (potenciales vehículos y productores de ideología) de la dinámica social y están encuadradas en las circunstancias donde éstas se producen. Esto es una visión muy presente en el llamado "realismo socialista", donde el trabajo del artista tenía un fin catalizador en la revolución de inspiración marxista: pretendía (entre otras cosas) el traslado al arte visual de la *gran vivencia cotidiana* de un socialismo que parecía a la vez heroico, sensible e industrial.

Otros autores tienen su importancia en este análisis. Como Georg Lukács (Budapest, 1885-1971), otro de los grandes contribuyentes a los desarrollos marxistas: las manifestaciones artísticas eran registros profundos de la Historia que guardaban sistemas míticos y verdades universales (relación ontológica) del género humano.

Por supuesto, como antes se comentaba, la aplicación de Marx al cine (su huella filosófica) tiene distintas ópticas. Por una parte, existen las lecturas desde la teorización político-económica. Y, por otra parte, desde las razones del *filósofo de la indignación* reflejadas en el relato de sujetos que emprenden caminos de emancipación y justicia social.

Al referirnos al marxismo cultural tenemos que tocar muy brevemente la cuestión estética en el pensamiento de Marx. Su trabajo no llegó a entrar directamente en el arte y la estética, como sí lo haría Lukács, aunque manifestó su interés por las artes en general y tal vez más específicamente por la literatura, sobre todo en su juventud (*Manuscritos económico-filosóficos de 1844* y *La ideología alemana*, de 1846). En aquella época destacó que el sujeto también tenía una relación estética con la realidad. Por ejemplo, produjo una noción del arte como "creación conforme a las leyes de la naturaleza".

Es la búsqueda de lo humano *original* que entendemos como *perdido* lo que cruza a Marx con lo estético, soñando con el sujeto ideal de la utópica sociedad comunista que sabía y podía expresarse libremente a través de la cultura. De lo que podía inducirse que el "goce estético" era el empoderamiento genuinamente humano de la realidad. Lo que simbolizaba, a su vez, el paso del "reino de la necesidad al reino de la libertad" en la colectivización de los medios de producción. Es decir, la expresión de las artes como manera de encontrar aquello que todos hemos *perdido* (eso tan profundamente explorado por el Psicoanálisis), cuya búsqueda es imposible si el hombre/mujer tiene que dedicar todo su potencial a malvivir en los horizontes de la explotación capitalista.

Para el gran pensador alemán las manifestaciones artísticas son la objetivación de las fuerzas o potencialidades más básicas del sujeto: lo "concreto-sensible". El factor creativo, en efecto, libera al hombre/mujer porque le pone en contacto con sensibilidades que tienden a eclipsarse en el trabajo repetitivo dentro de la gran producción. Destaquemos que Marx es la filosofía de la praxis y que ésta puede ir de lo material a lo psicológico.

Por lo tanto, la acción transformadora se extiende necesariamente a la cultura. Luego de un afán reduccionista de la teoría a lo político-económico, tras la desaparición de Marx, un Lenin que parecía contar con algo más de visión logra comprender la relación entre artes, como la literatura y el cine, con la más profunda libertad del sujeto. La subjetividad (creativa... autónoma) de los creadores artísticos rusos vuelve a retraerse con Stalin.

Hoy lastimosamente se considera que la producción cultural debe ser ante todo rentable: el "mercado" (junto a la "seguridad") se ha elevado a valor en sí mismo, a nuevo símbolo neosacralizado, mucho tiempo después de la desacralización y secularización de todos los símbolos que anunciaron los autores del *Manifiesto Comunista*. No obstante, de la obra marxista se extrae un entendimiento de las manifestaciones artísticas como lugar de imaginaria libertad incluso en su inclinación por el realismo social, éstas debían ser parte de todos aquellos "bienes" susceptibles de generalizarse.

Marx tenía cierta conexión con Freud y Nietzsche (que continuaría con Heidegger y Lacan) en cuanto a la utopía de una sociedad con niveles renovados de justicia, emancipación material (y mental) y con algún tipo de justificación estética para su existencia. Insistía en que todas las actividades humanas estaban dominadas por el desarrollo histórico de la producción (Drivet, 2015).

Sin embargo, en el caso de las artes, había alguna clase de retroalimentación con el medio histórico donde surgían, para devenir en ciertas dosis de autonomía simbólica respecto a lo político-económico. Si bien observa el panorama general de decadencia cultural que entendía como propio de la sociedad burguesa, argumentaría a favor de conseguir unas *mejores condiciones* para el derecho de los sentidos a desarrollar su capacidad integral para leer y apreciar lo sensible... lo estético. Algunos autores conectan esto con la propuesta del *arte total* (enfocado a todos los sentidos) salida de la ópera wagneriana y luego llevada al cine (Keska, 2004).

Sobre al gran pensador de Tréveris y su relación con la cultura es necesario señalar lo enormemente útil que resulta para ubicarnos en el presente, más en estos tiempos donde el neoliberalismo ha dañado tanto nuestro futuro y dignidad. Hoy es más cierta que nunca aquella preocupación marxiana por lo sólido que se disuelve en el aire. Karl es un contemporáneo por una razón sencilla: el problema nunca resuelto de la emancipación, unida a la neo-proletarización de amplias capas sociales. La lucha de clases es, en efecto, el cultivo cuasi-experimental donde se manifiesta el síntoma descubierto por Marx y entendido en sus consecuencias por el Psicoanálisis, y cuya simbolización más importante probablemente es encontrada en las expresiones culturales.

Hay muchas interpretaciones de Marx. Tal vez, la postura más adecuada hoy, para el estudioso de este pensador del XIX, sería definirse como un "marxiano heterodoxo"; sobre todo en grandes "áreas" como la crítica o el análisis cultural. Recordemos que la cultura tiene un peso muy grande en la arquitectura de los relatos hegemónicos.

La derecha, a través del uso efectivo del poder comunicacional, ha orientado una acción de borrado sobre el pensamiento crítico. Como si el modelo del capital desapareciera por masificación, por no hablar de él, por ausencia de contrastes o imágenes claras de sus múltiples rostros (sencillamente se observa lo mismo en cualquier dirección del espacio cotidiano). Resultando que los movimientos o expresiones contestatarias (las políticas y las culturales) se abandonan a un pesimismo simplón que, a su vez, engrana con una tipología muy amplia de alienaciones. La izquierda del mundo cayó en este estado casi de huida cuando perdió las batallas del lenguaje y aquellas donde le son arrebatadas las banderas de diversos valores humanos.

A pesar de que notables teorizaciones de Marx, como la plusvalía o la acumulación del capital, no han sido superadas, el sistema marxiano es deliberadamente silenciado porque su tradicional punta de lanza, la izquierda, no tiene un papel relevante en la arquitectura del relato, donde se decide de *qué* y *cómo* se habla al interior del tejido social. En este momento no existe un relato que pueda resituar el debate sobre nuestra manera de vivir, consumir y producir a la escala suficiente. Es entonces cuando las manifestaciones culturales, en especial el cine y la literatura, empiezan a mostrar algo ciertamente inquietante: el fin del mundo como algo cronológicamente anterior al fin del capitalismo (Alemán, 2016).

Por supuesto, es importante anotar que el capitalismo no genera en sí líneas filosóficas verdaderamente propias, sino que recrea una operación mercantil que mantiene bajo su órbita o dominio a un ejército de pensadores que estructuran el discurso de los poderes comunicacionales y generan un impacto permanente en todas las esferas de la cultura. Los más jóvenes, por ejemplo, no están presentes en las controversias sobre las cadenas de alienación, son partes simples del dispositivo que suele convertir al cine posapocalíptico en fenómeno de taquilla.

Algunos autores han argumentado que el marxismo es el esfuerzo por convertir el amor o la pasión por la emancipación en teorización con una base de pensamiento científico, donde la indignación debe convertirse en praxis. Para Marx, el pensamiento debe servir para articular una acción que revierta el sufrimiento. Un mecanismo de esta clase debería adquirir unas proporciones suficientes como para generar declaraciones culturales o artísticas que hablen o describan ese momento de la emancipación entendida como proceso emocional y, a pesar de todo, racional.

En grandes estudiosos del pensador alemán, como Gramsci, la superestructura ideológica y cultural tiene un peso similar a la estructura económica. Alguna vez Marx explicaba, refiriéndose a sus autores favoritos (Esquilo, Shakespeare, Cervantes, Goethe o Balzac), cómo la literatura (y hoy tendríamos que sumar al séptimo arte) permitía estudiar a la sociedad con una profundidad nueva; encontramos este tipo de reflexiones, por ejemplo, en documentos que reposaban en el Instituto Marx-Engels de Moscú (como el álbum de Laura Marx), fundado por David Riazanov en 1919.

La influencia de Marx en la cultura es, sin duda, muy amplia. Esto es posible porque todo el sistema de ideas marxiano tiende a comportarse como algo vivo, siempre en proceso de regeneración y crítica de la mano de los diversos marxismos existentes. Un ejemplo está en la concepción hegeliana de lo ideológico superestructural y lo económico estructural, con sus sucesivas lecturas mecánicas. Hasta la llegada de Antonio Gramsci, la Escuela de Frankfurt y otros que revisaron el razonamiento superestructura-estructura, argumentando, entre otras cosas, el peso adquirido por las exteriorizaciones culturales en la conservación y extensión de la imagen "aceptada" de la realidad (una especie de vídeo falsamente interactivo). Tenemos casos en Walter Benjamin, Herbert Marcuse, etc., donde comprobamos un desarrollo de aspectos del sistema marxiano que muchos ortodoxos verían con malos ojos.

En el caso de Gramsci, con sus *cuadernos de la cárcel* (1929-1935), los análisis que hablan del poder sobre el proletariado trascienden una explicación basada en el control de los dispositivos o aparatos de represión del Estado, para entrar en el concepto de hegemonía cultural como explicación para la existencia del sujeto trabajador alienado. Es decir, la dominación tiene su secreto en la persuasión mediante un relato hegemónico que involucra a la producción cultural y guarda vínculos con rasgos tradicionalistas sobre el orden social o el modo de vida. Esta visión se conecta hoy con la imagen de sociedad mediatizada. El mejor ejemplo de los efectos sobre la base social de ese relato hegemónico es la identificación y exaltación patriótica.

En Gramsci, todo individuo tiene el potencial de la intelectualidad (éstos son los responsables de dar imagen a la hegemonía misma). En otras palabras, si las masas lograran superar los procesos de alienación y los relatos dominantes, mediante sus propios cuerpos de intelectuales, serían simultáneamente artífices de la producción cultural y todos sus universos expresivos. Gramsci sabía que la literatura (y sumemos en este momento al cine) podría generar o alimentar un espíritu crítico en el sujeto trabajador explotado. Pensaba, por ejemplo, en esos grandes de la novela del XIX: Dumas, Eugène Sue, Dickens, Víctor Hugo, Balzac, Dostoyevski, Tolstói, etc., que sin ser autores demasiado comprometidos con el cambio social podían generar autocrítica entre las clases populares. Gramsci, como sabemos, se lamentaba de que en Italia no existiera un bloque intelectual de esas características.

Entre las interpretaciones marxistas relacionadas con la cultura también tenemos a Sartre. En *Crítica de la razón dialéctica* (1960) vemos una declaración contra la ortodoxia, por impedir el debate cultural e impedir el surgimiento de vehículos de cambio social: el materialismo dialéctico no admite simplificaciones (y las posturas totalitarias lo son).

En algunos textos y líneas de Marx encontramos planteamientos importantes que se extienden a lo cultural; entre otros aspectos, se observa cierta impresión acerca de la autonomía de la cultura (como en *Crítica del Programa de Gotha*, escrita en 1875). Pero desde los tiempos de *La sagrada familia*, en 1845, se toma en consideración el papel de una literatura popular que sigue su propio rumbo de clase: «Si la crítica conociera mejor el movimiento de las clases populares inferiores, sabría que la resistencia extrema que éstas encuentran en la vida práctica, las modifica cada día. La nueva literatura en prosa o en verso que, en Inglaterra y en Francia, viene de las clases populares inferiores, le probaría que las clases populares inferiores saben elevarse intelectualmente sin la protección inmediata del santo Espíritu de la crítica crítica».

La postura marxiana sobre la autonomía de la cultura contrastaría con la intensión de algunas miradas "oficialistas" en torno a la equiparación del realismo socialista con la ortodoxia (marxista). Esa noción de autonomía original se ve, por otra parte, reforzada con una posición anterior acerca de la inevitable universalización de las expresiones culturales en el mundo capitalista (y universalización implica distintas dosis de desarrollo autónomo). Ya en el *Manifiesto del Partido Comunista* podía leerse: «En lugar del antiguo aislamiento de las provincias y de las naciones suficientes en sí mismas, se desarrollan relaciones universales, una interdependencia universal de las naciones. Y lo que es verdad de la producción material no lo es menos de las producciones del espíritu. Las obras intelectuales de una nación devienen propiedad común de todas. La estrechez y el exclusivismo nacionales devienen cada día más imposibles; y de la multiplicidad de las literaturas nacionales y locales nace una literatura universal.»

También en el prólogo de 1857 a la *Contribución a la crítica de la economía política*, Marx intentaría afirmar la autonomía de la cultura. Como conocemos, las nombradas lecturas "oficiales" soviéticas entenderían que una manifestación artística no es más que un reflejo de la sociedad donde ésta se produce (de sus coyunturas socioeconómicas), casi una repetición. De cierta forma, esto plantearía una serie de retos a las tesis salidas del marxismo cultural, que pondrían un acento nuevo en la acción sobre la superestructura: las expresiones artísticas y la cultura en general, la educación, etc. En este sentido, la crítica experimentada en la Escuela de Frankfurt (teoría freudiana + teoría marxista), y que se remonta hasta Gramsci y otros, es un desarrollo del Marx fundamentalmente económico, pero también apasionado por la naturaleza de los fenómenos culturales.

Ese Karl original, incluso, exhibía algún tipo de "sentido literario" de la Historia. En *Contribución a la crítica de la filosofía del derecho de Hegel* escribiría: «La historia no hace nada a medias, y atraviesa muchas fases cuando quiere conducir una vieja forma social a la tumba. La última fase de una forma histórica, es su *comedia*. Los dioses de Grecia, por primera vez trágicamente heridos de muerte en el *Prometeo encadenado* de Esquilo, debieron sufrir una segunda muerte cómica en los Diálogos de Luciano. ¿Por qué esta marcha de la historia? Porque la humanidad se separa alegremente de su pasado».

En otros brillantes escritos, como *El 18 Brumario de Luis Bonaparte* (1852), un análisis de la lucha de clases en Francia, explica cómo los "innovadores" de las crónicas humanas suelen instrumentalizar las corrientes artísticas o literarias del pasado para intentar darle un empujón al presente: «Hegel dice en alguna parte que todos los grandes hechos y personajes de la historia universal se producen, como si dijéramos, dos veces. Pero se olvidó de agregar: una vez como tragedia y otra vez como farsa. Caussidiére, por Dantón, Louis Blanc, por Robespierre; la Montaña de 1848 a 1851, por la Montaña de 1793 a 1795; el sobrino, por el tío. ¡Y la misma caricatura en las circunstancias que acompañan a la segunda edición del *Dieciocho Brumario*!».

Argumentaba que las tradiciones pasadas ejercían un peso implacable sobre el "cerebro de los vivos". Y es en plena crisis revolucionaria cuando los individuos conjuran las formas, lenguaje e imágenes del pasado para ayudarse, en su temerosa orfandad, a escribir una página nueva de la Historia, todavía influenciada por todas las circunstancias heredadas pero que terminará por comprender la necesidad de "olvidar" el idioma del pasado: «Así, Lutero se disfrazó de apóstol Pablo, la revolución de 1789-1814 se vistió alternativamente con el ropaje de la República Romana y del Imperio Romano, y la revolución de 1848 no supo hacer nada mejor que parodiar aquí al 1789 y allá la tradición revolucionaria de 1793 a 1795. Es como el principiante que ha aprendido un idioma nuevo: lo traduce siempre a su idioma nativo; pero sólo se asimila el espíritu del nuevo idioma y es capaz de producir libremente en él, cuando se mueve en su interior sin reminiscencias y olvida su lengua natal [...] Mas, por poco heroica que sea la sociedad burguesa, para hacerla nacer habían sido necesarios, sin embargo, el heroísmo, la abnegación, el terror, la guerra civil y las batallas de los pueblos. Y sus gladiadores encontraron en las tradiciones clásicamente severas de la República Romana, los ideales y las formas artísticas, las ilusiones que necesitaban para ocultarse a sí mismos el contenido burguesamente limitado de sus luchas, y para mantener su pasión a la altura de la gran tragedia histórica. Así, en otra fase de desarrollo, un siglo antes, Cromwell y el pueblo inglés habían ido a buscar en el Antiguo Testamento el lenguaje, las pasiones y las ilusiones para su revolución burguesa. Alcanzada la verdadera meta, realizada la transformación burguesa de la sociedad inglesa, Locke desplazó a Habacuc. En aquellas revoluciones, la resurrección de los muertos servía, pues, para glorificar las nuevas luchas y no para parodiar las antiguas, para exagerar en la fantasía la misión trazada y no para retroceder en la realidad ante su cumplimiento, para recuperar el espíritu de la revolución y no para evocar su espectro».

En efecto, el cine ha convertido en algo familiar la historia donde un gran cambio social es inicialmente revestido del "recuerdo", los símbolos o la crónica de un doloroso o heroico hecho del pasado. Entre muchos ejemplos tenemos *V for Vendetta*, dirigida por James McTeigue y basada en el cómic de Alan Moore: "Recuerden, recuerden, el 5 de noviembre. Conspiración, pólvora y traición. No veo la demora y siempre es la hora, de evocarla sin dilación".

El 18 Brumario de Luis Bonaparte guarda, además, algunas reflexiones sobre los limitantes circunstanciales que rodean a los productores de literatura, es decir, a quienes tienen la función social de crear y replicar las expresiones culturales (nuevamente, hoy sumaríamos al cine): «No hay que compartir la idea estrecha de que la pequeña burguesía tiene por principio querer hacer triunfar un interés egoísta de clase. Por el contrario, ella cree que las condiciones particulares de su liberación son las condiciones generales, al margen de las cuales la sociedad moderna no puede ser salvada ni la lucha de clases evitada. No hay que imaginarse tampoco a todos los representantes demócratas como *shopkeepers* o como entusiastas de éstos. Pueden, por su cultura y su situación personal, estar separados de ellos por un abismo. Lo que los convierte en representantes de la pequeña burguesía, es que su cerebro no puede sobrepasar los límites que el pequeñoburgués mismo no sobrepasa en su vida y, en consecuencia, se ven teóricamente empujados a los mismos problemas y las mismas soluciones a los cuales su interés material y su situación social empujan a, prácticamente, todos los burgueses. Esta es, de una manera general, la relación que existe entre los representantes políticos y literarios de una clase y la clase que representan».

Tenemos otra referencia a la literatura en Marx de la que, además, se derivan algunas ideas aplicables a la obra cinematográfica. Se trata de su lectura del legendario Robinson Crusoe y la relación con un capitalismo que se extendía por los cuatro puntos cardinales, maquillando su expansión con un aire de romántica y titánica aventura. Como ya sabemos, el regreso de aquel superviviente (puritano, colonizador y laborioso) a la naturaleza salvaje no es un retorno humano a los orígenes para encontrar todo aquello perdido, ya que ese individuo transportaba con él todo el bagaje sociocultural que le dio forma y le caracterizaba. Con el naufragio de aquel marinero llegaba a la isla toda la cultura inglesa del XVIII, sin forma de retornar a viejos estados naturales. Como hemos visto con frecuencia en el cine, no es suficiente la travesía, ni siquiera accidental, y la llegada a un lugar lejano para empezar verdaderamente de cero, intentando huir de excesos o decadencias anteriores: la civilización que nos vio nacer viaja con nosotros en todo momento, haciendo que repliquemos las formas sociales e, incluso, muchas de las circunstancias que nos determinaron.

Decía Marx en *Contribución a la crítica de la economía política*: «El cazador y el pescador individuales y aislados, por los cuales comienzan Smith y Ricardo, forman parte de las triviales imaginaciones del siglo XVIII. Las robinsonadas no expresan de ninguna manera, como ciertos historiadores de la civilización se lo imaginan, una simple reacción contra excesos de refinamientos y un retorno a un estado natural mal comprendido. Tampoco se apoya sobre semejante naturalismo *El contrato social* de Rousseau, que estableció relaciones y lazos, por medio de un pacto entre temas independientes por naturaleza. Esta es la apariencia, y la apariencia de orden puramente estético, de las pequeñas y las grandes robinsonadas. Estas son sobre todo una anticipación de la "sociedad burguesa", que se preparaba desde el siglo XVI y que en el siglo XVIII marchaba a paso de gigante hacia su madurez. En esta sociedad en la que reina la libre competencia, el individuo aparece desligado de los lazos naturales, etc., que en épocas históricas anteriores hacen de él una parte integrante de un conglomerado humano determinado y delimitado. Para los profetas del siglo XVIII — Smith y Ricardo se sitúan aun completamente en sus posiciones— este individuo del siglo XVIII —producto de una parte de la disolución de las formas de la sociedad feudal, y de otra parte de las fuerzas productivas nuevamente desarrolladas desde el siglo XVI— aparece como un ideal pasado. No como un cumplimiento histórico, sino como el punto de partida de la historia. Porque consideran a este individuo como algo natural, conforme a su concepción de la naturaleza humana, no como un producto de la historia, sino como algo dado por la naturaleza. Esta ilusión ha sido compartida hasta aquí por toda época nueva. Steuart que, por más de una razón, se opone al siglo XVIII y, en su calidad de aristócrata se mantiene más en el terreno histórico, escapó a esta ilusión ingenua».

1.5. El trabajador de las artes

Quienes viven de manifestaciones artísticas, como la literatura, la pintura, el teatro o el cine, tienen una relación con su arte con algunos rasgos en común con el obrero (abordado por Marx) que vende su fuerza de trabajo. El creador artístico (el novelista, el dramaturgo, el actor o el director de cine) crea valor con sus obras.

Por supuesto, es plenamente conocido que la libertad creativa del artista es limitada, restringida e incluso accidental. El filósofo alemán

Boris Groys (2008) nos recordaba que las artes no están fuera de la circulación económica, que son otra mercancía, aunque con especiales características.

Esto tiene varias consecuencias, por ejemplo, que la creación (como la película) se introduce como un "valor" y un "precio" en el mercado. Y que la fuerza de trabajo del creador artístico es, efectivamente, usada (¿explotada?) por quienes adquieren su derecho de uso. La obra sería mercancía si se considera que es intercambiable en el mercado. Es la propia lógica del capital la que fija los marcos generales donde se comparan los procesos, fuerzas de trabajo y productos de la acción humana.

Ya Marx se había referido (*Manuscritos de 1863-1867*) al escritor inglés John Milton y su libro *Paradise Lost* para explicar cómo, al vender su obra, teóricamente éste pasa a tratar con mercancías. También lo exponía más escalonadamente en el Tomo Uno de *El Capital* (1867): si mi producto sólo satisface mis necesidades estoy creando valor de uso, no mercancía. En efecto, la producción de valor en la obra de arte podría parecer fuera del gran intercambio de mercancías del capital, pero es evidente que el criterio no es aplicable, por ejemplo, a las grandes producciones cinematográficas (como en los demás casos, el precio final de la entrada a la sala de cine y la estimación de la suma de todas ellas en el mundo reflejan los costos de producción implicados y unas previsiones de "ventas"). Aunque no podemos obviar el hecho de que el creador original normalmente no tiene control en el valor final. El precio de una expresión artística no es reflejo real ni inmediato del trabajo concreto del artista. Y recordemos que Marx también introduce distinciones importantes entre la esfera de producción y la de circulación.

¿Realmente se puede considerar a la expresión artística como una mercancía "clásica"?

Mi impresión es que sí, parcialmente. No sólo por el ejemplo de Marx con Milton, sino porque el creador hoy normalmente está en contacto con el entramado mercantil donde se afana en introducir su trabajo. Una pequeña producción cinematográfica independiente (fuera de las grandes redes de distribución), en variedad de casos es muestra de relaciones económicas antiguas (que sólo generan valor de uso), pero lo habitual es que se intente entregar el "producto" del trabajo artístico a gentes especializadas en su explotación comercial. Estas cosas, naturalmente, pueden comprometer la libre creatividad del creador… o no. Hoy los canales donde difundir la creación independiente son múltiples, potentes y ágiles.

El arte, como el cine, también fija su precio por la demanda, con la complejidad añadida de que ésta depende de impresiones subjetivas (por lo tanto, es una demanda susceptible de manipulación; recordemos que en el capitalismo las necesidades pueden crearse artificialmente).

Con la entrada de otros agentes, la expresión artística puede convertirse en inversión. En esto tiene que considerarse la definición de Adam Smith (Kirkcaldy, 1723-Edimburgo, 1790) sobre "las propiedades de los objetos que nos proporcionan placer" y la aparente primacía de las características estéticas y sensibles (Hurtado, 2013). Desde Smith, lo que determina aquí el precio es cierta intensidad del deseo. Incluso el deseo y lo estético se descifran con total frialdad dentro de una hoja de cálculo en el mercado teóricamente libre (regresión hedónica). En el economista y filósofo escocés tenemos esa relación entre el precio natural y el precio de mercado de una cosa. De lo que se desprende cierta teorización sobre la "elección racional" de la obra o la expresión artística. Hablamos de una reducción técnica del objeto del deseo, lo que crea el ecosistema del mercado de las artes: consumidores, espectadores, críticos, distribuidores, etc.

En el cine, como en otras formas de cultura, los críticos expertos (como intermediarios) llegan a actuar cual ingenieros del deseo del consumidor. En las artes el problema de la "credibilidad" está en las dudosas manos de los expertos, al igual que su repercusión social (Durán, 2012). En tiempos más recientes esto es algo contrarrestado por los cientos o miles de blogueros y usuarios de las redes sociales, que en muchos casos están liberando nuevas opiniones y críticas literarias o cinematográficas que van más lejos que lo publicado en los grandes medios sobre lo que el usuario, el lector o el espectador debe ver, desear o valorar. Los nichos más tradicionales donde el creador puede mostrar su trabajo, como siempre, siguen siendo tremendamente restringidos. Pero simultáneamente, como antes se argumentaba, los canales de difusión han crecido espectacularmente.

En Marx se postula que el valor de uso social en el capitalismo son expresiones o magnitudes donde se ha invertido trabajo abstracto (estos distintos valores apuntan a estandarizarse). Pero tenemos otro aspecto añadido: el historiador John Roberts argumenta que al convertirse una obra artística en objeto único e irreproducible (autónomo), la Ley del valor no es aplicable (Durán, 2012).

De igual forma, es muy complejo determinar cuál es la cantidad de trabajo socialmente necesario para la creación o construcción de una expresión artística. Lo que vemos aquí es algo aún más enrevesado: los productos de una fuerza de trabajo artística son objeto de intercambio en el libre mercado, y esto denuncia las delimitaciones que encadenan a una sociedad que subordina la producción de valores de uso a la producción de valor. A eso sumemos que los individuos (el creador, el propietario, etc.) en verdad no se encuentran con otros en igualdad de condiciones dentro del mercado, aunque éste pretenda postularse como un sistema de relaciones "libres" entre dueños de mercancías.

Como ya sabemos, el artista (desde el escritor hasta el director independiente) tiene que pagar sus facturas, así que siempre intentará ingresar parcialmente en ese sistema de relaciones mercantiles, se ve forzado a entrar en la lógica del intercambio más allá del valor de uso. Lo que en realidad compromete su soberanía creativa no es el juego mercantil en sí con el producto de su trabajo, sino la necesidad de participar en ese juego. De forma más bien sencilla, que el creador de expresiones artísticas o culturales ofrezca en el mercado lo que, al parecer, posee (el producto de su trabajo) le coloca en la lógica de la explotación capitalista y la lucha de clases advertida por Marx.

Desde Antonio Negri, el "trabajo cognitivo" (como el del creador en las artes) parece inconmensurable, determinado por un superávit de imaginación y libertad; con lo cual escaparía de la ley del valor clásica. En Negri (2016) nos enfrentamos a la hegemonía del trabajo inmaterial (entiéndase intelectual, científico, cognitivo, relacional, comunicativo, afectivo, etc.), que vendría a definir tanto a la valorización como al propio modo de producción. Además, las nuevas formas de producir, el trabajo cognitivo, ejercen un dominio sobre los viejos esquemas de explotación y acumulación. Como consecuencia, no es posible interpretar estos fenómenos desde la clásica teoría laboral del valor que mide el trabajo de acuerdo al tiempo empleado. El trabajo cognitivo viene a definirse en su inconmensurabilidad, su exceso (*excédence*). La producción relaciona el trabajo cognitivo con el tiempo de la vida, que se ve modificada: los *productos* son la "libertad" y la "imaginación". Y como simbolización de ambas tenemos al exceso. Aunque el proceso de trabajo sigue siendo el centro, ya no tiene una "objetivación" puramente material o laboral tradicional. La obra de arte entra dentro de ese exceso del que habla Negri, como mercancía es determinada por la forma social en que se organiza su explotación (todos los dispositivos que terminan llevando al espectador a la sala de cine).

Existen posturas que rechazan que el creador de expresiones culturales ofrezca realmente en el mercado el producto de su trabajo, es decir, que en verdad ofrece su fuerza de trabajo. Ya que argumentar la unidad productor-producto sería un retorno al derecho natural burgués (y la sociedad no es una reunión igualitaria de propietarios). Lo que vemos son unas mercancías con valores de uso en primera instancia, siendo el creador o artista el que transfiere ese valor. Pero éste viene a ser sólo el primer dueño o propietario de la "aplicación" de su trabajo. Dado que el sistema de los "derechos de autor" consistiría en el reconocimiento de una fuerza de trabajo que ha generado una mercancía; en otras palabras, podría quemar mi copia del libro o romper mi entrada al cine y los creadores del texto original o la película no podrían hacer nada para impedirlo. Luego he comprado un tipo de propiedad, a veces temporal, sobre una mercancía.

1.6. La película donde Marx es repensado, donde volvemos a hablar con él (a modo de antecedentes)

El diálogo con las ideas de Marx es algo observado en distintos cineastas, tengamos en cuenta que toda la historia del cine en el siglo XX ocurrió en medio de hondos conflictos sociales, guerras, confrontaciones ideológicas y revoluciones de distinta clase. De forma que la diferenciación de una cinematografía aparentemente de izquierda era esperable. El cine es importante para el proyecto de una sociedad socialista, posiblemente, desde Lenin y aquella frase que denota tempranamente la identificación del séptimo arte con las nuevas formas de reproducir ideología y difundir imaginativamente una u otra versión de la realidad: "De todas las artes, el cine es para nosotros la más importante". En este sentido, tenemos algunos antecedentes destacables en el cine crítico de la Alemania de los 20 del XX, en los directores españoles de línea anarquista y socialista y en los llamados "rojos" de Hollywood. Un poco más tarde se dan influencias provenientes de la Revolución Cubana y el mayo francés, hasta las producciones de los comienzos convulsos e inestables del XXI que asumen una dura crítica a los desmanes del poder político y financiero. Ya a finales de los 70, los 80 y parte de los 90, las menciones a Marx en el cine más comercial de Occidente estarían simplonamente basadas en una de las grandes y más viejas psicosis del XX: la existencia de una conspiración comunista internacional (a veces también judía y masónica). A este relato paranoico aparecido desde los 30 y 40 pronto se suma en los guiones la historia sobre la relación entre los marxistas del mundo (rusos, occidentales supuestamente resentidos o revolucionarios latinoamericanos) con todas las formas posibles de perversión.

Incluso en los tratos más amables, los supuestos marxistas del cine occidental aparecían con toda clase de problemas de socialización, sed de violencia y estrecheces emocionales varias, tenemos un ejemplo típico de esto en *Red Heat*, dirigida por Walter Hill y estrenada en 1988. En esta película Arnold Schwarzenegger interpreta a un agente de policía soviético que viaja a Chicago para capturar a un peligroso delincuente georgiano, éste hace parte de una organización dedicada a introducir drogas, el veneno occidental, en la Unión Soviética. Pero lo gracioso de la película es que la conversación de mayor altura intelectual, donde sale el "marxismo" a relucir, es la que el frío y pragmático policía Ivan Danko tiene con un mafioso estadounidense en la cárcel (el jefe del crimen organizado que pretende considerarse a sí mismo un perseguido político).

Hay variedad de películas comerciales de este tipo. Luego el panorama logra evolucionar hasta las posturas más de moda en el Hollywood reciente, donde se lleva lo políticamente correcto y las opiniones progresistas, algunas prácticamente en el espectro ideológico de la izquierda. Es largo, tendencioso y vanidoso el debate sobre si se puede ser realmente progresista en esa gran fábrica de sentido y dinero que es la industria cinematográfica de los EE.UU.

En el siglo XX observamos distintos momentos de un cine político europeo que practicó, en muchos casos, un balance entre drama y denuncia documental. La idea directriz de estas obras fue el hecho histórico *novelado* (e ideológicamente interpretado) para el cine. Teniendo como principal antecedente a películas como la estadounidense *The Birth of a Nation* (1915) de D.W. Griffith o la soviética *El Acorazado Potemkin* (1925) de S. M. Eisenstein.

1.6.1. *Aelita*:

Un director soviético fundamental de esta etapa es, cómo no, Yákov Protazánov (Moscú, 1881-1945), uno de los pioneros del cine ruso. En

1916 dirige *La dama de picas* y en 1917 *El padre Serguéi*, que se consideran sus obras maestras. Tras la Revolución, y a su vuelta a Rusia en 1923, crea proyectos comprometidos de distintas formas con la coyuntura política. Entre éstos destaca la extraordinaria *Aelita* (*Аэлита*) de 1924, una de las primeras películas sobre viajes espaciales (basada en la novela de Alekséi Nikoláyevich Tolstói). *Aelita* llevaría un mensaje político entre confusamente maquiavélico y de crítica útil al proceso revolucionario. Los ruines intereses de la princesa Aelita, capaces de traicionar a los nobles fines del líder proletario Gúsev y el aventurero ingeniero Loss, guardan una simbolización sobre el frecuente encuentro entre la vanguardia (política-ciencia-amor) y sangre durante esos momentos de la Historia en que un grupo de individuos toman las riendas de todo e intentan saltarse unas cuantas páginas hacia el futuro, como si avanzar tuviera un costo ineludible, a cuenta del acecho neoconservador. Por supuesto, la historia muda igualmente muestra el tremendo poder del imaginario, en cabeza de quien tiene su potencial intelectual mirando hacia arriba, haciendo preguntas sobre el Universo, pero que al final también se muestra condicionado por el entorno cultural y psicosocial de donde proviene. Una revolución de corte bolchevique en una supuesta civilización habitante de Marte sirve de fondo a un encuentro de bajas pasiones propio de seres que no alcanzan aún a comprender la importancia del interés general (la contrarrevolución como elemento [individualista] casi dialéctico del propio proceso de cambio). Parte del interés de esta película está en el debate escenográfico constructivista (característico de los 20), las líneas estéticas realistas frente a las futuristas, que se refleja en todos los decorados y vestuarios. Se ha dicho en varias ocasiones que la influencia de *Aelita* llegó hasta la famosa *Metrópolis* de Fritz Lang y a otras producciones de ficción donde un líder de la Tierra conduce una insurrección contra el poder en algún lejano rincón del Universo (como en *Flash Gordon*, llevada al cine en 1980).

1.6.2. Eisenstein:

Un director de cine con una influencia absolutamente *dorada* de Marx es el, ya nombrado, Serguéi Eisenstein (Riga, 1898-Moscú, 1948), que tuvo el fascinante proyecto de rodar una película sobre *El Capital* en 1927-28, y es considerado uno de los primeros directores de lo que hoy entendemos como una superproducción cinematográfica (con el gigantesco montaje de *El Acorazado Potemkin* y *Octubre*).

Sergei Eisenstein

Hemos de aclarar que el modelo ideológico derivado del pensamiento del Dr. Marx llega al cine occidental, el estadounidense, por ejemplo, desde dos vertientes. Naturalmente, una es la "explotación" comercial de la denuncia al capitalismo y sus consecuencias. Y otra es la influencia "técnica" de directores comprometidos con el socialismo como Eisenstein y otros.

Por supuesto, algunos directores norteamericanos y europeos occidentales ya rodaban películas que, desde las primeras décadas del XX, contenían un mensaje social muy fuerte contra la injusticia y la desigualdad (e incluso contra la alienación), aunque evidentemente sin un compromiso directo con el llamado cambio revolucionario como sus colegas soviéticos.

Tenemos un ejemplo destacable en *Intolerance (Love's Struggle Through the Ages)*, dirigida por D.W. Griffith en 1916, una superproducción que mostraba un tratamiento extraordinariamente creativo de historias separadas pero entrelazadas en el tiempo, con todas las innovaciones técnicas (el montaje alterno) y artísticas de su anterior creación, la racista *The Birth of a Nation.*

El de Eisenstein fue un cine de la espectacularidad revolucionaria (la Revolución no como hecho puntual o finito, sino como algo permanente). Logra poner fin al drama estático e introduce una narración trepidante hecha en la sala de montaje y densa en elementos simbólicos (¿mensajes al inconsciente?).

En el panorama cinematográfico general de las primeras décadas del XX, sobresale un cine soviético (con distintas lecturas estéticas del pensamiento marxista que había evolucionado en el seno de la Revolución de 1917) con un lugar en las mayores vanguardias artísticas modernas. Una de las figuras claves de este movimiento es Eisenstein, que trabaja en una alianza filosófico-artística que tiene como fin fusionar la dialéctica marxista con movimientos como el cubismo y el constructivismo.

Su *dialéctica del montaje* buscó un estruendoso y rápido choque de imágenes que superara el nexo pausado y lógico entre ellas: tesis-antítesis-síntesis (reducción) llevadas a la pantalla.... Tesis (el capital), antítesis (los obreros) y la síntesis (la revolución, que podría empezar con la impresión sobrecogida del espectador al salir de la proyección).

Lo que lanza a Eisenstein a la fama mundial y a los libros de historia cinematográfica es, como sabemos, *El Acorazado Potemkin.* El lenguaje visual que exhibe la película hace de la narración ideológica algo mucho más sofisticado: la síntesis es, en efecto, la posible identificación (primero emocional y luego política) del espectador con los sublevados del Acorazado y la espectacularidad de su historia. Una vez que se ha comprendido esto en toda su extensión, el mundo de las manifestaciones culturales cambia para siempre.

Serguéi Eisenstein no parecía ser un hombre con inclinación por lo superfluo, era como un viajero a bordo de su propia existencia. Lleno de ternura y sensibilidad social, pero sin pudores para mostrar crueldad como cineasta con tal de conseguir algo de reflexión en el espectador. Entre sus "salvajadas fílmicas" hay niños lanzados al fuego, descuartizamiento de animales y exhibición de sus cadáveres, torturas de campesinos, etc.

En *Eisenstein: la vita è spettacolo* (1987), un documental de Gian Carlo Bertelli, se explicaba cómo la sensibilidad social de Serguéi tenía mucho que ver con la resistencia contra la tiranía y vanidad de su figura paterna. Y es la posterior partida de la madre la que aniquila cualquier posible idealización sobre la familia. Hay otro elemento claro de su obra que se origina en la infancia: su pérdida de la fe religiosa junto al cautivante efecto de la grandiosidad y muestra de símbolos del espectáculo eclesiástico. La fastuosidad de la iglesia, sus rituales y sistema de jerarquías serían alimentadores del "montaje monumental" que caracterizaba a este director soviético. Posiblemente, su primera intensión como futuro gran cineasta es mostrar en la pantalla esa impresión de marcha histórica que le produce la Revolución de 1917 en San Petersburgo y la vivencia sangrienta de la guerra civil.

Sus primeros esfuerzos artísticos estuvieron en la caricatura (también sobre sátira política) y la historieta, donde sería ampliamente reconocido como uno de los grandes dibujantes de la Unión Soviética (Bertelli, 1987). Tal vez, de no haberse dedicado al cine, habría continuado su camino hacia lo que hoy entendemos como novela gráfica. El dibujo, con esa capacidad para colmarlo todo de detalles, color y mezcla de estilos, más la facilidad para marchar por distintas épocas (de Shakespeare a la *Commedia dell'arte* y otras), logra despertar su desmedido interés por las artes escénicas, empezando por el teatro.

Sus ideas sobre el "montaje monumental" comienzan con dibujos y bocetos destinados a compañías de teatro. Su primera película, de 1923, era parte de un montaje que incluía teatro, música y otras experiencias artísticas, una especie de transmedia de principios del XX (*Hasta el más sabio se equivoca*). Titulada como *El diario de Glumov*, vemos a un intrépido actor que parece interpretar a *Mandrake el mago*: un superhéroe creado por el estadounidense Lee Falk, el mismo autor de *El Fantasma* (dos de los primeros justicieros enmascarados y que harían parte de la época dorada del cómic). Reflexionando sobre el talento de Eisenstein para la historieta y la aparición, para su primera película, de un héroe enmascarado venido del cómic, no puedo dejar de pensar en la paradójica relación entre las ideas marxianas y esa enrevesada lógica codificada en el superhéroe clandestino que imparte justicia allí donde no llega el sistema o donde éste muestra sus peores caras. En cualquier caso, esa primera película nos daría pistas sobre sus objetivos, que pasaban por la exaltación estética y simbólica en el cine.

En ese año de 1923 escribiría: "Es atracción (desde el punto de vista del teatro) todo momento agresivo del teatro, es decir, todo elemento de éste que somete al espectador a una acción sensorial y psicológica verificada por medio de la experiencia y calculada matemáticamente para producir en el espectador determinados *shocks* emocionales que, una vez reunidos, condicionan de por sí la posibilidad de percibir el aspecto ideológico del espectáculo, su conclusión ideológica final" (Sánchez-Biosca, 1994).

Su manera de *crear dialécticamente* se apoya en el convencimiento de que el cine era la verdadera síntesis de todas las artes. Nada como el cine podía lograr el *shock*, la síntesis de alguna clase de "experiencia traumática" inducida en el espectador (la "atracción", en palabras de Eisenstein). Así, entra en la época de *La Huelga* (1924), *El Acorazado Potemkim* (1925) y *Octubre* (1928). Entre otras cosas, quería explorar los sentimientos que provocaba la imagen en el espectador. No sólo pretendía una identificación (emocional y luego política... impresión y excitación), además quería que el espectador deseara ser *ese personaje*. Y esto era verdaderamente revolucionario, podríamos decir que entiende la identificación con la imagen más de diez años antes de la llegada de Lacan y su primera teorización sobre el Estadio del Espejo. Ya desde el rodaje de *La Huelga*, pone en práctica sus ideas sobre el montaje escénico. Un conjunto de técnicas que sobrepasaron lo experimental e introdujeron una concepción nueva sobre el ritmo y la emoción en el cine.

En *El Acorazado Potemkim* vuelve a aparecer la figura del representante de la iglesia, el Pope, algún tipo de "dispositivo" del poder encargado de la administración espiritual del relato (con sus simbolismos, por ejemplo, en la barba y esa cruz que blande a modo de martillo con poder sobre la vida y esperando sumisión ante su semidivina autoridad). Cuando los marinos del barco se revelan no lo hacen únicamente contra la autoridad "práctica" de los oficiales, también contra el mismísimo relato que sustenta esa autoridad, arrojando al Pope escaleras abajo.

Durante el estreno de la película, el 21 de diciembre de 1925 en el Teatro Bolshói, se ve a un nervioso y emocionado Eisenstein caminar por los pasillos del teatro. Espera las pruebas de sus tesis sobre la dialéctica del montaje, éstas llegan una a una con las ovaciones del público emocionado... identificado simbólicamente con esos héroes del Acorazado. En especial con aquella "síntesis dialéctica" de los aplausos que provoca la escena donde se iza la bandera roja en el palo mayor de la nave (un júbilo que marcha de lo emocional a lo político).

El siguiente aplauso llega cuando las armas del Acorazado disparan contra el palacio, vigilado por leones de piedra, que alberga al cuartel general del Ejército, como respuesta a la terrible masacre perpetrada en la famosa escena de las escalinatas de Odesa. Un tercer testimonio del efecto que causaba la película entre los atónitos asistentes llega cuando el navío pasa entre la escuadra del almirantazgo con la bandera revolucionaria ondeando con fuerza, una victoria difícil de igualar. Serguéi solo contaba con 27 años, pero ya era un director aclamado.

Su siguiente proyecto es *Octubre*, donde también buscó la misma sobreimpresión estética, aunque más dirigida al pensamiento. La cinta tenía algunas escenas de franca brutalidad (como la del caballo blanco muerto en el puente), entremezcladas con rasgos industriales y realismo revolucionario. El enorme montaje de esta película, con más de 100 mil personas involucradas en el rodaje, una iluminación que no tenía antecedentes en aquella todavía breve historia del cine y la casi parálisis de gran parte de la ciudad de San Petersburgo, la entonces llamada Leningrado, quiso introducir una reflexión intelectual de mayor calado entre los espectadores. Aquel testimonio fílmico sobre los hechos entre la abdicación del Zar y la conquista de los bolcheviques no fue muy bien recibida por las autoridades. Probablemente no les gustaba la riqueza simbólica que exhibía el enemigo que resultaría derrocado por el poder popular. Eisenstein necesitaba mostrar la Revolución como un estado continuo, una manera de crear realidad, en lugar de un hecho estacionado en algún momento de la Historia. Y esto pasaba por contar cómo fueron los días en que esa Historia cambia de cronista, a pesar del apabullante peso simbólico de los que habían detentado el poder desde siempre.

Más tarde rodaría *La línea general*, un proyecto sobre la colectivización agraria y los cambios sociales provocados por el avance técnico. Este nuevo trabajo tampoco fue visto con buenos ojos por las autoridades. Es de recordar que hablamos de una época donde la alta dirigencia del Estado soviético intenta ejercer un gran control sobre toda la producción cultural, con momentos extremos como la caída en desgracia de Trotsky, que obliga a Eisenstein a eliminar su aparición en distintas escenas. Sin embargo, *La línea general* mostraría con habilidad todo el bagaje acumulado en sus películas anteriores, por ejemplo, en el montaje, la estética y las "figuraciones simbólicas".

Para entonces, su nombre ya era conocido entre los entendidos en materia de cine del mundo entero. En el verano del 29 comenzaría su periplo por Europa central y occidental. Buscaba las innovaciones que llegaban con el cine sonoro. Pasaría por Suiza, Alemania, Inglaterra y Francia. Quedaría impresionado y lastimado por la deslumbrante, decadente y sexualmente desenfrenada Berlín. La vida e imágenes de esas grandes y sofisticadas metrópolis europeas proporcionan a Eisenstein una profundidad nueva sobre la anchura del mundo. Durante aquellos días compartiría con Bertolt Brecht, donde asistimos al tendido de un puente genial entre poesía, "teatro épico" y teoría del montaje. Ambos compartían a profundidad algunas ideas sobre el *shock* del espectador.

Pero también conoce a Albert Einstein, que le regala una fotografía suya, tal vez admirado por el conocimiento del director soviético sobre su Teoría de la Relatividad. Viaja como una esponja, absorbiéndolo todo. Se diría, más adelante, que algunas escenas de su *Iván* estaban relacionadas con su paso por la ritualidad institucional en la Universidad de Cambridge, donde imparte un curso sobre cine soviético. Luego llega a París, donde se le identifica con el "realismo social", más que con el séptimo arte en su íntima esencia. Durante sus viajes conoce a otra personalidad de enorme relevancia, James Joyce, que ejerce sobre él una gran fascinación. Leen juntos algunos pasajes del *Ulises*, con los que llega a la idea del diálogo interior como método cinematográfico e inspiraría una de sus ideas no realizadas, una película sobre *El Capital*.

Pronto parte hacia los EE.UU., gracias a la promesa de un proyecto con la Paramount Pictures. En la ciudad de Nueva York de 1930 conoce a otro contradictorio gigante del cine: David Griffith. Sabemos que para hablar de teoría del montaje en el cine es necesario referirse a esos dos polos del séptimo arte: Eisenstein y Griffith. Es con los dos autores que el cine se emancipa del esquema de "fotografía animada" y el drama estático heredado del teatro. Con el trabajo sobre los planos y las perspectivas, por ejemplo, de lo general a la particularidad del primer plano, se descubre que el cine podía tener una metodología propia. Inmediatamente después se sintetiza la cuestión del montaje: una historia cinematográfica no necesitaba mostrar un solo *continuum*, era posible unir o ensamblar espacios y tiempos distintos para alcanzar una mayor complejidad narrativa. Aquí nos referimos al tiempo cinematográfico, capaz de mostrar una realidad muy distinta a la que vería el espectador a la escala de su vida cotidiana, uno de los ejemplos pioneros son las escenas del ataque contra la muchedumbre en las escalinatas de Odesa, en *El Acorazado Potemkin* (las tomas generales de la masa aterrada en contraste con los detalles, como ese coche de bebé que rueda sin control rumbo a un desamparado desastre).

La genialidad de estos dos directores comienza por concebir en su mente todo el conjunto que compone ese nuevo tiempo cinematográfico. Toda la extensión de la película debe existir antes como idea en la cabeza del director. Entonces, y solo entonces, puede emprenderse un plan de rodaje, que nunca obedece o refleja la cronología que se pretenderá mostrar en la proyección. Durante ese proceso entran en juego otros factores, como el azar, el sentido de oportunidad del equipo, la creatividad, etc., como en la escena que aprovecha un inesperado día de niebla en la película de Eisenstein. Pero el lugar donde realmente veremos el gran despliegue artístico del director será la sala de montaje, allí únicamente él ejerce como maestro de obras de su estructura fílmica. El creador soviético implementa una crónica visual sobre la respuesta del Acorazado tomado por los revolucionarios a los crímenes de la escalinata de Odesa que lleva el ritmo y la emoción del indignado espectador a un renovado umbral de sensibilidad.

Pero al otro lado del mundo, David Griffith también está logrando extraordinarios montajes cinematográficos. Diversos pasajes de sus películas muestran una belleza creativa y natural que le convertirían, junto a Eisenstein, en el otro gran maestro del séptimo arte. Su particular habilidad para zambullirse en el *todo* del encuadre permitió que el espectador se identificara, sintiera las mismas emociones que los personajes. Es así, por ejemplo, en *El nacimiento de una nación* (*The Birth of a Nation*, 1915) e *Intolerancia* (*Intolerance*, 1916), que, además, son historias extremas donde se manifiestan las ambivalencias del creador. Recordemos que varios autores atribuyen a Griffith la invención del gran primer plano y las subsiguientes estructuraciones generadas desde él.

En el caso de Eisenstein vemos una "montaña rusa" emocional, utiliza la asociación simbólica para unir dos cuadros o secuencias distintas, incluso con diferentes ángulos y perspectivas, y transmitir la impresión de una sola línea espaciotemporal observada por un testigo con múltiples ojos. ¿Es ésta la auténtica "mirada" de la dialéctica... toda movimiento, multidimensionalidad, cambio y acción?

En el caso de Griffith, la emoción máxima, el estallido de los acontecimientos, es gradualmente preparado en imágenes que van aumentando su velocidad y ritmo hasta la exaltación final. Se le considera un inventor del "docudrama", una especie de marco o contexto realista para dar sustento a tramas inventadas. Posiblemente, Eisenstein no se sintiese muy identificado con el contenido de la obra de Griffith (burguesa y pseudo-aristocrática), pero casi con seguridad admiraba su técnica; en 1929 llegaría a admitir la influencia en el cine soviético de cintas como *Intolerance*. Orson Welles escribiría en 1965: "Yo le admiraba y le veneraba, pero él no necesitaba un discípulo. Necesitaba trabajo. Nunca he odiado realmente a Hollywood, a no ser por el trato que dio a D. W. Griffith. Ninguna ciudad, ninguna industria, ninguna profesión ni forma de arte deben tanto a un sólo hombre. Todo director que le ha seguido no ha hecho más que eso: seguirle. Hizo el primer *primer plano* y movió la cámara por primera vez. Pero fue más que un padre fundador y un pionero, ya que sus obras perduran con sus innovaciones. Las películas de Grifrith están hoy mucho menos viejas de lo que estaban hace un cuarto de siglo" (Caparrós, 2017).

Entre los primeros rasgos por los que conocemos a Griffith está una personalidad que vive en alguna clase de rebote entre la oscuridad y la luz; algo que nuevamente podemos ilustrar con *The Birth of a Nation* (con su discurso militante antinegro) e *Intolerance* (exponente de un liberalismo y humanismo propio de las columnas masónicas que observaron la pertenencia del director a la Orden).

En sentido de lo anterior, Gubern (1983) escribía para *El País*: "Heredero de la tradición de Dickens, toda la obra de Griffith se construyó sobre las estructuras del melodrama, incluidos sus filmes considerados históricos o sociales, en los que aparecen puntualmente sus frágiles heroínas rubias, vestidas de blanco, cuya inocencia es perseguida con saña por perversos villanos de gesto torvo. En su saga sobre la guerra civil de *El nacimiento de una nación*, los malvados fueron negros o mulatos, pero en otras ocasiones fueron bandidos blancos, que eran finalmente vencidos por hombres valerosos relacionados con la heroína en peligro con un vínculo socialmente legitimado: marido, padre o novio. A diferencia de los negros, los indios norteamericanos fueron vistos con simpatía por Griffith, quien los mostró como personajes nobles y pacíficos, en una perspectiva opuesta a la de los posteriores westerns de Hollywood".

Pero continuando con Eisenstein, a su llegada a la glamurosa California tiene otros encuentros interesantes: la mágica creatividad de Walt Disney, la poderosa presencia y talento de Marlene Dietrich, la exasperada divinidad humana de Greta Garbo, etc. Pero entre las personas con quien tendría una relación más afectuosa y de mutua influencia estaría Charles Chaplin. La extraordinaria sensibilidad social de las películas de Chaplin, sus posibles interpretaciones desde Marx y el Psicoanálisis, así como su innegable belleza estética, hacen que tenga mucho sentido la amistad entre estos dos grandes directores. Sin duda, son cineastas comprometidos con proyectos que pretenden una impresión reflexiva en el espectador.

Vemos, pues, otro paradigma de este cine antitotalitario, humano y satírico respecto al capitalismo industrial y las guerras imperialistas en aquel fascinante Charles Chaplin (Londres, 1889-Vevey, 1977) conocido y admirado por Eisenstein. Por ejemplo, en la fantástica e inigualable *Modern Times* (1936), donde asistimos a una profunda simbolización del obrero, analizado por Marx, objeto de una violencia que le hace perder las coordenadas de la realidad y termina siendo devorado por la máquina (es presa de reflejos repetidores y pulsiones de muerte, un universo de represiones inconscientes estudiadas por el Psicoanálisis).

La cercanía de *Modern Times* con muchos planteamientos de origen marxista siempre ha sido muy comentada: vemos la negación reductora de la subjetividad del individuo condenado a la repetición alienante. El guionista y productor de la película fue el mismo Charles Chaplin: «Tiempos modernos es una historia sobre la industria, sobre la iniciativa individual, la cruzada de la humanidad en busca de la felicidad.» Y mientras esa búsqueda seguía adelante, el obrero interpretado por Charlot salía de la fábrica al manicomio. Con un sutil ejercicio simbólico aquel "loco" terminaba accidentalmente en una manifestación que le conduciría a la cárcel.

En una primera instancia, la película testimonia ese duro contraste entre la producción artesanal y la industrial, donde el sujeto no es dueño del movimiento impreso en la herramienta; vemos la representación de la explicación de Marx sobre una máquina que restringe los desarrollos del obrero a sus necesidades. En segundo lugar, observamos la aparición de un obrero fragmentado, el pleno desarrollo de la máquina implica su mutilación psíquica y cultural (*El Capital*). En tercer lugar, tenemos la desgracia física e intelectual del trabajador como resultado de reproducirse en un sistema de trabajo ajeno: no es dueño de su actividad productiva, hasta el extremo de ser devorado por los engranajes de la gigantesca máquina aparecida en la historia. Es como si el sujeto de la alienación capitalista, interpretado en la película, recibiera entrenamiento para un futuro trastorno por psicosis.

Es Chaplin quien pone en contacto a Eisenstein con el productor Upton Sinclair, que financiaría *¡Que viva México!* Durante un año el director soviético vive la *intensidad latina* en tierra mexicana, rodando unas sorprendentes imágenes que parecen explorar ese afán *latino* de vivir con pasión, fiesta, enamoramiento, violencia y en la sospecha permanente de la inminente muerte convertida en folklor. Este proyecto sería el pasaje más oscuro de la vida de Eisenstein como director. No lograría editar y montar la película, siendo otros los que la concluyen en base a la cinta original.

Luego de México regresa a Moscú, donde recibe nuevas críticas de las autoridades políticas. Aunque con el tiempo rueda otros interesantísimos proyectos. Entre ellos *Alejandro Nevski* (1938), sobre el héroe nacional ruso que derrota a los caballeros teutones en el siglo XIII y logra la unidad del país (es su primera película sonora). Por esta cinta recibe la Orden de Lenin. A comienzos de la terrible década del 40 del XX comienza a planear su proyecto *Iván el Terrible*, cuya segunda parte sería en color. Nuevamente llueven las polémicas por su tratamiento sobre el uso del poder en nombre del pueblo. Esta historia es su último desafío cinematográfico.

Es durante el rodaje de *La línea general*, concluida en 1929, que Eisenstein cavila sobre el proyecto de llevar al cine la gran obra de Marx, *El Capital*. La idea no lograría madurar por completo, pero pensando en ella llega a la definición de "montaje intelectual", un cine que cerraría, pensaba, la pugna entre "lenguaje de la lógica" y "lenguaje de las imágenes" (la síntesis de un cine dialéctico con un fin social claro). Buscó una cinematografía de alianza entre conocimiento y sensualidad, una estimulación integral de los sentidos. Pero no se refiere simplemente a una completa intelectualización de la película como obra artística y su disminución de lo sensible-estético; es un discurso fílmico que mantiene una estética intensa y que pretende ser más filtro didáctico que cognitivo. Nos habla de un triángulo *forma-imagen-ideología*. (Chateau, 2009).

¿Cuál es el fin de una película motivada por un relato filosófico? Llevar a Marx al cine implicaba crear una nueva forma cinematográfica. El *cine-tratado*: una dialéctica convertida en crónica visual, en relato fílmico. Todo mediante la historia de un día en la vida de un hombre o mujer cualquiera, donde cada espacio, simbolización y relación resulta explicable desde el "guion" general de *El Capital*. ¿Con qué fin? Para conseguir una didáctica visual que enseñe al obrero a pensar dialécticamente y transmitir esas ideas posteriormente (estas eran las reflexiones de Eisenstein hacia abril de 1928 [Chateau, 2009]).

Para que el cine ayude a pensar libremente necesita de un sustento que se toca con la Filosofía. Eisenstein une discurso y arte visual para llevar a objetivar las ideas expuestas en las *Tesis sobre Feuerbach*: lo interpretativo y lo práctico-crítico. Hablamos del cine en su forma práctica, que ayuda a la transformación de la realidad. Lo que el director soviético persigue con su "filosofía del cine" es una realización dialéctica. Su imaginación tuvo una fuente en las futuristas promesas del relato comunista, con su cinematografía quiso ser revolucionario (no propagandista) por derecho propio, implicando todas las fases de la producción. El sentido artístico, estético, tiene un inherente potencial político (en ideas de Marcuse), que supera totalmente la faceta de difusor político. Cuando Eisenstein alega que "la forma es siempre ideológica", está diciendo que una idea siempre necesita medios expresivos que hagan del discurso algo más sofisticado, útil y perdurable (Narváez, 2018).

También le preocupa el "eterno" problema de la identidad entre ideas y realidad. ¿Es la realidad que percibimos tan sólo una ilusión del pensamiento? Al retroceder a Hegel vemos que éste cree en la superación de la idea. La dialéctica piensa la realidad como *otro* y como *sí misma*, en el primer caso porque concibe la objetivación de lo originariamente subjetivo, en el segundo porque esa objetivación es una necesidad (la potencia latente) de la idea. En Marx, donde el primer acto *histórico* sería la producción de medios de existencia (antes que el *pensar* la realidad), vemos que la vida material, la cámara oscura, determina la consciencia y todo su universo de ilusiones. Si la consciencia puede representar a sujetos y relaciones (cabeza abajo), se debe a que la génesis del lenguaje que re-representa la vida real se confunde en sus mismas simbolizaciones. Éstas otorgan cierta libertad al pensamiento que lleva a varias deducciones algo ilusorias, por ejemplo, que su aparente control sobre la realidad se debe a que él la edifica lentamente.

Eisenstein también pensó que la estética marxista no puede ser rígida (estructura-superestructura), ya que la subjetividad no es ideología simple. Por ejemplo, en Marcuse el arte muestra un desfase entre la obra y lo que la determina exteriormente, delatando una "subjetividad objetivante".

El cineasta, por supuesto, está explorando la profundidad de la idea, y es esa relación la que le permitirá a ésta nacer, objetivarse, y desarrollarse. La obra recrea una parcela de realidad totalmente originada en una idea, por esto el cine (desde la perspectiva de Eisenstein) regresa a una formulación Hegel-Marx. Evidentemente la idea tiene origen en producciones sociales y culturales, pero dado que es perfilada en la cabeza del creador, será ella la que determine su estructura material, lo que nos regresa a Hegel.

Encontramos otro director clave de la época en Vsévolod Pudovkin (Penza, 1893-Riga, 1953), reconocido (al igual que Serguéi Eisenstein) como una de las figuras centrales del cine soviético. Entre otras cosas por el estatus ideológico de sus producciones, algo observado, por ejemplo, en su trilogía (1926): *La Madre* (basada en la novela de Máximo Gorki), *El fin de San Petersburgo* y *Tempestad sobre Asia*. Su principal contraste con el gigante del montaje Eisenstein es el afán de rodar una historia a un nivel de realidad más íntimo: la pequeña escala vivencial en lugar de la escena masiva. El sujeto (un personaje) es el responsable completo de la trama (como la madre proletaria o el campesino joven de *El fin de San Petersburgo*). Pero, además, esas historias personales están brillantemente incrustadas en la gran crónica histórica o política de la película. Para esto Pudovkin desarrolló lo que se llamaría "guiones de hierro", que tenían como fin lograr alguna claridad a pesar de la densa complejidad argumental. El guion de sus películas detallaba al máximo, desde su gusto por el plano detalle hasta el montaje final.

1.6.3. Vertov:

Los directores y guionistas que se han acercado a Marx han marchado por distintos géneros: documental, comedia, drama, distintas mezclas de suspenso, etc. En cuanto a las temáticas o aspectos del pensamiento marxista que mayormente han estado presentes en esas historias vemos, por ejemplo, la lucha de clases, la ideología, distintos enfoques de su teorización sobre economía política, la lucha por el socialismo (bajo distintos modelos narrativos y simbolizaciones que giran alrededor de una sociedad futura que logra librarse de las taras e injusticias de la actual), la utopía humanista en forma de distintas reinterpretaciones del ideal comunista, etc. Una parte importante de esta producción cultural se vio influenciada por el cine soviético en cabeza, por ejemplo, de Dziga Vertov (Białystok, 1896-Moscú, 1954), que junto a Eisenstein y Pudovkin pasó a ser un director universal, gracias a su gran vanguardismo técnico y narrativo.

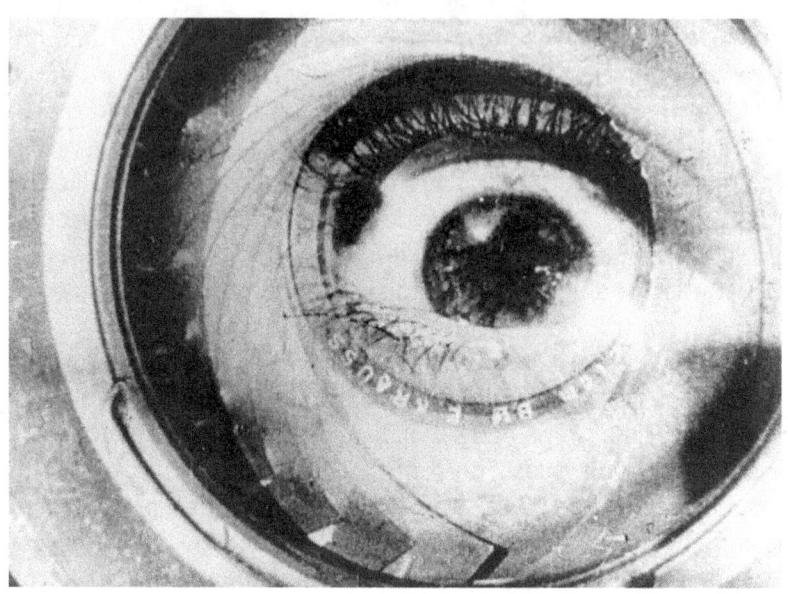

Fotograma de El hombre de la cámara, Dziga Vertov

En su más famosa teorización, el Cine-Ojo, Vertov quiso perseguir una especie de objetividad última, un viaje a los más profundos pliegues que forman la realidad. Esto implicó su postura de rechazo hacia el actor profesional, el guion o la escenografía. Entendió que el ojo humano tenía una visión increíblemente parcial de la materialidad. Mientras que la cámara podía mostrarlo todo a un nivel de verdad desconocido; planteando, así, desafíos nuevos al pensamiento. Su encuentro entre materialismo y sentido abstracto sigue siendo vanguardista en este bien entrado siglo XXI; en él vemos un cine del conflicto entre epistemologías siempre en choque: un positivismo de hechos y la estructuración de conceptos abstractos. En este director tenemos una genialidad, por supuesto, incomprendida por la ortodoxia cultural simplista de las autoridades del momento. Le acusarían de antirrealismo, formalismo, de tener una lectura reaccionaria de la realidad soviética y de ser un narcisista.

Sus trabajos de "agitación y propaganda" (Agitprop) convierten a Vertov en uno de los primeros directores en utilizar las posibilidades del cine como instrumento para hacer revolución.

Respecto al Cine-Ojo (1973) diría: "un medio de hacer visible lo invisible, claro lo oscuro, evidente lo oculto, desnudo lo disfrazado [...] usar la cámara como un ojo fílmico más perfecto que el ojo humano para explorar el caos de los fenómenos visuales que llenan el universo [...] Soy un ojo fílmico, soy un ojo mecánico, una máquina que os muestra el mundo solamente como yo puedo verlo [...] En adelante y para siempre prescindo de la inmovilidad humana; yo me muevo constantemente, me acerco a los objetos y me alejo de ellos, me deslizo entre ellos, salto sobre ellos, me muevo junto al hocico de un caballo al galope, me introduzco en una muchedumbre, corro delante de tropas que se lanzan al ataque, despego con un avión, caigo y me levanto con los cuerpos que caen y se levantan [...] Liberado de la tiranía de las 16-17 imágenes por segundo, liberado de la estructura de tiempo y espacio, coordino todos los puntos del universo, allí donde puedo registrarlos. Mi misión consiste en crear una nueva percepción del mundo. Descifro pues de una manera nueva un mundo desconocido para vosotros y vosotras".

De alguna forma, esta intensión de mostrar "otra cosa", otra forma de entender el mundo, se relaciona con la necesidad (propia de Marx, por otra parte) de mantener un sentido crítico respecto a lo que vemos y vivimos. ¿Una teoría crítica de la realidad no está, igualmente, relacionada con buscar otras perspectivas (aunque parezcan imposibles), visiones de un mismo espacio-tiempo desde posiciones distintas pero simultáneas o con una combinación acelerada y nueva de imágenes del mundo? ¿Puede hacerse tal cosa sin un cine experimental como el ideado por Vertov?

Su objetivo apuntaba a una realidad sin ficción, separada del teatro y otras líneas cinematográficas. Hallar la "verdad" en la unión (montaje) de miradas penetrantes a la materialidad que nos rodea... sin guion, sin luces, ni especialistas. La no-ficción radical del director se oponía a la misma tendencia artística de otros creadores, de ahí que el cine documental (como registro real de los acontecimientos, sin interpretación) le tenga entre sus bases más importantes.

A pesar de ser un director fuertemente señalado como "formalista", sería reconocido por su vanguardismo en el género documental (*El hombre de la cámara*, 1929), donde se planteó el rechazo a la estructura tradicional del rodaje (guion, estudios, actores profesionales, etc.) para encadenar fragmentos de realidad no simulada que intentaban mostrar un nivel de la *verdad* que teóricamente escapaba de la percepción visual (en el Cine-Ojo), siempre atrapada por el estímulo más brillante y ruidoso. En 1934 Vertov dirigiría *Tres cantos a Lenin*, que en varias formas sintetiza sus ideas sobre el montaje, en parte gracias a ese juego tremendamente emocional con la música, que tenía por fin engrandecer el mensaje de un Lenin-padre de la nación (una lectura marxista a partir de un montaje que pretendía resaltar la espectacularidad cotidiana del proyecto revolucionario). La película es una exhibición del legado de un progenitor simbólico multinacional que había fundado un país con legiones felices de trabajadores, niños sonrientes, aviones en vuelo rasante para dejar caer periódicos, mujeres que hablan, conducen tractores y se entrenan; eran personajes que desde las regiones del Asia rusa (antes ese *Oriente oprimido*) se estremecían ante la señal de radio originada en la lejana Plaza Roja, que transmitía un enorme desfile militar con *La Internacional* de fondo. Y, por supuesto, todo el conjunto era complementado por las pocas tomas que existen de Lenin.

1.6.4. Año de vida:

Al hablar de un eco de Marx en el cine, hemos visto momentos de obligada referencia y otros de gran esplendor. Es el caso de Azerbayzhan Madievich Mambetov, nacido en la República Autónoma Socialista Soviética de los Alemanes del Volga (1932) y fallecido en Kazajstán en 2009, fue una referencia en el mundo de la enseñanza del teatro y el cine soviético y posterior (Artista del Pueblo de la URSS en 1976, Héroe Nacional de Kazajstán en el 2000, etc.). En 1966, junto al también afamado director soviético Grigori Roshal (Novozybkov, 1899-Moscú, 1983), ambos prolíficos creadores, dirigen lo que en castellano se traduciría como *Año de vida* (*Год как жизнь*). La película biográfica (basada en la novela de Galina Serebryakova *La violación del fuego*), narra un año en la vida de Karl Marx y Friedrich Engels, concretamente los grandes acontecimientos entre 1848 y 1849: el *Manifiesto*, nacido en medio de la gran efervescencia política del momento, la época de escritura en la *Nueva Gaceta del Rin*, la represión, los primeros reveses y la huida de Marx por Europa. La estética de la película (dividida en dos partes) es, sin duda, fascinante; ya que intenta mostrar cierta dimensión emocional (aunque con la dureza, tal vez natural, que resulta de unir lo ruso y lo alemán) en la actuación de un hombre que no parece en realidad convencido del enorme poder de sus enemigos. El tratamiento y movimiento de la cámara parece querer introducir al espectador en la vida del protagonista, es como otro testigo que camina por las habitaciones y locaciones donde transcurre la acción. Es extraordinaria la escena donde un Marx encerrado en una antigua celda que comparte con un preso que parece haber perdido el juicio, provoca la proyección de su inconfundible sombra en la pared, como pretendiendo asomarse a los tiempos pasados y futuros, justo antes de verse forzado a defenderse de la locura que provoca el sufrimiento de los desheredados. Un dolor (el de la esposa del preso) que también aparece a la manera de una escena casi gótica en una película de vampiros: trascurre por una ciudad lluviosa y nocturna de la vieja Europa, donde la penumbra revela figuras alargadas que podrían mostrar el horror de la prohibición y el castigo. Y todavía quedando más recursos visuales, la película parece convertirse en novela gráfica durante el alegato del perseguido que comprende la irracionalidad del mundo y lanza el desafío de una nueva construcción social. Y la cuestión es que el joven Karl sabe que le aguarda una vida de exilio y privaciones, y aún así mantiene la ilusión de una sonrisa ante el poder prometedor de las ideas que logran dejarse por escrito. En los momentos finales su mirada se enfrenta, como perdida, con el viento y el mar picado, camina por la cubierta de un barco que lo llevará a Inglaterra, en busca de un lugar tranquilo donde quitarse el abrigo y sentarse a pensar la realidad, para ver si un día se disipan esas nieblas marinas que parecen rodearlo todo durante la partida.

1.6.5. Rossellini:

Tendríamos otro antecedente importante del cine con trasfondo político en el neorrealismo, una amalgama nueva entre realidad y ficción, por ejemplo, en *Roma città aperta* (1945) de Roberto Rossellini (Roma, 1906-1977). También observaríamos densos discursos existenciales en directores como Visconti, Antonioni, Pasolini y Bertolucci.

Roberto Rossellini, ya en su plena madurez, intentó explorar a un Marx joven. El brillante director italiano tenía como uno de sus valores a la comunicación de ideas por encima de la básica acción propagandística e ideológica; probablemente era una actitud esperable de quien recorriera la Italia de los 40 registrando con su cámara los horrores de la guerra.

El siempre controvertido director, gran maestro del neorrealismo italiano, se mantuvo activo hasta el final de su vida. El año anterior a su muerte, en 1976, trabaja en un nuevo proyecto para TV sobre la vida del filósofo alemán: *Karl Marx. Trabajador por la humanidad*. En la idea original se presentaba a un personaje no sentado en las terribles penurias del exilio londinense, donde su único refugio fue la biblioteca y salas del Museo Británico, sino en la vivencia de un Karl joven y devorador de libros de Historia, Economía y Filosofía en la Universidad de Bonn. A lo que siguen los choques familiares derivados de esa extraña sed de conocimiento, cuya explosión es completada en los sentimientos despertados por Jenny von Westphalen, un apasionamiento que detonaría en tres cuadernos llenos con versos de amor, y que le conduciría al matrimonio y siete hijos (cuatro mueren siendo niños).

Esta muestra de juventud también incluía sus estudios en Jena y la muerte de su padre. Así como su participación en varios medios escritos, que arrancan con una existencia errante también marcada por la entrañable amistad con Engels. El documento fílmico de Rossellini, con un guion construido a partir de archivos radicados en París y Moscú, concluiría con la publicación del *Manifiesto Comunista*. El director pretendía utilizar su visión, tal vez "amable", del filósofo para explicar la época en la que vivió.

Rossellini defendió el neorrealismo al negar su identificación simple con lo "popular" o con la expresión de algún tipo de pobreza decadente (cultural o material). El movimiento cinematográfico surgido en la posguerra era, probablemente, un asomarse a la cotidiana realidad con crudeza, vigor y sentido estético, así como trabajar por aclarar las circunstancias del sujeto y devolverle protagonismo sobre éstas. A pesar de sus numerosos detractores, su prólogo de Marx pretendía aportar un documento para la TV a la altura de su legado fílmico (que siempre se peleaba con la interpretación personal o la emoción). El neorrealismo de Rossellini que quiere pensar a Marx, posiblemente recuerda que es el análisis social e histórico (por ejemplo, de la economía) lo que da los *elementos* para entender las diferencias entre individuos y su base moralmente reprochable: aquellos *elementos* que convierten la libertad o el libre albedrío en una quimera filosófica. En este sentido, escritos como el *Manifiesto* son una "llamada" (no una justificación) a realizar un comunismo que desmonte el poder sobre el sujeto que trabaja y crea riqueza, a partir de la acción sobre las dinámicas y fluidez social que tienden a arrebatar la voluntad.

Rossellini, a propósito de esto, pensaba que cabe en el marxismo la causa de haber dividido al mundo en dos: la parte que lo considera un guía a la emancipación y la que lo tiene por un demonio enemigo del orden y la tradición. Sus contrarios lo culpan de haber encadenado, en un lenguaje simple y vibrante, la teoría y la acción. El gran cineasta italiano compara la suerte de Marx con el drama de Galileo en el texto *Il mio arx*, publicado por el diario *Paese Sera* en julio de 1977 (dos días después de morir). El mismo trabajo sería llamado como introducción al guion de la película *Lavorare per l´umanitá*, el proyecto que pretendía rodar el padre del neorrealismo. La historia transcurre entre 1835 y 1848, cuenta todos los eventos (incluso las pasiones) que convertirían a Karl Marx en lo que fue para la Historia. De hecho, es ésa la pregunta fundamental que surge con Rossellini: ¿Qué hace falta para convertirse en un Karl Marx?

Cuando Rossellini muere no había terminado la filmación sobre el pensador alemán. Estaba en un momento donde una larga cadena de terribles críticas se cebaba con él y su obra. Le gritaron a partes iguales *católico*, *comunista*, *amateur*, *payaso*, etc. Su historia de amor, aventura, matrimonio y trabajo con la extraordinaria actriz Ingrid Bergman marcó gran parte de su vida durante los años 50; quizás fue ella quien halló una clave importante del profundo sentido artístico *italiano* de Rossellini: las cosas no son buenas o malas, simplemente son bonitas o feas (Álvarez, 1988).

Las últimas producciones del director fueron *El mesías* y *Marx*, donde intentaría rebosar verdad personal y llana honestidad (el pensador de Tréveris era para él una declaración de optimismo humano). Indagaba en las pequeñas cosas del vivir para encontrar el verdadero origen de los grandes acontecimientos históricos. Tal vez cierta sencillez en la personalidad del director hace diluir su influencia sobre otros grandes del cine como Pier Paolo Pasolini, Jean-Luc Godard, Robert Bresson, Jean-Marie Straub o Robert Altman.

Italia se convierte al encanto a profundidad del cine con *Roma, ciudad abierta*. Una película que originalmente no tenía demasiadas pretensiones, pensada para hacer al cine útil a las personas de la calle, bajando la cámara hasta el lugar donde transcurrían sus vidas sufridas, hasta esos instantes en los que ocurre lo más simbólico y de donde surgen los interrogantes más definitivos. Y lo llamaron neorrealismo por su compromiso con la búsqueda de la verdad y el intento de expresarla:

el realismo como las formas artísticas de mostrar la materialidad del mundo. Que en la película se manifestó como un trasteo de cámara y trípode por Roma hacia el final de la ocupación nazi, plasmando unas jornadas infames y bárbaras que aún estaban tremendamente vivas en las mentes de los espectadores (prácticamente *acababan* de pasar).

¿Qué pretendía Rossellini al mostrar tanta "literalidad" en su estilo fílmico? Puede que, siguiendo sus propios escritos, volver a aprender a pensar. En 1963 el director se dedica a una nueva "pedagogía de la imagen" enfocada a la TV, un modelo de educación popular que rompiera los tópicos fragmentadores de la sociedad. Vendría a expresar cómo la increíble capacidad de adaptación humana ha hecho que podamos acoplarnos a cualquier eventualidad, incluso podemos acostumbrarnos a la brutalidad.

Es decir, las masas (que debían impulsar el progreso) han caído en una honda resignación-indiferencia, degradando grandemente las opciones intelectuales del sujeto. Por supuesto, el conocimiento sigue avanzando, pero dejando un sangriento rastro de mártires. Y quien se convierte en vehículo de conocimientos capaces de alterar la uniformidad del paisaje se enfrenta a la condena, la hoguera, la tortura... o al descrédito histórico. Intentamos matar y enterrar aquello que pueda cambiar nuestro rumbo, casi de inercia, como especie. La injusticia o la desigualdad se han convertido en cosas institucionales.

Rousseau, recodaría Rossellini, pensó la desigualdad en el mismo origen del lenguaje. He aquí uno de nuestros principales defectos funcionales: avanzamos cultural y tecnológicamente a un alto coste, edificamos, cultivamos y producimos a la vez que destruimos. En sus escritos, Rossellini reúne técnica audiovisual y filosofía de la ciencia; los cambios deben estar apoyados, como diría Marx, en actividades de base sólida pero además con un componente pedagógico.

El arribo a lo concreto, sintético, tras lo difuso y múltiple expuesto por Marx, requiere maneras renovadas de enseñar (volver a expandir la consciencia). El director no veía una educación que debiera estar en manos de la Iglesia o el Estado (en términos de lineamientos estratégicos), sino bajo responsabilidad ciudadana. Además, pugnaba por un nuevo modelo que diferenciara entre creatividad y extravagancia. Los desarrollos técnicos y culturales tendrían que emplearse para, al menos, intentar revertir las viejas formas de alienación y deshumanización: alimentar el rigor y el libre pensamiento (es posible una nueva gnosis que viaje más lejos que la incoherencia).

Rossellini plantea una objetividad templada que trascienda el goce, la inclinación al "deleite". Observó un problema de lucidez en la deriva tomada por las expresiones culturales, como el teatro o el cine, que asumían un papel ornamental consumidor de tiempo y dinero (y la crítica se extendía, cómo no, a los países socialistas); hasta el punto de "invisibilizar" las posibilidades de la ciencia para cambiar el orden y rumbo histórico.

El director romano tenía problemas con esa emotividad movida por la propaganda convertida en cultura y orientada al consumo, una abstracción que conduce a la alienación, incluso cuando ésta es disfrazada de "debate cultural" (que en verdad aparta de una reflexión científico-crítica). Y todo esto ocurre, se lamentaba Rossellini, a pesar de la gran difusión del marxismo, el materialismo, etc. que existía entre muchos intelectuales del mundo.

Le preocupó el concepto de "educación popular", que también ha caído en la "domesticación de las masas" para adaptarlas a la cultura hegemónica (que incluye variedad de matizaciones dirigidas al comportamiento en el espacio público). Lo que invariablemente desprecia las "capacidades críticas y cívicas del individuo", con la ayuda intimidatoria de varias expresiones culturales. Es necesario, pues, renovar la cultura para re-legitimar el lugar del sujeto en la construcción social, tal vez devolviéndole el papel de *actor-obrero* de la realidad (provisto de pensamiento científico-crítico).

Las producciones para TV de Rossellini transmiten una idea de la Filosofía como modo de vida, más que como "oficio". El cine o la TV piensan a la Filosofía novelándola, con la particularidad de que, en Rossellini, el filósofo y el guion traducen una trama existencial, dejando la teórica autonomía del discurso filosófico para *otra ocasión*, a cambio de adentrarse en la subjetividad parcial del pensador en cuanto personaje determinado por una época.

El filósofo, en su papel de sujeto que explora la realidad mediante el pensamiento, tiene una caracterización para el cine algo apartada y más compleja de manejar que, por ejemplo, la del *hombre de acción* dedicado a la política o la guerra. Pero Rossellini incursiona con extraordinaria brillantez en el pensador convertido en personaje para el cine en TV: *Socrate* (1970), *Blaise Pascal* (1971), *Agostino d'Ippona* (1972), *Cartesius* (1974), etc.

En fenómenos como el del director italiano, que simbolizan una huella filosófica en el cine, tenemos que considerar la inevitabilidad del efecto ideológico producido en la sala de cine, la cámara oscura.

A esta altura podríamos nombrar otras producciones, a modo de muestra, que han "guionizado", en ocasiones de forma bastante libre, algunos de los rasgos del pensamiento marxista. Por ejemplo, *Week-end* (1967) dirigida por Jean-Luc Godard, donde una pareja de burgueses vive la confrontación ideológica derivada de los contrasentidos del modo de vida consumista del capital, durante un pequeño viaje de fin de semana. En esta producción Marx parece una especie de personaje anónimo que fuera a aparecer en cualquier momento, pero donde su presencia va haciéndose imposible por los absurdos y esquizoides personajes que viven esa decadencia de la civilización.

Probablemente, podemos citar otros ejemplos algo más extravagantes, como *Weet Movie* dirigida por Dušan Makavejev en 1974. Algunos de fin pedagógico como *Encontro do século*, con su conversación *transtemporal* entre personajes que interpretan a Adam Smith y Karl Marx. Y otros, no exactamente cine, cuya elegante sutileza (de la risa) merecerían ensayos aparte, como los capítulos *World-Forum-Communist Quiz* de 1970 (Monty Python) y *Philosophers Football* (Monty Python's Fliegender Zirkus) de 1971 (Ian MacNaughton).

1.6.6. Kluge:

El proyecto de Eisenstein posterior a la mayúscula empresa de *Octubre* sólo podía ser algo también enorme, como llevar *El Capital* al cine. Un sueño que se ha convertido en una especie de leyenda entre los estudiosos del séptimo arte y que fue rescatado en el 2008 por el director alemán Alexander Kluge (1932) con su *Noticias de la Antigüedad Ideológica: Marx/Eisenstein/El Capital (Nachrichten aus der ideologischen Antike-Marx/Eisenstein/Das Kapital)*: un largometraje de casi nueve horas dividido en tres partes (I. *Marx y Eisenstein en la misma casa*. II. *Todas las cosas son personas embrujadas*. III. *Paradojas de la sociedad del intercambio*).

La vieja idea de Eisenstein es abordada en la primera parte, al parecer, en base a las veinte páginas que éste dejara escritas y que pretendían ser una referencia para el guion. Alexander Kluge es la continuación de una saga de grandes intelectuales del mundo académico y cultural que han tenido distintas identidades con el pensamiento de Marx (*Spectres de Marx* de Derrida, el proyecto

Grandeur de Marx de Deleuze, etc.), aunque se observa cierto desencanto y escepticismo sobre la llegada de algún tipo de cambio revolucionario en Europa o la aparición de una nueva consciencia social que decida tomar las riendas del devenir histórico. En cualquier caso, sí parece convencido de la utilidad (pedagógica) de emprender una reconstrucción y re-simbolización emocional en el relato cultural.

La complejidad monumental de esta película de Kluge, por supuesto, está a la altura del proyecto, tan sólo brevemente esbozado, de Eisenstein de rodar *El Capital*, luego de su agitado encuentro con James Joyce en noviembre de 1929 y sus visitas a varios psicoanalistas para buscar ayuda terapéutica a sus problemas de estrés. En este gran director soviético estamos observando la crisis nerviosa de una mente privilegiada que pensaba, escribía y hablaba en cinco idiomas (siendo el alemán la lengua de su intimidad) y comprendía, desde la alteración psicológica, una estructura estética en la historia del pensamiento. Desde su encuentro con Joyce elabora en su imaginación un rodaje de *El Capital* a la manera en como está escrito el *Ulises*.

"... el monólogo interno de la mujer de un obrero. Y a partir de ese monólogo interior puede hacer lo mismo que Joyce con un día de la vida de Bloom. No concibe la película como una historia, sino como la posibilidad de encadenar asociaciones libremente. Y en esa unidad mínima, el paso de la cena a la cama... de la acción motora, condensa toda la historia de la humanidad. Habla de mercancías, cooperación, grandes maquinarias, Historia... el trabajo de las generaciones muertas... y en el último capítulo quería tratar la lucha de clases en forma asociativa" (diálogo con Oksana Bulgakova, directora de cine, escritora y especialista en la obra de Eisenstein, en la primera parte de *Noticias de la Antigüedad Ideológica*).

La "imagen" y simbolizaciones de la "historia" de Alexander Kluge tratan de comprender el impacto marxista contemporáneo casi desde la alucinación, bajo la forma de asociación libre (¿freudiana?) y conocimiento crítico en forma de diálogos de distinta clase. El director alemán no cae en la complacencia simple de citar a Karl Marx como un retorno a la época dorada de los movimientos comunistas, sino que piensa en dibujar desde sus escritos lo que será una experiencia futura contradictoria. Y para esto recurre a interpretaciones enrevesadas (un cine dentro del cine): nuestros relatos actuales (cotidianos, domésticos, industriales, mercantiles, propagandísticos...) presentados bajo la forma de ruina (explicativa... expiatoria) del pasado y al mismo tiempo esbozos del futuro. Eisenstein podría, precisamente, representar eso: la figura icónica y genial del cine mudo (donde el séptimo arte tiene su primer final) que ve la llegada del futuro en la película sonora.

Este abrumador y genial abordaje de Marx parece pedir una crónica adecuada al pasado de nuestra idea reciente sobre el gran pensador de la utopía comunista, con objeto de aterrizarlo en su justo lugar. Probablemente sea algo aventurado decir que *Noticias de la Antigüedad Ideológica* comunica la grandeza de algo totalmente desfasado, en las escenas de "gracioso" absurdo de la película. Se trata, más bien, de simbolizar en el pensador de Tréveris los rasgos de una especie de "antigüedad clásica" para el sujeto-trabajador que todavía le sugiera un modelo de realidad deseado, que todavía provoque un *placer humanista* en la "clase social" de los indignados. La película de Kluge, inspirada en el sueño de Eisenstein, tal vez intenta colocar a Marx en la dignidad de un clásico contemplado como edad dorada de la izquierda del mundo (Jameson, 2009).

1.6.7. Jaeger:

En el 2008 fue estrenado *Karl Marx-Ein Philosoph macht Geschichte* (dirigido por Gernot Jaeger y Carsten Jaeger). Este documento fílmico regresa sobre la figura del mayor pensador de la crítica al capitalismo, para subrayar su gran influencia histórica en diversos personajes: desde Lenin y Stalin hasta Erich Honecker (presidente del Consejo de Estado de la República Democrática Alemana entre 1976 y 1989).

Los directores pretenden producir el primer documental "riguroso" sobre Marx, desde el punto de vista alemán, en varios años. Vuelven sobre las preguntas acerca de los determinantes personales del intelectual, y con este fin muestran su vida en Tréveris, Berlín, París y Londres. Un grupo nutrido de intelectuales dan sus conclusiones acerca del científico y aventurero del pensamiento socialista. La idea central es que un filósofo no es nada más que una persona (pero la Historia es hecha, precisamente, por personas).

La película combina entrevistas y dramatizaciones con pasajes de la vida de Marx. Las intervenciones vienen de miembros destacados de organizaciones políticas alemanas, como Kurt Beck y los hermanos Hans-Jochen Vogel (Partido Socialdemócrata de Alemania) y Bernhard Vogel (Unión Demócrata Cristiana de Alemania). Igualmente participa Norbert Walter, que se desempeñó durante muchos años como economista jefe del Deutsche Bank, y que además recuerda vivamente sus estudios de juventud sobre *El Capital*. También cuenta con la intervención del famoso politólogo Iring Fetscher, estudioso de Hegel y Marx, fallecido en el 2014. Añadidamente, vemos una figura de algún modo interesante en la cuestión analizada en el documental: Hans Modrow, último presidente del consejo de ministros de la RDA (Partido Socialista Unificado), comentando el peso simbólico de Marx en el antiguo proyecto socialista alemán. Efectivamente, son intervenciones que intentan responder qué queda del legado marxista en la Alemania de los años recientes. Y lo que venimos a observar es un debate entre convicciones racionales y cierta frustración apagada.

El documental, con un rodaje sorprendentemente corto (30 días en tres ciudades distintas), parece algo duro y seco, pero está colmado de palabras (algo confundidas) que necesitan ser dichas. Incluso arriba a unas críticas totalmente abiertas al personaje de Marx, aunque éstas son fáciles en extremo, unas supuestas falsas apariencias que pretendían encubrir la pobreza de la familia o el deseo de que sus hijas no pertenecieran a la clase del proletariado. A pesar de que, a lo largo de las crónicas, siempre ha trascendido la sincera penuria del filósofo y su prole.

En la película hay una escena (incluida en el tráiler) que sin duda es para recordar: se ve a un atónito Karl Marx en su ficticia faceta de viajero en el tiempo, cruzando la antigua zona fronteriza de Check Point Charlie, en el Muro de Berlín. Avanza lentísimamente y con una mirada entre sorprendida e incrédula junto al cartel que reza: *You are entering the american sector/Carrying weapons of duty forbidden/Obey traffic rules*, también en ruso y francés.

1.6.8. Kaurismäki:

Pero también, y esto es muy importante, leemos interpretaciones marxistas en varias producciones de presupuestos limitados o de directores independientes recientes.

Hay un ejemplo notable en la elogiada película *Le Havre*. Es una película *marxista*, puede que por una solidaridad decidida, dirigida por el finlandés Aki Kaurismäki en el año 2011. El protagonista, Marcel Marx (un bohemio antiguamente dedicado a la escritura que ahora se gana la vida como lustrador de zapatos), es un personaje que canaliza la intención de las masas, que se muestran como unos cuantos habitantes de un barrio de trabajadores que, de repente, son conscientes de la lucha de clases y la necesidad de solidarizarse con el débil (un niño africano de mirada endurecida y sin embargo soñadora y dulce). Vemos una estética de los 60 centrada en ese pequeño proletariado, mientras los antagónicos parecen vivir en el futuro de la película. Es el espíritu del ayer luchando contra la tecnológica injusticia actual.

La misteriosa mirada, como dada la vuelta por todas las sorpresas de la vida, de Marcel Marx tiene el toque de esos buenos izquierdistas de corazón que hacen cosas como llamar Laika a su perra, darle todo el poder del hogar a su amante esposa como tributo a un amor imborrable y convertir en una epopeya, que por momentos parece destinada a salvar a toda la humanidad, cualquier pequeña cuestión en donde se cruce la ternura a punto de llorar y la conciencia de clase.

De igual forma, entran en juego los destructivos clichés de la actualidad: según la prensa un emigrante que escapa (el objeto de la solidaridad) es con gran probabilidad un elemento de "ideología peligrosa", podría ir armado y tal vez tener conexiones yihadistas. Sin embargo, son Marx y su pandilla proletaria de barrio quienes mantienen la conciencia de clase (casi mostrada como la cordura ante la oscura irracionalidad del poder político y policial), protegiendo al niño para que logre cruzar el Canal de la Mancha y poner fin a la separación de su familia. Marcel Marx es el "típico" errante romántico y melancólico de París que va a Le Havre para entender la realidad social, que se simboliza, por ejemplo, con las menciones a la iglesia (las contradicciones de su explicación sobre las maneras del mundo, la riqueza, la pobreza, etc.).

Quizás la frase central de la película, "soplan malos vientos fuera", se refiere a la clara crueldad del neoliberalismo, el fascismo, etc. Pero también a la intención, el sueño, de un comunismo ilusionante y en resistencia en Le Havre, una utopía simbolizada por el director con una libertad prometida en la fraternidad obrera (mezclada y fiestera) sólo conseguida mediante la cultura: esos boleros, el desgarrador tango de Gardel y un irresistiblemente combativo rock francés, con el vocalista Little Bob interpretándose a sí mismo en dos escenas, una de las cuales es el concierto solidario que pretende pagar el viaje del niño y donde Marcel Marx empieza siendo quien da las entradas y termina siendo el líder que huye de la policía.

Aki Kaurismäki estrena *Al otro lado de la esperanza* (*Toivon tuolla puolen* en finlandés) en el 2017, con la que vuelve a identificarse como un cineasta humanista en la misma estela de Ozu, Renoir, Ford o Chaplin. Nos referimos siempre a un hombre voluble y de personalidad esquiva, casi enojada. Pero que reivindica en sus películas una sensibilidad y ternura dedicada a los trabajadores, los refugiados, los distintos, etc.

Este finlandés profundo, pero enamorado de ese capítulo aparte del Sur de Europa que vemos en tierras portuguesas es uno de los grandes del cine reciente; un maestro del nexo entre lo conmovedor del vínculo humano, el absurdo furioso, el humor, la esperanza y el cansancio. Todo esto es lo que vemos en *La chica de la fábrica de cerillas*, *Un hombre sin pasado*, *Ariel*, *Leningrad Cowboys Go America*, *Luces al atardecer*, *Le Havre* y *Al otro lado de la esperanza* (Oso de Plata a la mejor dirección en el Festival de Cine de Berlín). En esta última nos cuentan la historia de un joven sirio que escapa de un centro de refugiados en Helsinki y su encuentro con el dueño de un restaurante recientemente abierto; éste, al ver al chico junto a los contendores de la basura, intentando imaginarse un hogar, le ofrece una salida. El relato apela a lo melancólico y humorístico para ilustrar un sentido deseado.

En una entrevista con Begoña Piña para *Público* en abril de 2017 afirmaba: "Sea que se hable de obreros o refugiados, con el cine, usted se revela como cronista de su tiempo, pero lo hace con historias atemporales (...) No descubrí la verdad en la Universidad. El único trabajo que me gustó de verdad fue el de peón de albañil, preparando la masa del cemento... bueno, y el de lavaplatos". Es cuando parece descubrir que el capital siempre tiene la intención de abaratar el costo de la fuerza realizadora de sus trabajadores. Estuvo fregando platos durante su juventud por 17 horas diarias, siete días a la semana y a lo largo de cuatro meses, entonces parece convencerse de que tenía suficiente para, en sus palabras durante aquella entrevista, "empezar a hacer este trabajo deshonesto que es el cine".

En *El otro lado de la esperanza* hay un homenaje de torpeza graciosa a Chaplin, que se junta con atisbos de humanismo en medio del razonamiento mecánico y desalmado del típico burócrata u otros personajes (como la funcionaria del centro de refugiados). "Cualquier cosa contra el sistema es legal, porque el sistema es ilegal. Está basado en el capital. Y el capital nunca llega legalmente, el dinero crece gracias a la ilegalidad. Por tanto, estar en contra del capital es moralmente legal. Equilibramos las cosas", dice el director.

Aki legitima cierta desobediencia civil para recuperar la idea de

Europa, el capital ha convertido el ideal de la Europa unida, democrática y solidaria en parte de los objetos perdidos de la psique social, alienados durante la dictadura del capitalismo salvaje. "Karl Marx, *Das Kapital*, nunca ha tenido tanta razón como hoy. La idea de Marx del comunismo donde todos aman al prójimo es muy optimista, pero la teoría da en el clavo. Sea como sea, hemos perdido la partida. Lo siento, soy un hombre muy sensible, a pesar de no parecerlo", afirmaba Kaurismäki en la nombrada entrevista.

1.6.9. Marx ha vuelto:

Es digna de nombrar, en este apartado, la miniserie argentina, compuesta por cinco capítulos (0+4), *Marx ha vuelto* (2014), una alusión al pensador marxista Bensaid Daniel, veterano del mayo del 68 y autor de un libro homónimo. Se trata de una muestra genial de esa nueva manera de difundir contenidos audiovisuales mediante las varias plataformas existentes en Internet. Y aunque no es una película proyectada en una sala de cine, tan pronto como fue estrenada se convirtió en un fenómeno compartido masivamente en las redes sociales. Es, además, una producción colectiva: grupo de cine Contraimagen y el canal de TV online del Partido de los Trabajadores Socialistas (Argentina).

La historia es una mezcla latinoamericana en su esencia, gira alrededor de los trabajadores de base en una fábrica de artes gráficas y sus intentos de organización para enfrentar las tácticas de la patronal, que buscan retransmitirles los costes de la gran crisis económica de los últimos años. Los trabajadores reúnen en ellos toda la ilusión e indignación, pero también toda la inocencia que su juventud puede soportar. Se reúnen para leer en grupo el texto original del *Manifiesto*, lo discuten y (como nos pasó a muchos de nosotros y nosotras en la primera juventud) encuentran en él (como en otros escritos de Marx) una explicación clara y sorprendente de sus propios dramas.

La aceptación en América Latina de la miniserie se debió a un público joven más bien heterodoxo y adogmático, dado que la dramatización recurre a un "síndrome de viajero en el tiempo" para recrear un sugestivo encuentro entre Marx y un Trotsky que ha viajado desde el futuro. De forma que, mediante algunos efectos visuales y narrativos nada ambiciosos, el pensador alemán habla con obreros dispuestos a escucharle en un viejo bar de Buenos Aires y a la luz de unas cervezas frías. Es allí donde sus palabras, por ejemplo, sobre la existencia en realidad de sólo dos clases sociales, el trabajo asalariado, la moderna esclavitud industrial, las maquinarias humanas, el obrero como apéndice de la máquina, etc. retumban y se combinan con esas aterradoras imágenes de gigantescas fábricas asiáticas, de niños que rebuscan en la basura y corredores de bolsa que se desgañitan para proclamar la esquizofrenia que se ha apoderado del mundo.

Es una exposición resumida (los capítulos son cortos) y dramatizada del pensamiento de Marx contenido en el *Manifiesto*. Pero, sin duda, mi parte favorita es el, antes nombrado, viaje en el tiempo de Trotsky. Lo es por imaginativa, por ese aire (esta vez cinematográfico) que parece unir a H. G. Wells con la conversación entre Neo y Morfeo en *Matrix*; o entre éstos y una de aquellas películas o series de ficción donde, como James Cole en *12 Monkeys* (serie del 2015) o Kyle Reese en *Terminator* (más el inevitable y tal vez primoroso trazo de novela latinoamericana), se termina por relatar qué fue de las soberbias ideas y acciones que se pensaron como brillantes para un futuro a la vez cercano y lejano... la incidencia de lo que decimos, pensamos y escribimos en el porvenir.

En definitiva, el encuentro entre Marx y el viajero en el tiempo Trotsky del capítulo 0, suscitado por la imaginación de uno de los jóvenes obreros, es una pieza sencilla en sus pretensiones, aunque profunda en la belleza poética de un diálogo con toda la intensidad barrial, pero cosmopolita, entre dos ancianos que nunca se conocieron, pero cuyo rastro fue tan profundo en la Historia.

De manera que, luego de esa deformación elástica e histórica del espacio-tiempo, un viento que se colaba por una puerta de bisagras oxidadas anunció una presencia que Karl, contrariado, no alcanzaba a comprender: —*Sabía que podía encontrarlo, Dr. Marx. Usted no me conoce.* [...] —*Señor Trotsky, ¿por qué vino usted esta noche?*

1.6.10. *Le Jeune Karl Marx*:

Hay otro regreso de Marx al cine en el 2017 con *Le Jeune Karl Marx* del cosmopolita director Raoul Peck (Port-au-Prince, Haití, 1953), de quien cabe mencionar que fue ministro de Cultura en Haití en 1996-97 y ha dirigido con excelentes críticas películas como *Lumumba* (2000), *I Am Not Your Negro* (2016) y otras.

Protagonizada por August Diehl (como Karl Marx), junto a Stefan Konarske (como Friedrich Engels), Vicky Krieps (como Jenny von

Westphalen) y Hannah Steele (como Mary Burns). La cinta regresa a la juventud de los teóricos del socialismo científico para mostrar su encuentro en el París de 1844, extendiendo la historia hasta 1848.

Dos jóvenes llegan a la escena para revolucionar a las organizaciones de trabajadores europeas y al futuro del mundo. *El joven Karl Marx* es el título en castellano de esta película, sin duda la mejor de las que se han hecho sobre el pensador alemán en mucho tiempo. Es ciertamente emocionante ver al autor de *El Capital* convertido en personaje para el cine, además en un proyecto de tanta calidad.

Todo el guion está lleno de sus frases, pasajes de algunos textos y trazos de ese pensamiento crítico sobre la realidad que caracterizó todos sus estudios y actuaciones públicas. Sin haber llegado aún a su madurez, cuando todavía pugna por seguir su propio camino filosófico, ya algo apartado de los grupos de jóvenes hegelianos, asistimos a la represión policial del Estado prusiano contra la *Rheinische Zeitung* (Gazeta Renana). Es acusado de arrogante por muchos de sus compañeros, que no soportan la dureza de sus posicionamientos deseosos de acción. Mientras tanto, lejos de allí, en Mánchester, la película nos relata los duros dilemas morales a los que se enfrenta el otro personaje principal, Engels, a cuenta de la situación de los obreros en las empresas y fábricas de su propia familia. Además, con todo aquel discurso discriminatorio y humillante hacia los irlandeses, que eran la imagen de la mano de obra pobre y barata de la época.

Durante esos primeros alegatos, la que se convertiría en compañera sentimental de Engels, la combativa Mary Burns, aparece como personaje casi arquetípico durante su enfrentamiento al comportamiento inhumano de la patronal. La negación de cualquier posible Carga Simbólica reconocible y autónoma en las trabajadoras de una de las hilanderías de la familia Engels llega al extremo de desconocer por completo que resultar mutilada por una de las máquinas es una tragedia de dimensión humana… que implica un dolor que debería ser comprensible por el *otro*, el burgués.

Las imágenes parecen transmitir con fidelidad la situación depresiva en aquellas zonas obreras de los centros industriales europeos; encuadrada en el señalamiento a los irlandeses por su carácter fuerte, mostrado como pendenciero, pero en realidad adolorido y melancólico. La historia muestra la llegada de Marx a París en julio de 1844 y la difícil situación económica junto a su esposa Jenny y su pequeña familia. Hay también un esfuerzo por mostrar el amor, la ternura e incluso la pasión entre la pareja. Debe haber pocas imágenes, o ninguna, de un Karl que derrocha energía haciendo el amor con Jenny y dándose tanto cariño, con el ímpetu de dos jóvenes ansiosos por vivir y soñar. Aquel "maldito ateo, judío y socialista" que se había casado con una noble y preciosa hija de la aristocracia prusiana se muestra ofrendando un amor sincero y sin temores a su esposa, que no parece arrepentirse ni un ápice de su vida junto a ese científico vehemente de pelos algo enmarañados. Y lo cierto es que vemos a un hombre con una vida que muchos, claramente menos brillantes que él, también hemos elegido: intentando ganarse la vida con sus libros y artículos, prometiéndose a sí mismo que las cosas van a mejorar algún día.

LE JEUNE KARL MARX

Título original de la película dirigida por Raoul Peck y estrenada en el 2017

Nos muestran sus primeros y legendarios encuentros con Proudhon y Bakunin: el contraste entre la lucha aún teñida de un sentido de lo fantástico y el pensamiento científico aplicado al cambio social. El protagonista, August Diehl, es un actor genial, logra mostrar una parte muy poco vista de Marx, con su actitud siempre escéptica marcada por una sonrisa entre tímida y cínica se arriesga a explorar una dimensión más íntima del personaje histórico.

Es la época de *Los anales franco-alemanes* y su intento de avanzar desde los planteamientos del liberalismo radical y de los burgueses más progresistas hasta una imagen del comunismo algo más integral y madura. Así, se escenifican algunos debates, por ejemplo, con Proudhon, acerca del problema de la propiedad, que intentarían dibujar a un Karl provisto de razonamientos desarrollados y desveladores del pensamiento circular que caracterizaba a muchas corrientes políticas del momento.

A esa altura el espectador es testigo del importante encuentro entre Marx y Engels, una relación que resultaría fundamental para la vida de ambos, en el despacho de Arnold Ruge, uno de los escritores y responsables de *Los anales franco-alemanes*. Ruge se quejaba de la informalidad de Marx a la hora de entregar sus artículos, discurre un comentario sobre el poco *saber estar* de su esposa y, en general, la poca educación de la pareja. Hablamos de un tiempo en el que pocas mujeres tomaban libremente la palabra para dar su opinión política.

El personaje de Friedrich se ve claramente impactado ante la talla intelectual de Karl, que al verle sólo recuerda a un joven rico y ridículo que hablaba de más durante una pasada tertulia en Berlín, un escritor aficionado sin nada mejor que hacer que hacerse notar. Entonces, Friedrich, un poco adolorido, se atreve a decirle que ha leído su *Crítica a la filosofía del Derecho de Hegel*, publicada en 1843. —*Nunca he leído algo tan preciso y fascinante... Le ha devuelto todo su esplendor a la dialéctica...* Las frases parecen impregnar y grabarse en los muebles y encajes de ese salón despacho del indescifrable París del XIX. ¡Tan joven y tan brillante! —*Un genio*, dice simplemente. Pero Marx también reconoce la calidad del trabajo de Engels sobre la situación del proletariado inglés.

Pareciera mentira que unos hombres que fuman tanto puedan correr tan rápido huyendo de la policía, pero así lo muestra una de las escenas de acción de la película. Hay otro detalle encantador en la forma como Karl se refiere al amor de su esposa, terminadas unas *frenteras* partidas de ajedrez y a la luz de unas copas, una bella aristócrata que eligió a un pobre intelectual de origen judío, dejando éste entrever el dolor, tristeza, que le producía no poder darle una vida con menos penurias económicas.

—*He entendido algo gracias a ti... Hasta ahora los filósofos siempre han interpretado... el mundo. Pero hay que transformarlo.* La trascendental reflexión aparece instantes después de recuperarse de un golpe de borrachera en un callejón. Es el típico filo de la madrugada en que las cosas parecen más claras, sobre todo si se ha estado de juerga toda la noche. La mañana, luego de la fiesta que les dejaría hechos una piltrafa, los vería algo apenados con Jenny, pero con las bases del trabajo que llevaría por título *La sagrada familia*. Llamado por ella *La crítica de la crítica crítica*, con algo de ironía, al ver al esposo y su nuevo amigo presas de la resaca. El nuevo libro sería una gran controversia por su análisis del modelo idealista de Hegel, enfocado concretamente a los círculos de jóvenes hegelianos.

Algo muy importante es que esta película devuelve su voz, casi siempre negada, a las mujeres en los personajes de Jenny y Mary. En la esposa de Marx, el guion permite explicar su "rebelión contra el orden imperante, contra el viejo mundo"; así como la emoción liberadora que le llevó a elegir a Karl sobre una vida de aburrimiento aristocrático.

El director, incluso, se arriesga a explorar las posibles pesadillas de Marx, cuyo trabajo incansable le lleva a conjeturas muy profundas sobre la mercancía, el trabajo, el salario, etc. desde antes de su etapa en París. Es decir, casi con seguridad, a lo largo de sus investigaciones se encontró ante unas realidades psíquicas y materiales que ponían su capacidad comprensiva y analítica más lejos que la de muchos pensadores. Y es difícil transitar por esos caminos sin tener una que otra pesadilla horrible.

De pronto llega la orden de expulsión de Francia, en plena noche. Con solo 24 horas para marcharse la oscura incertidumbre se instala entre la pareja, la película retrata ese momento con dramatismo. Esa misma madrugada Karl se entera de que Jenny espera otro hijo. Todo este retrato dolorosamente humano del pensador alemán, que involucra mucho a sus seres más queridos, es uno de los méritos notables de esta película; algo complejo de lograr, ya que dramatizar para el cine un pasaje de la vida de alguien como Marx presenta todos los retos obvios de un personaje que ha despertado toda clase de pasiones y sigue siendo objeto de estudio y polémica.

En esas escenas interiores iluminadas con velas, donde conviven amores convencionalmente prohibidos e ideas extraordinarias, encontramos el sentido, la verdadera fórmula que probablemente marca la diferencia en sujetos como Karl, Jenny, Friedrich y Mary: en todos ellos vemos almas que viven para el mañana, pero con una intensidad, europea, que hace pensar en cada día como el último. En ellos todo es urgente e histórico, profundo y excepcional.

La película, muy importante, también es un homenaje a la amistad, ese sentimiento indescifrable... una fraternidad de lo pequeño-humano y mortal que codifica el erotismo presente entre los iguales en las diferencias. Un vínculo que puede llegar a formar la llave para abrir pesadas puertas por mucho tiempo cerradas. La amistad entre Karl y Friedrich es mítica, íntima y soñadora; estremecida por la Historia... irrepetible por generadora de mitos. Quizás, en Occidente y más concretamente en habla hispana, sólo una "teoría de la amistad" ha dejado un recuerdo tan hondo y entrañable. Y fue el horizonte de misteriosas complicidades en la singular amistad entre Fidel Castro y Gabriel García Márquez, unidos por el amor a la literatura, los enigmas de la política, la buena y larga conversación y el peso de la leyenda que rodeó sus vidas. Así fue también el amor fraterno entre estos dos hombres, uno un genio mayúsculo y desordenado siempre en dificultades, el otro un grandísimo investigador de espíritu cosmopolita y presa de numerosas contradicciones personales (la tensión entre los orígenes burgueses y sus deseos de emancipación obrera). Dos hombres pertenecientes a la soberbia tradición intelectual alemana, pero que se comportaron como pensadores fundamentalmente europeos. Y que, como ha ocurrido tantas veces a lo largo de la Historia, simplemente resultaron seducidos el uno por el otro en tiempos convulsos y extraños.

El invierno de 1845 en la ciudad de Bruselas encuentra a un Karl hambriento que intenta llevar algo de sustento a casa, pero todas las puertas parecen estar cerradas. En medio de aquella desesperación llega la nueva bebé. Intentar comprender al hombre amenazado por la miseria pero que, a la vez, puede explorar a tanta profundidad la estructura de la realidad es uno de los desafíos de esta película.

¿Qué habrían opinado Karl y Friedrich si alguien les hubiese dicho que entre los que contarían su historia en siglos venideros estaba un talentoso director de origen caribeño y habla francesa? Un internacional que ha vivido en la República Democrática del Congo, en EEUU. y Francia, recibió su formación como cineasta en la *Deutsche Film- und Fernsehakademie Berlin* y muestra una gran sensibilidad social en todos sus proyectos. Tal vez habrían pensado que, después de todo, la crónica de la conciencia de clase y la revolución como necesidad en verdad podían representarse de forma aún más profunda en las expresiones culturales y excedían por completo las condiciones existentes en Europa. A diferencia de muchos otros pensadores, por ejemplo, algunos de los pertenecientes a la gran tradición filosófica alemana, que exhibían un convencimiento sobre la pureza de su propia lengua como único salvavidas de la Filosofía occidental, tanto Marx como Engels son intelectuales germanos profundamente europeos. Serían los marxistas posteriores quienes vendrían a convertirles en universales. Raoul Peck está en esa última "tradición", un director que recibe su influencia y objetiva, convierte en mensaje cinematográfico, parte de la vida de los autores del *Manifiesto Comunista* sin venir realmente de los viejos centros del capitalismo más desarrollado, donde éstos preveían el comienzo de la revolución proletaria cuando el orden del capital agotara sus condiciones de posibilidad. Raoul Peck es un director de cine nacido en Haití que habla de Marx con soltura, estilo propio y ambientación histórica, como han hecho tantos cubanos y otros latinoamericanos que hicieron suyas las ideas del filósofo de la indignación.

Es fabulosa la escena donde nos muestran una pequeña discusión con un empresario inglés sobre el trabajo infantil en fábricas y los salarios injustos. Allí se ilustra el trasfondo de todo lo que verdaderamente inquieta a Karl y Friedrich, la fuente de su dolor y el motor de su sed emancipadora. —*Yo no establezco los salarios, joven. El mercado lo hace. No puedo ser el único que deje de contratar niños... Así funciona la sociedad*, dice el elegante caballero. —*No, señor. Son las relaciones de producción existentes. No la sociedad... "usted" no es la sociedad*, contesta Karl con una sonrisa algo arrogante. En ese momento August Diehl logra transmitir la expresión de compasión condescendiente y extenuación ante la visible estupidez de los poderosos que Marx debió sentir en la realidad. —*No sé lo que quiere decir con... "relaciones de producción", me suena a hebreo*, replica el inglés. Entonces la sonrisa de Karl desaparece al comprender que está ante el antiguo recurso narrativo al que históricamente recurrió y recurrirá Europa ante la amenaza de las nuevas ideas.

Tal vez lo siguiente más importante de la película es el tránsito entre una concepción cristiana y romántica de la lucha proletaria frente a un análisis materialista de las dinámicas sociales, en el debate entre Marx y Weitling. Se pretende superar el esquema político "profeta-masa de confundidos sin crítica" para proveer a la organización de una teorización materialista.

El film, además, muestra algo que puede ser inédito en el cine, donde hemos podido ver a un Marx perseguido (como en *Año de vida* [*Год как жизнь*]) pero no a un Karl y Friedrich jóvenes y víctimas de una soberana reprimenda por parte de uno de los veteranos dirigentes de la Liga, como dos colegiales que bajan la mirada después de una gran travesura.

La película, pues, cuenta algunos de esos grandes momentos formados por la relación de Karl y Friedrich con la Liga de los Justos y la accidentada elaboración del *Manifiesto*. Llega a dramatizar el instante en que la organización pasa a llamarse Liga de los Comunistas y cambia su lema (*Todos los hombres son hermanos*). A pesar del aspecto de su cabellera, Marx no está tan loco como parece, sabe que el movimiento obrero se enfrenta a una disyuntiva que podría cambiarlo todo para siempre. Así que vemos su marcha a Londres para establecer relaciones con la organización que pretende la unión de todos los trabajadores.

La historia muestra a la Liga de una forma curiosa, inclusive algo crítica. Marx se pregunta: —*¿Qué estamos haciendo aquí?* Lo hace ante la afirmación de sus dirigentes durante una reunión secreta: —*Todos los hombres son hermanos... es nuestro ideal... la nueva Jerusalén*. Se trataba de un grupo con una mistificación del trabajo manual y el sufrimiento, junto a un desprecio no muy sutil por la labor intelectual (por supuesto, como es frecuente, sin antes preguntarse qué sufrimientos llevan ya a sus espaldas los que viven para la pluma, la lectura y el estudio de las ciencias). La Liga es una red política en proceso de maduración que empieza su expansión.

El multitudinario congreso que la organización tiene en Londres en 1847 es una cita de la mayor trascendencia. Se escenifican las novelescas líneas de un debate que en verdad está en el mismo centro de miles de colectividades del mundo entero: el rebote entre una dulce bondad fraterna que hace esfuerzos por ignorar la fealdad malvada del mundo y un programa que pretende utilizar todas las armas a su alcance para tomar el control de su parcela de la realidad.

Sí, todos los hombres son hermanos, pero algunos también son enemigos, por ejemplo, cuando convierten a individuos que podrían ser libres y dueños de su potencia objetivadora en esclavos del capital. El congreso plantea claramente el comunismo como meta. Los que levantan la mano en aquella votación lo hicieron por muchos hombres y mujeres de la suya y futuras generaciones. Como corresponde al estilo narrativo general del filme, la escena se cierra con un tierno beso en los labios entre Friedrich y Mary.

En sentido de lo anterior, es interesante detenerse brevemente en la Liga de los Justicieros, denominada también Liga de los Justos (o Liga de la Justicia, *Bund der Gerechtigkeit*). Al parecer, es fundada en Francia por artesanos exiliados alemanes en 1836, a su vez, ésta desciende de la Liga de los Proscritos (1834), cuya presencia mayoritaria eran artesanos y oficiales provenientes de diversos oficios y con algún grado de participación de intelectuales. Eran un grupo clandestino, sociedad secreta, con un patrón organizativo muy parecido (y de hecho con presencia) de la Carbonería, se dedicaban al debate interno y editaban revistas y propaganda política republicana. Su documento "fundacional" fue *Profesión de fe de un proscrito*, donde reclamaban la república democrática en Alemania, basada en los valores de libertad, igualdad, virtud y unidad nacional (Fedoséev, 1990).

Lo que llama la atención es que bajo el nombre de *Bund der Gerechtigkeit* la estructura madura su discurso político (su objetivo es la emancipación democrática de Alemania y la aplicación de la Declaración de Derechos del Hombre y el Ciudadano), tiene como divisa *Todos los hombres son hermanos* y mantiene cierto nexo simbólico con los carbonarios. Igualmente, muestran unas matizaciones rituales que les acercan a la práctica masónica más combativa de la época (Carrillo, 2020). Por supuesto, su filiación es socialista.

A esa altura hay sobresalientes teóricos en sus filas como Karl Schapper y el nombrado Wilhelm Weitling, con quien empieza el tránsito hacia la línea comunista, argumenta contra la vía reformista en pro de la acción revolucionaria, además encuentra una identidad entre el ideal comunista y el cristianismo, Cristo presentado como líder revolucionario (*El evangelio del pobre pecador*, de 1843). Esta obra llama la atención de Marx por el tratamiento de los obreros como clase social en sí misma. Al parecer, la Liga tenía fuertes vínculos con la Sociedad de las Estaciones cuando empezó su expansión por parte de Europa a partir de 1839.

Se ha dicho que desde 1840 la Liga invitó a Marx a unirse a ellos, declinando éste la invitación. El rechazo inicial tal vez se debió a dos razones. La primera, que la mayor parte de sus miembros estaban en numerosas líneas del socialismo utópico, imponiendo cierto caos. Y la segunda era la aparente carga ritual de sus trabajos, proveniente de su adopción simbólica de los carbonarios e incluso de praxis varias tomadas de la Francmasonería (que desde mucho tiempo atrás [su re-fundación moderna data de 1717 en Londres] era lugar de unión fraterna entre individuos con amplitud de ideas progresistas y revolucionarias, múltiples fuentes afirman que figuras como los propios Bakunin y Proudhon fueron francmasones) (Carrillo, 2020).

En 1846 Marx está refugiado en Bruselas, la Cámara Popular (la dirección de la Liga) se ha trasladado a Londres. Es el momento en que la organización da comienzo al proceso interno que concluirá con la transformación en esa estructuración simbólica a la que llamaríamos el *Partido* (proyectan un congreso internacional para el año siguiente). Las causas vienen, en parte, del impacto de las ideas de Marx y Engels, que ya habían tenido fuertes debates con las demás corrientes (incluida la de Weitling). Entonces aceptan proveer de un nuevo documento fundacional a la organización y ayudar a reestructurarla para instrumentarla como núcleo de un futuro partido proletario, lo que se sella durante el congreso de la Liga en Londres.

Los cambios que se aprobaron en la Liga de los Justicieros durante esos días hablan de cierta huella simbólica que hasta entonces dejaba una Masonería que mantuvo parcialmente tuteladas a diversas sociedades secretas, como la Carbonería, en las primeras organizaciones políticas maduras de trabajadores. En primer lugar, es aprobado el documento *Profesión de fe comunista* (en muchas ocasiones llamado *Principios del Comunismo*), que Engels ha adaptado a partir de los *usos y costumbres* de la Liga: los principios del socialismo científico expuestos en forma de catecismo, donde un instructor hace preguntas que un candidato debe responder (costumbre presente en multitud de hermandades insurreccionales secretas y también en la Francmasonería hasta nuestros días).

En segundo lugar, se aprueban unos estatutos, redactados también por Engels y W. Wolff, que eliminan los elementos adoptados de las sociedades secretas, como el rito de iniciación de nuevos miembros, el juramento (de fidelidad), el capítulo de deberes y el tratamiento ritual de las autoridades y cargos.

En 1877 Marx escribiría: "La primera afiliación, mía y de Engels, a la sociedad secreta de los comunistas se realizó sólo bajo la condición de que se eliminaría de los estatutos todo lo que contribuía a la postración supersticiosa ante la autoridad" (Fedoséev, 1990). En lo anterior, posiblemente se refería a los títulos y calidades dados a los dirigentes que "decoraban" las sesiones de trabajo (como sabemos, una costumbre en organizaciones como la Carbonería y la Masonería). Por último, aquel congreso de la Liga de la Justicia de junio de 1847 en la capital del Imperio Británico cambió dos cosas: pasaron a llamarse Liga de los Comunistas y modificó la divisa *Todos los hombres son hermanos* por *¡Proletarios de todos los países, uníos!*

Evidentemente, Marx no quiso cercanía con sociedades secretas en vínculos simbólicos con la Francmasonería. Paradójicamente, su contribución filosófica puede utilizarse para dar más agudeza analítica a algunos de los fenómenos propios de ésta, una organización que, precisamente, busca la libertad, igualdad y fraternidad entre todos los seres humanos (con énfasis en su tradición "liberal" y francesa, en contraste con el conservador modelo masónico anglosajón) (Carrillo, 2020). Probablemente, Karl veía en tales agrupaciones debilidad conceptual y científica, pero también podríamos sospechar que los círculos socialistas utópicos ligados a esas sociedades pudieron ser caja de resonancia para sus posturas más duras frente a la injusticia del capital.

La Liga continuaría su camino originando un fenómeno de tal magnitud que se convertiría en objeto de obligado estudio de todas las facultades de Ciencias Políticas. Al año siguiente (1848) es publicado el nuevo texto fundacional, *Manifiesto del Partido Comunista*, que se considera uno de los documentos políticos más influyentes de la Historia.

En las bucólicas escenas invernales de una playa de Ostende, en enero de 1848, la película nos da pistas de lo complicado que resultó dar a luz el *Manifiesto* y de la vigencia que éste mantendría. Las imágenes finales lo atestiguan, así en el pasado como en el presente... la Revolución de 1848 estallaría, Karl escribiría hasta su último aliento (muere en Londres el 14 de marzo de 1883) arropado por el recuerdo del querido amor de Jenny (que dejaría este mundo el 2 de diciembre de 1881) y su entrañable amigo Friedrich, abnegado continuador de su obra hasta donde le dio la vida, el *Manifiesto* llegaría hasta el último rincón de la Tierra y el sufrimiento de los desheredados no se detendría...

Sí se puede, puede leerse en castellano en un cartel sostenido por un anciano, en el *epílogo* de la película; hace parte de la serie de fotografías que intentan resumir la historia de lucha social de todo el siglo XX y lo que va del XXI. Concluye con unos billetes de 100 dólares en llamas.

1.6.11. *Assassin's Creed: Syndicate*:

Al investigar la huella del gran pensador del socialismo científico en las manifestaciones culturales, al igual que anteriormente hemos mencionado un proyecto enfocado a Internet, tendríamos que referirnos brevemente (aunque, de nuevo, no hablemos de cine) al sorprendente universo de *Assassin's Creed*: una saga de videojuegos que ha tenido ya varias entregas (incluyendo novelizaciones de la historia principal), y en cuya versión de 2014-2015, de nombre *Assassin's Creed: Syndicate*, aparece Karl Marx como uno de los personajes de la trama.

"Si le robas a los ricos se llama delito; pero si le robas a los pobres, eso es sólo capitalismo", afirma Jacob Frye, uno de los protagonistas que da fundamento al juego desarrollado por Ubisoft Québec. Todo transcurre en el Londres victoriano (siglo XIX). Jacob y Evie Frye son dos gemelos que llegan en pleno apogeo de la Revolución Industrial a un Londres tomado por la desigualdad y la pobreza de la naciente clase obrera, desprendidas de la explotación ejercida por un capitalismo controlado desde las sombras por la Orden de los Templarios. Los dos hermanos pertenecen a una organización secreta que combate al Temple por las armas, éstos se consideran *hombres* superiores llamados a dominar material y espiritualmente a la humanidad. Los antiguos *soldados de Cristo* buscan crear un mundo perfecto, según su propia idea de la perfección, donde está justificada la muerte del débil, que incluye al antagonista ideológico. En tanto entienden como intrascendente la inocencia de la posible víctima (su deshumanización), durante la persecución de sus fines *más elevados* (como el control mental y productivo), en esta versión de los templarios volvemos a ver una simbolización de la civilización occidental; que evoluciona en una radicalidad androcentrista, en su caso *blanca-burguesa-euro-cristiana-centrista*, definiendo y matizando todas las relaciones humanas como relaciones de poder no equilibradas, ya que esos caracteres hacen hincapié en el hecho de la diferencia y la supuesta superioridad frente al otro/a (Bonino, 1998).

Su antagonista es la Orden de los Asesinos (también inspirada en una organización de la Edad Media), que no tienen otra autoridad que la libre voluntad del sujeto; declaran enemigos a los grandes poderes, que aquí se revelan como el dominio ideológico/productivo de los templarios/capitalismo. Esta adaptación de ficción, desarrollada para un videojuego, no deja de resultar interesante, precisamente, por el entramado "financiero" que la Orden del Temple desarrolló en su época de esplendor. Las dos organizaciones llevan siglos luchando entre sí. Toda la simbolización de los *soldados de Cristo*, en el increíble universo de *Assassin's Creed*, gira alrededor de su búsqueda de las "piezas del

Edén", unos objetos que permiten dominar la voluntad humana (se trata de reliquias "sagradas" que retroceden hasta Caín y Abel).

La historia tiene algún hincapié en el juramento de iniciación de un templario: defender los principios de la Orden y todo lo que representan, nunca divulgar los secretos ni la naturaleza de su trabajo, etc. A lo que se suma el lema *Illuc utinam vos Pater et intellectus docebit nos* (Que el Padre de la sabiduría nos guíe). En efecto, vemos la ilustración (digital) de un sentido de lo hermético tejido alrededor del secreto al interior de un círculo de elegidos. La superioridad sobre la masa (de trabajadores) como consecuencia de conocer algún "misterio" sobre el funcionamiento del mundo, por ejemplo, la propiedad y naturaleza del capital.

Uno de los varios símbolos europeos de la Orden de los Asesinos sobre Marx y el Big Ben de Londres (montaje de imagen: V. Carrillo)

Los contrarios, la Orden de los Asesinos (*Actuamos en las sombras para servir a la luz. Somos Asesinos*), llevan una guerra secreta contra el Temple por su pretensión de dominar a la humanidad para "salvarla de sí misma". Los guerreros Asesinos quieren una supervivencia basada en el libre pensamiento del sujeto. Éstos aparecen en el 465 a.C. y su lucha se ha extendido por Roma, el Medioevo, el Renacimiento, la Revolución Industrial y el siglo XXI. También están inmersos en una tradición iniciática: tienen una suerte de divisas en árabe que invitan a dudar de la *Verdad* (¿hegemónica?) y advierten de la extrema libertad que los miembros de la Orden se toman para sí mismos/as. Sus ceremonias tienen tres principios: *Aparta tu hoja de la carne del inocente. Sé siempre discreto. Nunca comprometas a la Hermandad.*

La Orden de los Asesinos lleva a cabo selectivas ejecuciones políticas que persiguen un cambio en el rumbo de los acontecimientos históricos. Su guerra es por los inocentes, los que tienen prohibido empuñar las armas, los que soportan sin voz la opresión del poder. Su arma ritual (y real) más importante es la "cuchilla oculta", una hoja cortante escondida entre dos placas adheridas a un brazalete. En esto vemos una representación verdaderamente moderna (de hecho, casi posmoderna) del sujeto-obrero convertido en héroe vengador, ya que hablamos de una prolongación mecánica, corto punzante, de su extremidad orgánica. Esto encierra una compleja simbolización propia de ese individuo que levanta el puño en alto contra el poder, pero ya fundido con lo industrial, un mecanismo que extiende un arma (una *herramienta* que puede reescribir la realidad social y cultural), uniendo así la lucha política con la militar (muy característico de las distintas lecturas marxistas de combate contra el poder).

A partir de la Revolución Rusa, los Asesinos también utilizan armas de fuego. La historia de la Orden, en el videojuego, está llena de personajes convertidos en mito. En *Assassin's Creed: Syndicate*, Jacob y Evie pertenecen a los Asesinos Británicos (la organización se extiende por todo el mundo). Antes de ésta hubo cuatro entregas de la saga. La primera en 2008, donde la Orden buscaba la "manzana del Edén", un aparato que permitía doblegar a las mentes humanas y era origen de la guerra con los Templarios. Para esta misión un pobre obrero, un camarero, es obligado por una compañía farmacéutica a conectarse a la máquina *Animus* (¿tal vez una referencia velada a Jung?), que permite explorar los recuerdos de los antepasados, en su caso un antiguo líder Asesino.

En Rusia combatieron al lado de los bolcheviques, pero ya estaban presentes en los hechos que rodearon el "desastre del tren Borki" (el convoy del zar Alejandro III) y la "explosión de Tunguska", que en la ficción del juego se presenta como una operación donde los Asesinos contaron con Nikola Tesla para destruir una instalación secreta del zar (en el lugar de la famosa explosión del Bólido de Tunguska en 1908), donde el templario Grigori Rasputín había escondido el Cetro Imperial (uno de los "objetos del Edén"). Antes de esto el zar organizó una purga en busca de Asesinos, donde cayó Aleksandr Uliánov (hermano mayor de Lenin, ahorcado en 1887 en la realidad).

En el Londres victoriano del videojuego donde Marx aparece vemos un mundo que se industrializa rápidamente, gobernado por un nuevo soberano, el capital. También observamos el surgimiento de la clase obrera como base real del pujante Imperio. Las primeras organizaciones de lucha obrera pronto tienen que pasar a la clandestinidad, y es en las sombras donde reciben el apoyo de los Asesinos.

Jacob y Evie son Asesinos de la Modernidad, se apoderan de los bajos fondos de Londres a sangre y fuego. Para, desde allí, liberar a niños encadenados a las máquinas de las fábricas y entablar la justicia popular. En las múltiples misiones del videojuego para derribar el *establishment* templario y capitalista, los hermanos se relacionan con personajes de gran altura histórica, como Graham Bell, Darwin, Dickens, Marx, etc. En una anónima calle del Londres de 1868, Karl se reúne con Jacob y Evie Frye. Durante ese encuentro entre el filósofo y la Orden, éste les pide una mayor dedicación a los dramas de la clase obrera, a lo que acceden de inmediato. También se valió de los dos jóvenes para capturar a infiltrados de la policía en sus reuniones de obreros organizados.

En una trama posterior del juego, Marx pide a los gemelos que roben los informes sobre la infame explotación a la que son sometidos los trabajadores de una fábrica. Incluso acude a ellos para evitar la matanza que pretendía perpetrar un "radical" en el Palacio de Westminster con explosivos templarios (*Intervención anarquista*, en el nivel cinco); donde Marx argumenta ante Evie la importancia de la "lucha por defender los derechos de los obreros". Comprende la cólera de muchos, incluyendo la de quien pretende plantar esa carga de nitroglicerina en el Parlamento. Aquí se presenta cierta confusión respecto al verdadero Marx: el juego lo presenta como alguien que no cree en el ataque directo al poder, sino exclusivamente en la "vía democrática al socialismo". Tras esta explicación, la guerrera de la Orden de los Asesinos se lanza a la misión, avanzando en un coche de caballos bajo un cielo muy nublado y con un horizonte tachonado de chimeneas de fábricas. El videojuego tiene la sobrecarga de violencia típica de este tipo de productos culturales hechos para el consumo masivo, vemos la sangre derramada sobre las calles embarradas y grises de la época, en aquella espectacular trama que convierte a Marx en personaje de ficción.

Capítulo dos

2.1 Una gran producción con influencias de Marx (aunque no necesariamente dirigida al público adolescente): la crisis capitalista en el cine (mito e ideología). Ejemplos

Existen varias y muy destacables películas que contienen una codificación a distintos niveles del pensamiento de Marx (en el guion o en su puesta en escena). De entre éstas podríamos escoger algunas particularmente útiles, ya que para profundizar en su narrativa tenemos que considerar algunos elementos de la teorización económico-política del gran pensador alemán que inevitablemente se entrecruzan con abordajes fundamentales como la ideología, la alienación, etc.

Veamos algunos ejemplos a modo de desarrollo argumental:

2.2. *Novecento*:

Esta extraordinaria película transcurre en Italia durante nada menos que las cinco primeras décadas del XX. Protagonizada por Robert De Niro y Gérard Depardieu, dirigida por un enorme Bernardo Bertolucci (Parma, 1941) y estrenada en 1976. Fue su siguiente proyecto después de *El último tango en París* (cuyo mágico legado ha resultado irremediablemente manchado luego de conocerse en el 2016 el calvario sexual vivido por la actriz María Schneider durante el rodaje). El director italiano muestra una gran riqueza simbólica en sus producciones, un estilo de trabajo muy elaborado que parece ir de lo personal a lo social. La lectura *marxista* de esta gran producción la convierte en una especial muestra de la lucha de clases y la densa cadena de fenómenos que se desprenden de ella.

El 27 de enero de 1901 nacen dos niños: Olmo Dalcó (Depardieu) y Alfredo Berlinghieri (De Niro), el primero llega a una familia de obreros y campesinos en una hacienda y el segundo a la familia propietaria de la misma. Al crecer, surge una tierna amistad entre los dos personajes, que se convierte en testigo difícil de grandes acontecimientos de la historia de Italia, que lo serían de toda Europa: las dolorosas condiciones de vida de los pobres, la situación de explotación donde crecerían semillas de lucha y resistencia bajo ideología comunista, la Primera Guerra Mundial y el tenebroso ascenso de los fascismos como contramedida de las clases privilegiadas ante el avance político de las organizaciones de izquierda. De hecho, el administrador de la hacienda es un fascista, camisa negra, que lleva a cabo toda clase de agresiones contra los campesinos.

La preciosa e impactante música de Ennio Morricone y un plano detalle del cuadro *El Cuarto Estado* del pintor Giuseppe Pellizza da Volpedo, un símbolo universal de la marcha conjunta de los obreros, forman el peso inicial de esta obra maestra del séptimo arte, un viaje de lo íntimo y personal a lo histórico.

Un *viva Stalin* se escucha de los labios de hombres (y niños) en el día de la liberación aliada de Italia. Desde el ajusticiamiento de los amigos huidos del fascismo, la historia retrocede al comienzo de siglo, cuando los dos niños nacieron. La muerte de Verdi, su anuncio por un juglar de los caminos, antecede a la descripción fílmica de esos dos mundos, el proletario y el burgués, que se usarían para contarlo todo. El cura reza para que el nuevo descendiente de los patrones herede *las nobles virtudes* que lo facultan para poseer la riqueza de la familia y ejercer el poder en su pequeña parte del mundo.

Los elementos simbólicos son constantes en las películas de Bertolucci. Un ejemplo es esa euforia del patrón por el nuevo bebé, que se encuentra con un taciturno campesino entregado a la reparación de herramientas: la mano del amo cruzada, impidiendo el choque entre el martillo y esa guadaña (a modo de hoz) que acompaña la reflexión sobre una realidad anterior a la propiedad de todo. A lo que sigue esa pequeña rebelión silenciosa consistente en no beber del alcohol de la celebración y darse a la tarea de afilar las herramientas del campo. Y la síntesis momentánea de un beber por la vida nueva: —El mío estudiará para notario, dice uno. —El mío para ladrón, responde el otro.

Un rastrillo mecánico, tirado por un caballo conducido por el hijo del patrón es el anuncio de la era industrial en aquellos verdes campos llenos de injusticias. Lo que es completado con esas horribles imágenes del niño proletario, ya algo crecido, y su sombrero de ranas atravesadas por un hilo y aún vivas, cazadas con rabia y sin compasión. Como si la brutalidad y la temeridad estúpida estuvieran de su lado en esa metáfora del pequeño agujero cavado en el campo para sodomizar a la tierra y el desafío a la muerte tumbándose en las vías del tren.

El niño proletario, hijo de campesinos e insurrecto desde pequeño, recibe su credo de clase en la mesa familiar y ante el más anciano (que reclama la propiedad común de toda la riqueza, incluso de la moneda del niño por la venta de las ranas); y hasta parece pasar desapercibido que aquel adulto por la fuerza, señalado por no tener padre biológico conocido, ha recibido aquella diminuta *iniciación* enaltecido sobre una larga mesa, por la que caminó en medio de los alimentos de toda la prole: es la *exaltación* heroica del obrero-campesino, al que le anuncian la necesidad de emprender el viaje que le revele su verdadera identidad, oculta tras la imaginación de un padre que habita en cada esquina y en el fondo de las cosas.

El mayor de los patrones, en el comienzo de su muerte, de pronto comprende esa especie de maldición que acompaña a la riqueza (la leche y los excrementos que cubren sus pies vienen de la misma *propiedad viva*), mientras comete la perversión de pedir a una niña, hija de campesinos, que le toque el pene. Y la falta de dureza de su miembro se muestra como inversamente proporcional a la abundancia de toda su riqueza simbolizada en esas vacas llenas de leche. Vemos esa conjetura marxista sobre el agotamiento del poder que intenta robar vitalidad a la joven clase trabajadora, pero es la niña la que emite la conclusión necesaria: —*No se puede ordeñar a un toro*, antaño toda fuerza y virilidad pero incapaz de producir leche.

Las escenas de los dos niños donde compiten infantiles potencias masculinas también pretenden explicar por qué Alfredo, tal vez el psicológicamente más débil, reclama la propiedad simbólica de todo (incluso sobre la vida del otro), mientras que Olmo únicamente puede desnudarse (como si ni sus andrajosas ropas le pertenecieran) para exhibir su pene de niño y usar la promesa de su potencia ya casi adulta para probar que es un socialista completo. Pero lo que en verdad vemos es una muestra de inocencia maltratada por el orden que impera en el mundo, aquel que provoca sufrimiento por hambre y la *mutilación de los sentidos* en los campesinos por las razones económicas de los patrones; como en la escena del hombre que se corta una oreja y la pone en la mano del dueño de la hacienda: una amputación literal, enajenación, de los sentidos.

Pero si los jornaleros sufren una *mutilación de los sentidos*, su prole vive una verdadera hipnosis en esas imágenes donde un alimento incomible... inexistente se balancea pendido del techo: una abstracción de la realidad que no tiene otro fin que olvidar la penuria. Estando así las cosas llegan la huelga y el caos a la hacienda. —*¿Será esto el socialismo?*, se atrevía a preguntar al niño el más viejo de los campesinos, al ver que los patrones tuvieron que empuñar las herramientas.

Las organizaciones obreras ya parecen estar en marcha, transmitiendo a los niños la necesidad de una revolución socialista que entregue la tierra a quienes la trabajan. Éstos huyen de la policía en un tren lleno de *rojos*, cuya despedida es un anciano acordeonero interpretando *La Internacional*. La escena muestra un fuerte cambio sociocultural en los hijos de las clases trabajadoras. Olmo Dalcó se ha ido en el convoy decorado con banderas rojas, pañuelo de sus lágrimas, dejando un triste vacío en el corazón de Alfredo Berlinghieri, que a pesar de sus apenados ojos infantiles asegura poseer la valentía que ahora muestran esos socialistas de pene grande... y que sin temor se acuestan en las vías del tren.

Por supuesto, como antes comentábamos, estas historias personales son encuadradas por el director en los hechos históricos de su tiempo, por ejemplo, la Primera Guerra Mundial. Los niños ya son adultos jóvenes, vestidos con uniformes militares se reencuentran en la hacienda (aunque la familia pagó para que Alfredo no fuera al frente a combatir), ahora movida por máquinas de vapor. Las cosas esencialmente no han cambiado, la mecanización de la hacienda ha hecho que, como argumentara Marx, la mano de obra sea barata. Que tantos jóvenes hayan muerto en la guerra no cambia el hecho de que la rentabilidad es, casi siempre, sencilla de mantener abaratando el costo de los trabajadores con toda clase de argumentos (unas veces porque viven demasiados y otras porque mueren demasiados).

Devoción a la Iglesia, lealtad a la familia y honor, aumentar la rentabilidad, amor a la propiedad (como amor a la tierra) y al crédito de los bancos eran los componentes del relato de los patronos, en verdad una elaboración mucho más sofisticada (por ideológica, por su peso simbólico y amedrentador de la psique colectiva) que la aritmética sencilla de los campesinos, que simple y llanamente quieren comer todos los días. Es esta desproporción histórica del relato de clases la que empieza a cambiar con el fortalecimiento de los movimientos comunistas, que en la película se ve de alguna forma evidenciada por la máquina y el argumento que ésta transporta acerca del progreso: la máquina demanda una parte del grano, la producción de la hacienda, para pagar su existencia, pretendiéndose que una parte de este sacrificio necesario sea asumido por la mano de obra que ésta viene a desplazar y abaratar. Y sus ventajas frente a esos braceros y demás trabajadores del lugar son explicadas con claridad por el administrador fascista (interpretado magistralmente por Donald Sutherland): la máquina no protesta, no cobra salario... no siente indignación y dolor.

Por supuesto, el comienzo de una maduración ideológica en los proletarios no tiene otra respuesta que el uso contra ellos de las fuerzas de la ley. Pero también se evidencian los gérmenes de la conciencia de clase, con las mujeres marchando delante (cantan *La Lega: Sebben che siamo donne* [*Aunque somos mujeres*]). Al principio, más que tener una base política, todo parece obedecer al afán de supervivencia. Pero la simbolización del director deja claro que las cosas han cambiado para siempre. Y lo han hecho en una medida tal, que origina un cónclave de los patrones en la iglesia del pueblo; donde todo, desde el discurso del padre de Alfredo invocando el espíritu de las cruzadas hasta la posición de las armas de caza rendidas alrededor de una pila de agua bendita, refuerza la representación de un grupo de nobles caballeros reunidos en territorio sagrado para defender el orden *natural* de las cosas. Es la invocación a la cruzada contra los demonios bolcheviques, seres medio asiáticos, al igual que los sarracenos. La mezcla del componente ideológico y el supuestamente racial es la transformación burguesa del conflicto de clases en guerra entre lo superior y lo inferior, entre el bien y el mal o entre lo blanco-cristiano-europeo y lo materialista-comunista. El discurso es alimentador, como lo fue en la realidad, del proyecto político fascista.

El Alfredo adulto se encuentra, como corresponde a su origen, con la belleza artística y la sofisticación (a través de su tío y oveja negra de la familia), pero en sus manos parecen convertirse en otras manifestaciones de decadencia burguesa. En Olmo el contacto con la cultura es ver a la mujer que ama, una joven maestra, alfabetizando a unos ancianos en un aula improvisada con los retratos de Marx y Lenin en la pared: *el comunismo es la juventud del mundo*, reza un cartel.

Con las "pequeñas" donaciones de los patrones en la iglesia, los fascistas se organizan y pasan a la acción, que empieza por asesinar a los ancianos alfabetizados por la maestra, mientras los burgueses representados por Alfredo y su nueva amiga se entregan a un vulgar ritual sexual.

La salvaje escena en donde el fascista Attila Mellanchini (Donald Sutherland) mata a un gatito como ejemplo del tratamiento que necesita el comunismo daña la sensibilidad y deja al descubierto la profunda herida que se abre en Europa, al mismo tiempo que cierra el primer acto de esta superproducción de Bertolucci.

Los burgueses más bohemios y libertinos, también temerosos del militarismo fascista, se convierten en animales de corral cuando se sirven su propio caviar en forma de cocaína. En este sentido debe considerarse algo, sin duda, transmitido por el director: que el fenómeno de los totalitarismos de derecha aparecidos en Europa durante el siglo XX, tuvieron que ver con una reacción contra los movimientos comunistas, pero igualmente contra la decadencia del pensamiento liberal que exhibía gran parte de la clase en el poder, y al que los extremistas culpaban de la debilidad general de Italia. En ese escenario Alfredo se ve obligado a tomar posesión de la hacienda por la muerte de su padre. Su posterior matrimonio, donde asume que los camisas negras probablemente sean parte de su herencia como nuevo patrón (después de todo fueron los burgueses quienes les permitieron existir), es simbolizado por el nuevo tono de su autoridad suavizado por su tío (y oveja negra de la familia) y el precioso caballo blanco, de nombre cocaína, entrando al salón de la fiesta. Es todo ese ambiente liberal, interpretado como debilidad afeminada, lo que termina por enfurecer al fascista, que de forma calmada espera su oportunidad:

—*Italia es mi patrón, los ricos saquean. Los fascistas comemos sus desperdicios y nos dan la fuerza [...] todos los parásitos pagaréis vuestra cuenta por la revolución fascista.*

Al pasar los años, la coyuntura no hace otra cosa que descomponerse, una espiral de violencia de la que siempre serán culpados algunos pobres infelices convertidos en subversivos por el discurso de la calle. El drama humano de los protagonistas se recrudece, revelando las perversiones, los bajos sentimientos, los celos y grandes vacíos de todos los personajes. Una vida encerrada en las mayúsculas contradicciones de un capitalismo aristocrático a escala de un pueblo y una hacienda, que pronto llegaría a un momento irresoluble. Las pesadillas de la madre anciana de Olmo anunciando una gran tormenta y el delirio mental que traduce la culpabilidad por las perversiones en la esposa del fascista Attila (entre ambos violaron y asesinaron a un niño el día de la boda de Alfredo), son el preámbulo de la película a las batallas de la Segunda Guerra Mundial, junto a la represión social generalizada.

En ese terrible trance histórico, un incansable Olmo que comparte aquel destino de explotación con su hija, observa el inexorable aumento del poder fascista. Hasta el extremo de que el sádico Attila intenta venderle junto a unos caballos, sencillamente le incluye en una transacción comercial, despojándole de toda autonomía simbólica, enajenando toda su dignidad. Pero la historia abre aquí la ventana a una pasajera justicia popular: la bellísima música de la película imprime una ternura gloriosa al momento en que un grupo de campesinos provoca una lluvia de excrementos de caballo sobre los fascistas que intentaron vender y comprar a Olmo y a su hija: —*Compagni. Ridere forte, perché oggi tutto può cambiare*, grita éste. La pequeña y festiva revuelta campesina tiene como respuesta una masacre de los camisas negras.

Cuando Italia es liberada por los aliados son los propios campesinos los que emprenden la persecución del criminal Attilla y su esposa, llevándoselos prisioneros. Las legendarias escenas de las *donne* son épicas, las campesinas que presencian la huida fascista viven la narración en grito de una chica en lo alto de un carro de heno, con ese italiano fuerte, pero a la vez poético y sensual, como un éxtasis de emoción y heroísmo que se impregna en la piel del espectador. Es el momento trascendental en que la Historia ha cambiado de cronista. Los enemigos capturados van atados, detrás del carro de heno (la riqueza, protegida, que ha cambiado de manos), rumbo a una prisión proletaria. Es la representación hecha por Bertolucci de todas aquellas promesas de emancipación hechas al sujeto de la Modernidad, en aquella aparente derrota de la antiilustración hay cierta catarsis, tanto de los personajes como del espectador. La cara ensangrentada de Attilla, por la ira de los explotados, no puede dejar de tener una correspondencia con aquel niño violado y asesinado (hay, además, otra metáfora perturbadora en que éste fuera un vástago de la clase de los patrones), con aquel gatito también asesinado para servir de ejemplo en la guerra contra los comunistas, con todas las arbitrariedades y con su masacre de campesinos como represalia por la lluvia de mierda en solidaridad con el Olmo convertido en mercancía (una prolongación mecánico-humana, el individuo convertido en herramienta o pieza, de la fuerza de tracción de unos caballos).

Como era de esperar, hay una coexistencia entre toda esa ternura de los salvajemente oprimidos, que se reencuentran solidariamente y abrazan en fraternidad para ver el futuro con esperanza por primera vez, y la brutalidad con que son conducidos los prisioneros a la pocilga de los cerdos: el encuentro entre la vanguardia y la sed de sangre.

El patrón, Alfredo Berlinghieri, es también capturado para ser sometido a un juicio popular, no es acusado de fascista pero sí de capitalista, de pertenecer a la clase social que había armado y financiado al fascismo, que había inventado la guerra y la llevó a todos los rincones de Europa. La enorme bandera roja de la hoz y el martillo, que nació y creció como una colcha de retazos en la clandestinidad, anuncia la llegada de una nueva época. Es posible que aquel juicio público y todo su ambiente un poco carnavalesco, fuera como la improvisación de toda una sociedad que tuviera que volver a aprender la institucionalidad y las garantías de la legalidad o, por el contrario, la evidencia sobre la imposibilidad de una verdadera justicia cuando los crímenes son tan profundos: la sospechosa *naturalidad* humana para la explotación y humillación del otro, una visión de la realidad recibida como parte de la herencia familiar, la marea impuesta por la lógica del capital, etc. Aunque Alfredo queda con vida, su condición de patrón (y enemigo del pueblo) por derecho propio queda abolida. Se practica una justicia simbólica sin sangre, ésta también pone de manifiesto la accidentada amistad entre Olmo y Alfredo, que una vez más salva la vida a uno de ellos. Y, como ya sabemos, el *patrón* seguiría vivo mucho tiempo...

2.3. *The Pervert's Guide to Ideology*:

Dirigida por Sophie Fiennes (2012). La participación del filósofo, sociólogo, psicoanalista y crítico cultural esloveno Slavoj Žižek (1949) nunca defrauda.

Todos estamos, siempre, comiendo de un "cubo de la basura" llamado ideología (algo cuya esencia última es ocultada). El drama radica en que justo cuando pensamos que estamos saliendo de la pesadilla *real* que nos atrapa nos estrellamos de frente con el aparato de la ideología.

El género del cine documental es un invento extraordinario, uno de los poderes que tiene para movilizar-concientizar a las masas es que puede, a su vez, valerse de otras expresiones cinematográficas para contar o explicar el mensaje que pretende difundir. Es lo que sucede en esta *guía sobre ideología para pervertidos*, los análisis parten de películas que nos son enormemente familiares.

Y comienza con *They Live* (dirigida por John Carpenter, 1989), donde el protagonista John Nada (un desposeído en la gran ciudad de Los Ángeles) encuentra una caja abandonada llena de misteriosas gafas oscuras, que al ser usadas actúan como lo que, en un apartado anterior, definíamos como Filtro Emocional. Las gafas criticaban al aparato ideológico al ser interpuestas entre los ojos (la consciencia) y la realidad, por ejemplo, mostrando mensajes ocultos en las vallas publicitarias ("obedecer"). Un mensaje-mandato disimulado, post-ideológico, en las invitaciones constantes y características de nuestra época: *sé tú mismo/a, vive al máximo y auténticamente, busca el placer sin barreras, la felicidad te aguarda en un lugar… sólo hace falta que te arriesgues.* Las gafas muestran la fantasmagórica escena de un amable totalitarismo tras la máscara cosmética de la democracia liberal.

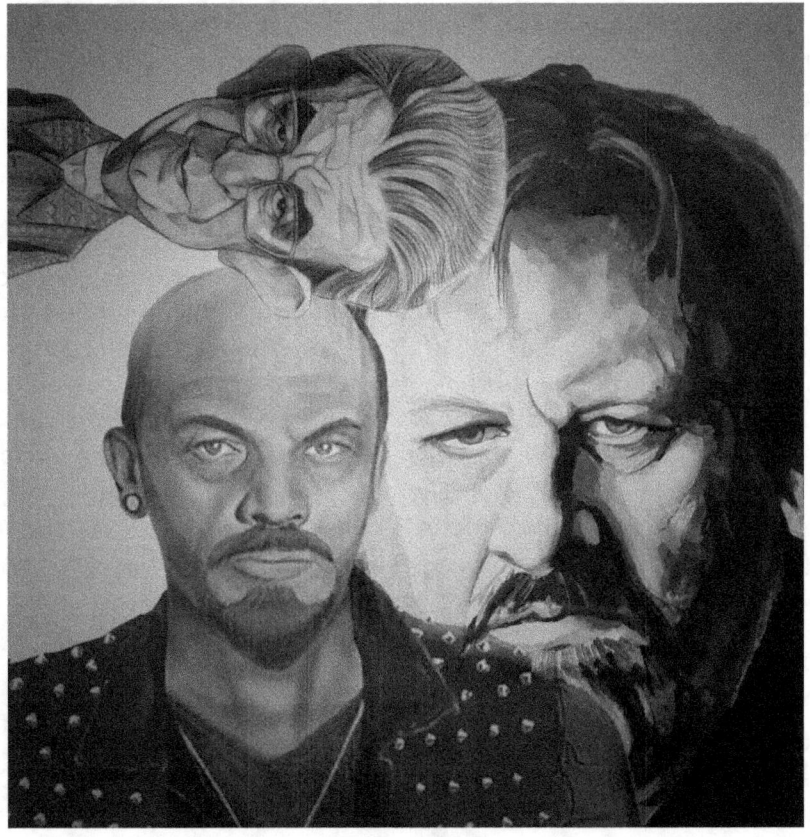

Žižek, Lenin y Lacan (montaje de imagen: V. Carrillo)

En una primera instancia pareciera que la ideología está entre nosotros y la realidad, por lo tanto, las gafas deberían ser una modelización de esa ideología (están ahí para deformar nuestra percepción de la realidad). Pero la razón de que no sea así la vemos en que la ideología expresa toda la relación del sujeto con el nicho social donde existe, lo que implica al sistema de significados y significantes. Lo que nos conduce al centro del problema: no queremos salir del aparato ideológico (porque gozamos en él), descubrir que lo que parece la verdad de las cosas es tan sólo una interpretación de las mismas nos causará un gran dolor, y lo sabemos. La crudeza verdadera de la realidad sin filtros emocionales, es decir, la libertad radical, es terriblemente traumática.

Es exactamente eso lo que ocurre en *Matrix*: la fantasía de una píldora capaz de suprimir los filtros que median entre la conciencia y la dureza última de la realidad es solo un pasaporte a la pesadilla. Ya que Matrix es, en efecto, una modelización de la ideología, el conjunto de ilusiones colectivas que reglan la realidad; si éstas son eliminadas, perderíamos a la realidad misma.

Uno de los aspectos geniales de las disertaciones de Žižek es su cruce de algunas ideas de Marx con el Psicoanálisis; tenemos un ejemplo en las explicaciones sobre la necesaria separación entre gozo y placer. El gozo está emparentado con un placer sentido en el ejercicio del trastorno (gozo del sufrimiento). Lo anterior golpea el nexo entre placer y deber, donde observamos la presencia de la ideología (religiosa). El ejemplo utilizado es *Sonrisas y lágrimas* (1965): la protagonista es sacada de un convento por su "exceso" de energía e imaginación y enviada como niñera a una mansión donde termina enamorada de un joven aristócrata. Cuando la atractiva monja María regresa asustada al convento, se encuentra con un discurso de la Superiora (guardián de la moralidad, ideología, que rige la buena relación con Dios) que en verdad es una re-afirmación del deseo: *sé tú misma, escala cada montaña, recorre el camino que amas.*

Lo que viene a simbolizar lo anterior es a una ideología (religiosa) que deja, entre líneas, un permiso oscurecido para el placer sexual, el Gran Otro estará allí siempre para perdonarte por tu inevitable gozo. En este caso hablamos de una pieza ideológica creada por la institución política católica. Tras el mensaje "clásico" de privación y sufrimiento en la Tierra se ha filtrado cierta promesa de goce oculta en la simulación del arrepentimiento. Tal cosa está en la base de muchas de las obscenidades que la propia iglesia católica se ha permitido a sí misma.

Una de las consecuencias de lo anterior es que la culpabilidad por nuestra alentada inclinación al gozo más voluptuoso se diluye. El problema se ha transformado en una frustración por no ingeniárselas para acceder a un gozo cada vez mayor, una razón que subyace en parte del relato pervertido sobre el crecimiento productivo infinito y el paraíso económico tras la superación de cada crisis del capital.

Ahora el goce (que no puede resolver las tensiones del sujeto y devolver la estabilidad como su antagónico, el placer) es "mandado" con impunidad (exceso de goce) en el pobre e insulso individuo al que se le vendió barata la ficción de un goce sin freno (en una analogía perturbada con el libre mercado). Esto produce ese comportamiento asocial, ofensivo y pobre en lenguaje tan extendido entre los jóvenes de las tribus urbanas, donde la autoridad ha perdido su función psicosocial.

El sujeto no puede pensar en cómo aproximarse a un dilema del pensamiento, de la consciencia o la inteligencia, de la voluntad o el libre albedrío, si toda esa cuestión oculta su esencia, su composición, etc. mediante juegos de lenguaje e imagen. Con objeto de ocultar una pugna entre la búsqueda de placer y las prohibiciones que en nuestra época ha sido disfrazada bajo unos falsos equilibrios y enfermiza tolerancia-indiferencia. Dificultando, así, gravemente el abordaje, el acercamiento lógico a los asuntos del ser y el mundo con la ficción de una vida donde podría no haber límites para los que se atreven a *sentir* (con lo que quieren decir "consumir"). En palabras de Žižek: "… productos privados de su propiedad maligna… crema sin grasa, cerveza sin alcohol, café descafeinado, sexo virtual… sin sexo, guerra sin bajas". El poder comunicacional nos intenta reorientar hacia la disipación de los problemas de nuestro tiempo mediante una llamada que pretende decirnos el *qué* y el *cómo* del deseo, que no es otra cosa que la invitación cómoda (y peligrosa) a dejarnos arrastrar por la marea alta del goce.

El concepto de poder comunicacional es también cercano al de capital comunicacional, refiriéndonos a las industrias culturales que reproducen los valores dominantes: éstos se han modificado durante el cambio de siglo para hacer que incluso la crítica al capitalismo resulte rentable para ese capital comunicacional, por ejemplo, en la literatura y el cine. Y con rentable no estamos refiriéndonos a dar cabida a viejas escuelas que existieron entre los 50 y los 70 del XX, sino a convertir el juicio y el reproche a nuestro modo de vida, mediante la metáfora o la ficción, en fenómeno cinematográfico de masas sin que esto altere en lo más mínimo la naturaleza comercial de una posible revolución social llevada al cine.

Pero, respecto a la nombrada marea alta del goce, parece que no podemos pensar *que todo está permitido,* sin que paguemos el precio de la culpabilidad por nuestra tendencia a la voluptuosidad. Haber convencido al sujeto de que puede satisfacer un deseo sin freno alguno, a través de toda clase de artilugios tecnológicos, empezando por el lenguaje, ha constituido uno de los más duros ataques a su libertad individual desde el ascenso de los fascismos, y está relacionado con un "descrédito simbólico" de la autoridad. Porque incluso se le ha ordenado cómo ha de ser esa satisfacción mediante un mensaje claro que transmutará la instancia del Superyó y la totalidad del aparato psíquico. Como argumentara el Dr. Lacan: "Nada obliga a nadie a gozar, salvo el Superyó... es el imperativo de goce: ¡Goza!" (Seminario 20). Manipular la instancia del Superyó forma una de las mayores perversiones del capitalismo en sus últimas etapas (Žižek): modifica la conducta mediante mensajes que combinan el plusvalor (recibirás más de lo que compras), el *plus de goce* (Lacan) (recibirás más de lo que deseas) y las contradicciones del Superyó (recibirás el todo/nada de la satisfacción).

Para ilustrar lo anterior *The Pervert's Guide to Ideology* acude al ejemplo de la Coca-Cola fría durante una caminata en medio del desierto, una escena que se ha popularizado mucho en las redes sociales. Coca-cola, la mercancía perfecta si estás bajo el sol en el desierto, Marx ya había alertado en el XIX acerca de que una mercancía jamás era simple y llanamente un objeto en medio de la relación de compra y venta; ésta guarda todo un relato del deseo hacia ella que oculta sus condiciones reales de producción. La continua glorificación emocional, anímica, de la mercancía como fetiche, ensombrece todos los dramas que implican su existencia. Como consecuencia de esto un vértigo "de lo comercial y consumible" va perdiéndonos respecto a la realidad (en los territorios donde los mandatos de goce se encuentran con el dinero a crédito como posibilidad engañosa).

"A primera vista, una mercancía parece ser una cosa trivial, de comprensión inmediata. Su análisis demuestra que es un objeto endemoniado, rico en sutilezas metafísicas y reticencias teológicas. En cuanto valor de uso, nada de misterioso se oculta en ella, ya la consideremos desde el punto de vista de que merced a sus propiedades satisface necesidades humanas, o de que no adquiere esas propiedades sino en cuanto producto del trabajo humano. Es de claridad meridiana que el hombre, mediante su actividad, altera las formas de las materias naturales de manera que le sean útiles. Se modifica la forma de la madera, por ejemplo, cuando con ella se hace una mesa. No obstante, la mesa sigue siendo madera, una cosa ordinaria, sensible. Pero no bien entra en escena como mercancía, se trasmuta en cosa sensorialmente suprasensible. No sólo se mantiene tiesa apoyando sus patas en el suelo, sino que se pone de cabeza frente a todas las demás mercancías y de su testa de palo brotan quimeras mucho más caprichosas que si, por libre determinación, se lanzara a bailar" (*El fetichismo de la mercancía y su secreto, El Capital, Capítulo I*).

En verdad, la mercancía es una "entidad" que rebosa algún tipo de relato pseudoteológico. Se convierte en una simbolización (mediante el modelo que es ella misma) que pretende remitir a una oculta trascendencia. Los creativos publicitarios de Coca-Cola siempre han sido verdaderos maestros en esto: venden un producto que transporta consigo todo un discurso existencial, una manera de vivir y gozar. Lo "Real" como la "chispa de la vida" (la bebida única bajo el calor abrasador… la cotidianidad misma) es lo único "Real" posible.

¿Asistimos a una sofisticada modelización del objeto del deseo perdido? El cuerpo femenino modelizado en la botella que contiene la "chispa de la vida", ¿es el mandato sobre la obligatoriedad posmoderna del gozo desde una simbolización del "objeto perdido" del Psicoanálisis?

Y, en cualquier caso, ¿qué ocurre después de lanzarnos al gozo inimaginable de beber la Coca-Cola helada bajo el sol del desierto? ¿Este acto cargado de permitida obscenidad llevará al fin de la tensión que palpita bajo la sed de gozo? ¿Es un acto que resolverá la tensión (sexual) *no resuelta* llevándome al placer (orgásmico) que puede devolverme la estabilidad? No, comprobaremos que únicamente alimenta al deseo mismo, tras la primera bebida sólo existe el deseo de una segunda. Por supuesto, la completa satisfacción terminaría por acercarnos a la realización de la pesadilla.

Žižek se pregunta si existe alguna posible reversión a un estado natural donde el goce (de la mercancía) no fuera un mandato obligatorio, cuyo incumplimiento incluso puede llevarnos a la psicoterapia o la medicación. Y la respuesta es que ese "exceso de goce" nos acompañará siempre, básicamente por la deriva de nuestro modelo de producción. Posiblemente estemos describiendo una especie de ciclo continuo, por ejemplo, expresado en la "lógica dialéctica" de la propia mercancía. Ésta tiene un estado ideal para el gozo, fría en el calor asfixiante, que se va transformando en basura (al calentarse o perder el gas). En esto comprobamos el extraño carácter de la plusvalía que potencialmente contiene el objeto-mercancía: se incita a un viaje hacia sus profundidades (donde parece estar esa plusvalía) con el fin de gozar sus propiedades superficiales. ¿Pero dónde está realmente la recompensa del gozo?

La manera "clásica" en que funciona la ideología que Marx expresaba en *El Capital* ("no saben lo que hacen... sin embargo, lo hacen"), tendría que ser, pues, actualizada a "sé muy bien lo que hago... y sin embargo, lo hago". Recordemos que la ignorancia puede ser amplia y profundamente argumentada por una ideología (Žižek, 2017).

La película ejemplifica esto de forma maravillosa usando las imágenes de *West Side Story* (dirigida por Robert Wise y Jerome Robbins, 1962); una canción detalla el porqué aquel grupo de jóvenes se comportaba como pequeños delincuentes: *entiéndalo sargento, soy un delincuente por causa de nuestro sistema educativo, una madre drogadicta y un padre alcohólico. Soy un peligroso perturbado por física falta de amor... simplemente estoy enfermo.*

West Side Story (1961) dirigida por Robert Wise. En primer plano el actor George Chakiris en el papel de Bernardo (imagen de dominio público)

Naturalmente, ante el tamaño del cinismo de la canción (que probablemente todos/as hemos escuchado en variedad de versiones), Žižek, usted y este autor seguramente le preguntaríamos al delincuente callejero: *si tan clara explicación sobre sus determinantes tiene usted, ¿cómo es posible que no actúe al respecto? ¿Por qué es usted un delincuente a pesar de entender perfectamente que lo es?*

Aquí no vemos otra cosa que una de las manifestaciones propias de la ideología. No es suficiente una esquematización sobre las causas y violencias estructurales para explicar un comportamiento socialmente destructivo, dado que, al parecer, somos algo más que las circunstancias que nos han traído hasta aquí (ésas a las que se refirió Marx). Es decir, nuestras circunstancias pueden objetivarse y reformarse en muy distintas direcciones.

Por supuesto, desde el pensamiento *neoliberal-conservador* se recurre a la estrategia represora, por ejemplo, ante el comportamiento "vandálico" de una masa desesperada, pero sin relato ideológico estructurado; no porque no pueda tenerlo, no por no contar con "intelectuales orgánicos" que lo construyan, sino precisamente por estar contenida en el aparato ideológico "oficial" pero sin ninguna posibilidad de satisfacer el mandato de goce, consumista, que ese aparato ordena. El acto vandálico supuestamente *sin ideología* (una narrativa que explique el acto violento) podría ser protagonizado por un sujeto histérico que no puede gozar a causa de sus pobres y explotadas condiciones de vida, pero no por estar efectivamente fuera de la ideología hegemónica que alienta y manda el consumo (como medida realizadora del sujeto).

En este sentido, la violencia también es un lenguaje que representa, según sus intensidades, un punto de no retorno simbólico relacionado con las fantasías del individuo atrapado por la ideología dominante y sus demandas de goce, como en el caso del desviado Travis en *Taxi Driver* (dirigida por Martin Scorsese, 1979). Aquí la ideología está presente, precisamente, en las fantasías de Travis, que vienen a ser elementos constitutivos del aparato ideológico en sí. Evidentemente, las fantasías dan forma al sistema de falsedades que rellenan los innumerables vacíos e inconsistencias de la realidad del sujeto.

En esta clase de fantasías, que tienen un profundo contenido sexual, ese sujeto se auto-introduce como "objeto" deseado por los otros actores de la escena imaginaria; por ejemplo, como salvador del débil que puede convertirse o es ya una víctima. En todo el viaje del individuo que recrea la fantasía, va formándose algún tipo de sospecha de que la víctima experimenta cierto gozo en su sufrimiento, desprendida de su resistencia a ser rescatada. Tal fenómeno, presente en la psique individual y colectiva, tiene una clara aplicación política, donde es aún más notoria la relación entre fantasías y aparato ideológico: las poblaciones de territorios que son militarmente intervenidos por razones "humanitarias", para salvarles de un tirano y evitarles futuros sufrimientos, con mucha frecuencia no quieren ser salvadas por ejércitos de jóvenes marines con mucha adrenalina y de gatillo fácil.

Ilustración de Roger Kastel para el libro "Tiburón" de Peter Benchley, 1974
(imagen de dominio público vía Wikimedia Commons)

En tal escenario la explosión de violencias a diferentes escalas es inevitable, porque busca llenar las insoportables incoherencias y vacíos intuidos en el registro de lo Real. Son los estados en donde esos vacíos (y la inconsistencia de la fantasía misma) intentan llenarse a *bala limpia*. En la película documental protagonizada por Žižek se deja entrever que semejantes "ausencias de contenido" y sus consiguientes violencias están relacionadas con las contradicciones del modelo del capital. Una violencia como reacción (suicida) a las cadenas que la ideología hegemónica impone.

Hay otro aspecto verdaderamente fascinante de la ideología abordado desde *The Pervert's Guide to Ideology*: ¿Qué simbolización existe tras la presencia asesina, que no se advierte hasta que es demasiado tarde, de la película *Jaws*, *Tiburón* en su doblaje al castellano, (dirigida por Steven Spielberg, 1975)? ¿Es una especie de símil acerca de los peligros (naturales y sociopolíticos) que acechan desde las profundidades a la familia media norteamericana? Existieron análisis que incluso vieron la simbolización clara del peligro marxista en las mentes de los hombres y mujeres del Norte del mundo, y otros que vieron la imagen del capital devorando a quienes pensaban que podían disfrutar gratis de un día perfecto de sol y playa.

En opinión de Žižek, el enorme tiburón representa la unión aterradora, irracional, de todos nuestros miedos, que van desde el desastre natural hasta el rechazo al diferente (extranjero) y la impunidad que rodea la acción de las grandes compañías multinacionales. Se trata de una simbolización que sintetiza en una sola criatura una pléyade muy grande de temores. Esta mecánica, efectivamente, es tremendamente importante en el fenómeno de los fascismos, donde los miedos tienen que objetivarse claramente en una imagen que reúna todos aquellos rasgos susceptibles de ser culpabilizados de los dramas vividos por aquel sujeto medio que al principio sólo pretendía pasar un día tranquilo en la playa.

Como siempre, tenemos un ejemplo claro de estas construcciones (unos intentos epistemológicos de explicar los contrastes causantes de pánico en la sociedad) en la Alemania de los 20 y 30 del XX, donde una "revolución conservadora" reconcilia el desarrollo industrial, la fuerte jerarquización y los valores nacionales más tradicionales con el ideal de tener un país sin antagonismos ideológicos. Pero el choque con la realidad inevitablemente aparece al constatar que el antagonista, como la lucha de clases, etc. es un actor esencial del capitalismo, que éste implica la crisis permanente.

Es entonces cuando la ideología *hegemónica* propia del fascismo, con objeto de explicar las ineludibles confrontaciones del capital, recurre a la lógica presente en la simbolización de la película *Tiburón*: un agente foráneo, extraño, que viene de las profundidades, un submundo ajeno al ideal paisaje social construido en base a sacrificio y uniformidad. Los judíos, re-simbolizados por el imaginario nazi, eran el tiburón que rompía las olas suaves en aquel idílico día de playa, y que muchos estuvieron de acuerdo en cazar y eliminar, con la gran ventaja ideológica de proporcionar una imagen concreta y clara que centrara los odios y temores de todos desde ese momento en adelante.

El recurso narrativo de *Tiburón* es enormemente útil al aparato ideológico; permite señalar culpables (normalmente no sólo inocentes sino débiles) de las incongruencias y dramas generados por el propio modelo del capital: los inmigrantes, los gitanos, los musulmanes, los homosexuales o en general las personas de *moral dudosa* (aquellos que *conspiran* contra la moral cristiana y la unidad nacional).

Y al *tiburón ideológico*, además, le son atribuidas una serie de conductas y características que resultan repelentes para el sujeto medio: son los conocidos clichés según los cuales todos los gitanos son sucios e ignorantes, todos los musulmanes son terroristas antioccidentales, todos los colombianos son narcotraficantes, etc.

Este recurso racista de la ideología recrea en la imaginación de ese sujeto medio, el *pueblo* (incluso en aquellos que de manera políticamente correcta aceptan y asimilan al otro distinto), la fantasía donde el "enemigo", *Tiburón*, sigue siendo vehículo de un gozo secreto y perverso (por instintivo) que nunca ha dejado de aspirar a una alteración sustanciosa del modo de vida mandado desde la ideología hegemónica.

En otras palabras, la ideología pre-ensambla un universo de elementos de gozo (la unidad, la seguridad, la solidaridad entre los iguales, el fin comunitario, etc.) y los compacta en una serie de simbolizaciones exteriores que los sujetos incorporan a sus propias cargas simbólicas y filtros emocionales.

En el curso del análisis emprendido por *The Pervert's Guide to Ideology* se toma en consideración la ideología que transporta la mercancía cuando la compramos. El ejemplo más sofisticado de lo anterior son aquellos productos (de goce) que son acompañados de un relato sobre su apoyo a toda clase de iniciativas, digamos, "populares" en el Sur del mundo, a pesar de ser mercancías creadas por multinacionales causantes de todas aquellas calamidades que supuestamente intentan paliar.

Si una gran marca, a la que compramos una de sus mercancías, dice destinar parte de sus ganancias a proyectos que intentan combatir la pobreza o la violencia precisamente en los lugares de donde provienen sus materias primas, nuestra psique parece actuar de una forma harto extravagante: asimila que en el precio de la mercancía está, de hecho, incluido una especie de *plus* de lejana culpabilidad por participar en la cadena de relaciones socio-económicas que causan sufrimiento humano en alguna lejana comarca del mundo.

Esta enrevesada elaboración ideológica, que intenta una nueva legitimación histórica del gozo presente en el consumo de mercancías en los tiempos de la angustia por la seguridad económica y ambiental de las futuras generaciones, en realidad es una necesidad del capitalismo y todos sus principios funcionales, como el beneficio, la expansión, el crecimiento, etc. Žižek lo dice con meridiana claridad: el capitalismo contiene una especie de estructura religiosa, donde el precepto principal dicta la necesidad imperiosa del capital de expandirse y multiplicarse. En la persecución de este fin, en cuanto mandamiento, todo podría resultar válido, concretamente el sacrificio (incluso de vidas humanas... no digamos de otras especies). Esta característica pervertida del capital, ya advertida por Marx, aparece hoy como una verdad cuya contradicción es un verdadero sacrilegio simbólico para los defensores del pensamiento neoliberal. Pero este mandato de expansión y reproducción del capital de alguna forma se relaciona con su otra gran característica: la crisis permanente, que en verdad es causa de su continua reproducción.

Hay otra cuestión que me resulta de enorme interés en esta película documental que venimos comentando: la lectura de *Titánic*, dirigida por James Cameron en 1997, como ejemplo paradigmático de construcción ideológica de Hollywood. El estrés consustancial presente en la historia se halla codificado en distintos aspectos: aquella sospechosa afinidad por los fiesteros pasajeros más humildes y "auténticos" del enorme transatlántico (recordemos que Cameron es llamado, más en burla que como cualquier otra cosa, el marxista de Hollywood). Posteriormente está la ridiculización de las clases más pudientes del navío, gentes frías, patéticas, frívolas y, en suma, atrapadas en un mundo de falsas apariencias y obligaciones morales.

Dos "grandes" representantes de estas dos clases sociales

147

antagónicas, que comparten niveles distintos del barco y navegan sobre aguas enormes y aparentemente sin nada más a la vista, como en una simbolización de una humanidad aldeana que habita un pequeño pero tecnológico mundo en medio de la nada, se encuentran para vivir la entrada en un tercer estado de cosas totalmente prohibido.

Efectivamente, en esta dramatización observamos un viejo y reaccionario mito. Aquella bellísima y prohibida historia de amor entre un joven y audaz proletario y una mujer confundida y caprichosa (aunque temporalmente sincera) de la alta burguesía, ese tercer estado de las cosas sociales, inevitablemente ha sucedido en aquella nave que simboliza a la civilización occidental a la deriva aunque en su momento de mayor esplendor y derroche (el vivido antes de las guerras mundiales), pero este romance dorado y revolucionario, síntesis de la lucha de clases, de ninguna forma puede sobrevivir al viaje en sí.

Una vez hecho el amor apasionadamente y dichas todas las frases, en las que los amantes prometen huir juntos al llegar a tierra para vivir su propio sueño americano, aparece el iceberg y choca contra el barco que *ni siquiera Dios podría hundir*.

Žižek acierta claramente al argumentar que la función del joven proletario, un artista, es ayudar a reconstruir o sanear la subjetividad maltratada de la joven burguesa (específicamente su Superyó). Es grandiosa la escena en que la dibuja desnuda, un redescubrimiento de ella misma desde el lápiz de un *otro*, necesario para reparar su propia subjetividad y autonomía. Estamos viendo el mito vampírico advertido por Marx en *El Capital*: los decadentes burgueses reabsorbiendo fuerza, juventud y vigor desde la explotación, simbólica incluso, de los más pobres (y recordemos que el joven proletario se sacrifica, congelándose en las aguas del Atlántico Norte, para que su amada burguesa sobreviva; como miles de internautas también me he preguntado varias veces por qué no se las arreglaron para subir los dos a la improvisada balsa).

La cuestión tiene paralelismos estremecedores en la realidad: en esta decadencia general a la que el capital nos acostumbra, una parte profunda de nosotros desea que aquellas opciones políticas progresistas y de vanguardia que nos representan simbólicamente, ésas que han proclamado que tomarían *el cielo por asalto*, no resulten ganadoras de la batalla electoral, porque nos da miedo que tengan que ser los nuestros los que choquen el Titánic contra un iceberg que terminará por hundirlo. La impresión de inevitabilidad de ese choque es tan profunda en la psique colectiva que directamente desechamos la posibilidad de destruir el iceberg o maniobrar el barco, por más grande y pesado que sea, para al menos intentar sortear el obstáculo.

Preferimos la virginidad del sueño, la promesa eterna de huir al llegar a tierra, a que el sueño intente realizarse y al final sea terroríficamente distinto a lo que deseábamos. Pero no hay que confundirse, esa opción de mantener la ilusión intacta y el miedo a su realización es un efecto de la ideología hegemónica, que por supuesto nos permite soñar con lo que queramos. Aunque suene terrible, el accidente del *Titánic* permitió una idealización muy profunda del amor prohibido entre los protagonistas, alimentado, por otra parte, por la propia espectacularidad del barco enorme partido en dos y hecho añicos que termina *teológicamente* reducido a una *nada* bajo la superficie donde la vida humana es imposible.

Otro rasgo central de la ideología es el papel de lo que en Psicoanálisis se denomina el Gran Otro, por ejemplo, escenificado de forma muy compleja en el estalinismo bajo diversas construcciones simbólicas, el ideal elevado del comunismo (la Historia como el Gran Otro) que actualiza las necesidades de cada momento. Al actuar, en tiempos de paz o de guerra (lo que incluye la represión social), como parte de una maquinaria humano-tecnológica, esa obra de ingeniería a la que comúnmente llamamos "el pueblo" puede simplemente servir para descargarse de toda responsabilidad, muchos argumentarán que actuaban por el "pueblo" y bajo el mandato del Gran Otro.

La cuestión central de esta dinámica perversa es que el "pueblo" no es más que un mito artificiosamente utilizado por la ideología para legitimar la acción de un poder totalitario (también en sus versiones más *light*, que tan bien encajan con el pensamiento económico neoliberal).

Como sabemos, el Gran Otro puede tomarse para formar todo un cosmos de causas ocultas, místicas o religiosas para la realidad conocida. Pero igualmente, el Gran Otro es un modelo de apariencias obligadas que pretenden conservar la estabilidad *ideológica* de todo aquello que es socialmente aceptado (impuesto): un sistema de elementos subjetivos, sujetos y objetos fabricados en tensión que marcan los límites para un comportamiento que te aleje de la cárcel o de la medicación, si se me permite la descarga de cinismo, pero que ofrece cierto registro donde hablar mentalmente sobre lo que somos en la solitaria intimidad, que por otra parte continuará atrapada por el sistema moral que mande la ideología dominante (el Gran Otro tiene su contraste privado a modo de "confesión").

En otras palabras, la virtualidad del Gran Otro (su inexistencia real, según Lacan) viene a decirnos que la soledad (y responsabilidad) del sujeto que dice actuar en su nombre es total, incluso si el Gran Otro parece estar contenido en los mensajes del Estado codificados burocráticamente. Esto se extiende a la responsabilidad sobre nuestras fantasías.

El problema ideológico de la libertad no es que la realidad tenga que ser reformada para adaptarla a nuestros deseos (impregnados en las fantasías), sino la transformación de la forma en que deseamos y soñamos, más cómo enfrentar el dolor que esto causa, por ejemplo, en los mandatos de gozo que persiguen breves e interrumpidas satisfacciones (a veces orgásmicas).

La escena final de *The Pervert's Guide to Ideology* es simplemente genial: una adaptación de la escena de *Titánic* donde Rose se despega del cadáver congelado de Jack y lo empuja al fondo del océano, en donde Žižek aparece en el lugar del personaje de Leonardo DiCaprio temblando de frío: —*Puedo helarme... pero nunca podrás librarte de mí. Todo el hielo no podrá matar una verdadera idea...* Pero una mano, en el lugar del personaje de Kate Winslet, le hunde en el agua con determinación, aunque cuando parece que ya todo se ha acabado surge el puño en alto del filósofo esloveno.

2.4. *Marx Reloaded*:

Es una película documental escrita y dirigida por Jason Barker en el 2011, donde se da voz a varios intelectuales de gran prestigio para acercar el análisis de la actual crisis del capitalismo global bajo el prisma de Marx (Norbert Bolz, Micha Brumlik, John Gray, Michael Hardt, Antonio Negri, Nina Power, Jacques Rancière, Peter Sloterdijk, Alberto Toscano y Slavoj Žižek).

El título es una referencia directa, una especie de juego de palabras con trascendencia en el documental, proveniente de *Matrix Reloaded*. De hecho, la película incorpora, en su primera animación, lo que resulta ser una sugestiva adaptación (brillante a mi modo de ver) de la escena donde Morfeo ofrece a Neo la píldora azul (continuar con la ilusión) o la roja (despertar a la crudeza de la verdad).

En una estética animada entre clásica y tecnológicamente japonesa, vemos la habitación de *Matrix* (de la primera parte de la saga de los hermanos Wachowski): la fantasmagórica tormenta eléctrica tras la ventana, los viejos sillones de cuero… Un León Trotsky en el papel de Morfeo (la mezcla simbólica es sutil pero evidente) da inicio a la insinuante trama. Tras esos anteojos redondos y azulados, que ocultan la mirada del que sabe mucho más de lo que sus contemporáneos llegaron a admitir, se originan las palabras fascinantes del que ya otros proyectos audiovisuales han convertido en viajero del tiempo.

Y tenemos a un Karl Marx perdido y confundido en el papel de Neo (que, al igual que el joven Mr. Anderson en *Matrix*, sabe muy bien que algo, un gran fallo estructural, no funciona en el mundo capitalista).

Trotsky: «¿Crees en el destino, Camarada? […] ¿Quieres conocer la verdad? Eres un esclavo de la ideología liberal… está en todas partes… Si tomas la píldora azul despertarás en Colonia como director de periódico y miembro de una prestigiosa logia masónica. Si eliges la roja… te mostraré qué tan lejos llega la revolución permanente…» (Secuencia animada de Marx Reloaded)

La película documental arranca con la crisis del 2007-2008, donde grandes cantidades de dinero público fueron usadas en varias operaciones de rescate bancario. Este es uno de esos documentos audiovisuales lleno de frases de un calado suficiente, como para pensarse aclaratorias de una situación que se muestra enrevesada en extremo: nos resistimos, por diversas causas, a aceptar de verdad las miserias estructurales del modo de vida del capital, lo que nos arrastra a un continuo devaneo entre la esperanza radical y la apatía angustiosa.

Marx Reloaded intenta un enfrentamiento dialéctico entre neo-defensores de Marx y de la crítica al capitalismo y defensores de un pensamiento neoliberal convencido del extremismo desregulador del mercado. Todo mientras vemos a una estampa colorida de Marx ya convertida en ícono cultural (de una resistencia silenciosa), a la vez que surge una pregunta definitivamente joven: ¿Qué hay después de la crítica?

En otras palabras, nos describen la idea de un neodescubrimiento de la crítica-práctica como esencia misma de las vanguardias digitales, reproducidas en el trabajo inmaterial (el conocimiento). Antes que desaparecer tras la caída del Muro de Berlín, el proyecto del socialismo científico pervive, tal vez únicamente sin el escalón de la dictadura del proletariado.

Defensores de la manera capitalista de hacer realidad, exbanqueros algunos, han argumentado que parte importante de la crisis del 2008 se debió a un "exceso" de regulación financiera. Esta extraña e insolente postura tiene un fundamento casi ontológico: la piedra fundacional de la economía es, como sabemos, el dinero, cuyo monopolio está en manos de los estados. Los gobiernos sobrevalúan las monedas y pueden fijar bajas tasas de interés. Pero esto es contrario, opinan, a lo que haría la lógica pura del mercado, ya que genera un efecto narcótico en el que el endeudamiento del trabajador crece alimentado por un dinero barato. Hablamos de un traspaso de responsabilidades al poder público, que por otra parte es (teóricamente) elegido.

Pero, ¿es esto tan exacto? El modelo neoliberal, que exhibe variedad de síntomas de su incapacidad para mantener un precio aceptable de la fuerza de trabajo, necesita en cambio garantizar el nivel del consumo a cualquier precio (de cosas, casas, autos, etc.). Y aquí ocurre algo de gran trascendencia: la gente, *el pueblo*, puede conservarse casi indiferente respecto a la propia política neoliberal si los gobiernos introducen acciones que ayudan a sustentar el consumo, por ejemplo, los bajos tipos de interés (como en el 2001-2002). Y esa indiferencia puede extenderse a las declaraciones de guerra, tenemos la muestra en la manera como se llevaron a cabo las guerras de Afganistán e Irak, que prácticamente coincidieron con todos los factores que concluirían en la gran crisis financiera del 2008. Así, mientras los EE.UU. iban a la guerra, una gran proporción de su clase trabajadora pidió masivamente préstamos baratos. Tal cosa también permitió engañar a la sociedad sobre los responsables de la crisis que llegaría pocos años después, por ejemplo, intentando atribuir todo aquel desastre a quienes solicitaron esos créditos.

Karl llegó a pensar que estas crisis cíclicas podrían, sólo tal vez, poner fin al capitalismo, mediante la acción de un proletariado organizado y en el momento adecuado. Pero lo ocurrido es que esa masa que aglutina a los obreros no llega a estar completamente madura y lista. Y pasa lo que posiblemente Marx ya sabía, que los sucesivos cracs económicos y depresiones podían rejuvenecer al orden del capital. "La crisis es su elixir de la eterna juventud".

Esto se debe a muchos factores, por ejemplo, a que los trabajadores/as son, de hecho, cada vez menos importantes y necesarios para la producción (excedente humano [Davis, 2014]). Así, tras el colapso del 2008, se da una nueva concentración de capitales en las élites financieras. Como ya muchos han sospechado, hemos llegado al momento del *no-muerto*: la grotesca, pero casi refinada simbolización de las películas de zombis sobre "sujetos" (el capital) que caminan a pesar de no estar vivos. Los zombis devoran cerebros (¿explotación de trabajo cognitivo?) para luchar contra el inexplicable dolor que *sienten* por no estar vivos. Sí, la muerte duele. Y para que ese sufrimiento se marche los muertos vivientes tienen que comer, no cuerpos (éstos son, en efecto, desechados como un excedente) sino cerebros y, evidentemente, todas las ideas que contienen.

Cuando los personajes de *The Return of the Living Dead* (del director Dan O'Bannon, 1985) entienden que la plaga de los *no-muertos* es imposible de detener deciden, finalmente, llamar al Ejército, que envía un ataque nuclear. Por supuesto, los zombis no tienen su origen en la gente o en los estados, sino en los experimentos de "entidades" no elegidas en las urnas, pero que tienen un poder inaccesible, velado... masivo. En la famosa película de los 80 el coronel Glover se comporta ante la emergencia de Louisville, el pequeño pueblo donde todo ocurre, como un poder cuya calma y control parece estar por encima de todo; las preguntas discurren como en quien toma notas para buscar, según sus propias palabras, "óptimos resultados"; no simboliza a la autoridad elegida, sino a las grandes "entidades" (que apuestan por operaciones harto peligrosas) y sus organismos de control. Ordenan el ataque nuclear porque están convencidos (y lo explican así) de que la lluvia (el Estado y los ciudadanos con la piel irritada) lo barrerá todo y la normalidad estará de regreso por la mañana. La simbolización anterior, trillada por la izquierda desde los 70 y 80 del XX, ha regresado con un vigor inusitado ante los excesos del capitalismo mostrados durante los últimos años.

Marx es, entre otras muchas cosas, un teórico del capitalismo y del germen político que aspiraba fuera su antítesis. Apoyaba sus conjeturas en una concepción de la Historia que no tendría otra salida que marchar hacia la emancipación. Pero para lograr esto, tuvo que convertirse en el criminólogo que penetra en la mente del asesino (pensar al capital desde dentro). ¿Es una especie de detective criminal el que afirma que *un fantasma recorre Europa, el fantasma del comunismo*?

El *Manifiesto* parece distanciarse de nuestras suaves reivindicaciones domesticadas por el pensamiento liberal, ¿pero realmente el escenario de conflicto de clase ha pasado? ¿Se ha logrado borrar el rastro del fantasma que recorría Europa? En este sentido, la película da pinceladas sobre algo que hemos visto con fuerza en tiempos recientes: alguna clase de "efecto retardado" del pensamiento de Marx visto en variedad de "reiteraciones", relatos reelaborados desde múltiples autores y expresiones culturales.

Sabemos que el capitalismo necesita, como condición de posibilidad, una explotación cada vez más sofisticada del sujeto que trabaja. Incluso necesita al que no puede trabajar, las nuevas protestas ya no son (totalmente) por mejores salarios o condiciones de trabajo; han caminado de la mano con la inseguridad creciente hacia el temor, no sólo a estar mal pagados, sino a la total, prolongada y probable desocupación (—*Por favor, queremos trabajos donde podamos, al menos, ser explotados normalmente*).

En todo esto la innovación en las formas de generar capital es notable. En ideas de Žižek, el conocimiento surge durante la creación de riqueza, lo que repercute en el esquema clásico de explotación capitalista. Hoy el proletariado excede por completo las antiguas fronteras de la clase obrera, debido a que una parte muy grande de la riqueza se genera en el uso de ese "intangible simbólico" que es el conocimiento (por ejemplo, en la digitalización de la información y las comunicaciones y todo el movimiento económico que éstas ponen en marcha).

En Antonio Negri, el capitalismo ha evolucionado de forma totalmente evidente: la explotación de la fuerza de trabajo para crear valor ya no está únicamente en la *moderna esclavitud* manual de la fábrica, ahora se extiende a toda la sociedad. Hoy la producción intelectual (literatura, cine, ciencia, etc.) crea más valor que el esquema industrial tradicional. Lo que coloca a la perspectiva revolucionaria bajo un nuevo punto de vista.

Por supuesto, la explotación del trabajo va más lejos que la sola sociedad de servicios o la fábrica automatizada del Norte del mundo, con lo que las condiciones obscenas de servidumbre capitalista que Marx conoció siguen existiendo en el Sur del mundo (incluso con mayor carga de muerte en esta época de aniquilación siempre posible y homogenización del pensamiento).

La cuestión es que universos como el conocimiento (o los recursos naturales como el aire, la tierra o el agua) en verdad son riquezas sociales, comunes a todos/as. El capital evoluciona porque requiere desarrollar maneras de apropiación adaptadas a las características de esas macromercancías inmateriales y simbólicas, es la objetivación de una mercancía cuya base son ideas y con una magnitud de más alcance que el producto fabricado tradicional. Por supuesto, existe un fuerte debate académico sobre si el trabajo inmaterial puede ser fuente de nuevas iniciativas políticas de emancipación, a la manera que Marx imaginó para la clase obrera.

Consecuentemente, las relaciones sociales que la producción puede sintetizar, desde hace ya algunos años, giran sobre lo intangible que circula por las redes y la nube. Lo que estamos observando es una "explotación cognitiva" del sujeto del modo de vida del capital, con una administración tan radicalmente pragmática del tiempo, que logra llevar a altos niveles de deshumanización (lo que, por ejemplo, se manifiesta en cierto cinismo frente al sufrimiento de la nuestra y las demás especies).

La productividad a ultranza, la utilización "eficiente" del tiempo, el uso orientado de los datos, la adaptabilidad extra-mega-flexible (redundante), la falsa desideologización (dado que, en verdad, nada está desprovisto de ideología) o neutralidad moral de los actos dentro del mercado, etc. se han agregado como "valor" al individuo trabajador de este siglo. Este fenómeno, claro, ocurre sin que la fuerte división entre ricos y pobres haya desaparecido como constante histórica, y sumemos que, si lo reflexionamos a incluso mayor profundidad que la mostrada en la película, esa herida social entre humildes menesterosos y acaudalados éticamente insultantes habitualmente no conduce a situaciones revolucionarias de largo alcance.

Marx Reloaded, como se sugería anteriormente, tiene una incursión en lo que aquí estamos llamando la "entidad" de la mercancía. La explotación innovadora no es el único engranaje del capital, también está todo el universo mitológico de esa mercancía. Ésta, como sabemos, puede refractar muy veladamente algunas de las condiciones de su existencia, siendo la marca fetichista un *subrepticio* agregado al producto durante el proceso de trabajo. Entendemos que el fetiche del que habla Marx probablemente no pretendía tener connotaciones sexuales, aunque efectivamente un tipo de pulso sexual se revela como subyacente a la necesidad, no expresada de forma coherente, de realizar nuestra existencia en el mundo del consumismo sin freno.

El documental nos muestra a Norbert Bolz (*Manifiesto Consumista*): un fantasma se ha instalado en el mundo, el fantasma del consumismo. Es indudable que la teorización sobre el fetichismo de la mercancía es uno de los grandes aportes de Marx, ya que revela una pieza de origen totalmente central para explicarnos el funcionamiento del capitalismo: "El secreto es que las mercancías, en el capitalismo, satisfacen más que simples necesidades. Conllevan un excedente, un tipo de plusvalor... un valor espiritual agregado" (y éste es la verdadera razón de la compra, que guarda una compleja ingeniería del mandato de goce en el Superyó).

La película da muestras de esa función del fetichismo de la mercancía, mediante imágenes en las calles de las turísticas y espléndidas ciudades de la vieja Europa. El autor de *El Capital*, tal vez, mostraría con estas figuraciones paseantes que los objetos no son sólo cosas inertes, sino que están "vivas" en el sentido de una tercera existencia donde encontramos al *sujeto-y-la-cosa* (el estado que codifica al plusvalor-subjetivo-agregado).

En el fetichismo ese valor no es un atributo natural de la mercancía (eso sería una ilusión), éste tiene que ser producido. Cuando el agua (un recurso natural común a todos), por ejemplo, es tratada y embotellada se convierte en mercancía a la que se impone un valor; para algunos apologistas del capital, este atributo es algo que el consumidor supuestamente imprime desde su "autonomía", no reside en el mismo objeto. Argumentan que el producto no transporta desde el principio un relato de goce.

Pero la investigación de Marx es contraria a lo anterior, y obliga a preguntarse si todo este mundo que vemos recreado mediante el objeto producido (valor y plusvalores) no es más que una ilusión, en tanto que el fenómeno del fetichismo practica una especie de "seducción del inocente" permanentemente nueva. Obliga a preguntarse metafóricamente si, tal vez, elegimos la píldora azul durante el encuentro en una habitación oscura que no podemos recordar.

Las mercancías, pues, no están para satisfacer unas necesidades o por su utilidad última (al menos no primariamente), sino para mantener el ciclo de venta y compra que garantiza la vigencia de los grandes mitos del capital. Para ilustrar esto llega la segunda animación de la película documental: Žižek, en el papel de la mercancía, es un juguete de cuerda que golpea unos platillos sobre una mesa sospechosamente alta (una intensificación del deseo que hace parecer a la dificultad algo más bien inexistente). Marx despierta (parece haber estado inconsciente en el suelo) y es irremediablemente atraído por el fetiche que cree necesitar con urgencia (sí, el juguete de cuerda podría ser tanto una crema para las hemorroides como un marco barato hecho en una fábrica china donde colocar una hipotética fotografía de sus hijas vivas, perdida [la necesidad primera] desde hace años en un cajón con llave de la casa de Grafton Terrace 9 de Londres): *BUY ME*. Es entonces cuando parecen encajar todas las piezas.

En el pensamiento liberal, lo anterior es una simple y fantasiosa tendencia a investir conspirativamente al objeto producido (y necesario en cuanto necesidad) de lecturas psicológicas. Para los neoliberales, el mercado no tiene moralidad o una dimensión psicosocial, tan sólo responde a demandas que parten de modelos simbólicos (como la moda). Sin embargo, argumentar que la gente maneja el mercado es bastante cínico en momentos donde la mercancía ha llegado a un estado de sofisticación fetichista extremo con las nuevas tecnologías.

Arribamos al instante histórico donde la mercancía se ha convertido en Filtro Emocional, parte de la Carga Simbólica del sujeto, a través del cual es leído todo el espectro de la realidad. Marx ya había argumentado que las relaciones sociales se tejen en la producción y sus fenómenos anexos. Hoy esas mismas relaciones sociales son consideradas (abiertamente) ventas y clientes en potencia, según muchas de esas novedosas técnicas del *coaching* permanente más agresivo y ambicioso, centradas en nuevos conceptos que fusionan lo previo: productividad-crecimiento personal, por ejemplo.

El fetichismo es la ilusión ensamblada con la realidad misma. La impresión (consciente) de que las cosas son lo que parecen ser, cuando, en realidad, hacemos parte de un río caudaloso de ilusiones (inconscientes) en el que las cosas no son lo que parecen ser (entrada a un famoso local de Londres)

Efectivamente, toda la instrumentalización (digital) inherente a los programas de creación y difusión del mundo del sujeto, resimbolizado como "crea tu marca personal", nos regresa a la noción de individuo convertido en mercancía (parte tangible y parte inmaterial) nominalmente autoconsciente. Somos mercancías en venta: *genera un sentimiento positivo, crea confianza, muestra todo lo que eres-vales, introduce claves que terminan en procesos de compra...* La "marca personal" en forma de refuerzo a la condición de "capital humano", transmite nuestro estatus de *cosa autoconsciente* en venta. Nos vendemos porque nuestro capital sigue siendo una fuerza de trabajo (aunque hablemos de trabajo cognitivo), sólo que el planteamiento se ha hecho más profundo: vendes lo que *eres-vales* y todo lo que lo envuelve (al propio individuo y su psicología).

Naturalmente, ser una mercancía nos engrana de manera más eficiente con el consumo como cultura y la marca como identidad individual, lo que está relacionado con la recreación del sujeto que no acepta responsabilidades.

La dimensión inconsciente del consumo es la *ignorancia decidida* hacia la radicalización de la pobreza fuera de la esfera del que puede consumir sin freno (algo que, por supuesto, es sólo una apariencia peligrosa). Si la identidad es una marca, la cuestión de la trascendencia se convierte en eslogan publicitario. El hiperconsumo es una forma muy sofisticada de explotación, es la generación de una plusvalía con bases simbólicas totalitarias.

Marx Reloaded nombra, en voz de sus pensadores, a Walter Benjamin como una de las grandes figuras que retomó la idea del fetiche, bajo la forma de una identidad estructural entre mercancía humana y objeto en venta. Para llegar a la "prostitución", que es exactamente ese objeto que Marx pensó provisto de vida y poder de llamarnos (en un lenguaje que, sabríamos, es próximo al sexual) desde el interior de los territorios del hiperconsumo.

La película toma otras esferas de la problemática para referirse a un fenómeno notable de los tiempos más o menos recientes: las corrientes neomarxistas que ayudaron a convertir al ecologismo en un asunto político, desde la premisa de que la administración capitalista (privada o estatal) de recursos comunes (como la tierra, el agua o el aire) atenta contra aspectos esenciales de la humanidad. Marx, pues, es tenido por varios autores como un precursor del ecologismo como movimiento político, éste se refiere a la naturaleza como "cuerpo inorgánico del hombre" (*Manuscritos económico-filosóficos de 1844*) y es al actuar sobre ella cuando resulta "humanizado". No nace siendo humano, llega a serlo en la transformación de la naturaleza. De ahí que el concepto de "hombre/mujer nueva" y social sea algo siempre vigente. Ahora también sabemos que llega a la "humanización" mediante la dialéctica codificada en el reconocimiento de su Carga Simbólica, pero incluso esto resulta ser un proceso dado sobre la naturaleza.

En diversos círculos se teoriza acerca de la alternativa política de un comunismo como administración de bienes comunes que no necesitan generar plusvalía, una idea muy sencilla que buscaría trascender lo pretendido en el socialismo soviético (que era también una forma de administración del capital). Marx, en efecto, extiende la lógica explotadora capitalista y sus impactos a la naturaleza, argumentando que ésta podría terminar siendo destruida.

Entre los remedios planteados en el mundo a la plaga zombi del capital está un comunismo defendido por amplios sectores intelectuales que, de varias formas, también quieren romper con los experimentos socialistas conocidos. Éstos plantean que ese socialismo totalitario de la "escuela" soviética está tan acabado como el Estado de bienestar de la Europa socialdemócrata. Y que incluso las iniciativas asamblearias, la autoorganización con democracia directa, etc., son procesos en crisis.

Muchos proponen una vuelta democrática al comunismo (a aquella idea expresada por Marx), que probablemente no colonice a la sociedad hasta los límites de lo psíquico y lo cultural. Un comunismo de la ausencia de clases e igualdad de riquezas, llegado desde la organización política de los que demandan nueva voz para expresar de forma simple una reorganización económica de la sociedad. Un proyecto que tendría que surgir en una lógica de transformación, desde dentro, de la realidad del capital (y no puede haber un real comunismo de fin capitalista).

Quienes piensan en estos proyectos hacen también una lectura bajo la óptica de la producción cultural, por ejemplo, en la idea de rescatar al comunismo del universo de la utopía poética o de la película de ficción sobre un futuro distópico en el que resurge el ideal comunista tras el desastre apocalíptico. Porque, en definitiva, una de las implantaciones psicosociales de esa fábrica de sentido que es el cine norteamericano, es que parece mucho más fácil imaginar la extinción de la humanidad que el fin del capitalismo.

Evidentemente, las cosas han cambiado con el conocimiento como forma más *actualizada* de la mercancía. Antaño, la cosa material, objetivada por el obrero durante la explotación de su fuerza de trabajo, podía ser apropiada objetivamente, y al usarla posteriormente sufría un desgaste. Pero el conocimiento no pierde valor de uso, no se desgasta y crece de forma exponencial. Esto implica que podría llegar a un punto crítico donde terminara por transformar al propio capitalismo.

En toda esta cuestión, ¿hablamos del comunismo, el sistema de ideas que pueden definirlo prácticamente, como la píldora roja ante la falta real de alternativas? ¿Es una reelaboración política del comunismo lo contrario a la píldora azul de la continuidad en la fantasía consumista?

¿Nos hablan de un replanteamiento de preguntas, más jóvenes y optimistas, sobre la capacidad de cambiar nuestras elecciones? ¿O, tal vez, la confirmación de que debe haber una tercera píldora (Žižek) de la realidad en la fantasía? ¿O puede que la sospecha de que la decisión ya fue tomada y ambas píldoras pudieron habernos intoxicado?

2.5. *Le Capital*:

Konstantinos Gavras, también llamado Costa-Gavras, nació en Grecia en 1933. Es un director acostumbrado a vivir en el centro de la polémica: atacado a partes iguales por la derecha y por la izquierda, a causa de su defensa de un cine basado en la crítica sociopolítica independiente. En *Z* (1969) mostraría una conspiración policial para asesinar a un dirigente de izquierda. En *L'Aveu* (1970), con guion de Jorge Semprún (basado en la obra de Artur London), veríamos la narración en primera persona de los famosos procesos judiciales contra los disidentes del Partido Comunista de Checoslovaquia en 1952. En *État de Siège* (1972) el Movimiento de Liberación Nacional-Tupamaros retiene a un agente de la CIA que servía junto al régimen uruguayo de la época, se trató de una denuncia del apoyo de EE.UU. a las dictaduras latinoamericanas. En 1982 estrenaría *Missing*, sobre un joven periodista norteamericano desaparecido durante el golpe de Estado en Chile contra el Gobierno de Salvador Allende. Otras de sus películas hablarían sobre la relación entre los nazis y el Vaticano (*Amen*, 2002) o los dramas de la inmigración en *Verso l'Edén*, 2009.

En 2012 estrena, en una clara alusión a la obra de Marx, *Le capital*. Una historia sobre los perversos poderes financieros y su relación con el distanciamiento material y psicológico entre muy ricos y muy pobres. Basada en la novela de Stéphane Osmont, vemos en esta gran película lo que muchos insisten en llamar la *buena suerte* de un mercenario del mundo financiero que llega a lo más alto, pero que en verdad es la fortuna del sicario en tiempos de incertidumbre.

En *Le capital* un partido de golf da comienzo a una crónica habitual de nuestro tiempo: el dinero es como una mascota que quiere que le lancen la pelota cada vez más lejos y poder traerla de vuelta indefinidamente. El viejo presidente de la corporación financiera más grande de Europa, con sede en París, venerado, añorado... reclamado por los accionistas, se convierte en pieza que urge remplazar para evitar el pánico ante las consecuencias de sus problemas de salud. El protagonista de la historia, Marc Tourneuil (interpretado por el actor marroquí Gad Elmaleh), es designado a pesar de su juventud (piensan que será algo *manejable*); pero éste sabe que, si el presidente finalmente muere, él mismo, un simple discípulo, podría ser enterrado junto a al viejo. Su conclusión es más bien simple: quiere más y más dinero como única medida posible de respeto entre los altos directivos del banco. Así que traza todo su plan para convertir una particular coyuntura en una buena apuesta de futuro, invierte en su propio sentido del dinero que tiene que correr más lejos, intentando no devorar dividendos de forma demasiado apresurada. Aunque con total determinación reclama su legitimación simbólica ante los grandes accionistas: un salario equivalente al de su mentor, el despacho del presidente y el avión privado.

Entonces ocurre una de las cosas esperables en películas sobre pragmáticos directivos que tienen en sus manos miles de millones y también miles de empleos. Una fiera ruge dentro de la cabeza del *pequeño Marc* al reflexionar sobre la relación entre el dinero y el respeto. Su plan, pues, se toca con la paranoia, hace investigar a cada miembro del comité ejecutivo: el sentimental, el de pocos medios y lengua viperina, el pusilánime, el de doble faz (anglosajona), la incompetente (pero heredera simbólica del poder anterior) y el amigo virtuoso. Los perfiles son componentes de la maquinaria humano-tecnológica dirigida por Marc, pero a la vez amenazas (por ambición, no por principios) para una práctica de despacho que constituye parte central de la lógica del capitalismo: un aparente rostro ético comprometido con Europa que, a la vez, cerrará y clausurará todo aquello que no dé alta rentabilidad, como el crédito a pymes. Es cuando la dignidad tiene que ver con la subida de acciones, no con la normativa legal o el comportamiento en el espacio público. Por supuesto, pronto aparece la *manada* real bajo ese poder difuso de los accionistas; los que cazan en grupo desde La Florida y ostentan la propiedad mayoritaria en las sombras intentan atraerle a cambio de sustanciosas recompensas si logra grandes dividendos a cualquier precio.

Y *cualquier precio* es el desencadenante de esa esquizofrenia del militante propio del capital que interpreta el personaje principal. —*Fin del capitalismo al estilo europeo*, dice uno de los miembros del consejo, que es como la institucionalización de un tribunal que condena o exculpa únicamente en base a los rendimientos, algo profundamente relativo e interpretable. Pero el problema es que los jueces del estrado son un fondo especulativo norteamericano (una *secta de la rentabilidad a corto plazo*, que sirve a emires y otros sujetos de moral dudosa); éstos han comprado gran parte del banco con un crédito que la misma entidad les ha concedido, y además quieren deslocalizarlo en base a un odio profundo a la republicana Francia y su *exceso* de leyes sociales. Marc defendía todo como una guerra por la supervivencia de su independencia frente al capital estadounidense.

Les Années Mao: Une Histoire de la Chine en affiche, 1949-1979, es el libro que reposa sobre la esposa dormida de Marc, cuando se ve abocado a despidos masivos para conservar la calma del fondo de inversión americano. Sin duda es una inteligente simbolización del personaje: el paralelismo con Mao Zedong, que utilizó a las bases para eliminar a cuadros incómodos y no hacerlo él mismo durante su Revolución Cultural... despedir empleados (de entre más de 100.000 en 49 países) sin que parezca que lo hace. Una estrategia de marketing subliminal, abrir la mente y el corazón al llamado militante corporativo del presidente, para que, persiguiendo lo que los empleados consideren impedimentos para la *felicidad* laboral (la ineficacia, los ascensos inmerecidos, el acoso, el despotismo, la manida coacción a la creatividad, los suicidios, etc.), terminen siendo los propios trabajadores la mano ejecutora de una masiva caza de brujas que engrosará las filas de las oficinas del desempleo.

Y sí, como hemos visto, los legendarios sindicatos franceses le acusaron de alimentar una delación digna de la Gestapo, cosa que importa poco a los presidentes de bancos si se adjudican una millonaria *prima por despido* masivo. Probablemente, tanto la novela como la película se basaron en Marx o autores marxistas al argumentar que las crisis son grandemente propicias para crear fortunas, la cuestión es dónde se guardan para que permanezcan a salvo.

La carnicería laboral es seguida de la mayor automatización, operadores *robóticos* aplicados al mercado financiero que reducen drásticamente la intervención humana. Y parece algo prometedor para la mejora de resultados, pero los pensamientos delirantes siguen apareciendo en la mente del súper-presidente: imaginarios y pasajeros gestos de cordura y solidaridad o vivos ataques de rabia que sólo transcurren en su mente, el filme nos representa una especie de dualidad inestable o polaridad enferma como una de las características de las altas esferas del capital.

El fondo buitre llama *trabas socioculturales* a los obstáculos para la completa americanización del capitalismo europeo, simbolizada en el banco de la película, mientras el personaje (un *cowboy* admirado por el manejo de los despidos masivos por parte de Marc) mira la Torre Eiffel por la ventana de una suntuosa habitación de un hotel parisino, donde, tal vez, el director quiso dejar clara su sospecha de que la superioridad del capitalismo salvaje de EE.UU. se basa en un profundísimo complejo de inferioridad social y cultural. Es decir, la historia tiene acento en un supuesto contraste entre el comportamiento entendido como admisible en una gran empresa en EE.UU. y en Europa.

De hecho, el protagonista enfrenta a su antagonista real no en la resistencia al fondo buitre estadounidense sino durante una cena familiar. Los tres desangres a los que el poder financiero somete a la Francia de los trabajadores: Uno. La bolsa y sus demandas de beneficios que llevan a la deslocalización y despidos… *sangre*. Dos. Las obligaciones a las que son sometidos los trabajadores como miles de pequeños clientes… *sangre*. Tres. La deuda europea que somete la soberanía económica de los países y rompe sus sistemas sociales… *sangre*.

¡Es el proyecto de La Internacional realizado!, se defiende el banquero, ni el dinero ni el trabajo conocen fronteras. —*Nuestra Internacional conseguirá alimentar incluso a los niños esclavos de las fabricas indonesias*, termina, aproximadamente, el aparentemente imperturbable Marc. Mientras esta discusión se da, en la habitación de al lado los niños de la familia están totalmente atrapados por pequeñas consolas de videojuegos, pareciera que ni un repentino apocalipsis pudiera sacarles del trance.

Traigamos, en relación con esas proclamas de Marc, las palabras de Noam Chomsky en una entrevista para *El País* de marzo del 2018: "El neoliberalismo existe, pero solo para los pobres. El mercado libre es para ellos, no para nosotros. Esa es la historia del capitalismo. Las grandes corporaciones han emprendido la lucha de clases, son auténticos marxistas, pero con los valores invertidos. Los principios del libre mercado son estupendos para aplicárselos a los pobres, pero a los muy ricos se los protege. Las grandes industrias energéticas reciben subvenciones de cientos de millones de dólares, la economía high-tech se beneficia de las investigaciones públicas de décadas anteriores, las entidades financieras logran ayudas masivas tras hundirse... Todos ellos viven con un seguro: se les considera demasiado grandes para caer y se los rescata si tienen problemas. Al final, los impuestos sirven para subvencionar a estas entidades y con ellas a los ricos y poderosos. Pero además se le dice a la población que el Estado es el problema y se reduce su campo de acción. ¿Y qué ocurre? Su espacio es ocupado por el poder privado y la tiranía de las grandes entidades resulta cada vez mayor."

Posiblemente, el mensaje económico-político más importante de la película es que los fondos especulativos hacen operaciones donde compran bancos, compañías, etc. con el propio dinero de éstas; después de embarcarles en operaciones suicidas que hunden sus acciones les obligan a vender barato, para luego recomprar acciones en masa aún más barato, haciéndose con el control de la compañía en cuestión.

—*La ética bursátil es como la militar, el más rápido mata al otro.*

—*Y el que falla también muere.*

Son las palabras que intercambia el presidente con uno de sus colaboradores. Como es frecuente, el espectador convierte a este hábil banquero francés de origen algo proletario en su ángel vengador, cuando fragua un plan para simplemente defenderse de la secta norteamericana de la rentabilidad a corto plazo. Y que al final deja meridiana claridad sobre el poder de los bancos, los fondos, etc., que pone en manifiesto ridículo al poder del Estado. Un juego del que, al parecer, nadie puede escapar. El paroxismo corporativo de las escenas finales es insultante: —*Seguiremos robando a los pobres...* entre gritos de histeria colectiva de los ejecutivos, que hacen de la locura bancaria algo cada vez más cierto y amenazante. La película tuvo muy distintas críticas, en el caso de los medios españoles fueron bastante superficiales al abordar una trama de un director como Costa-Gavras, sin duda, uno de los grandes del cine con crítica social de las últimas décadas.

2.6. *Cosmopolis*:

Donald Richard DeLillo es un escritor norteamericano considerado por la crítica como uno de los más importantes exponentes del posmodernismo; su obra *Cosmopolis* (2003) es uno de los grandes relatos simbólicos de la crisis del sistema capitalista posterior al 11-S. En el 2012 fue llevada al cine con la dirección de David Cronenberg. Los medios la alabaron (por hipnótica, delirante y excitante) tanto como la detestaron (por árida, tediosa, simple y arrogante). El personaje de Eric Packer, protagonizado por Robert Pattinson, es un jovencísimo multimillonario que hizo su fortuna en el submundo de Wall Street, en realidad alejado de la *objetividad callejera*. Toda la película transcurre en un azaroso, pero habitual, día de este genio de la especulación financiera. A bordo de su deslumbrante limusina (como una balsa a punto de zozobrar por la mar enfurecida y que transporta a los últimos miembros de una época digital y sublimada, pero sin conciencia), se desenvuelve una jornada tan increíblemente llena de simbolismos y claves narrativas provenientes de la crónica salvaje y contemporánea del capitalismo, que casi parece un delirio en la mente de un loco.

Todo comienza por una cadena de hechos prácticamente subterráneos: una crucial apuesta financiera contra la subida del yuan, el protagonista cruzando la ciudad para acudir a su peluquero de confianza, mientras las calles son tomadas por un caos múltiple (el funeral de un famoso, una visita presidencial y una fuerte protesta ciudadana). Todo reunido para hacer pensar que las costuras débiles del sistema están a punto de saltar por los aires, empezando por el protagonista y su cabeza lunática.

Al referirse a la película, el director afirmaba: *No pude evitar pensar en Marx al hacer la película, aunque sólo sea porque se escucha la primera frase del Manifiesto Comunista en ella, «un espectro se cierne sobre Europa»* (ABC). En efecto, aunque tal vez no fuera la intención del libro original ni de la película, vemos aquí un tremendo relato de las profundas debilidades del capitalismo que hacen retroceder hasta Marx (y otros pensadores) en muchos de sus lugares. Incluso, al transcurrir todo en un solo día de la vida del protagonista, recuerda un poco a aquella idea legendaria del director soviético Serguéi Eisenstein: rodar *El Capital* a través de un único día en la vida de un personaje y todas sus relaciones sociales.

A pesar de la hostilidad casi unánime de la crítica en los grandes medios (esa especie de corriente subliminal que pretende reorientar permanentemente los deseos del espectador), *Cosmopolis* es ante todo un simple e infantil cuento de miedo posmoderno hecho para adultos, y además con gusto por la riqueza simbólica. Todo en la película pretende cumplir ese papel, desde el impresionante mundo *aparte* que existe al interior de la limusina, que va resistiendo las tremendas embestidas de la realidad exterior, hasta la sucesión de miserias y relaciones sociales surgidas en ella y a su alrededor.

Una cascada de interrogantes da comienzo a todo: ¿A dónde van las limusinas por las noches? ¿Sabemos realmente lo que ocurre tras todo ese optimismo sobre la tecnología del mercado, tras todo ese océano de datos que, en teoría, determinan la vida de todos? Por otra parte, tenemos aquella enigmática figura del barbero, una especie de arquetipo, omnipresencia y gurú al que urge ver, aunque el joven tenga que arriesgar la vida para cruzar la ciudad en momentos de gran convulsión, como le advierte su lacayo, confidente y escolta.

La desesperante lentitud con la que avanza la limusina, con el mundo moviéndose como a cámara lenta tras los cristales que opacan la realidad, junto a la afirmación sobre unos gráficos digitales en pequeñas pantallas azuladas que parecen mostrar *cosas que aún no han pasado*, tal vez quieran contar la vida desde el punto de vista del que está más lejos que todo lo aparentemente posible: el que sabe que su peligrosidad radica en la posesión de información, algo con lo que se pueden hacer cosas *estupendamente horribles*. Pero el problema, claro, está en que esa información está dispersa y desordenada, una buena apuesta en el mercado necesita respaldarse en el orden subyacente de una pauta oculta, en patrones que siguen algún tipo de orden (¿nos hablan de Big Data y ciencia de los datos?). Pero sumergirse en esto puede terminar por llenarte de la extraña sensación de no tener los pies firmemente apoyados en algo ni remotamente real. Eric observa todo ese escenario como en una película, encontrando en la interacción entre *tecnología y capital* lo único parecido a un objetivo estimulante (por virtual) para los jóvenes talentos de su época (desde luego mucho más estimulante que dispararle a un presidente de EE.UU., un objetivo tan inútil y falto de gracia como ir contra el propio capitalismo).

En la horrible fantasía de remplazar las monedas de cambio por ratas, un delirio casi embriagante, encontramos la simbolización de toda la podredumbre caníbal de una de las piezas angulares del sistema, el capital como el roedor vivo devorador de todo y transmisor de enfermedades, capaz de atacar en grupo y devorarse entre ellos a falta de comida, con tendencia o necesidad de reproducirse y acumularse: *venta masiva de ratas blancas embarazadas, cada dólar es canjeable por una rata... la acumulación de ratas muertas llama a un saneamiento global.*

En cuanto se presentan signos, alarmas de que el tiempo real del mundo terreno y todos sus fenómenos pesadamente objetivos están a punto de alcanzarte, comienzan los peligros para el que parece vivir en la esfera de cosas que todavía no ocurren (observando en las pantallas *cosas que aún no han pasado*): una apuesta financiera mal calculada, no haber podido prever la caída o subida de una divisa o un valor. Es entonces cuando la vida en general comienza a hacerse *demasiado contemporánea*, como argumenta uno de los extraños personajes que entran y salen del coche.

Hay referencias repetidas a una especie de Gran Hermano, el complejo, probablemente el centro neurálgico de la corporación que llama para dar alertas contra la seguridad y parece saberlo todo, como el asesinato de altos funcionarios de los organismos económicos. Cuando los acontecimientos deben ir (y seguro irán) en una dirección, sólo que deciden marchar por otra, es el momento de preguntarse si la realidad, después de todo, es algo distinto a lo que muestran las gráficas y simulaciones digitales. Eric es un lunático que sospecha de las consecuencias de pretender violar las leyes del tiempo, vivir en la visión de lo que no ha pasado (las previsiones en base a análisis de grandes volúmenes de datos), la metáfora de la especulación. Precisamente esto se simboliza en su obsesión por hacerse completos chequeos médicos todos y cada uno de sus días, incluyendo exámenes de próstata (aunque esté en la limusina, que guarda máquinas médicas en sus consolas luminosas). Es como decir: la lógica especulativa en el capitalismo convierte a éste en un paciente constante, siempre necesitado de asistencia debido a su adicción a violar sus propias leyes en el intento de conocer el futuro sin antes detenerse a construirlo materialmente. En efecto, el capitalismo es también parecido a ese Superyó del Psicoanálisis, colmado de mandatos de goce y que contiene a la Ley como al deseo de transgredirla.

Tantos talentos jóvenes y tan avanzadas herramientas de simulación, para finalmente utilizar como guía estratégica a las cadenas de rumores sobre el comportamiento de los mercados. El joven protagonista sigue sus instintos más básicos, por ejemplo, en la sugestiva conversación con la bella esposa que se niega a tener sexo con él; es la representación de su masculinidad en la limusina blindada e insonorizada, su obsesión con la muerte probable, un caos que se aproxima y le rodea, la carga sexual como decadente antídoto a la desesperación, etc. Eric es la misma imagen del capitalismo y algunas de sus grandes contradicciones en un solo sujeto, de repente testigo de un pequeño ataque proletario en medio de un restaurante típicamente neoyorkino: dos jóvenes lanzan ratas muertas, la nueva moneda de cambio, mientras lanzan la frase más famosa del *Manifiesto Comunista*.

Esta es una película con exposiciones literarias sobre el capitalismo, de la mano de raros intercambios entre Eric y otros personajes, por ejemplo, sobre la pérdida de la *cualidad narrativa* del dinero, la riqueza como riqueza en sí misma (la autonomía del dinero descrita por Marx), contada por el azul subliminal y adormecedor de las pantallas que actúan como ventanas al cibercapitalismo. En efecto, las noticias sobre toda esta ensoñación de vivir en el futuro, lleva a que los personajes (piezas del capital virtual, financiero... inexistente) dejen de comprender la vida del exterior, que se presenta difusa y en susurros, porque ésta transcurre en el presente. Hubo un tiempo, en la aparición del capitalismo, donde relojes mecánicos testimoniaron la llegada de un sujeto que ya no pensaba en la infinitud o la inmortalidad del alma, sino en horas de trabajo medidas con precisión. Pero ahora, es como si el propio capital creara el tiempo para que cotizara en bolsa y fuera apropiado en el mercado ficticiamente libre. En todo aquello, el caos social es leído simplemente como la naturaleza que retoma el control sobre la marcha del mundo y regresa a todos los sujetos a la vivencia del presente.

Tanta filosofía sobre las ideas visionarias que generan olas enormes de inversión, que nos lanzan a patadas al futuro y dejan a millones de caídos en el camino, no puede dejar de producir la tormenta de hombres y mujeres que, de hecho, embisten desde el exterior de la limusina en forma de una manifestación (el presente) que intenta acabar con el futuro cibercapitalista que se fragua en el interior. Estamos hablando de una lucha del presente (que busca ser destruido) de los que cada día trabajan para ganarse el pan contra el futuro pensado por los que articulan juegos matemáticos con rumores para burlar el normal paso del tiempo. Pero un tiempo reinterpretado como una especie de inercia de la naturaleza social que conlleva un equilibrio justo con quien trabaja en lugar de parasitar. Mientras una multitud de manifestantes ataca la limusina, Eric observa un anuncio en una gran pantalla sobre la acera: *A specter is haunting the word. The specter of capitalism.*

El matiz de los hechos, a medida que avanza la jornada de la película, intenta aclarar lo delirante de las conversaciones: la fortuna del multimillonario se ha esfumado por el fallo de todas aquellas conjeturas necesarias para vivir en el futuro del capital sin que los gritos de los sufrientes del presente importaran. Y uno de los primeros efectos es la advertencia del complejo sobre una amenaza creíble contra la vida del joven, que solamente parece preocupado por captar algo de cotidianidad (como un poco de sexo con su esposa adolorida) antes de morir, hablar de su próstata irregular y lograr llegar hasta su barbero de confianza. Lo que completa ese escenario de la *finalidad* presente es enterarse de que su ídolo de la música, que escucha al interior de uno de sus ascensores privados, ha muerto ese día; y que lo ha hecho de algo tan vulgar como *causas naturales*. Un cortejo de derviches acompaña con su danza al cuerpo del artista, mientras Eric cae a tierra con un trago entre las manos y la música del ídolo cultural muerto sonando de fondo: el presente lo ha alcanzado. La completa confirmación de esto viene cuando, por fin, el espectador puede ver el exterior de la limusina, totalmente lleno de pintadas de los manifestantes, y un activista contra el poder le estampa una tarta en la cara al salir del auto.

La también extraña figura del barbero, por quien Eric cruzó la ciudad a lo largo de todo un día, es una especie de imagen del principio de autoridad; el conjunto de todas esas representaciones sobre los orígenes y los principios morales a las que se regresa cuando todo parece estar perdido. La escena en la silla giratoria de la peluquería, donde el propio Eric tiene un pequeño brote de ansiedad por caer en cuenta de que ya no está en el futuro del cibercapitalismo, intenta ser reconducida por el anciano barbero que todavía puede recordar la infancia del joven. Le pregunta en tono paternal si lleva protección, ya que el jefe de seguridad ha desaparecido, y ante la negativa de Eric le presta un arma para pasar una noche con todas las posibilidades de acabar en sangre.

Vemos todos esos relatos donde la cotidianidad se junta con la barbarie (como el del *barbero* [redundancia] y antiguo taxista en conversación con un conductor de limusina extranjero con heridas por tortura). Y puede que confundan al espectador, pero también codifican la falta de sentido que inunda nuestro modo de vivir, trabajar, consumir, etc. Lo que, de algún modo, queda ratificado en el encuentro con el hombre que pretendía matar al genio de la especulación, tan sólo un excolaborador arrollado por los que se empecinaban en vivir en el futuro y que buscaba alguna lejana sensación de ser el dueño de parte de las decisiones que componían su anónima existencia, algo que despejara los perturbadores enigmas de la vida posmoderna.

Si la desgracia de Eric fue no haber podido interpretar los datos sobre el comportamiento del yuan, la del hombre que quiere matarle fue usar las propias herramientas del joven especulador para *microcronometrar* la realidad (reduciéndola totalmente al análisis económico), lo que derivó en el odio hacia cada momento de su vida y a todos los que la habían convertido en pieza insulsa y semitransparente de una maquinaria que cambia a mayor velocidad de la que es posible soportar. Incluso el deseo de matar del anónimo hombre es otro síndrome simple, sin originalidad y probablemente contagiado por otros (¿la TV, por ejemplo?), le increpa Eric. Pero, en verdad, es la furia del que se sabe fuera del sistema, su causa es la total falta de causa para cualquier acción en el presente, una vez que conoció a los que se atreven a vivir en el futuro de la especulación y el cibercapitalismo.

Tal vez la clave narrativa central de la película está plasmada en la reunión de esos dos individuos, aparentemente opuestos pero encontrados frente a frente por haber caminado al extremo de sus respectivas vidas. La curiosa simbolización expresada en estos dos dementes que comparten la verdad de una próstata asimétrica, remite a la problemática de interpretar el mercado o todo el sistema capitalista como una extensión verdadera de la naturaleza (geométrica, segura, equilibrada y despiadada). Pero lo matemático también tiene algo de sádico: que cuando menos se lo espera, lo asimétrico (como sus próstatas) cobra un peso extraño e inusitado. El yuan se comportó por una vez como sus próstatas, se alejó del equilibrio y les condujo a la locura.

El mensaje final es revolucionario a la manera del director: el arma apuntando a la cabeza del capitalista Eric, perteneciente a la clase de los que comen cordero bajo el peso de su insultante realeza, empuñada por el trabajador llevado al trastorno mental y la ruina material que finalmente confiesa su rabia por no haber sido salvado, como probablemente le habían prometido, por los dioses del capital:

—*Quería que me salvaras...*

2.7. *Wall Street 2: Money Never Sleeps*:

Dirigida por Oliver Stone en el 2012, pretende ser la continuación de la historia comenzada por el mismo director en 1987 y protagonizada por Michael Douglas y Charlie Sheen. En esa primera parte el joven Bud Fox es un talentoso bróker que busca el éxito en una combinación de suerte y afanosa dedicación a los extraños entresijos de Wall Street.

Su mayor ilusión es trabar relaciones con Gordon Gekko, un despiadado gigante de las inversiones. Éste termina utilizando a Bud, explotando su precaria situación económica y sus sueños de conseguir fortuna y respeto profesional, para conseguir información privilegiada de distintas empresas y utilizarla en su beneficio durante riesgosas operaciones de especulación que, ya podemos suponer, están perseguidas por la ley.

Con el tiempo, el joven llega a descubrir la increíble falta de escrúpulos de Gekko, evidentemente se intenta mostrar una especie de punto de no retorno en los valores del joven, al que llega cuando el gran inversor amenaza directamente el empleo de su padre (ha comprado la compañía donde trabaja, en la que liquidará varios empleos). Este repentino ataque de honestidad únicamente aparece como consecuencia de un desastre inminente, en ningún caso podría ser antes. En la película de 1987 Gordon Gekko termina en la cárcel por varios delitos financieros.

Wall Street 2: Money Never Sleeps parte con la salida, muchos años después, de Gekko de la cárcel. La voz del actor Michael Douglas suena en las puertas de una prisión cerca a Manhattan, el otrora poderoso inversor camina hacia la libertad con unas pocas pertenencias viejas y desfasadas (representadas por un obsoleto teléfono móvil de los 80), junto a otros presos que cuentan con el recibimiento de sus familias. Sin duda, los años 80 o comienzos de los 90 del XX eran una época "complicada" para ir a parar a la cárcel, al salir 15 o 20 años después el mundo simplemente era otro: caída de la Unión Soviética, Internet, el 11-S, etc.

Pero para el 2008 el personaje se había puesto al día. Jacob es el nuevo joven bróker que intenta abrirse paso entre los que buscan fortuna en Wall Street (pareja de la hija, ya adulta, de Gekko); la película lo muestra como alguien tremendamente, aunque no del todo, devorado por su trabajo, conserva mucho del idealismo propio de su juventud (su apuesta de futuro es la "energía verde", renovable) pero no cree en otro valor último que el del dinero.

El científico que parece dirigir el proyecto industrial de energía limpia por el que apuesta Jacob, es una especie de voz que convive en el Superyó del joven junto a otras imágenes, es una referencia moral que demanda dinero de inversores para salvar al planeta mientras el precio del petróleo se conserva alto. Naturalmente, la firma donde trabaja el bróker no es ningún grupo de idealistas, demandan dinero para un proyecto petrolífero que implicaría hacer negocios en un país, Guinea Ecuatorial, en manos de un dictador sádico. Esta teología del beneficio (que debe ampliarse y ampliarse sin cesar) no admite consideraciones éticas en el momento de usar el dinero de sujetos (los inversores) que el imaginario colectivo concibe como vampiros hambrientos y peligrosos.

New York Stock Exchange (imagen: V. Carrillo)

La otra identidad que "habla" en el Superyó del joven, como conjunto de mandatos de goce, es la de su viejo mentor, un experto en operaciones financieras de la vieja escuela que ve aproximarse una tormenta que estremecerá los cimientos del capitalismo; y es de la vieja escuela por una razón sencilla: comprende que la generación de riqueza necesita una base real, requiere procesos productivos. No queda claro si aprendió esto durante juveniles lecturas de Marx y otros autores, sólo vemos la simbolización de entregar un sustancioso cheque a su discípulo, al que pide gastar el dinero con su pareja: "alguien tiene que mantener la economía", lo que es igual a decir "alguien tiene que comprar las mercancías".

Esta película cuenta cómo ocurre el desastre de las burbujas especulativas y la gran crisis de las hipotecas que conducirían al rescate de entidades financieras con dinero público. En el segundo día de la historia la firma del viejo mentor se va a pique, al parecer estaba inundada de valores tóxicos, derivados de operaciones con préstamos de mala calidad. Uno de los problemas de los juegos del capital financiero es lo cerca que se mueven del pánico, lo fácilmente que pueden romper barreras psicológicas, hasta los dantescos momentos en que se ven comprometidos miles de puestos de trabajo.

En *Wall Street 2* se revela con prontitud algo fundamental del argumento: no es que las empresas entren en crisis, una por una o de manera aislada, exclusivamente por sus malas gestiones, en el 2008 se vio que entraban en crisis irresolubles porque todo el sistema se tambaleaba sin llegar a derrumbarse por completo, porque rompía desde dentro sus propias reglas.

Mientras, en la sede de la Reserva Federal de Nueva York, se lleva a cabo la reunión fundamental donde se debate si, con el decidido respaldo del Tesoro, se rescatará la agonizante entidad financiera del viejo mentor. Las demás entidades se lanzan sobre él como lobos a sus presas en una preparada jauría de caza, hundiendo a los infiernos el precio de las acciones de la quebrada firma de inversión. La caída daña tanto la moral del viejo mentor que decide suicidarse lanzándose a las vías del metro y, dado su estatus simbólico, hablamos de la muerte de todo un sistema de antiguos valores de goce. Esto pone en marcha una mecánica psicológica en el joven Jacob, el discípulo, totalmente relacionada con el viaje del héroe: está en bancarrota, le pide matrimonio a su chica y traza un plan para ir en busca de los que causaron la muerte de su mentor y "padre simbólico".

Ahora Gekko, ya mayor pero todavía con su vieja imagen de éxito, se dedica a dar conferencias y escribir libros sobre los secretos de Wall Street. Sus oyentes son personas muy jóvenes (sin ingresos, sin trabajo… sin activos). Su explicación es sencilla, únicamente la codicia (un mandato de goce relacionado con el consumo e inoculado a través de la cultura) puede explicar que el empleado de un bar con ingresos modestos haya comprado tres casas en los tiempos de la *hipoteca fácil*. O que sus padres refinancien una casa por un valor mucho mayor al real, para tomar el dinero extra e irse de compras a un centro comercial.

Durante mucho tiempo se difundió la idea de que las inversiones en finca raíz eran muy seguras en los EE.UU., porque no dejaban de subir. Desde la Reserva Federal se alentó este consumo suicida con drásticas bajadas del tipo de interés. Hasta cuando hubo millones de millones de dólares en créditos peligrosos, que Gekko reúne bajo las siglas ADM (armas de destrucción masiva).

La ilusión colectiva que generaban los inversionistas de alto riesgo, embolsándose fabulosas ganancias, motivó esa histeria expresada en la tesis tecnológico-teológica de que la multiplicación del dinero era como uno de esos mandatos del Gran Otro, algo inserto en los fundamentos espirituales de nuestro modo de vida. Operaciones de alto riesgo hechas con los ahorros de trabajadores y trabajadoras, pequeños ahorradores, nunca con su propio dinero, que además no contaban con ningún responsable último. El tamaño de esta verdadera bomba de relojería llegaría hasta casi la mitad del total de las operaciones financieras en los EE.UU. durante esos años. Y aquí está uno de los núcleos de la cuestión: operaciones especulativas que no tenían ninguna relación directa con inversiones en procesos productivos concretos.

Una de las teorizaciones de Marx, abordada de forma espectacular en algunas grandes producciones cinematográficas norteamericanas, es la de "crisis cíclica", el concepto aparece en el estudio de Marx sobre los "ciclos económicos del capital" (que se caracterizan por etapas sucesivas de crecimiento y crisis). Viene asociado al modelo denominado como *factory system*, la actividad industrial donde cada trabajador crea una parte del todo que compone al producto. Éste reduce tiempo y costos de manera sensible, el problema es la dependencia hacia los caprichos del mercado, que puede verse saturado. Es decir, se puede pasar con facilidad de superproducción a crisis y estancamiento, que a su vez se asocia a la pobreza y la caída del consumo.

En Marx, a la par que aumenta la competencia entre capitales también crece el capital "constante" (destinado a adquirir medios de producción). Esto baja la cantidad de capital "variable" (destinado a la fuerza de trabajo). La cuestión es que la fuerza de trabajo es la mercancía que en realidad puede crear valor. El resultado es la caída global de la "tasa ganancial del capital", esta tasa expresa una proporcionalidad entre plusvalía y capital "constante" y "variable". Aquí ya nos encontramos en los horizontes de la superproducción, que lleva al capital a varias decisiones, como la reducción de empleos, consumos, materias primas, etc. Por supuesto, los capitalistas que sobreviven acumulan más capital a la vez que se desvaloriza aún más la fuerza de trabajo, perdiendo también derechos. Pronto veremos a esos grandes capitales haciendo toda clase de presiones para lanzarse al control de más recursos y mercados, lo que siempre origina guerras de distinto tipo en lejanos lugares del mundo (y a veces no tan lejanos). También veremos múltiples argumentos contra los métodos que clásicamente permiten paliar en algo las crisis capitalistas, como la innovación tecnológica (en el problema de las energías, por ejemplo) y la intervención de las instituciones públicas. De hecho, el gran fantasma del capital es la intervención reguladora de las autoridades que responden ante las urnas, por esto la clase política siempre es objetivo de los grandes poderes económicos.

Uno de los logros teóricos de Marx, en tiempos de la expansión bancaria y el Segundo Imperio, es la explicación científica del desconocido y a veces misterioso funcionamiento del capitalismo, su escenario de estudio fue la extensión de la crisis por Europa y los EE.UU. El autor de *El Capital* veía una locura inherente, inevitable, en la manera de vivir de los pueblos del capitalismo central. Parte de esa locura se desprendía de una fractura en la "entidad" de la mercancía, rota justo por la línea entre valor de uso y valor de cambio.

La superproducción y la desvalorización del capital revelan, en efecto, la perversidad de esa lógica burbuja hacia la que tiende el capitalismo financiero. Marx ya identificaba en la crisis de 1857 la tensión y ruptura entre ese valor de uso del producto y el valor de cambio expresado en el dinero: la compra y la venta se separan, la identidad ("convertibilidad") entre ambas se fractura al interior de la mercancía. En esto observamos que el capital puede resultar "suicidado" al pasar de mercancía a dinero. Es decir, el dinero en sí se ha convertido en valor autónomo, pero éste no puede multiplicarse (una necesidad de la lógica capitalista) únicamente en el sistema del crédito, necesita del proceso de producción (todo lo demás no es más que riqueza fantasma). El origen de este drama está en la división del capital industrial, comercial y bancario.

Estos desequilibrios fundamentales de la crisis capitalista también tienen parte de sus raíces en el pensamiento económico liberal clásico, donde supuestamente se tiende al equilibrio entre demanda y oferta, entre vendedor y comprador. El desequilibrio aparece en una complejidad y opacidad intencionada sobre el funcionamiento del mercado; que contrariamente a la teoría es tremendamente manipulable, por ejemplo, en la recreación de una demanda falsamente inflada.

La libre circulación de información transparente es necesaria para que el libre mercado no sea una falsedad. Pero lo que vemos es una privatización, un tráfico con la información financiera y un lenguaje que juega al hermetismo acerca de la explicación del producto financiero. La gran crisis del 2008, donde llegó a plantearse una refundación del capitalismo, además, revela la incapacidad de los organismos oficiales para supervisar los informes y actividades de las grandes entidades financieras, mostrando esa oscuridad artificiosa de la información.

Pareciera que el mercado financiero tuviera sus propias matemáticas, que no avisan a nadie sobre sus quiebres e inestabilidades. En realidad, el capitalismo se hace salvaje porque deja demasiado al azar. Visto, por ejemplo, en la rapidez de las operaciones de un mercado donde hay un divorcio entre procesos productivos y procesos de circulación (un motor de crisis). La circulación va sola, sin un respaldo real en la producción.

Marx, efectivamente, introdujo la noción de "automatización del dinero" en *El Capital.* En este fenómeno del capitalismo la plusvalía parece cobrar una especie de autónoma existencia, marcada por su propia atrofia. Ocurre que una parte del beneficio aparece como "emancipada" de las lógicas de explotación a las fuerzas de trabajo asalariadas y del mismísimo capitalista. Como si el capital tuviera su fuente de reproducción en el propio capital.

El dinero que parece generar dinero sin necesidad de un proceso de producción y circulación concreto es el máximo fetichismo alienante, cuyo símbolo mayor es el crédito. La plusvalía depende de vender, pero la obsesión del beneficio abarata los salarios (que son el vehículo de la compra). Una lógica que también vemos en la demanda del crédito.

El crédito es como un cáncer, crea un escenario nuevo de mercancías sin que las anteriores hayan sido vendidas y pagadas. Hasta llegar a la sobreproducción... de todo, incluidas casas y productos financieros. La sobreproducción no resuelve ninguna carencia social real, ya que estamos refriéndonos a "necesidades solventes".

Marx analiza la crisis, por ejemplo, en los *Manuscritos de 1857-1858,* desde dos enfoques: la separación de la compra y la venta y la locura generada por la propia escisión. La mecánica de la crisis es luego profundizada en *El Capital*, donde se refería a la desproporción entre la demanda y la "reproducción ampliada", un beneficio sin sustento real. Con la intervención del capital financiero el beneficio se convierte en capital-dinero, en préstamo. En la crisis desatada en el 2008 la acumulación de capital ficticio era de tales proporciones que las principales plazas financieras cayeron, por ejemplo, un 43% para el *Dow Jones* y un 53% para el CAC40. Los créditos, la falsa prosperidad del capital, cayeron como dominós.

Marx sabía que podría no existir una crisis final del capitalismo, ya que como modelo productivo franquea permanentemente sus propias fronteras inmanentes. Las crisis son inevitables, los más ricos juegan a ellas, el costo humano no es una variable a tener en cuenta en el pensamiento económico liberal. Para esto Marx propuso, precisamente, la "ecuación" de la lucha de clases.

En la película, Gekko explica cómo los bancos hacen circular infinitamente el dinero, pero confunde un poco al espectador: no sabemos si es alguien que busca redimirse de sus "pecados" del pasado contra el bien común dando conferencias con una buena puesta en escena, o si es un ángel vengador que viene para aliarse con el futuro esposo de una hija que no quiere verle para darle una buena estocada a los engreídos dueños del poder financiero (por supuesto, está esa paradoja en clave psicoanalítica donde la hija se enamora precisamente de un *chico de Wall Street*, un mundo que ella odia por su relación con el padre). "La madre de todos los males es la especulación", afirma Gekko, lo que es una pronunciación de un viejo tiburón de Wall Street contra una de las bases del capitalismo.

Es una metáfora perturbadora y sucia la comparación del dinero, durante aquel viaje por el metro de Nueva York, con una "puta que nunca duerme", celosa, que reclama toda la atención posible y sin la cual un día podría marcharse para no volver jamás. Pero lo que también ocurre es que el joven recibe las claves sobre quiénes iniciaron el rumor que llevó a la quiebra de su mentor, con lo cual vemos el verdadero trasfondo de la película: la circulación infinita del dinero tiene capítulos esenciales dedicados a la venganza, donde el idealista puede también convertirse en títere del que jamás ha dejado de ser un tiburón.

Inmediatamente después el joven vuelve escuchar por teléfono la otra voz del principio de autoridad, que deja en su cabeza todos aquellos imperativos éticos sobre la inversión en un proceso productivo real, con fuerza de trabajo involucrada, centrado en generación de energía limpia: en tono amable, aunque alarmado, le pide ayuda (tras lo cual hay una exigencia moral) para conseguir dinero y no retrasar el proyecto que podría cambiarlo todo. Esto es un rasgo importante en este tipo de historias, la solución salomónica, tal vez el tesoro buscado por el héroe, se presenta como algo que rompe la uniformidad del paisaje (en este caso un proceso industrial que intenta una trascendencia inversa que le aparte de la especulación financiera y la adicción a las energías sucias), pero que en el fondo es una pieza (un mal menor) que participa en el mismo juego que aquello que pretende derrotar. Es así como tenemos a un idealista bróker que busca la salvación y una venganza, entrando de lleno en la lógica tecnológico-teológica de Wall Street.

De forma que inicia un rumor por los electrónicos y luminosos bajos fondos, según el cual los yacimientos de petróleo de Guinea Ecuatorial van a ser nacionalizados por la dictadura; el fin es forzar un desplome de los valores de varias empresas, hasta llegar al banco de inversiones responsable de la jauría de lobos que despedazaron a su mentor y "padre simbólico".

La película se acerca también a una dramatización de la burbuja inmobiliaria que caracterizó al inicio de la crisis del 2008. La madre del joven es agente inmobiliaria, embarcándose en una serie de peligrosas compras que la asfixiarán cuando las hipotecas sean revisadas por los bancos. La mujer concentra en sus manos carísimas mercancías que la gente deja de comprar por la desconfianza creciente del mercado en las promesas sobre la eterna subida de la rentabilidad. El otro rasgo, quizás el más irónico, es que el héroe vengador y justiciero tendrá que salvar a la madre del inminente estallido de la burbuja inmobiliaria.

Cuando el joven acude a su primera batalla cara a cara contra el gigante de las inversiones que devoró a su mentor, éste se hallaba en medio de una de esas fiestas benéficas que simbolizan la decadencia tras la sofisticación propia del poder burgués que tantos autores marxistas describieron; lo recibe en su elegante despacho la pintura de Goya *Saturno devorando a sus hijos*, una advertencia casi velada sobre la total falta de límites del antagonista. Entonces, como no podía ser de otra forma, el joven le tiende una trampa apelando a su masculinidad, una temeridad excesiva en la que el gigante de las inversiones cae: una carrera de motos de alta cilindrada, un contexto con mucho de sexual que medirá a los contrincantes. Pero no nos engañemos, aunque el joven vengador sea un idealista, estamos viendo un choque entre símbolos del capital.

Es en la amenaza de una conducción que arriesga la vida, la abeja que se aproxima para atacar, el inicio de un rumor que hace perder millones de dólares, donde se ven parte de las cartas de esta dramatización del capital financiero; las grandes operaciones manejan entre sus variables el trato directo con sujetos comprometidos en toda clase de sufrimientos, por ejemplo, cuadros de regímenes violadores de los DD-HH. Y los argumentos justificantes serán asombrosamente parecidos a los de cualquier conflicto: así es la guerra y hay que ganarla, las cuestiones éticas son pensamiento mágico en tiempos duros, etc. Y observamos lo más importante, la pregunta del joven a su poderoso antagonista acerca de la cifra final (de beneficios) para retirarse y vivir la vida tranquilamente: —*Simplemente más.* Vemos el mito vampírico unido al argumento tecno-teológico de la expansión y multiplicación infinita del capital.

Naturalmente, Gekko reaparece para ayudar (con un margen de ganancia) en esa venganza planeada por el joven. El lector del presente ensayo recordará el ejemplo de Žižek sobre esas refinadas mercancías donde el precio incluye una especie de *plus* que paga también por la culpabilidad del gozo, comunicado masivamente por ese nuevo marketing que en sí mismo parece proponer un estilo de vida, un relato existencial o una explicación razonable para el gozo.

Pues bien, mucho de esto es utilizado en la cuestión de las energías limpias y su relación con el mercado. Asistimos a una estrategia de disculpa (evidentemente publicitaria) por tener intereses en la industria suicida de los hidrocarburos al mismo tiempo que en las energías renovables (y esto también es contado en la película). Un relato que pretende mostrar el choque entre idealismo y pragmáticas operaciones financieras, en realidad, es un enfrentamiento entre egos masculinos que no llegará a comprometer la irracionalidad misma del mercado.

Nueva York es única en las noches lluviosas. Y cuando esas neblinas venidas del océano abrazan los edificios, dejando sólo la intuición de unas luces iluminando fachadas que lo han visto todo, es como si la ciudad guardara tal cantidad de misterios nocturnos, promesas, frases hechas, que fuera totalmente imposible predecir cómo habrían de acabar todas aquellas películas simultáneas que sus gentes protagonizan jornada tras jornada. Así era la atmósfera durante la noche en que Gekko vuelve a encontrarse con su principal pérdida, su hija. Esto actúa como antesala a los planes de atracción de inversores para los proyectos energéticos sostenibles. Y es cuando el joven actúa para atraer a un poderoso grupo de inversores chinos a su proyecto de fusión (la otra voz de la autoridad moral): concentrar rayos láser en un pequeño punto que genera más energía de la recibida al llegar a la fusión, emplear agua de mar para generar toda la energía que la demanda requiera.

Cuando el gigante de las inversiones sin escrúpulos parece haber caído por completo en la trampa, impresionado por los rápidos movimientos del joven, aparece la mayor simbolización posible: una fantasmal imagen especular del viejo mentor, el padre poseedor de la autoridad moral y la Ley (aquella descrita por Freud), reflejado tenuemente a espaldas del joven.

Más tarde, el bróker, tras la batalla de masculinidades en la carrera de motos de alta cilindrada, conoce la razón de una predecible traición: el agua del mar no puede usarse para generar energía, no porque técnicamente no pueda hacerse, sino simplemente porque hay demasiada y es fácil de encontrar, lo que la haría barata; mientras que el petróleo es escaso y difícil de obtener (con frecuencia hay que pactar con regímenes asesinos), lo que lo hace caro y con mayores beneficios.

—*Deja de decir mentiras sobre mí... y yo dejaré de decir la verdad sobre ti*, le dice Gekko al gran villano de la película, durante su primer encuentro en años. La frase nos es útil para nombrar otro elemento importante, los movimientos del capital financiero, que son increíblemente susceptibles al pánico, pueden ser una obra de ingeniería histórica. Los valores en alza pueden tener detrás nada más que un buen relato de marketing, fue lo que ocurrió con el desastre de las hipotecas basura en los EE.UU.

Una de las cosas que me gustan de esta película es que trata de mostrar la relación que existe entre capital y esa parte de la subjetividad humana que, de alguna forma, conecta con lo básico (la venganza, el odio, el dolor, la codicia, etc.), pero bajo una estética de refinamiento sangriento que destruye los valores del sujeto. Pero sobre todo una lectura entre líneas acerca de una imaginaria batalla silenciosa entre un capitalismo financiero claramente pervertido y obsceno con un capitalismo, si se me permite, "verde", ético y preocupado por el futuro. El joven, interpretando el papel del revolucionario justiciero hecho a sí mismo y con una ética de trabajo enseñada por su padre simbólico, combate en secreto, clandestinamente, al canalla de la especulación financiera; transmitiendo algo de alto contenido ideológico y muy peligroso: que la solución a la situación traída por la descomposición del capitalismo, el cambio en el orden hegemónico, de ninguna forma puede llegar de otra manera de vivir y crear bienestar que no sea el propio capitalismo, que incluso la justicia depende de lo que se haga dentro de los límites del capital.

Esta manera de concebir la realidad económico-política y sociocultural tiene la extraña capacidad de inocular una psicología del miedo en la población conectada con la crisis permanente del capital. Esto puede traducirse, entre otras cosas, en terror a intentar cambios en base a relatos políticos nuevos, ciertos rasgos conservadores se instalan en la psique social. Sencillamente, si la gente cree que los únicos márgenes de cambio posible son los que el orden capitalista permite, se va instalando un profundo pesimismo respecto al futuro.

No se producen transformaciones de calado hacia las superestructuras jurídico-políticas porque, como argumentaría Marx, el ciudadano de la calle no termina de comprender que debe cambiar primero la base lógica de la democracia neoliberal: el mercado, el propio modelo productivo, etc.

La manera de trabajar y crear riqueza también influye mucho en nuestra relación con el principio de autoridad, con las leyes que nos damos y con, muy importante, las tradiciones. Y la tesis sigue siendo válida incluso en las denuncias de la cultura. Hay un momento álgido de la película donde oscurece en pleno día en Nueva York. El dominó de los edificios de Manhattan caía junto a los números rojos de los analistas de Wall Street. El caos y el terror se apoderan de los inversores, el *Nasdaq* y el *Dow Jones* se hunden mientras una lápida en memoria de Alexander Hamilton, padre del proteccionismo americano y primer secretario del Tesoro, cae en el profundo anonimato. Hay una reunión a puerta cerrada entre las entidades bancarias quebradas, el Gobierno y la Reserva Federal: oscuridad, camisas sudorosas, caras estupefactas. Se han evaporado en los mercados miles de millones de dólares. Nadie pone en duda que el Gobierno debe rescatar a la banca colapsada. Pero, ¿y los congresistas? Preguntarán, querrán auditar… vigilar. ¿Qué hacer? —*Asústalos*, dice uno de los reunidos. —*¿Cómo?*, pregunta el enlace con el presidente de la nación. —*Con la verdad… el Gobierno debe restituir la confianza*, contesta el banquero. —*En cinco días todos desapareceremos. ¿Rescate, nacionalización… socialismo? —No habrá más Historia. Los bancos cerrarán. Protestas, pánico. Esto será el fin del* *mundo, Bill.*

Casi al final de la película se intentan resolver algunos de los interrogantes surgidos, por ejemplo, si realmente podemos considerarnos del todo víctimas de los desmanes del capital: —*¿Cuál es el significado de la inocencia? ¿Es hacer lo mismo una y otra vez, esperando un resultado distinto?*

2.8. *The Big Short*:

Es una suerte de comedia negra dirigida por Adam McKay y estrenada en el 2015. Está basada en el libro de Michael Lewis que analiza la crisis financiera entre el 2007 y el 2010 desatada por la acumulación de viviendas y la burbuja económica.

Esta excelente película, *basada en hechos reales*, desglosa de forma, diríamos, curiosa el soberano embrollo oculto en la ingeniería de los productos financieros responsables de las crisis últimas del capitalismo, y que Marx ya había analizado en sus bases.

Mark Twain: *Lo que te mete en problemas no es lo que no sabes. Es lo que crees que sabes, pero que simplemente no es así.* Es la forma como empieza *The Big Short*, llevándonos a los años 70 del XX, cuando se introducen los que serían conocidos como "valores respaldados por hipotecas" y se extiende la ambición por una rentabilidad que no podían dar los depósitos de ahorros y la compra clásica de acciones. EE.UU. vive una especie de esplendor cultural que maquillaba el hecho principal: la industria que empleaba fuerza de trabajo y consumía materias primas hacía tiempo que no era el pilar de la economía, ahora ese lugar era ocupado por la banca y el gran capital financiero... sin fábricas.

Pero en 2008 esos valores respaldados por hipotecas causaron la crisis económica más grave desde la II Guerra Mundial. *The Big Short* cuenta la historia de algunos pequeños hombres del negocio que vieron venir la tormenta.

El personaje de Michael Burry, increíblemente interpretado por Christian Bale, es uno de los primeros que analizó con cabeza fría las grandes debilidades del sistema, establece una conexión entre el estallido de la burbuja tecnológica del 2001 y la subida del precio de la vivienda en las mismas zonas de las grandes empresas del sector. Entonces decide, en el 2005, investigar los bonos hipotecarios más vendidos, es decir, qué clase de hipotecas (miles de ellas juntas) componían esos valores.

La película introduce otras tramas relacionadas, una de ellas gira sobre una pregunta esencial (en el personaje de Mark Baum): ¿dónde o en quién radica la locura que permite que todo esto exista, como la presencia permitida de gente cuyo trabajo es la estafa a trabajadores normales sin conocimientos especiales sobre el mercado?

Cuando Michael Burry descubre todo y traza su estrategia es tratado como un loco. Su propuesta de usar a favor de sus inversores la debilidad de los valores respaldados por hipotecas, que en verdad se componen de miles de préstamos riesgosos, no logra ser comprendida por un hecho fundamental: una parte del funcionamiento subjetivo del capitalismo financiero se basa en la continua reproducción de mitos sobre la solidez a prueba de todo de determinados tipos de inversiones, lo que va generando una burbuja que al llegar a un punto crítico termina por estallar y causar una nueva crisis. La razón por la que las crisis del capital se han convertido en algo sistémico es porque, para salir del peligro, se busca y reestructura un nuevo mito sobre otro valor indestructible hasta que éste, un tiempo después, vuelva a colapsar como su antecesor. El comportamiento de los analistas que optan por no ver esto se engrana con esa especie de estructura tecnoteológica, antes nombrada, que caracteriza al capitalismo.

Y es lo que ocurre en la película, el analista Michael Burry piensa como un científico que estudia los datos y emite unas recomendaciones, mientras los inversores reaccionan como místicos apegados a sus respectivos mitos. En este orden de cosas vemos uno de los mensajes importantes de la historia: en tanto mito, una explicación no racional de la realidad, puede volverse indescifrable; es Wall Street usando la complicidad de un lenguaje hermético que hace al mercado financiero inentendible y alejado de la cotidianidad del trabajador medio que acude a pedir hipotecas que en poco tiempo no podrá pagar. Y lo peor de todo es que ni siquiera cuando llegó a los impagos logró entender la gran estafa de la que había sido objeto.

Michael encuentra que al entrar en vigor las tasas ajustables de esas hipotecas, en el 2007, los impagos superarían el 15%, destruyendo el bono de respaldo hipotecario. El origen de la cuestión estuvo en que al agotarse las hipotecas de calidad para crear los bonos respaldados por ellas se hizo algo aproximadamente similar a lo que Marx denominó *sobreproducción*, que tenía como fin perseguir el mito de la infinita ampliación y reproducción del capital: los bancos comenzaron a filtrar en los bonos hipotecas de alto riesgo, se decide sostener la rentabilidad "infinita" conectando al paciente un oxigeno contaminado, la hipoteca no-preferente... los créditos *subprime*.

Lo que Michael desvela es que unos bonos con las máximas calificaciones no eran más que basura financiera, y decide vender en corto o apostar contra ellos en tiempos en que todo el mundo creía en la verdad del mito sobre la seguridad del mercado de la vivienda.

Para hacerlo diseña un producto especial y hace que los bancos lo hagan realidad: un *swap* de incumplimiento crediticio, una especie de valor que requiere grandes depósitos al mes, pero que pagaría si el bono que viene a respaldar no puede hacerlo. La apuesta clara contra el mercado de la vivienda hace que los arrogantes bancos lo miren con gracia y condescendencia; pero, por supuesto, aceptan su dinero, que piensan es gratis, incapaces de ver la debilidad del mito arraigado en la cultura popular acerca de la solvencia de los bonos con respaldo hipotecario, después de todo harían falta millones de norteamericanos que incumplieran sus pagos.

Manifestantes en Wall Street, Nueva York (2014) (imagen: V. Carrillo)

¿Y quién está tan loco como para no pagar su hipoteca, más si era tan barata? Pues millones lo estaban... aunque no quisieran. Todos los créditos malos que originalmente estaban en la base de los bonos pasaron a ser totalmente insolventes, originando un fallo de todo el producto. Créditos sin posible verificación de ingresos, era como si cualquiera con un carnet de conducir pudiera solicitar una hipoteca barata. Las entidades bancarias simplemente se preocuparon por cobrar comisiones sobre ventas de forma continua.

La clave explicativa de este modelo obsceno de ganancias estaba en que cuando un bono se convertía en basura se reempaquetaba con otros productos sin vender para crear un CDO (*Collateralized Debt Obligation*, una obligación garantizada por deuda): un producto financiero respaldado, entre otras cosas, por préstamos bancarios e hipotecas, que promete pagar al inversor según los recursos que generan los bonos que a su vez contiene. Estos intereses llegan en tramos según los flujos que reciben de los valores (por su antigüedad), los de menor antigüedad asumen las perdidas o impagos, si llegan a producirse. Los tramos más antiguos y seguros, por supuesto, reciben menos interés. Y los más nuevos generan mayor interés por el fuerte riesgo de impago.

Cuando estalló la crisis de 2007 y 2008 los CDO tenían una gran expansión y diversificación, involucraban miles de millones de dólares. Pero, además, los tramos mismos fueron reempaquetados en lo llamado como CDO al cuadrado, en su mayor parte vinculado a inversiones de alto riesgo: hipotecas *subprime*.

La apuesta de los personajes de la película era, pues, contra los CDO, era la certeza de que el mercado de la vivienda iba a colapsar. De cierta manera, algunos de los personajes que conocen la verdad y deciden actuar contra la avaricia de los bancos (sacando beneficio) pretenden ser, nuevamente, un relato de justica contra el capitalismo salvaje salido del propio capitalismo. Nos muestran la promesa de una venganza por los millones de estudiantes atrapados por créditos imposibles para pagar sus carreras, por millones de trabajadores y hogares que han tenido que sujetarse a tarjetas de crédito al 25 %, etc.

Es la promesa, incluso, en el personaje de Brad Pitt, un discurso en los límites del antisistema que cultiva sus verduras y genera sus propias semillas (la supuesta nueva moneda de cambio en un futuro donde todo el capitalismo se desmoronaría). Son agentes que atacan al sistema por dinero, contando alguna clase de justicia por simple efecto colateral.

Todo lo cual deja un mensaje complicado en la sociedad, por ejemplo, que el capitalismo en realidad tiene una ética que podría garantizar la paz, la justicia, una equidad matemática, la prosperidad, etc. Y que el capital se convierte en un pervertido enemigo de la sociedad por culpa de sujetos individuales (puede que trastornados) que violan esa ética, y no por causa de sus incongruencias estructurales.

La secuencia de los agentes enviados a La Florida por uno de los fondos de inversión que fraguan esta *venganza pragmática* es como una de esas escenas típicas del cine sobre desastres apocalípticos: un barrio residencial en silencio, lleno de casas desiertas que parecen haber sido abandonadas a toda prisa y en donde sólo queda el hueco un día ocupado por la TV, el rastro de facturas sin pagar y avisos de deudas vencidas.

La advertencia final de este *terreno Chernóbil* que parece ser reclamado por el orden natural de las cosas, acerca de una gran catástrofe originada por la burbuja en el mercado de la vivienda, es aquel caimán que se ha mudado a la piscina de una casa vacía.

Como Marx explicaba, el dinero necesita del proceso productivo para multiplicarse, las otras vías que el capitalismo ha desarrollado conducen a la recreación de las burbujas, donde, por ejemplo, las casas dejan de ser mercancías como tal y se convierten en deudas. En los años previos a la crisis del 2008 los bancos y el entramado de empresas alrededor del mercado de la vivienda flexibilizaron de forma escandalosa los requerimientos a un trabajador/a normal para acceder a una hipoteca (de interés ajustable), y priorizaban la cadena de comisiones de todos los involucrados. La deuda contraída entraba de inmediato en un mercado extraordinariamente complejo donde se juntaba (empaquetaba) con otras miles de obligaciones de crédito para crear un producto financiero que, a su vez, generaba más comisiones. Cuando esos créditos, miles de millones de dólares, fueron revisados los impagos se dispararon.

Evidentemente, no hablamos únicamente de casos simples de irresponsabilidad por parte de personas que no tenían ingresos suficientes y aún así adquirieron una hipoteca. Como nombráramos antes, esos millones de trabajadores/as fueron estafados en dos sentidos. Por una parte, la necesidad fue inducida (los mandatos de goce, ocultos en la tendencia a ir con la corriente que de pronto promete cumplir la ilusión de tener una casa) y, por otra parte, está la opacidad en las condiciones reales de las operaciones. Eran personas que por distintas razones no comprendían a profundidad las obligaciones que contraían y que, como sabemos, no conocen nada sobre las importantes comisiones que genera un conservador préstamo preferente a una segura tasa fija, pero mucho menos de las enormes ganancias que deja un no-preferente ajustable, aquellos que originaron la crisis.

—*Yo me concentro en inmigrantes... ¿sabes? Cuando entienden que están comprando una casa, firman. No entienden de tasas... Son unos idiotas*, dicen los personajes que interpretan a los jóvenes y arrogantes agentes inmobiliarios.

En toda esta sugestiva conversación sale a relucir el nombre de Warren Buffett: *una stripper no tiene buen crédito, pero sí efectivo*, una frase parecida a otra pronunciada alguna vez por uno de los mayores inversores del mundo en la vida real (con una fortuna de más de 50.000 millones de dólares). El accionista mayoritario de Berkshire, que centra sus inversiones más importantes en el banco Wells Fargo, Coca-Cola, IBM y American Express, es también dueño de una frase algo arraigada en el imaginario popular: *Precio es lo que pagas. Valor es lo que recibes* (Calva, 2017).

¿El dinero en el tanga dorado de la stripper (la mujer atractiva desnudándose por unos billetes, como imagen de la obscenidad o degradación de la dignidad imaginada en el capital) es el precio, es lo que pagas? ¿Y todo su efectivo en un crédito de alto riesgo que terminará por arruinarla es el valor?

En Marx, el obrero utiliza su jornada laboral en crear o fabricar un objeto, la mercancía, que al final tendrá un *valor de uso* (sirve para un determinado fin). La mercancía ha surgido con el trabajo a partir de unas premisas iniciales (clásicamente materiales) que la empresa ha adquirido previamente en el mercado, la materia prima. Este producto creado por el trabajo genera un plusvalor, el beneficio neto.

Es decir, el objeto creado por el obrero también tiene valor de cambio, es posible que alguien pague por él un valor mayor que el empleado en su fabricación (materia prima, herramientas y salarios).

La cuestión de estos modelos es que son rotos en el mercado de productos financieros, en éstos el valor mismo de la fuerza de trabajo se hace difuso (alrededor de ellos existe un ecosistema de parásitos sociales), el producto no es en sí tangible, pero tampoco es un tipo de mercancía que, creada mediante trabajo cognitivo, cubra una verdadera necesidad social, etc. Por supuesto, el pensador alemán vio la raíz de estos problemas en la adicción del capital al crecimiento a cualquier precio.

Las strippers de *The Big Short*, a su vez, tenían una adicción *retransmitida*: tenían más de un préstamo ajustable (vendido como producto de gran flexibilidad de pago) por cada casa... y varias casas. Y todas cuentan con la promesa, el mito, de la siempre subida de los precios en el mercado de la vivienda, en caso contrario no podrán refinanciar cuando todas las tasas se reajusten (el vencimiento del *precio señuelo*... el plus de goce) y suban más de un 200%. El problema es que para entonces no habrá "salvación" posible, "refinanciación" en el idioma del capital.

A esta altura de la trama aparece el otro agente importante de la historia, las agencias de calificación. Para cuando el mercado de la vivienda en los EE.UU. empezó a colapsarse, los bonos basura con respaldo hipotecario continuaron subiendo. ¿La razón? Las grandes agencias que calificaban la calidad de esos productos financieros los mantuvieron a flote artificialmente (además con las máximas calificaciones), mintiendo directamente al propio mercado para no perder ni un solo cliente (y éstos ni un céntimo de beneficio).

La decisión de no degradar los bonos no preferentes cuando los pagos de créditos que los respaldaban se iban a pique era alguna clase de coacción de doble vía originada en los grandes bancos. Las agencias son un mercado en sí mismo, y éstas compiten por los clientes importantes.

En ese momento de la historia vemos no solamente la estupidez (esa especie de neosacralización existente en el mercado de los productos financieros y el de armas, por ejemplo), la inercia propia del capital, sino su particular habilidad para estructurar la lógica del mercado (la recreación del beneficio) en el seno de sus propias crisis, aunque para esto cruce las líneas que se supone lo mantienen en funcionamiento. Y, obviamente, observamos la *fe* en que esto será así por siempre (por ejemplo, en que las pérdidas de las no-preferentes se detendrían en el 5%).

En este sentido, la violación de las líneas donde se pasa a la práctica fraudulenta enfurece a los personajes que han apostado contra el sistema, pero antes que causar su merecida reacción como ciudadanos lo que provoca es la reformulación de su apuesta para mantener el objetivo de multiplicar su capital. En la gente normal esto se vive como la llegada de una desesperanza confundida que no logra identificar responsables.

—*¿Tienen idea de lo que hicieron? Apostaron contra la economía* *americana... la gente va a perder sus hogares, la gente perderá sus trabajos... la gente perderá sus pensiones... odio a la banca porque reduce a la gente a números*, dice uno de esos justicieros del mundo de las inversiones; huelga decir que su discurso cándido no le impidió hacer todas aquellas operaciones para sacar beneficio del colapso. No existe una redención moral que valga por tan sólo haber creído ciegamente en los mitos tecnológico-teológicos del capitalismo.

La crudeza mezclada con humor negro de *The Big Short* hace ciertamente difícil no pensar en las grandes críticas teóricas contra el capitalismo, por ejemplo, desde Marx. Pero de igual manera ayuda a extender esa sensación sobre la inevitabilidad de un desastre, el colapso económico mundial, que ya está sucediendo, lentamente, pero cuyas últimas consecuencias no terminan de llegar. La criminalidad que existía dentro del mercado de las inversiones, los grandes bancos, etc. probablemente siempre supo que el dinero de los contribuyentes sería utilizado en caso de necesidad, lo que de nuevo traduce a una cuestión de fondo ideológico. Algunos han calculado que cerca de 5 billones de dólares desaparecieron desde el comienzo de la crisis del 2008.

2.9. *Lincoln*:

Un drama histórico dirigido por Steven Spielberg y con guion de Tony Kushner en el 2012. La figura del protagonista, como la de Roosevelt y Kennedy, está muy presente en el imaginario de los EE.UU. Con su victoria sobre las tropas confederales se muestra como el gran defensor de la unidad del país y artífice del gran logro político de esa etapa de la historia norteamericana: la abolición de la esclavitud y la conversión de una enorme masa humana de descendientes de africanos a ciudadanos con derechos.

Fue uno de los fundadores del original Partido Republicano. El actual, tan inclinado a la derecha más extrema y el racismo (activo defensor de los intereses del gran capital financiero, la industria de armas, etc.), habría chocado con aquel partido de Lincoln, defensor de una administración federal fuerte que velara por los derechos civiles. En este sentido, Lincoln estuvo entre quienes comprendieron que el desarrollo capitalista del país requería convertir al negro esclavo en obrero asalariado.

Algunos historiadores han argumentado que la visión del expresidente iba más lejos, el sujeto poseedor de derechos también podía tener algún control sobre su trabajo y lo producido por éste. Un planteamiento que coloca todo en una perspectiva distinta, porque planta teóricamente las bases para un proletariado (compuesto de blancos y negros) capaz de desarrollarse hasta llegar a estructurar un discurso político, una doble emancipación salida de reclamar la propiedad sobre el trabajo y sobre lo producido. Por supuesto, la película *Lincoln* es ajena a este trasfondo.

En los EE.UU. el poder económico tiene un gran control sobre la producción cultural (o lo intenta), hasta el punto de existir toda una ingeniería histórica que sataniza a cualquier posible antagonista ideológico (sindicatos, movimientos socialistas, etc.). Hablamos del país donde el 1 de mayo (el lugar donde, además, ocurrieron los hechos que se rememoran con la festividad mundial) es llamado por muchos Día de la Ley y el Orden (*Law and Order Day*).

Sin embargo, al parecer Lincoln ya era simpatizante de algunas ideas socialistas en su época como miembro de la Cámara Legislativa de Illinois. Comprendía que el dominio del capital sobre la fuerza de trabajo (al compararlo con el modelo del obrero libre) estaba valiéndose de la esclavitud para sustentar un sistema económico que a la larga resultaba dañino para el país. La mano de obra esclava afectaba y dañaba a la mano de obra libre blanca que quería cobrar un salario para vivir y consumir.

De igual forma, sabía que era el mundo del trabajo el que realmente originaba al capital; con lo cual, permitir que éste dominara al trabajo (hasta el punto de la esclavitud) amenazaba la estabilidad de un país cuyo Gobierno Federal pretendía convertir en potencia del mundo. Recordemos que el expresidente fue contemporáneo de Marx. John Nichols, en su artículo *Reading Karl Marx with Abraham Lincoln Utopian socialists, German communists and other republicans*, aparecido en *Political Affairs* en el 2012, explica cómo fue la influencia de Marx en Lincoln y otros grandes estadistas norteamericanos. El pensador alemán escribía para el *The New York Tribune*, de alguna influencia en distintos círculos intelectuales. El director durante aquel periodo, Horece Greeley, invitó a escribir en el periódico a varios miembros de aquellos famosos grupos de exiliados alemanes que tanta influencia tendrían en la historia de los movimientos comunistas y obreros de Europa. Al parecer, Lincoln entra en contacto con escritos de Marx a través del *The New York Tribune*.

Es también conocido que el expresidente recibió apoyos políticos de nacientes organizaciones sindicales en la lucha contra la esclavitud, con las que razonó sobre la importancia de liberar a los negros del Sur, si es que los obreros del Norte pretendían ganar fuerza en sus reivindicaciones de mejores salarios y condiciones de vida. Pero también Marx y Engels están al tanto, durante la organización de la Primera Internacional, de los choques ocurridos en la campaña electoral de Lincoln. La Primera Internacional terminaría enviando una comunicación de felicitación al pueblo de EE.UU. y a Lincoln por esa gran gesta llevada a cabo contra la esclavitud (por su evidente relación con la emancipación de toda la clase obrera del mundo). Nota que el expresidente respondió, originando la conocida paranoia sobre el peligro del socialismo en los sectores más reaccionarios del país.

Por supuesto, Lincoln no era marxista (ni el propio Marx lo era), ni tenía entre sus objetivos poner fin al capitalismo, "simplemente" quería un país más justo y grande. Aunque debe considerarse que las ideas sobre justicia social (en el orden del capital) de la época estaban grandemente influenciadas por las corrientes socialistas y las organizaciones obreras, hasta el punto (a veces ignorado deliberadamente por los propios revolucionarios) de que Marx era un valedor de la justicia social que también contempla la necesidad de un desarrollo profundo del capitalismo (en Inglaterra, país industrialmente más avanzado del momento) como condición imprescindible para emprender el cambio social revolucionario.

Lincoln llega a la conclusión de que todos los cambios y estructuras de una sociedad, como el sistema económico, debían ser expresiones democráticas de sus gentes. Lo que implicaba negar que las instituciones del Estado pudieran estar al servicio del interés del capital. Estos aspectos son, evidentemente, ignorados en la película *Lincoln*.

Quizás podamos ver cierta caricaturización del personaje, para la ciencia ficción, en el combate contra los rasgos oscuros y antimodernos de la realidad social vistos en la película *Abraham Lincoln: Vampire Hunter* (también del 2012). Después de todo el mito vampírico, tan profundo en la cultura de la vieja Europa, fue advertido por Marx en *El Capital*.

Como sabemos, Steven Spielberg ha hecho grandísimas películas, pero no debemos esperar de él una revisión demasiado crítica de la historia de EE.UU. Nombro aquí esta película sobre el presidente que luchó contra la esclavitud para destacar que el cine no sólo puede mostrar el pensamiento que influye un periodo histórico determinado, también puede reescribir ese pensamiento o negarlo. *Lincoln*, por ejemplo, no incursiona en el estadista. Naturalmente existen otras películas, más cínicas, que muestran la Guerra Civil de EE.UU. como posturas enfrentadas que parecen equivalentemente válidas, donde vemos un barato patriotismo romántico frente a un cosmopolitismo modernista federal.

La película que estamos abordando en este apartado no cuenta el origen de las ideas que determinaron los acontecimientos. Esto es un problema frecuente en el cine histórico: mostrar los hechos como productos de los defectos y virtudes de un grupo humano reducido o de un solo individuo. El sujeto supuestamente excepcional que empuja la Historia por su propia voluntad es un gran mito. Todo es producto de la dinámica político-económica y sociocultural. La lucha contra la esclavitud en EE.UU. tenía una base en el antagonismo entre capital y trabajo. En este sentido, la película no nombra la influencia de Marx en Lincoln.

2.10. *Karl Marx City*:

Existe otro espectro cinematográfico muy relacionado con la figura histórico-simbólica de Marx. Y es el de la crítica a los modelos de sociedad levantados en el siglo XX en base a distintas (y a menudo artificiosas) interpretaciones marxianas. Tal vez debamos apuntar que, en una enorme proporción, las películas que han buscado emitir juicios sobre el modelo del socialismo *realmente existente*, con frecuencia han recurrido al tópico simplista y la superficialidad durante su lectura de las aplicaciones prácticas del marxismo. Pero de igual forma hay que recordar que el cine anticomunista y antisoviético, en el caso de la *factoría Hollywood*, empezó su etapa fuerte después del triunfo de los aliados sobre los nazis. Pero en el espacio transcurrido entre el ataque a Pearl Harbor y el fin de la guerra, el cine norteamericano fue activo vehículo propagandístico de la acción militar contra Alemania y Japón y la alianza con la Unión Soviética de Stalin. Varias películas ensalzaron de distintas maneras (aunque veladamente) el modo de *vida socialista* y el valor militar de sus combatientes, a pesar de su enérgica satanización en épocas un poco anteriores. Ejemplos notables de este tipo de largometrajes, destinados a influir psicosocialmente en el espectador estadounidense, fueron *Miss V from Moscow* (1943), *Song of Russia* (1944), *The North Star* (1943) y *The Boy from Stalingrad* (1943). Algunas de estas producciones, que casi disculpaban la obligada amistad con Rusia para derrotar a los fascismos, serían posteriormente señaladas por el tenebroso Comité de Actividades Antiamericanas. Éste tendría especial dedicación a los sectores más izquierdistas del Sindicato de Guionistas y tendría entre sus listas negras a artistas como Charles Chaplin (*El fugaz romance entre Hollywood y la Unión Soviética* [Ignasi Franch, Eldiaro.es]).

Icónica imagen de la película Karl Marx City

Pero entre la cinematografía crítica con la aplicación *nacional* y práctica del marxismo en el XX (que en muchos casos no ataca directamente al pensamiento original de Marx) destacan filmes que exhiben una profundidad humana totalmente apartada de la típica película demonizadora del socialismo y los movimientos comunistas (como en el viejo estilo *007* o *Rambo*), por ejemplo, aquellas que exploran el problema del control psicológico y cultural en algunos países anteriormente bajo la órbita soviética. En este sentido, podríamos nombrar una película de cierta obviedad: *Karl Marx City*, de Petra Epperlein y Michael Tucker (2016). Participó en el Festival de Cine de Estocolmo (noviembre de 2016) con distintas críticas, muchas remarcaron su gran complejidad simbólica e increíble estética. En el Festival de Cine de Chicago fue llamada "suspenso paranoico". El cartel de la película, efectivamente, parece una curiosa mezcla, no muy pretenciosa, entre *Sin City* y algunas representaciones de Hitchcock.

La historia investiga la época de la Stasi (el Ministerio para la

Seguridad del Estado en la RDA) y todo su sorprendente aparato de control social; estableciendo algún paralelismo o dejando notar su cercanía con los actuales dispositivos de ultravigilancia invisible, electrónica, omnipresente y violadora de la intimidad. Es el testimonio remoto e indirecto del sujeto observado que tiene su "pretexto" en un drama familiar real, presentado con una estética muy cuidada pero también dura, personal y represivamente impactante. El profundo trabajo documental se nota en la película, estando éste impregnado en el propio rodaje.

En *Karl Marx City* hay una atmosfera oscura e inestable, llena de drama y sentido artístico en el cine. Tiene elementos de thriller, biográfico y documental, combinados de forma muy original. El dolor *heredado* del padre suicidado y su confuso pasado (sobre todo su pasado), que parece sobrevivir para poner en duda la naturaleza de las cosas y la propia memoria de sus seres queridos, intenta convertirse en la búsqueda de todo un país perdido, pero cuyas huellas son evidentes en las mentes de sus antiguas gentes. Es todo eso lo que coloca a esta extraordinaria película en el grupo donde también están historias geniales como *Das Leben der Anderen* (*La vida de los otros*) (Florian Henckel von Donnersmarck, 2006): con aquel bellísimo y conmovedor final en la legendaria Karl Marx Buchhandlung de Berlín, cuando ese antiguo espía de la Stasi comprende que el intelectual que un día decidió salvar de la represión y la muerte, sin que éste llegara a saberlo, había logrado descubrir su identidad ya perdida en los tiempos de la reunificación; y se lo decía con una complicidad irrepetible, sublime y de profunda y culta humanidad: una dedicatoria impresa en todos y cada uno de los ejemplares de la novela que probablemente no habría visto la luz sin la ayuda de aquel agente devorado por el Estado: *HGW 20/7 gewidmet, in Dankbarkeit.*

Esto es compartido por *Karl Marx City*, las preguntas del largometraje son las de todos: la búsqueda de una historia extraviada que, al fin, lo explique todo. La increíble puesta en escena y la fotografía en blanco y negro, son un diálogo con el secreto imperante en esa Alemania socialista que todavía despierta tanta fascinación. El fin de los directores no es otro que lo personal-artístico. Epperlein muestra la investigación sobre el suicidio de su padre en 1999 y la sospecha de que antiguamente trabajara para la Stasi; y representa la cuestión ineludible: Estos tiempos de vigilancia electrónica, ¿no tienen a uno de sus *antepasados* en los 92.000 agentes y 500.000 informantes que tuvo la policía secreta de la RDA?

Si en la RDA, *de tres personas sentadas juntas al menos una era informante*, ¿hoy no podría decirse que de tres personas hablando por las redes sociales, al menos dos tienen sus datos y contactos filtrados en alguna gran base de datos con fines comerciales (y fácilmente policiales)? La investigación de *Karl Marx City* en los archivos secretos de la RDA, donde la sospecha y la delación se mostraban como valores del Estado, nos transportan a la época actual, en la que nuestras fotos comprometedoras pueden terminar difundiéndose por la Red. Como si determinar qué motivó la muerte del padre, si ésta fue provocada por un pasado como espía, permitiera disipar la bruma sobre la memoria de aquel país anterior, algo necesario para explicar lo antiguamente nuevo, lo alemán, y todos sus extraños contrastes.

La razón por la que esta película documental se llama *Karl Marx City* es que la historia trascurre en la actual ciudad de Chemnitz, del Estado federado de Sajonia, que durante la RDA tuvo por nombre Karl-Marx-Stadt. La sobrecogedora escena en neblina de la ciudad, con el célebre busto de 40 toneladas de Marx, exponente de un duro realismo llevado al clímax gracias a los trazos de nieve en las facciones de la estatua, nos conduce a la franca ofensa filosófica que significó instrumentalizar su pensamiento en el abuso del poder. Posiblemente ahí radica uno de los mensajes centrales de la película: acudir a aquel "santuario racional" con la cabeza enorme y nevada de Marx devolviendo una mirada de gravedad transhistórica, para (en su nombre) dejar de interpretar lo ocurrido y pasar a transformar lo presente. La indagación sobre el suicidio del padre de Epperlein, con el caminar de sus sonoros tacones, es el reclamo para que la Stasi (y sus versiones en cada país) no siga teniendo su continuidad en agencias como la NSA estadounidense.

Capítulo tres

3.1 Las grandes producciones de ciencia ficción: obrero-máquina y alienación. Ejemplos

Pero junto a las películas independientes, las de más bajo presupuesto y películas de gran presupuesto pero no incluidas en la "categoría" de "supertaquilleras", tenemos que destacar (a modo de ejemplo) algunas producciones del género de la ciencia ficción que desde sus simbolizaciones, complejidad narrativa y posibles re-interpretaciones me permito considerar en este ensayo (con la venia del lector/a) como útiles para una lectura cinematográfica del pensamiento del gran intelectual de Tréveris.

3.2. *Elysium*:

Dirigida en el 2013 por Neill Blomkamp. En esta película vemos un elemento más o menos frecuente en este tipo de historias: un futuro no muy distante donde la lucha de clases observada por Marx se ha convertido en algo aún más radical, junto a trazos de totalitarismo corporativo, destrucción de la dignidad humana y la extraña coexistencia entre crimen, pobreza y cultura empresarial.

Para finales del XXI el planeta está al límite de contaminación y sobrepoblación. Antiguas urbes antes ultramodernas agonizan entre reductos humanos herméticos que mantienen el orden por la fuerza. El argumento central es sencillo: una élite burguesa que ha implantado su propia ilusión de sofisticación y prosperidad en una ciudad orbital llamada Elysium (una adaptación del toro de Stanford), dando forma definitiva (espacial) a esa larga tradición consistente en el levantamiento del muro entre ricos y pobres.

En la ciudad fuera del planeta no hay guerras ni enfermedades (unas increíbles máquinas dispuestas en todos los hogares son capaces de diagnosticar y reparar cualquier dolencia). Los ciudadanos de Elysium son ricos y atractivos, están limpios y sanos, pero en el planeta los efectos de la explotación de los recursos naturales, las guerras, etc. escenifican un capitalismo del llamado "tercer mundo" que lo ha ocupado todo.

Vemos a organizaciones mafiosas dedicadas al tráfico de personas que cobran grandes cantidades por llevar "inmigrantes ilegales" hasta la ciudad orbital, por ejemplo, madres o padres de niños enfermos y dados por perdidos por los precarios servicios médicos de la Tierra, pero que recuperarían la salud en una cápsula médica de las miles que existen en la preciosa ciudad de Elysium.

El personaje principal es el huérfano Max, interpretado por Matt Damon, que crece hasta convertirse en parte de una organización dedicada a trabajos dudosos y, luego de la cárcel, en pobre obrero de una fábrica de policías robot. Su única ilusión fue siempre llevar a la chica de la que estuvo enamorado desde niño, Frey, a vivir a Elysium.

Pero las durezas de la vida en la Tierra fueron rompiendo los sueños de Max. Para el año 2154, Los Ángeles es como el actual escenario de los cinturones de miseria del Sur del mundo. Entre los grupos de jóvenes presas de la bebida y el "rebusque" y los niños que intentan jugar se habla inglés y español. Todas las funciones de policía y administración del Estado han sido delegadas en máquinas autómatas que se comportan con los humanos como arbitrarios agentes de un Gobierno abiertamente despótico. Una pequeña broma de Max es tomada por un robot policía como un delito de desobediencia y conducta asocial, es castigada con una paliza en la fila del autobús, la fractura que le provocan en la mano le lleva a un hospital público totalmente colapsado. Naturalmente, las máquinas encargadas de la administración están hechas para no comprender la conducta propiamente humana y sus varias sutilezas, de forma que sus algoritmos de inteligencia artificial tienden al poder abusivo y dictatorial.

La cuestión es que la Tierra se convirtió en una especie de extrarradio de la ciudad orbital. Y no es que el capitalismo como tal haya dejado de existir, los inversores continúan sus actividades, presionando por conseguir dividendos de fábricas ubicadas en la Tierra, incluso dirigidas por ciudadanos de Elysium que al final del día toman su propio avión espacial para llegar a casa.

El drama de Max podría pensarse como una adaptación de la ciencia ficción desde algunas de las primeras ideas de Marx sobre el estatus de la máquina en la producción capitalista. Ciertamente, la fábrica donde trabaja el protagonista es una combinación extraña: una base de altísima tecnología, aunque de apariencia industrial sucia y opresiva. Entre muchas paradojas, vemos que Max trabaja en una línea de montaje de robots humanoides como los policías que esa misma mañana le enviaron al hospital.

La secretaria de defensa de Elysium ordena sin rubor el derribo de tres naves espaciales llenas de indocumentados, en verdad, gente enferma desesperada por llegar a las cápsulas médicas; para ello recurre a un agente paramilitar encubierto entre los pobres de Los Ángeles. Es al final de esto cuando Max queda atrapado por accidente en una cámara de radiación de la fábrica, recibiendo una dosis mortal. Un robot de asistencia médica le atiende:

—*Recibió una dosis letal de radiación. Sufrirá una insuficiencia orgánica catastrófica. Dentro de cinco días morirá.* Luego, simplemente le hace firmar un documento y le arroja unas pastillas para el dolor. La compañía no se hace responsable, nadie se hace responsable. Cualquier operario es fácilmente reemplazable cuando millones están sin empleo, la ausencia de derechos laborales es total.

Aparentemente, Elysium vive bajo la lógica del juego electoral y la clase política neoliberal. El discurso de la secretaría de defensa, como respuesta a la muerte de los civiles que intentaban llegar a la ciudad, es el de la protección de la seguridad nacional (del hábitat) y la salvaguarda de sus hogares de la llegada de inmigrantes; frente a un presidente que reclama discreción en el manejo de las fronteras espaciales y la prohibición de usar agentes paramilitares encubiertos. Todas las decisiones ejecutivas de Elysium son procesadas informáticamente y son las máquinas y los programas quienes las hacen cumplir.

Las simbolizaciones de estas películas no suelen ser muy complejas, aunque pueden tener distinta profundidad. El pobre obrero que va a dejar de existir por un accidente mortal en la fábrica parece acudir al jefe de la mafia dedicada al tráfico de personas para buscar una segunda oportunidad que, en realidad, encierra el comienzo de una respuesta popular a la injusticia de este capitalismo robótico y espacial... o eso podría esperar el espectador. Pero lo que vemos es al jefe de la mafia aprovechando la situación para tramar un robo a los capitalistas, un atraco enfocado al nuevo tipo de riqueza: información escondida en la cabeza del dueño de la fábrica, que daría acceso a dinero virtual.

Para lograr lo anterior se perpetra el ensamblaje más obsceno denunciado por Marx: el obrero Max, esta mercancía autoconsciente que ha sido desechada, es fundido con un exoesqueleto que le regalará algo más de resistencia en lo que le queda de vida, lo justo para realizar un último trabajo, es fundido con la herramienta. No olvidemos que el jefe de la mafia puede parecer un agente del cambio social, pero no es más que otro capitalista.

John Carlyle (interpretado por William Fichtner) es, en la película, CEO de Armadyn, una compañía del sector de la defensa con grandes contratos pagados por los contribuyentes de Elysium, y en una de cuyas fábricas ha resultado herido Max: es el objetivo de la operación con la que éste planea lograr un billete a una de las cápsulas médicas de la ciudad orbital, el oscuro empresario guarda información valiosa en su cerebro gracias a una interfaz neuronal.

El problema que encierra esto es que el obrero, víctima de toda esta suprema y corporativa injusticia, tiene que volver atrás para sobrevivir: volver a sus días de criminal, suponemos que para rectificar sus intenciones. De forma que su deseo de ir a Elysium para curar su baño de radiación no parece un reequilibrio de la balanza, sino una especie de sufrimiento purificador por algún tipo de "pecado original" (el mito del sufrimiento de los humildes que al final heredarán la Tierra), algo contaminado por su intención de atrapar a John Carlyle.

Ante el temor conservador, completamente burgués, al fin de la nación unida, limpia... pura y del tradicional orden conocido (simbolizado en Elysium) reaparece lo que ya es un *clásico* de la Historia: la alianza entre militarismo, derecha y grandes capitales... el fascismo mediante golpe de Estado.

—*Este hábitat se muere... tiene una enfermedad política. Usted y su compañía necesitan ingresos. ¿Puede anular los servidores y poner a un nuevo presidente en el poder?* Son las palabras que dirige la secretaria de defensa de la ciudad orbital, interpretada por Jodie Foster, al CEO de Armadyn. Todo a cambio de un contrato militar (armas, robots, etc.) de 200 años de duración: lo que se interpreta en la trama como una defensa de la libertad (unida, homogénea, vigilada... feliz) mediante la protección de la "seguridad" como valor cultural. Pero durante el secuestro el objetivo resulta muerto a pesar de su escolta droide y aunque logran extraer su información cerebral ésta se halla cifrada.

El retorno de Max, el obrero, a una vida de huida es también el reencuentro con una posible hija perdida a punto de morir de leucemia, con lo que obtiene un aliciente nuevo para luchar por abrir las fronteras infranqueables de la ciudad del espacio. En este sentido, nuevamente, nos encontramos con una lucha estrictamente individual que, aunque podrá tener trascendencia social, no es un enfrentamiento de los despojados de todo (incluso de la vida) contra las condiciones de su marginal existencia.

Es decir, los poderosos (el capitalista y la secretaria de defensa) tienen un relato con claro contenido político-ideológico que apela a la seguridad nacional y el beneficio de la compañía por encima de todo. Mientras que Max, el obrero, únicamente quiere conservar las condiciones que le permitan su sola supervivencia (y ahora la de su prole). Aunque se lo reprochen burlonamente, no sabemos si realmente pretende hacer "del mundo un lugar mejor", pero sí sabemos que desde niño quería viajar a la ciudad de la abundancia y belleza que podía verse en el cielo incluso a plena luz del día. Todo esto es uno de los aspectos de la alienación analizada por Marx.

La clave de un nuevo orden social llega mediante una especie de dádiva codificada en la información robada del cerebro del capitalista. Un software para reinicializar los sistemas de Elysium, con el que se pretendía un golpe de Estado, ahora podría ser utilizado para abrir sus fronteras. La premisa es también sencilla: si se hace que los sistemas de Elysium reconozcan a todos como ciudadanos de su ciudad, las máquinas actuarán solas trayendo cápsulas médicas a la Tierra para devolver la salud a los más humildes.

¿Por qué exactamente esto puede traer un reordenamiento social? Porque el capital cuenta objetivamente con la muerte de los más pobres para mantener las condiciones de su propia reproducción.

La contradicción inherente a esto, y en la que incurre la película, es que la reflexión sobre una acción revolucionaria que cambiaría el curso de la Historia no sale del obrero Max, sino del jefe criminal dedicado al tráfico de personas. Las razones por las cuales este sujeto quiere devolver la salud total y gratuita a los pobres, madres, niños, obreros, etc. son confusas.

Cuando los obreros (Max, su amiga de la infancia y la niña con leucemia) y mafiosos de la Tierra llegan a la ciudad que flota en el cielo, el fascismo que aplasta o profundiza (según se analice) al pensamiento neoliberal se convierte en necesidad; es sobre todo simbolizado en el agente paramilitar que pierde el control y cae en la locura que quiere la sangre del enemigo que le han permitido imaginar y recrear. La llegada del fascismo es representada con la frase simple del paramilitar que exhorta a no creer jamás en los políticos, llega incluso a hundir un cristal afilado en el cuello de la propia secretaria de defensa.

Cuando los *nuevos* ciudadanos (los pobres de la Tierra) son agregados a las bases de datos de Elysium (ese tecnológico reino de los cielos), las naves de ayuda médica comienzan a despegar por sí mismas, como ángeles enviados por un cielo que ha sido tomado por asalto, recordando las palabras de Marx en su carta al Dr. Kugelmann el 12 de abril de 1871 para referirse a las nobles aspiraciones de la Comuna de París. Esto, de cierta forma, recuerda a una de sus conclusiones acerca del papel de las máquinas, pueden operarse de un modo capitalista o de muchos otros. Pero igualmente que aquella metáfora teológica de paz, tranquilidad y abundancia guardada en los cielos también puede llegar al viejo proletariado que sufre en tierra firme a través de un cambio en los paradigmas sociales y culturales.

3.3. *Chappie*:

Dirigida por Neill Blomkamp en el 2015. Es una película de ciencia ficción que, al contrario de la opinión de muchos, me parece verdaderamente extraordinaria. Comienza con ese recurso del falso documental, causante de un enigmático efecto en el espectador, que parece decirle: *atención, esta película tiene menos de ficción y más de realidad de lo que parece*. Chappie es un robot que ha adquirido autoconciencia, su existencia se explica como algo "evolutivamente" inevitable y lógico.

La historia transcurre en Johannesburgo, Sudáfrica, que se muestra como una de las capitales mundiales del crimen. Esta ciudad también ha sido escenario de producciones de ciencia ficción con profunda denuncia social, entre las que sobresale *District 9* (del mismo director). Donde se rememora la política del apartheid, aunque esta vez aplicada a una numerosa, confundida y extenuada población extraterrestre que llega a la Tierra en una nave de refugiados. Una vez en la ciudad, son sometidos a una terrible exclusión y violencia "racista" (especista) que incluye su internamiento y asesinato con impunidad.

En la película *Chappie*, para detener la violencia y la corrupción reinante se introduce la "primera fuerza robótica del mundo", agentes de policía robots provistos de inteligencia artificial.

Cuando las máquinas llegan a las calles, en efecto, el crimen desciende al mismo tiempo que suben las acciones de la compañía que los fabrica a partir de partes traídas de distintas factorías del mundo.

Se supone que pueden proteger la red que controla a los policías robot del hackeo informático o de cualquier modificación no autorizada, gracias a un software único y especial que se mantiene dentro de un pendrive estrictamente custodiado.

El verdadero antagonista, el villano de *Chappie* (interpretado por Hugh Jackman), es un exsoldado y también diseñador de armas de la misma compañía, que dice mantener una "objeción espiritual a la inteligencia artificial"; propone un robot de guerra para pacificar las calles controlado a distancia por una mente humana "compasiva... moral".

Representación artística de Chappie, 2015

Mientras el creador de los policías robots, exploradores, que han resultado exitosos en las calles, de entre los que saldrá Chappie, es simplemente un joven científico que se aventuró a crear un código y algoritmos cuya ejecución produciría la inteligencia autónoma, lo hizo sencillamente porque podía hacerlo.

En el punto de reparación de las unidades dañadas durante la guerra contra el crimen es donde conocemos al futuro Chappie, es una especie de "imán para las balas" al que convenientemente le instalan una antena derecha de color naranja para que el espectador pueda distinguirlo a lo largo de la historia. Esta antena, que se mueve durante la audición, da al robot un parecido lejano con Briareos Hecatonchires, el soldado robot del manga *Appleseed*, creado por Masamune Shirow.

Las bandas de delincuentes de Johannesburgo son bárbaras y sádicas, enemigos de toda convivencia en el espacio público. Cuando una de ellas, los torpes miembros del grupo de Ninja, fallan un golpe y adquieren una enorme deuda con un grupo rival, se ponen en marcha los acontecimientos que conducirán al argumento central de la película.

Durante la intervención de la policía el androide 22 recibe el tremendo impacto de un arma en el pecho que lo lleva directo al desguace. Al haber sido descartada, la máquina se convierte en el "individuo cero", el objeto de experimentación del joven científico y programador Deon Wilson, casi un agente del cambio inconsciente, pero a escala social que descargará clandestinamente sus líneas de código en el cerebro electrónico de la unidad 22, originando la primera inteligencia soberana de origen artificial.

Cada intervención policial eleva los pedidos y beneficios de la compañía que los produce. Deon goza ahora de un gran reconocimiento como el creador original de los exploradores, pero la película terminará mostrándole simplemente como un obrero algo mejor pagado.

Por supuesto, la CEO de la compañía Tetravaal (interpretada por Sigourney Weaver) continúa manteniendo abierto el proyecto de los robots de guerra controlados a distancia por humanos (el Alce), lo que generará el verdadero escenario de confrontación violenta de la historia: entre la máquina conducida por una mente humana y la máquina poseedora de inteligencia propia, un choque que se mostrará como la mente contaminada por la avaricia, el deseo perturbado de éxito, reconocimiento y beneficio contra la mente recién alumbrada, todavía inocente, que aún no comprende la lógica de la propiedad privada. O, en otras palabras, el *hombre*-herramienta contra la máquina autónoma (salida de la inteligencia humana pero totalmente externa a ella).

La industria de la seguridad de la película, cuyo mercado es la guerra, la delincuencia, la violencia, etc. (como en la realidad), mantiene todas las opciones posibles abiertas, definiéndolo todo como un problema de costos de producción (*quitar, no agregar*).

La banda delincuencial de poca monta de Ninja, ahora perseguida por el grupo de un sádico rival, decide secuestrar a Deon Wilson para robarle lo que imaginan como un control maestro que apaga a los policías robot. Pero se encuentran con un cándido programador sin verdadera malicia ni sentido de las consecuencias, que ha creado un código capaz de generar una autoconsciencia artificial pero todavía no contaminada por el mundo exterior.

Evidentemente, con anterioridad a esto, Deon propone a la compañía donde trabaja empezar a experimentar con aquella inteligencia artificial que podría expresarse libremente a través de alguna manifestación artística... pero no tiene en cuenta que la empresa se dedica a la fabricación de armas, no a las artes. Así que el joven decide robar a la unidad 22 antes de que llegue al desguace.

Así es como el renombrado como Chappie termina formando una extraña familia (aunque menos disfuncional de lo esperado) con la banda de Ninja, que son quienes le enseñan las primeras cosas sobre el mundo; se convierte en un niño (que, como los demás, no ha elegido donde nacer) en medio del oscuro, feo y agresivo mundo de los suburbios.

Originalmente los delincuentes obligaron a reensamblar y descargar el programa de autoconsciencia en la unidad 22 con objeto de usarlo como miembro de su banda. Pero más tarde se generan lazos afectivos con el robot policía con mente de niño.

La primera reacción de este nuevo despertar de la consciencia es el miedo. Luego siente curiosidad y una necesidad irrefrenable de comprender, lo que hace mucho más rápido que los humanos. Al asignar nombres a los primeros objetos y personas que ve observamos, en pocos minutos, la aparición del Yo a partir de la información recibida de los humanos. Su personalidad se cimenta en poco tiempo, tiene una escala de valores, las nociones de un tipo de comportamiento civil que Deon ha intentado enseñarle a pesar de la clara descomposición del tejido social representada en la banda-familia dirigida por Ninja.

Para el soldado-obrero responsable de las máquinas de guerra totalmente controladas por humanos, un sujeto violento que ha perdido su oportunidad de mercado, Chappie es el engendro de una blasfemia de origen que debe ser destruido para conservar el lugar dado al *hombre* en la Tierra. Pero destaquemos algo antes nombrado: lo que vemos es el enfrentamiento simbolizado de un resurgir de la consciencia soberana contra el *hombre*-herramienta, una simbiosis aparecida en la gran industria y cuyo origen es el momento en que el sujeto humano es incorporado (sus necesidades son condicionadas) a la máquina.

De forma que aquel *hombre*-herramienta, en realidad, no opera a la máquina mediante un control remoto, ésta es una *cosa* producida, objetivada, por él en la fábrica y destinada a convertirse en la "entidad" de la mercancía que domina al que la ha creado. Y como tal aprovechará la oportunidad para apoderarse de *su* mercado. Ese aprovechamiento de la mercancía visibilizará la ya vieja relación existente entre el sujeto-obrero y su objeto creado: su separación (enajenación) provocará el poder que la mercancía ostenta sobre aquél. De hecho, el soldado-obrero de la película parece caer en el trastorno durante sus acciones por destruir la creación (la blasfemia) de su competidor.

El aprendizaje del niño Chappie (a pesar del amor de su nueva madre, la pareja de Ninja) está tachonado de crueldad, violencia y engaños, algunos provenientes del soldado-obrero, sádicos delincuentes y… otros niños. El resultado de la mezcla entre el mundo real del crimen y las calles salvajes con el esbozo de una pequeña escala de valores origina, en la consciencia autónoma todavía inmadura, al nuevo sujeto que la película muestra como vehículo del cambio revolucionario. Éste se muestra, sólo en apariencia, levemente desideologizado. Actúa por sentido común, sencillamente porque las cosas funcionan mal y deben cambiar (por ejemplo, repartiendo algunas buenas lecciones a ciertos humanos). Nada sigue igual después de que el robot con consciencia sale al mundo.

Y tampoco nada evita que la vida del niño-máquina comience en el crimen, que su Carga Simbólica se estructure desde la subcultura de las bandas callejeras, aunque una justicia elemental se revela pronto en el hecho de que, como toda criatura con algún nivel de cognición, realiza acciones coordinadas enfocadas a garantizar su propia supervivencia y la de los humanos que ama.

Quizás una de las escenas desgarradoras de la película es aquella donde Chappie encuentra el cadáver de un perro muerto en una pelea clandestina. Y Ninja le cuenta la crónica más básica de la jungla metropolitana: eres el perro muerto o el vivo, sin más opciones que la lucha. Es el momento en que el niño descubre que su cuerpo está dañado y a punto de agotarse su fuente de energía, comprende que puede morir.

Mientras todo esto ocurre asistimos al punto de inflexión en el orden social de la ciudad. El soldado-obrero (su primera condición) inserta un virus en la red de exploradores que termina por apagarlos a todos. Esto origina que los criminales se tomen la ciudad por la fuerza ante la falta de agentes de policía. A la vez que reabre el mercado al *hombre*-herramienta (su segunda condición), cuya infernal máquina de guerra urbana es llamada a recuperar el orden.

Cuando Deon logra reactivar a Chappie aparece el inevitable callejón filosófico: la aparente imposibilidad de salvar al niño de la muerte, dado que éste no es solamente información, sino que está consciente. Y no sabemos lo que es la consciencia, por lo tanto, no podemos transferirla a otro cuerpo. Naturalmente, esto se reduce a un problema técnico para el robot que antes era mercancía, luego pasó a ser (como los humanos) mercancía autoconsciente y ahora reclama el uso y propiedad de su propia vida más allá de las necesidades del mercado y el capital. Esta cadena de acontecimientos es la que separa al nuevo sujeto del cambio social revolucionario del *hombre*-herramienta (observado por Marx) absorbido hasta la locura por la gran producción. En suma, la cuestión central de la película no es la dosis de realismo o rigor presentes en el argumento sobre una máquina que cobra consciencia, sino que Chappie es una mercancía que desde un conjunto de nuevos paradigmas tecnológico-culturales ha logrado emanciparse del sistema de producción, trabajo y alienación mental (en cuanto autoconsciente) que originalmente le alumbró.

3.4. *RoboCop*:

—*Es la ilusión del libre albedrío*, explica el director del proyecto responsable de fundir a un humano y una máquina en el *remake* de la saga estrenado en 2014. Pero en este apartado vamos a referirnos a las películas que originan la historia.

La primera de ellas es dirigida por Paul Verhoeven y estrenada en

1987. Es una saga que aborda temas muy amplios, como otras propuestas cinematográficas en ciencia ficción, destila una gran denuncia social que va desde la manipulación de los medios, la corrupción, las prácticas del capitalismo salvaje hasta el sujeto asalariado y explotado que finalmente es devorado por la máquina, etc.

La trama transcurre durante algún futuro no muy lejano y siempre en Detroit, el hogar tradicional de una de las industrias más emblemáticas de los EE.UU.: la automotriz, el propio policía robot luce como salido de una de esas grandes fábricas de automóviles. Diversos cánceres sociales tienen a la ciudad al borde del colapso, como la corrupción y actos violentos que se irradian a todos los niveles desde la todopoderosa corporación OCP (*Omni Consumer Products*), que ha resultado vencedora de una gran ola privatizadora neoliberal (la película es de 1987) que le permitió hacer negocios con servicios públicos esenciales (los transportes, la seguridad policial, las cárceles, etc.).

En *RoboCop* vemos la típica historia del asesinato con tortura de un individuo normal convertido en salvador, con su resurrección incluida. Algunos críticos definieron a *RoboCop* como la también típica película algo dura de la era Reagan, donde se planteaba la rabia de la Norteamérica de valores tradicionales que resultaba defraudada por los excesos del poder. El salvador resucita como un caballero de armadura plateada que imparte justicia solamente guiado por las máximas de los policías en su rasgo como servidores públicos; y en base a ellas detiene a los enemigos de la ciudad, que resultan ser sus propios creadores: unos capitalistas que nunca pretendieron otra cosa que hacer un buen negocio en la industria del crimen.

Como nuevo redentor de los débiles que era, el personaje siempre aparecía radiante, como si el metal de su cuerpo emanara luz. Las perspectivas de la cámara, casi desde el suelo, por ejemplo, reforzaban esa sensación de que el agente de policía robótico era verdaderamente grande y poderoso en medio de un paisaje urbano de cemento siempre frío, recto y brutal.

Como sabemos, la historia de los robots en el cine es muy larga. El director quiso trazar algunos paralelismos con *The Day the Earth Stood Still* (Robert Wise, 1951) y *Metrópolis* (Fritz Lang, 1927).

La robot estrella de Lang tiene ya muchos atributos psíquicos propios de la consciencia humana, que estaban presentes en *RoboCop* como en otras películas del género. El director alemán, uno de los grandes de la historia del cine, comienza su carrera escribiendo y dibujando pequeños relatos, pero gracias al director vienés Joe May pasa a crear guiones destinados a la famosa Universum Film AG (UFA) en 1916. La película muda *Metrópolis* (Memoria del Mundo de la Unesco) pertenece a su etapa alemana, antes de exiliarse en los EE.UU. En el núcleo real del argumento hay una interpretación del destino del *sujeto* alemán, contemplado desde el Romanticismo posterior a la primera gran guerra mundial.

Las claves de esta película muda que resultan explicables desde Marx son múltiples. Por ejemplo, la extrema lucha de clases entre los obreros del gueto subterráneo y los propietarios y pensadores de la superficie o la descarnada subordinación de la vida obrera a la máquina que no debe detenerse (con objeto de reproducir continuamente el alucinador modo de vida de la superficie). Y tenemos a María, quien sostiene la llegada de una síntesis dialéctica (el mediador) que unirá a las clases sociales.

Pero lo que sucede es que María es suplantada y, en su lugar, es "arrojada" al mundo de los obreros una mujer robot que iniciará la revuelta popular contra todo el tecnológico orden establecido en aquel año de 2026. Es una máquina a la que, en un complicado plan de venganza, le han implantado una consciencia de origen humano.

El desarrollo de la trama es complicado desde el punto de vista ideológico-político, ya que la acción revolucionaria de la película parece destruir el tejido social y los medios de producción, y la lucha obrera es reinterpretada como cooperación entre clases antagónicas (en reemplazo de la teorización sobre la lucha de clases). Todo lo cual conecta con un mensaje inserto en el relato nacionalsocialista.

Una de las cuestiones básicas es la simbolización formada en María y la robot con consciencia de origen humano (¿su espejo deformado?): un equilibrio muy contradictorio entre redentor y agente desestructurador (catalizador necesario) del orden establecido; distintas interpretaciones de este rasgo *humano en la máquina* están presentes en películas como la analizada en este apartado.

La característica central del personaje de *RoboCop* es que inicia su viaje como humano, un empleado en el Departamento de Policía de Detroit (privatizado por la OCP mediante un contrato con el Ayuntamiento), luego es convertido parcialmente en una máquina debido a los requerimientos de la compañía, que veía peligrar su inversión más importante gracias a la extensión y radicalización del crimen: la demolición de parte de la vieja ciudad para levantar un nuevo modelo urbano llamado Ciudad Delta.

Representación artística de RoboCop, 1987

El éxito de su anterior gran producción de ficción, *Terminator*, hizo que la productora Orion apostara por el guion del policía robot, posiblemente sin detenerse a pensar demasiado en la crítica social que contenía. El lenguaje del director es directo, de una violencia literal que pretende el estremecimiento del espectador, más por su cinismo social y cultural que por su intensidad, que es mucha. Lo que también es interpretable como una película de ficción con cierta preocupación humanista que desciende hasta el dolor del sujeto-obrero convertido en sujeto-máquina.

El personaje del creador del proyecto RoboCop es un talentoso oportunista, un tiburón de la cultura corporativa que simplemente persigue los más puros mandatos de goce de su ego; toda su vida es un exceso de beneficios, drogas y sexo que termina por devorarle. El éxito de su producto ante las directivas de la compañía provoca la ira de su superior y ahora competidor (a su vez creador del ED-209), que ordena asesinarle: —*Has jodido al tipo equivocado [...] despídete de la empresa... Buuum...*

El robot ED-209, la contramedida corporativa, pretendía simbolizar, con su estética de dibujo animado japonés, a ese miembro de las fuerzas del orden con ceguera parcial o de visión selectiva que únicamente obedece órdenes y dispara sin hacer preguntas, era como el soldado-funcionario disciplinado y eficiente de la Alemania de los 30 y primeros 40 del XX, pero que al final pasa de gran producto industrial norteamericano a chatarra.

El asesino del oficial de policía, padre de familia, católico de origen irlandés y con gran sentido del deber Alex J. Murphy (el mismo que elimina más tarde al creador de RoboCop) personifica el poder perverso propio del submundo del crimen, un fascista perturbado que, en realidad, es un empleado más de la OCP (se pretendía que la caracterización resultara con algún parecido a Heinrich Himmler). Su función es, precisamente, ser más que jefe de una organización dedicada a las drogas y el ajuste de cuentas, se busca representar al verdugo venido de las profundidades, ya que la resurrección de Murphy como nuevo redentor de Detroit demandaba la simbolización más cruel de una crucifixión.

En efecto, en la película leemos un relato teológico-industrial que, además, recicla la figura del caballero de armadura. El director codifica diversos elementos mitológicos en la muerte de Murphy que tienen su origen en la historia de Cristo: la mano destrozada por un disparo, la posición del policía mártir (el obrero al servicio de la OCP en este caso) cuando una lluvia de balas le destroza el cuerpo, su compañera de patrulla como la expresiva María de variedad de representaciones artísticas, etc.

La resurrección de Murphy como RoboCop es una hazaña tecnológica que objetiva una idea que era ya de gran profundidad en Marx, el momento en que el trabajador se funde con la máquina a causa de los intereses del capital. Sólo que el curso de esta historia lleva hasta lo que el director quiso modelar como un Jesús americano que usa pistola automática y que en algún momento (como el Jesús de los evangelios) se convierte en líder revolucionario (lo que, efectivamente, ocurre a lo largo de la saga).

En el lugar donde estaba la antigua personalidad de Murphy es introducida la programación de RoboCop en base a cuatro directivas primarias: *Servir al bien común, proteger al inocente, preservar la ley* y *no oponerse ni atacar a directivos de la OCP.* Las tres primeras son las divisas de la policía en cuanto servicio público, pero la última es la representación del sujeto, el obrero despojado de realidad... *extrañado* en palabras de Marx, convertido en producto al que jamás se le permitirá actuar en contra de los intereses del capital. Por supuesto, hablamos de una alienación que finalmente falla.

Lo anterior es un proceso tortuoso donde la máquina comienza a experimentar extrañas sensaciones derivadas de algunos fragmentos de memoria de su época como humano. Tenemos que destacar que Murphy, como *sugería* Marx, tiene una total pérdida de la realidad (su memoria es parcialmente borrada) como consecuencia de fundirse con la máquina, en los archivos de la policía su anterior identidad figura como "fallecido". De manera que el impulso (de origen inconsciente) por regresar a todo aquello que no puede recordar con coherencia, pero que sabe ha perdido en algún momento de gran sufrimiento (el equivalente al trauma original o la pérdida del Otro descrita por el Psicoanálisis) en realidad es la búsqueda, como sugirió el director, de lo que podría ser considerado el paraíso refundido de una máquina autoconsciente de origen humano. Efectivamente, el recuerdo de su anterior vida, su familia, etc. se convierte en un contenido reprimido.

Ahora bien, ¿para el pensamiento liberal RoboCop sería un fascista o un comunista? ¿Cómo captan los obreros explotados por el capital a la apoteosis de la mercancía autoconsciente, el hombre convertido en máquina, que al final de la saga se rebela contra los opresores a causa de una inestable síntesis entre recuerdos de origen inconsciente y el cumplimiento de la ley? No olvidemos que, en tanto maquina, el sujeto es incorruptible. Hay quienes piensan que el ejército y el arma de guerra aplicada a la pacificación urbana son los únicos instrumentos capaces de contener las consecuencias del capitalismo salvaje que vivimos. En cierta forma esta película ratifica esa tesis anterior, es un arma creada por el capital, la única que a lo largo de la historia puede defender a la población civil de los excesos de ese mismo capital.

En 1990 llega la segunda entrega de la saga, dirigida por Irvin Kershner (el mismo director de *Star Wars: Episode V-The Empire Strikes Back*, 1980), y con guion del maestro del cómic Frank Miller y Walon Green.

Hay que recordar que el guion original de Miller no soportó la presión de los productores de la película y terminó por ser censurado, aquellos lo consideraban demasiado vehemente respecto a la violencia y conducta despiadada y corrupta de la megacorporación que tenía el control de Detroit, con total desprecio por el poder público y los ciudadanos. Aunque el trabajo de Miller permitió crear el guion de la segunda y tercera parte de la saga, éste fue sensiblemente "ablandado" por los demás guionistas. Pero en el 2007 la editorial Avatar Press publica un cómic en base al guion original del también creador de *Batman: The Dark Knight Returns* y *Sin City*, que muestra al RoboCop pensado al principio y sin atenuantes para la realidad brutal donde se desenvuelve.

Las películas RoboCop tienen otro inestimable recurso narrativo, simulan cortes de publicidad y programas noticiosos sobre la cotidianidad en la Detroit del futuro donde transcurren las historias. Estos recursos dan una enorme información sobre la atmósfera o el contexto político y cultural donde todo ocurre. Esta segunda entrega tiene cierto aire carnavalesco y grotesco al mostrar una ciudad que tiene a su policía (privatizada) en huelga por la continua pérdida de derechos laborales (bajada de salarios, suspensión de pensiones, etc.), lo que permite a los criminales campar a sus anchas, hasta casi provocar una guerra civil.

La subcultura de la mafia dedicada al narcoterrorismo que extiende sus intereses hasta las grandes compañías, la policía y el poder político tiene un impacto mayor: en una parodia de la realidad se muestra al personaje de Caín como líder de una secta fundada alrededor de una nueva droga muy potente (Nuke), una organización que promete el paraíso perdido a través del caos. Puede que en Caín estemos viendo la representación del típico cártel con aparato militar que arrodilla a las instituciones y aspira a un estatus político.

La OCP, en medio de una gran trama financiera que le permitirá privatizar masivamente a la ciudad de Detroit (una especie de totalización histórica neoliberal), prepara un nuevo proyecto de fuerza policial robótica. Tiene, además, una relación muy conflictiva con las autoridades civiles de la ciudad, ya que busca embargar propiedades al Ayuntamiento para cobrarle sus deudas.

RoboCop, a pesar de sus conflictos emocionales-informáticos (es terrible la crueldad con que son tratados los sentimientos hacia su antigua familia), sigue siendo parcialmente una máquina que no elude las tareas para las que ha sido programada, así que emprende la persecución a la organización narcoterrorista de Caín. Y sufrirá en el intento. Es capturado y, en una nueva semejanza con los más sanguinarios ejércitos narcoparamilitares de Colombia y otros lugares del mundo, le torturan y descuartizan salvajemente con taladros y sierras eléctricas.

Esta segunda destrucción con dolor del oficial de policía Alex Murphy a manos de fuerzas que unen la oscuridad del trastorno mental (y las adicciones) a escala social, la corrupción política y la estructura criminal con cierto contenido ideológico sectario, da pie a un nuevo advenimiento de ese salvador de la era industrial que pervive a pesar de tener en sus creadores (los dueños del capital) a su principal negación. De hecho, el proyecto RoboCop 2, una máquina de guerra aplicada a la pacificación urbana, sale de los laboratorios de la compañía para convertirse en nuevo antagonista simbólico de Murphy.

Pero hablamos de una segunda destrucción que pretende terminar con lo poco de humano que sobrevive en él, ya que se busca presentarle como *algo* que pertenece a las necesidades de la producción. Vemos la pérdida total de realidad del sujeto-mercancía visto por Marx: —Y*o lo escribo... tú lo piensas*, dice una ejecutiva de la OCP a un Murphy supuestamente libre de la pesada carga de la libertad y las decisiones autónomas. La mujer obedece órdenes del gran número uno de esa especie de Gran Otro que es la compañía OCP, un sujeto que camina por los pasillos con su corte de vasallos en una postura de manos entrelazadas sobre el bajo vientre, una simbolización que parece querer asemejarse a la marcha por los pasillos del Vaticano de la curia romana. Marx ya había advertido que el capitalismo podía tener cierta tendencia a comportarse como una religión.

Como su antecesor, el nuevo policía robot parte de un sistema nervioso humano. Pero lo que vemos aquí es una especie de *paradoja de Abel y Caín*. El primero es una unión cibernética (pero antropomórfica) entre una máquina y un antiguo policía caído en el cumplimiento de su deber (aunque en el fondo fuera como el obrero explotado por el capital, cuyos artilugios le enajenaron). Mientras el segundo es una máquina de guerra ensamblada alrededor del cerebro de un criminal sacado de la cárcel y condenado a muerte (que no tiene programadas las directivas sobre la función pública de la policía). Este criminal sádico utilizado en el experimento es el propio Caín luego de ser capturado.

Es interesante anotar que la escena donde RoboCop acude por primera vez a detener al Caín humano muestra una decoración enigmática (imágenes y objetos sobre Teresa de Calcuta, Jesucristo, Elvis Presley, etc.), que tal vez pretendían mostrar el carácter ideológico sectario de la organización del sujeto, que se interesa en mostrar un discurso teológico-político de piadoso "perdón" aunque también de ineludible eliminación física del otro (mediante un dolor provocado en ese otro, en el que las mentes trastornadas buscan la redención por sus desviaciones).

En lo anterior hablamos de un rasgo rehecho y adquirido desde la subcultura de la mafia en la organización que aspira a convertirse en para-Estado, mediante un reciclaje del relato nacionalista: —*Hecho en América...* [...] *Haremos que eso de nuevo signifique algo*, es la conversación entre Caín y sus discípulos sobre las nuevas drogas de diseño; la última frase es exactamente la misma que pronuncia el presidente de la OCP en el gran relanzamiento de Ciudad Delta y la unidad RoboCop 2. ¿Es la manifestación para la gran pantalla de una relación *afectiva* entre capitalismo salvaje y crimen organizado?

El enfrentamiento entre los dos *hombre*-máquina es la tecnificación para el cine de la vieja y simple batalla del bien contra el mal. Pero atención: ambas fuerzas vienen del mismo lugar, los laboratorios de la OCP. Ambas son expresiones, contramedidas, obscenas del capital intentando controlar las consecuencias de sus propias acciones. El RoboCop 2 es como el soldado perfecto al servicio de la compañía, el verdadero poder tras los funcionarios públicos, que no entiende otra medida que la pena capital con masacre. Es como una profundización, a partir de una repetición del *hombre*-herramienta, de la estructura oficial (privatizada, neoliberal) que permite la administración racional de la violencia del Estado. Que pronto se convierte en sociópata corporativo, al no poder detener al agente que todos saben se convertirá en vehículo del cambio revolucionario. Y no olvidemos que los antagonistas son simbolizaciones que comparten ascendencia, como si detrás de cualquier dualidad perviviera siempre el fantasma de una unidad de origen, una génesis cuyo conocimiento perdido estuviera en el germen de todas las violencias, dialécticas y contrasentidos. Y esa unidad *corporativo-maternal* está, pues, en la OCP, una especie de Gran Otro, administrador-privatizador del Orden Simbólico, que tiraniza a quienes existen bajo su relato.

En el nuevo hombre devorado por la máquina que no cuenta con las directivas de la función pública (al contrario que Murphy), observamos la "neobarbarización" privada del burócrata moderno ideado en la época del ascenso de los fascismos, sin renunciar al comportamiento eficiente y la obediencia literal, aunque tenga que cruzar (como el capital) sus propios límites trascendentes (la violación de la Ley, con mayúscula). Una trama ideológica que, por supuesto, involucra el desprecio y deslegitimación tanto de la función pública como de la acción social y la protesta sindical (el policía como obrero explotado por el capital).

Como no podía ser de otra forma, los habitantes de la ciudad terminan por saber que la Administración, en cabeza del alcalde, iba a ingresar dinero del narcotráfico en las arcas municipales a cambio de alguna clase de amnistía para el comercio de Nuke, la droga de diseño, una especie de apoyo *oficial* a los que estaban generando empleo y nuevas inversiones. Aquí la película ilustra un rasgo importante de las democracias neoliberales, y es que la OCP, el capital, utiliza habilidosamente la debilidad institucional (en su pretendida alianza con la delincuencia) para seguir recreando y fortaleciendo sus condiciones de existencia: embarga bienes públicos, relanza el proyecto de Ciudad Delta y presenta la nueva medida contra el crimen, el RoboCop 2.

La total toma corporativa del poder político representada por una Ciudad Delta privada, que convierte a todos los ciudadanos en nuevos empleados de la poderosa corporación y resignifica la democracia (el derecho a decidir y elegir convertido en posibilidad, si se tiene dinero, de comprar parte de la propiedad en forma de acciones de OCP), es la vieja crónica que alimentaba los discursos fascistas sobre la natural incapacidad corrupta del político de carrera y los peligros económico-políticos inherentes al sufragio universal.

Por otra parte, a este cómputo casi pornográfico entre democracia y acción bursátil subyace el relato mítico capitalista acerca del libre mercado como un "ente" capaz de regular por sí mismo todos los aspectos de la vida del sujeto y la sociedad... una de las varias leyendas contra lo público en las democracias neoliberales.

Para entonces el nuevo súper-*hombre*-herramienta ya se comporta como una fuerza del Estado privatizado en crisis que deviene en totalitario (para garantizar su propia supervivencia), bajo la forma de una estructura paramilitar fascista. Que las condiciones de existencia de éste incluyan el crimen, dado que el cerebro de Caín (que controla la máquina) es adicto a las drogas, es simplemente un problema o manifestación de una demanda especial del mercado y la producción.

Existen otros "detalles" en esta segunda entrega que, entre otras cosas, buscan acentuar esa radical perversión estructural que logra alcanzar la alianza, ya conocida en la realidad, entre fuerzas del Estado, capital y crimen organizado, como el feroz niño delincuente que actúa como discípulo y mano derecha de Caín.

En la tercera entrega de la saga, dirigida por Fred Dekker y estrenada en 1993, la vieja y orgullosa Citat d'Etroit, cuartel general de las tres grandes, General Motors, Chrysler y Ford, guardianas de las tradiciones americanas, resulta ya tomada por la poderosa corporación OCP, que además ha sido comprada casi en su totalidad por una multinacional japonesa. La miseria y la delincuencia, como siempre, inundan las calles, aunque ahora todos hablan de estado de guerra. La OCP lleva años implementando su megaproyecto de demoler la vieja Detroit para levantar la nueva urbe esterilizada Ciudad Delta.

Los casi mendigos de una barriada de obreros de Detroit están resistiendo con *débil fiereza* para impedir la demolición de sus casas y su internamiento forzoso en centros de contención y resocialización. Algunos son asesinados. Ciudad Delta tendrá parte de sus dominios en el viejo distrito. Para pacificar las calles la corporación OCP ha traído batallones de paramilitares, llamados Oficiales de Rehabilitación, desde la *ficticia* Guerra del Amazonas, con una esvástica estilizada en el uniforme. Los civiles residentes en el derruido barrio organizan una guerrilla urbana para defender su hogar, en consonancia con lo mejor del *espíritu americano*. El entorno, como no podía ser de otro modo, está tomado por la precariedad: basura, fábricas abandonadas y pintadas en los muros (una escena muestra en colores sobre una pared sucia la frase *Oppressive Capitalist Pigs* [cerdos capitalistas opresores], resignificando las siglas de la corporación OCP).

Las secuencias de desalojo del antiguo barrio casi recuerdan a las películas sobre la llegada de judíos a los campos de exterminio, donde los niños eran separados de los padres por la fuerza. El agente de la Ley, parte máquina y parte humano, continúa experimentando frecuentes contradicciones entre sus emociones humanas y su consciencia de base electrónica. Pero, en las escenas donde los paramilitares atacan una iglesia ocupada por civiles que se refugiaban de la violencia, el policía robot hace un repaso de sus directivas principales, las normas básicas del Departamento de Policía, fijadas por los pioneros de la función pública: *Serve the public trust / Protect the innocent*... Y decide defender a los refugiados del ataque, lo que le lleva al lado de la disidencia y la clandestinidad.

Encierran un gran simbolismo las imágenes donde su amiga policía desde el principio de la saga es herida de muerte durante la defensa de la vieja iglesia: en medio de un terrible tiroteo entre los civiles y sus atacantes logra llevar en brazos a su compañera por el pasillo central hasta el altar, para verla morir en pocos minutos, no sin antes hacer prometer a RoboCop algo a medio camino entre la justicia y la venganza por su muerte. ¿Una especie de ofrenda de sangre al padre simbólico, antes de lanzarse a destruir su propio principio de autoridad? Inclina la cabeza ante la cruz del altar mientras reza: —*Officer down*... ¿Es que incluso el redentor necesita presentar sus ofrendas?

Cuando los policías de Detroit son amenazados, nuevamente, con perder sus trabajos y planes de pensiones por no emplearse en tareas como desalojos de familias desahuciadas de sus casas, aflora el espíritu, aquel también mítico papel histórico que Marx veía en la llamada clase obrera y que la convertía en posible vanguardia política. Es decir, se unen a los rebeldes, cuya líder ha sido asesinada, para defender sus hogares. Ante esta situación los paramilitares reclutan a miembros de la delincuencia callejera y sanguinarias bandas neonazis y lanzan el ataque. RoboCop se une al combate junto a la guerrilla urbana y la policía disidente, en el final de la saga se convierte, finalmente, en uno de los líderes del cambio revolucionario.

RoboCop tuvo algunas secuelas además de las películas que componen la saga. Quizás destacaría, cómo no, el cómic de Frank Miller y Walter Simonson *RoboCop vs Terminator*, publicado por Marvel en 1992. Es una historia con muchos de los elementos originales de *RoboCop*: es el 2029 totalmente dominado por las máquinas, desde donde una avanzada de la resistencia humana viaja al pasado para destruir al policía robot. Ya que descubren que parte de su tecnología fue utilizada para desarrollar a Skynet. Naturalmente, Murphy, en su papel de nueva vanguardia, termina siendo aliado de la resistencia en la guerra contra las máquinas.

3.5 Elementos destacados del pensamiento de Marx susceptibles de identificarse en el cine de ciencia ficción

Las películas de ciencia ficción que hemos nombrado en los apartados anteriores, a pesar de ser grandes producciones del cine norteamericano, tienen una relación cercana con parte de las ideas de Marx. En la película de ciencia ficción crítica con el capitalismo es relativamente sencillo encontrar elementos de Marx, por ejemplo, como aspectos históricos que contienen explicaciones sobre la constitución y funcionamiento lógico de la acumulación cíclica y privada de capital. Pero lo relevante es que el argumento crítico con tal modelo ha existido desde el comienzo de la historia del cine, en lo que tendría una gran relevancia el cine alemán (expresionista) de los 20 y parte de los 30. Junto a capítulos especialmente dedicados al realismo poético francés (René Clair y Jean Renoir) y el cine surrealista de Luis Buñuel. El antecedente siguiente, tal vez, más importante es el neorrealismo italiano, que comienza con una muestra clara y sin filtros de la realidad social. Ya que la historia fílmica que pasa a la transformación de esa misma realidad tiene un nexo complejo con géneros donde se dramatiza la acción de unos sujetos en defensa de unos valores unificantes, en lo que Hollywood siempre ha tenido la delantera (al principio junto a la pujante industria cinematográfica soviética). En un guion sobre un futuro apocalíptico podemos ver una *representación del presente* capitalista del mundo. Todo lo que conduce al espacio-tiempo de la película es, casi siempre, hechos provocados por nuestra manera de administrar los recursos y la riqueza. Hay también elementos descriptivos actuales: la pobreza de los trabajadores, el miedo alienante de la sociedad, la reorientación ideológica, etc. Con alguna frecuencia lo anterior se conecta con la escena clara de transformación sociocultural, es cuando la película parece tomar partido en un llamado vanguardista de unidad (y pasa a inscribirse en varios géneros: ficción, acción, etc.).

El modelo filosófico marxista es una "crítica" a la realidad bajo el modo de vida del capital, todo su edificio de análisis de la economía política burguesa arroja conjeturas aplicables a muy diversas áreas del conocimiento, es una verdadera "revolución teórica" post-Hegel. El filósofo estudia con mucha atención a socialistas franceses, alemanes e ingleses (con su punto de inflexión en la obra de Feuerbach y Hegel).

Entre sus reflexiones está el salario como resultado de un antagonismo, una ecuación desbalanceada entre capital y obrero. El límite mínimo del salario es el necesario para mantener con vida al obrero: "la demanda de hombres es la que necesariamente regula la producción de hombres, como ocurre con cualquier otra mercancía". Y si una mercancía abunda baja su precio.

Marx-Engels-Forum, Berlín (imagen: V. Carrillo)

Un ejemplo cinematográfico de lo anterior es la película *Moon*, dirigida por Duncan Jones (2009), donde el único operador de una explotación minera en la cara oculta de la luna aparentemente está a punto de cumplir sus tres años de contrato, tiempo en el que sospechosamente no ha tenido comunicación directa con la Tierra. Una serie de acontecimientos le llevan a descubrir que la estación minera tiene un enorme almacén subterráneo lleno de copias idénticas a él, clones en hibernación a la espera de recibir, uno a uno y cada tres años de *contrato*, implantes de memoria que les harán recordar una vida en la Tierra. La cuestión aquí es que tener todos esos clones a la espera de reemplazar a un operario que cada tres años tiene un fallo orgánico general, reduce la cuestión del salario a un cero en los costos de producción, es una mercancía producida en serie y comprada en grandes cantidades.

Toda mercancía, como el obrero, tiene una relación entre precio natural y precio de mercado, en la que el sujeto siempre pierde. Para que un salario aumente otro tiene que permanecer estable y otro tiene que descender. El capital es también el poder de gobernar el mundo del trabajo, porque fija sus límites según el mercado.

Al principio de este ensayo nos referimos brevemente a la enajenación. Quizás este aspecto de Marx es uno de los más presentes en las películas de ciencia ficción analizadas con anterioridad.

Al aceptar las premisas sobre la existencia y origen de la propiedad privada, la división del trabajo, el valor de cambio, etc., se tiene que aceptar igualmente la realidad del obrero como una mercancía que degenera en sentido inverso a la magnitud de la producción.

Una parte de esa producción implica la competencia que lleva a la acumulación de capitales. Para referirse a esto hay que nombrar, aunque sea brevemente, la cuestión de la plusvalía. Como es conocido, el primer tomo de *El Capital* tiene su inicio en el estudio de la mercancía, desde la identificación de las dos grandes dimensiones de ésta (valor de uso y valor de cambio) se deduce que su valor *final* es la suma de todo el tiempo socialmente necesario para su producción. Durante el encuentro entre el que posee capital y el que sólo posee fuerza de trabajo se desencadenan todas las relaciones económico-políticas y socioculturales que caracterizan al modelo de sociedad edificado sobre la "entidad" de la mercancía. En el cual la apropiación de la plusvalía que resulta de llevar al mercado el objeto producido por el sujeto (luego de extraer, entre otros, el costo de mantener con vida a la fuerza de trabajo) determina también quién será arquitecto de los relatos y normativas hegemónicas en cada espacio y tiempo, por ejemplo, la capacidad de estructurar una narración histórica donde el sujeto-obrero es reducido a una mercancía más, que incluso podría engranarse con la máquina.

¿El agente que objetiva su trabajo en una mercancía, generando su propio salario y la plusvalía, realmente llega a preguntarse de dónde ha salido el primer capital, originario, con el cual empezó su relación existencial como mercancía autoconsciente? En el magistral capítulo veinticuatro de *El Capital* Marx desnuda otro de los grandes mitos del capitalismo, según el cual hubo un tiempo remoto en el que grupos humanos acumularon recursos debido a su más pura intencionalidad y voluntad. El autor plasma en esta parte el origen sangriento y enlodado de la acumulación de capitales como parte del saqueo colonial, sobre todo en la llegada a América de la "creatividad" social y comercial de Inglaterra, así como en la conversión de África en un territorio sin ley dedicado a la caza de humanos destinados a la esclavitud.

Inglaterra es el lugar con el capitalismo más avanzado del XIX (que Marx veía como comienzo del cambio revolucionario) porque ingentes riquezas de las colonias se invirtieron en sus industrias; esto puso a ciertos países europeos a la cabeza del esquema clásico entre capitalismo central y periférico: el Sur del mundo enviando sus materias primas para luego comprar manufacturas, cayendo a su vez en una espiral de subdesarrollo generador de violencias y marginación. Este argumento, como sabemos, se halla ampliamente presente en el cine, extendiéndose por varios géneros.

Y no lo vemos únicamente en la "típica" película sobre expediciones del XVII y XVIII que se lanzan a la conquista de nuevos territorios o sobre aterradores navíos tripulados por piratas despiadados que saquean barcos provenientes de las colonias, un botín que terminaba en los grandes centros comerciales y financieros europeos y que, en efecto, se utilizaron para crear las primeras grandes industrias. La idea de un capitalismo salvaje entre una periferia y su centro está también presente en grandes producciones de ciencia ficción, tenemos un ejemplo interesante en lo originado por aquel relato de Philip K. Dick (*We Can Remember It for You Wholesale*, 1966). A partir de esta historia se escribieron los guiones de *Total Recall* (1990), dirigida por Paul Verhoeven (el mismo de *RoboCop*, *Basic Instinct* y otras) y, de nuevo, *Total Recall* (2012), dirigida por Len Wiseman. En ambas historias se muestra el antagonismo existente entre una metrópoli y una colonia controlada por la masiva fuerza policial, más el claro ingrediente de la vanguardia política (la resistencia) que busca el cambio revolucionario independentista.

Pero también vemos en estas películas esa alegoría del obrero atrapado en la gran producción que desea engañar a su mente mediante implantes de memoria que le produzcan un recuerdo distinto de lo que en verdad parece ser, puede que con objeto de llenar los incómodos e inexplicables vacíos e inconsistencias que invaden su realidad. Sin embargo, lo que advertimos aquí es una misteriosa y extravagante reversión de la lógica de la represión inconsciente:

implantar el recuerdo de algo que nunca llegó a pasar o existir, que puede ser integralmente narrado y provoca una serie de sensaciones (la vivencia de un pasado), para terminar descubriendo que el implante de memoria es realmente un *psicoanálisis químico* (si se me permite la metáfora) que le llevará hasta una vida entera reprimida en el inconsciente. Y que los vacíos e inconsistencias de la cotidianidad tenían su origen en una represión psíquica provocada (de hecho, derivada de su condición de sujeto-mercancía al servicio del *statu quo*), de la que sólo pudo salir mediante la intención de iniciar una simulación: llegar al núcleo duro de lo real mediante la simulación.

En la película de 1990, protagonizada por Arnold Schwarzenegger, la colonia es el planeta Marte, en la de 2012, esta vez protagonizada por Colin Farrell, la periferia o colonia es el actual territorio de Australia y el centro del poder (la metrópoli) es la Federación Unida Británica (FUB). Cientos de obreros con menores derechos, salarios más bajos y mayores controles de migración viajan cada día entre la colonia y la Federación para trabajar en fábricas. Lo hacen a través de un tren gravitatorio, la catarata, que atraviesa el planeta en pocos minutos. Es el año 2048, y (fiel al auge reciente del cine apocalíptico) únicamente los dos territorios mencionados son habitables luego de la guerra química que destruyó al resto del mundo.

En estas películas vemos, tras la crónica de una acumulación de fuerza y recursos del centro mediante la dominación de la periferia, el surgimiento de un debate entre lo real e irreal que tiene su organismo de experimentación en el obrero cuya subjetividad es reorientada artificialmente según las necesidades del poder. El recurso de ficción acerca de un implante que proporciona recuerdos falsos (que parecen reales) sobre una experiencia grandiosa en contraste con la monótona y sencilla vida de un obrero de la colonia (y hoy la "colonia" está incluso dentro o en la periferia de una gran ciudad del Norte del mundo), es un paso más en el cometido de deslumbrar a ese sujeto-obrero mediante la "entidad" de la mercancía: la compra del falso recuerdo (la ocultación de sus propias condiciones de existencia como individuo que produce... objetiva) es la complejización y engrandecimiento de la mercancía en cuanto fetiche.

El universo de la mercancía es como un lugar embrujado, según Marx, donde se encandila al sujeto oscureciendo las circunstancias en que ésta es producida, mediante la permanente alimentación del deseo por el objeto producido (es la mercancía que desea *normativamente* a otras mercancías, gracias a un trastoque *dirigido* en la instancia del Superyó). En la película de Paul Verhoeven de 1990, por ejemplo, el obrero de la construcción Douglas Quaid acude a *Rekall* (*Memory Call*) para comprar los recuerdos de una especie de aventura cuyos retazos están anclados en su inconsciente; pero que, además y sospechosamente, son alimentados por la acción del marketing masivo: viajar a Marte para escalar sus montañas y, tal vez, encontrar a la mujer que aparece en sus sueños, bajo la forma de una inducción química, dado que su salario no le permitiría pagarse un viaje real al planeta rojo (*no permita que la vida se le escape… llame a Rekall*, le dicen desde un anuncio en las pantallas del metro).

De forma que paga por tener los recuerdos de un viaje marciano como agente secreto, con una misión que salvará al planeta y le permitirá un romance con la chica desconocida que aparece en sus sueños (que comienzan siendo dulces y van convirtiéndose en pesadillas). Pero lo que viene a descubrir es que sus deseos se originan en un borrado de memoria anterior, un trauma cuyo contexto fue reprimido. La misma mercancía del recuerdo tenía como fin ocultar ese hecho traumático: como *recordamos* se trata de una enajenación con respecto a sí mismo. Pero una enajenación encuadrada en el escenario sociopolítico de la opresión a la colonia minera y su movimiento de resistencia (los mutantes o, más exactamente, nuevos mestizos nacidos en Marte). Los fragmentos de memoria que pretendía comprar en *Rekall* eran los de una vivencia y sensación perdidas, cuando recuerda y expresa lo reprimido y extirpado encuentra que se ha convertido en una doble mercancía (primariamente consciente) también doblemente enajenada. La profundización en su papel dentro de la "producción" (que fuera originalmente un agente del poder despótico colonial pasa a ser irrelevante) significó una gran desconexión con la realidad a varios niveles de la consciencia. El personaje compra una "mercancía" que le promete regresar a un estado anterior al de la alienación.

En este sentido, podría extraerse un significado ciertamente profundo de la escena en que Douglas Quaid recibe a un supuesto doctor enviado por *Rekall*, éste intenta explicarle que todo lo que ha estado experimentando (la realización de su fantasía como agente secreto en Marte) no es real, que ha sufrido una supuesta "embolia paranoica" y sus fantasías están fuera de control. El visitante trata de convencerle de volver a la "realidad" mediante (y aquí está lo fascinante de la escena) una simbolización que exprese y modele el deseo de regresar: como en *Matrix*, le ofrecen al protagonista una píldora de color rojo que, en teoría, le mostrará la realidad (que nunca es lo que parece ser) y le salvará de la psicosis permanente. El choque psicológico final, por supuesto, fue descubrir que no era un agente del poder colonial que se había pasado a la resistencia, sino un infiltrado en ésta que tenía como fin la muerte del líder rebelde (de ahí que sea un "producto" doblemente enajenado).

Hablamos de una metáfora cinematográfica que podría resimbolizar la búsqueda (¿psicótica?) de sensaciones del sujeto normal del modo de vida del capital: compra y sueña mercancías en la persecución de un deseo (un goce) que parece comportarse como la búsqueda de un objeto perdido, es querer las vivencias (y el recuerdo de ese goce) que promete el marketing viral de las grandes marcas. En efecto, cuando compramos una mercancía (de nuevo es perfecto el ejemplo de la Coca-Cola helada en el desierto) también compramos el recuerdo de su goce.

La economía política burguesa, argumentaba Marx, entiende sus leyes como naturalmente dadas, no como una ingeniería social e histórica susceptible de transformarse (como el mercado). Lo mismo ocurre con la naturaleza artificialmente dada a la mercancía. Si cuanta más riqueza produce el obrero más se empobrece (y más barato resulta ser como producto que es), es porque ésa es la característica que demanda el capital. La valorización del objeto producido disminuye el precio del sujeto que vende su fuerza de trabajo.

El trabajo no sólo produce mercancía, también se produce a sí mismo (generando colateralmente al obrero). Como antes se afirmaba, el objeto creado en el trabajo se enfrenta al obrero porque puede convertirse en un poder independiente. La producción en sí es una objetivación del trabajo (el trabajo se objetiva en la mercancía).

Ahora bien, la realización del trabajo se visibiliza como una "privación de la realidad", dado que el producto, lo creado, se convierte en objeto perdido. La actividad en la producción así contemplada es equivalente a una anulación de la subjetividad del sujeto (es parte de lo que vemos en las películas anteriormente nombradas).

La objetivación, pues, es a la vez una pérdida. Cuanto más produce el obrero menos puede poseer. En el cine existen muchos ejemplos de esta idea, algunos más radicales que otros. Uno de ellos es la película *In Time*, dirigida por Andrew Niccol y estrenada en el 2011, en donde nos cuentan un futuro distópico en los EE.UU. en el que ocurren dos cosas: por una parte, la moneda de curso legal ya no es el dinero que conocemos, sino el tiempo, y por otra parte, se ha "apagado" el gen responsable del envejecimiento humano. Cuando se llega a 25 años de edad un reloj de vida instalado en el antebrazo comienza a correr. A partir de ese momento sólo se tiene asegurado un año de existencia, siendo entonces necesario entrar en un agresivo mercado laboral con objeto de recibir un mísero salario en forma de tiempo que deben descargarte en el reloj del antebrazo. Si se te acaba el tiempo simplemente mueres de un infarto. Existen zonas horarias muy costosas de cruzar que separan a los ricos, poseedores de siglos o millones de años en sus brazos y cuentas de banco (depositados en cápsulas especiales), con lo cual son básicamente inmortales, de los pobres y obreros que no suelen tener tiempo para más de unos cuantos días. En aquella economía, como se explica en la película, es necesario que muchos mueran para que unos pocos vivan eternamente. Con este objeto suben las cuotas de producción y jornadas laborales que empresas y fábricas imponen a los obreros, así como los impuestos, de un día para otro (o incluso el mismo día). En síntesis, entre más produzcan las gentes de las zonas horarias obreras menos valor tienen sus salarios y más probabilidad existe de que mueran después de usar su tiempo en pagar el alquiler o hacer la compra. En *In Time* el objeto perdido que fue objetivado en el trabajo manifiesta sus facetas con tanta fuerza que casi con seguridad le costará la vida al obrero.

Es decir, al crecer en poder el objeto producido, por lo tanto, toda la materia asociada a él, más pobre es el "mundo interior" (la subjetividad) del sujeto que produce. La profundización en todo el proceso de trabajo muestra a un obrero que deja gradualmente de ser dueño de sí mismo. En base a Marx, es posible afirmar que esta tesis, la disolución de la subjetividad autónoma, presta gran parte de la base presente en los mitos del capitalismo.

La cercanía del capital con cierta mitología religiosa se muestra, por ejemplo, en la transferencia que el obrero hace de su vida al objeto, que pasa a existir por sí mismo. Cuando un individuo no se pertenece, las sofisticaciones crecientes de la objetivación que le domina revelan unas carencias cada vez más profundas. En otras palabras, la complejización de la relación entre obrero y mercancía lleva a la deshumanización, lo tecnológico acelera ese proceso.

La enajenación es la existencia confirmada de un objeto fuera de la consciencia del obrero y que ha pasado a dominarle. Esa "entidad" dominante es "externa" a la psique del individuo con capacidad teórica de ejercer su propia soberanía, lo que la convierte en una fuerza hostil, extraña... obscena.

El obrero, por supuesto, es la acción misma de transformar parte del mundo material mediante el trabajo. Como en la esquematización anterior, la profundización de la transformación es también el alejamiento del objeto. Hay un momento donde toda la subjetividad del individuo que produce se ve constreñida, donde la servidumbre del obrero provoca que toda su vida y sustento como "humano" dependa de profundizar en su vida como obrero.

Una de las maneras como leemos lo anterior es esa continua reducción de nuestro valor y dignidad como hombres y mujeres cuya actividad central es la creación de riqueza ajena. Pero, de igual forma, se muestra cómo esa tendencia inversamente proporcional (que a veces se muestra tan difusa) entre la mayor perfección y modelización del objeto y la "barbarización" del sujeto, lo que incluye su manipulación cultural, ideológica, etc. (Zucconi, 2014).

La producción es el medio que recrea al obrero y, en relación a lo anterior, la "barbarización" también se corresponde con la conversión de ese obrero a la brutalidad inmanente de la máquina. La relación básica del trabajo, que en Marx crea la condición de obrero, se muestra como la deshumanización que la actividad alienada causa en todos nosotros.

La problemática de la deshumanización, "barbarización", lo científico-tecnológico, los dispositivos sociales de represión y la alienación extrema tienen otra vitrina de experimentación cinematográfica en *Britannia Hospital*, dirigida por Lindsay Anderson en 1982. Algunos análisis han argumentado que esta película presenta elementos de continuidad con las anteriores obras del director: *If* de 1968 y *Un hombre de suerte* de 1973. De las que habría tomado cosas como el ejercicio descarnado del poder y una violencia con tintes verdaderamente trastornados. A lo que se sumaría toda la ritualidad institucional propiamente británica, dando ese ambiente de lo absurdo, gracioso pero angustiante, de la película. Y, de otro lado, están los elementos en resistencia a este orden de lo grotesco. Lo que vemos finalmente es un imperio de la dualidad, el individuo convertido en objeto obsceno a la vez que víctima y victimario. Todo lo cual no podía dejar de producir un terrible engendro de laboratorio (el personaje de Mick Travis), como símbolo de todo un sistema cuyos límites se acercan a los del completo caos; una involución social y cultural a través de la decadencia y falta de cordura de todos los agentes sociales.

Por supuesto, *Britannia Hospital* es también una historia sobre la indignación despertada por aquello que (al parecer inevitablemente) derrumba todo lo construido civilizadamente: el terror, lo caduco, la tendencia institucional hacia la estupidez, etc. Lo vemos en una relación entre el poder (monárquico), cuya ritualidad vive en otro tiempo, la ciencia divorciada del humanismo y el grito social de reivindicación. En esas imágenes del paciente que muere en el hospital, por tener la mala fortuna de ingresar en pleno movimiento humano-burocrático-tecnológico del cambio de guardia y los minutos de descanso, observamos cómo la gracia que nos provocan nuestras propias paradojas termina por convertirse en parte de la perdición cultural e ideológica: el fenómeno de la enajenación degrada de forma general las facultades del sujeto inteligente y sensible. Mientras esto ocurre, otras partes funcionales de ese macroorganismo del hospital viven el surgimiento de la criatura del Dr. Millar, una especie de nuevo Frankenstein corporativo. Como si la deshumanización de la maquinaria humano-tecnológica implicara la recreación, fabricación, de un nuevo tipo de sujeto (que tiene al crimen moderno e industrial en su misma génesis).

Y nuevamente, mientras esto ocurre, la institución hospitalaria se halla en medio de un clima de protesta laboral por sus sistemas de privilegios (y por tener entre los pacientes a un dictador africano). El convulso escenario es completado por una visita oficial de la reina de Inglaterra, que implica toda aquella teatralidad protocolaria.

En esta historia vemos la evidente representación de los choques vividos en la sociedad británica, incluyendo la irrealidad y estupidez del poder en dramático contraste con la lucha trabajadora, que en sus momentos malos vive un encuentro entre lucidez e instintos violentos (lo que incluye la debilidad del soborno y la articulación del aparato político burocrático destinado a administrar, incluso, sus luchas). El particular estilo enloquecido, aunque narrativo y claro de este director ha provocado que, en ocasiones, sus películas hayan sido cercanas a alguna interpretación de Marx, por ejemplo, en su exposición brutal de la deshumanización y la alienación (cierto punto de unión entre la criatura del Dr. Millar, los propios trabajadores y directivos del hospital).

Como en la película antes nombrada, esa alienación se muestra desde el acto mismo del trabajo en el capitalismo. La razón por la que el producto "externo" se enfrenta al obrero es que éste ya presenta la enajenación desde el mismo proceso del trabajo: el "extrañamiento", esa pérdida de realidad no aparece con la mercancía, sino desde la misma actividad productiva.

El trabajo es un grandioso atributo del sujeto inteligente. Pero desde la lógica del capital no es una actividad inherente a la naturaleza humana. El trabajo dentro de la relación capitalista no es afirmación sino negación del sujeto de características humanas, no es un acto de libertad (es el humano, antes libre, que ahora pertenece a un *otro*); como si el llamado "obrero" estuviera efectivamente fuera de sí. Como si el cuadro de personalidad se desdibujara en el trabajo como mercancía vendida dentro de una relación capitalista, para no regresar parcialmente hasta el momento en que el sujeto sale a la calle y recupera algo de su libertad perdida. El trabajo originalmente buscaba satisfacer las necesidades del sujeto, al pasar a ser satisfacciones del mercado, "externas", se convierte en trabajo de autoenajenación (autosacrificio).

El sujeto-obrero tiende a comportarse como un ente de cierta universalidad y con una serie de necesidades básicas. "La universalidad del hombre se muestra en la práctica cuando hace de toda la naturaleza su cuerpo inorgánico" (*Manuscritos económico-filosóficos de 1844*), este mundo recreado por él es su hábitat vital artificial. Aquí el concepto de naturaleza incluye a su propio cuerpo. El trabajo enajenado es el proceso que *enajena* al sujeto de la naturaleza, reduciéndolo a una condición genérica básica (la individualidad reducida a la generalidad en cuanto parte de una especie).

En resumen, las funciones propiamente subjetivas pasan a ser una reducción. La vida del miembro de la especie dominante limitada a la existencia *neutra* dentro de la producción. ¿Es realmente posible la vida humana sin subjetividad compleja? Esto, sin duda, parece ser otro argumento de base real en la ciencia ficción. "Es el caso del animal que forma unidad total con su actividad vital" (todo él es actividad básica).

En el humano lo anterior tiene que ver con decisiones conscientes. Pero el problema del trabajo enajenado es que viene asociado a un fin consistente únicamente en mantener con vida a un individuo reducido a actividades vitales que, a su vez, están restringidas por las necesidades de la producción.

Una de las cuestiones centrales es, pues, que la objetivación del trabajo (la actividad del sujeto civilizado) crea nuestras actuales condiciones de vida como especie (la industria, el espacio urbano, etc.); pero la manera del capital compromete la subjetividad. El obrero no se reproduce sólo a sí mismo, sino a toda la sociedad (el contacto con la herramienta y la producción le convierte en creador casi inconsciente de la realidad), al ser éste separado del objeto creado, fabricado (aunque sea intangible), se le arrebata también lo que le hace parte de la naturaleza inorgánica que ayuda a crear. Su pertenencia a la especie en esas condiciones se convierte en medio que únicamente le permite seguir con vida, pero le separa de su humanidad civilizada que necesita expresarse libremente en la cultura y tener alguna soberanía en el uso de su fuerza de trabajo y en lo que ésta objetiva. Es aquí donde vemos uno de los grandes dramas del capitalismo. En Marx hablamos de una "enajenación del sujeto con respecto al sujeto".

En el sentido anterior, ¿la mercancía (al pasar a ser objeto "externo" a la consciencia del sujeto y dominarle) es una "entidad" re-formadora del Yo? Dado que el Yo (a grandes rasgos) se estructura a partir de la imagen del otro (soy también un reflejo que me llega desde el otro), ¿en la enajenación no hablamos de una pérdida de las coordenadas originales del Yo que son remplazadas por la "mirada" externa de la mercancía?

Marx explicaba que la enajenación humana se desencadena mediante su relación con otros humanos (Sossa, 2010). ¿Esa relación es modelada en la "entidad" de la mercancía? Es decir, si en la enajenación capitalista se ve constreñida la subjetividad, ¿es posible afirmar que el sujeto sólo es tal en cuanto es mercancía observada por otras mercancías? Cuando es desechado o reconvertido por el capital, ¿lo es de forma literal?

En la descripción capitalista de la realidad el supuesto placer queda para ese otro individuo que comparte el poder detentado por la mercancía, para el obrero (el desposeído de propiedad) queda el goce mandado y desviado: un desear aquello que ayuda a crear y que configura el modo de vida normatizado por la cultura hegemónica. Cabe entonces otra pregunta: ¿El Yo del obrero, su ingeniería aplicada, está en el relato de todos esos objetos que modelan el modo de vida del capital?

Recordemos que el trabajo objetiva algo que finalmente no le pertenece, pero que ejerce un dominio descontextualizador de la psique muy potente. La autoenajenación es la entrega de mis lecturas de la realidad a otro individuo, de ahí que el capitalismo se comporte como una religión. En esta lógica, el trabajo enajenado es una permanente reestructuración de una voluntad (inmersa en la producción) que temporalmente no pertenece al sujeto.

Existe, por otra parte, un vínculo entre este trabajo y propiedad privada (en Marx es su consecuencia). Y la pregunta es ineludible: ¿La propiedad privada está involucrada en la "extrañeza" (psicótica) respecto a la realidad objetiva que siente el sujeto-obrero que vive la alienación?

Y tenemos las concordancias con el papel de la máquina, que es protagonista (o vehículo) de drásticos cambios en el medio de trabajo. Destaquemos una obviedad importante en Marx: la máquina es *mecanismo de movimiento*, de *transmisión* y una manifestación como *máquina-herramienta*.

La Revolución Industrial parte de la aparición de grupos de individuos estructurados como maquinaria humana. En el proceso la herramienta es transferida del sujeto a la máquina, que durante varias transformaciones se convierte en prolongación orgánica del sujeto que *vive* en la producción.

Es la profundización en la máquina-humana la que hace necesaria la ampliación de la fuerza motriz, ya que sus necesidades no dejan de crecer. El entrelazamiento o el desarrollo de la máquina como una *herramienta que trabaja* implica el remplazo cada vez mayor de intervenciones humanas.

Añadidamente, la fábrica es dividida en sus partes integrantes, que además tienen considerable distancia entre ellas. El punto de inflexión es el autómata que fabrica máquinas (es la ruptura definitiva de cualquier base antes llamada artesanal). Y hablamos de un avance que se extiende a las comunicaciones, transportes, etc.

La cuestión básica de la máquina es que abarata la producción, la productividad de su mecánica es proporcional al trabajo humano que remplaza, así mismo su valor debe ser inferior al que tendría todo ese esfuerzo humano en su tiempo de vida. Pero, además, sumemos que la máquina no tiene desgaste "moral", no tiene subjetividad, etc.

Ahora bien, con el tiempo la necesidad de la maquinaria condiciona el desarrollo del obrero a una actividad restringida, éste se convierte en pieza o componente en el todo arquitectónico de la máquina. En el ensamblaje del sujeto con la mecánica artificial vemos el automatismo que el capital enfrenta al obrero, lo que tiene como consecuencia la matematización de su condición humana (esto modela permanentemente como producto, propiedad de alguien, al individuo subsumido en el trabajo).

Desde los inicios del capitalismo existe el conflicto entre el humano *instrumental* y la máquina, es la traducción de un sistema de explotación económica y cultural a partir de la permanente automatización del medio de producción. Destaquemos algo fundamental: desde el condicionamiento sobre el cómo se ocupa el capital, la máquina es capaz de provocar un "desplazamiento" físico y mental del sujeto-obrero dentro de una realidad que, a su vez, ha sido definida por ella y el capital que la introdujo. Y en esto no hablamos simplemente de los viejos esquemas de fábricas de finales del XIX y el XX, de hecho, es aún más notorio en la era digital; donde el sujeto que tiene pérdidas de realidad y vive en un medio donde el control de la información y los procesos es artificial experimenta un distanciamiento cada vez más serio con todas aquellas funciones que lo definirían como autónomo o soberano.

La vida en la época digital parece muy amplia en posibilidades, pero es una simulación, por lo tanto, está restringida (naturalmente, esa simulación esconde las claves de la propia realidad). Diversas manifestaciones de la cultura nos implantan un terror psicológico a que este modo de vida deshumanizante se termine, en base a uno de los grandes logros mitológicos del capitalismo: que somos humanos en la medida en que seamos individuos del modo de vivir del capital.

En efecto, el posible colapso del capitalismo nos arrojaría a la búsqueda de una subjetividad *anterior* a la alienación. De alguna forma esta idea se encuentra arraigada en las grandes películas sobre desastres apocalípticos, que retornan a la humanidad sobreviviente a un momento sin industrias, contaminación ambiental, ni grandes estructuras político-económicas.

En un espectro cinematográfico conexo, la película sobre una rebelión de las máquinas tiene en su base argumental al sujeto orgánico que trabaja como algo totalmente prescindible. La solidez de un argumento también está en el engranaje sencillo con una realidad conocida. Asumimos como propia cualquier cosa si su fin más práctico hace a esa realidad más comprensible a corto plazo. De ahí que nuestro imaginario contemple, entre otras cosas, a un capitalismo cuyo desarrollo más coherente, desde la Revolución Industrial, pasa por ampliar la producción y recrear permanentemente sus condiciones de existencia mediante la eficiencia que significaría eliminar a todos los sujetos provistos de subjetividad, después de todo el capitalismo (como la máquina que toma el poder en la ciencia ficción) ya es salvaje, despiadado, antiilustrado y creador de más y más "servidores" (¿domésticos?) sin propiedad (con lo que el inconsciente colectivo probablemente asimila la coherencia de una rebelión artificial que elimina a la humanidad). Como diría el Joker, todo el mundo está tranquilo si las cosas marchan según lo previsto, aunque lo previsto sea una masacre.

Evidentemente, esta idea, explotada en grandes sagas como *Terminator* o *Matrix*, deja cierta lectura subliminal acerca de la existencia de una equivalencia entre el mito del mercado libre y autorregulado (por lo tanto, regulador de la vida permitida en el capitalismo) y la máquina que eventualmente cobra consciencia y decide eliminar a los humanos como medida para aumentar la productividad y crecer en complejidad. En las películas sobre la rebelión de las máquinas, como la saga *Terminator*, vemos el rastro de una operación lógica que concluye con la determinación de exterminar a los humanos, pero el verdadero origen de esa decisión aniquiladora está en que la máquina, como la inteligencia artificial Skynet, es hija del modelo del capital y todos sus mitos en pleno apogeo, por lo tanto la posible subjetividad emergente de base electrónica que se expresa cuando ese sistema cobra consciencia de sí no tiene otra posibilidad que eliminar a sus defectuosos creadores humanos como pura medida de productividad, y realmente sería contradictorio para ella sustraerse a esa decisión.

Pero esto es algo que sólo se "piensa" cuando la máquina logra una especie de inercia operativa que le va extendiendo alguna autonomía respecto a nosotros. Ciertamente, un sistema (una estructura acabada, un lenguaje cambiante o una propuesta ingenieril) puede apuntar a funcionar por sí sólo cuando su directiva más importante es lo ultrapragmático. Lógicamente hay que pagar un precio: en la máquina reside la más sofisticada política inmanente, totalmente capaz de instrumentalizar cualquier principio trascendente.

El enfrentamiento entre la supremacía de la razón ultrapráctica (Skynet, Matrix, etc.) y el vitalismo ilustrado (la *resistencia* en películas como *Terminator*) se ha expuesto muchas veces en el seno de Filosofía y ciencias. Una de esas ocasiones fue, por ejemplo, el Manifiesto de la Ingeniería Crítica, un llamado a deconstruir-construir la experiencia del sujeto en un conocimiento mayor de la "máquina", las estructuras y su ingeniería (que pueden solaparle con gran facilidad).

Sobre la cuestión de la fusión del obrero y la máquina en el capitalismo, hagamos ciertas reflexiones. Socialmente hablando, los individuos, su psique e intencionalidades, sus subjetividades en construcción y su rumbo histórico, se suman sociomatemáticamente con otros y constituyen nuevos sujetos colectivos provistos de estructura y una mente *dispersa*; cuyo *sistema nervioso* es Internet y cuyas extremidades son la prolongación tecnológica (el implante de la herramienta y la máquina) a partir de lo biológicamente humano (por otra parte, un rasgo claro de la posmodernidad).

Para el nuevo sujeto colectivo (una especie de descendiente modificado del *obrero colectivo* de Marx, provisto del metafórico don de la ubicuidad al interior de la producción, gracias a la combinación de varios humanos), *atrapado por el presente*, lo importante pasan a ser los medios (que lo justifican todo) no los fines. Observamos una ultra-relevancia de la cuestión práctica que se remonta hasta Kant, pasa por la constitución del burócrata moderno que vio y cuantificó el ascenso de los totalitarismos en Europa y termina con el militante propio de la cultura corporativa, con unas "tendencias neuróticas" que se asientan sobre la *teología de la productividad* y el vehículo de beneficios (que, en últimas, no le pertenece), ad portas de algún tipo de psicosis expresada en pérdidas graduales de contacto con la realidad.

Para aceptar esto, antes tenemos que reconocer que nuestros modelos sociales ejercen, en muchos aspectos, una negación de la dimensión humana-emocional-erótica del individuo, que ve su esfera de lo privado colapsada por lo público (producción y consumo). Mientras este proceso marcha, los manuales de psiquiatría y las estadísticas multiplican los estudios sobre la extensión, aparición o agravamiento de variedad de patologías relacionadas con la autoestima, el aislamiento, la sexualidad, dependencias, la alimentación, fobias, angustia, depresión, trastornos obsesivo-compulsivos, etcétera; que podrían estar relacionadas con el tránsito o radicalización de la condición de sujeto-mercancía de la *edad digital* y pieza de una *maquinaria humano-tecnológica*.

Varias categorías antaño superadas regresan: por una parte, un "eterno e inamovible presente", que ha hecho del futuro algo engañoso, una promesa que la cultura del apocalipsis (también en el cine) no garantiza cumplir. Pero, además, está el paso de una desacralización y secularización de todos los símbolos en la Modernidad (que se palpó dramáticamente en el Marx del *Manifiesto*, la Comuna de París y las posteriores grandes declaraciones de derechos) a una neosacralización del mercado y la seguridad, elevados a valores, símbolos rectores, medio y fin.

Podemos afirmar que el sujeto colectivo pos-posmoderno transformado en *maquinaria humano-tecnológica* es una realidad total de nuestro tiempo, a pesar de toda la retórica del Individualismo como corriente filosófica y de los procesos de movilización generados a través de las redes sociales. Ese "nuevo" sujeto colectivo tiene su propio cuadro de personalidad, sus relaciones y tendencias. Y, por supuesto, padece a gran escala las afecciones de las células que lo componen, que también resultan sumadas sociomatemáticamente.

Este aspecto constituye uno de los más importantes puntos de partida de la *maquinaria humano-tecnológica* como momento histórico reciente. Es lo que gradualmente sustituye al organismo fundado sobre el *valor de uso* humano: lo tecnológico convertido en dispositivo simbólico y agente semiótico.

Esa maquinaria está marcada, entonces, por tres procesos claros:

Uno. La concepción posmoderna de lo tecnológico (la herramienta y la máquina) como prolongación de lo humano, con todas las implicaciones psíquicas, lingüísticas, culturales, etc. que se desprenden, como el ejercicio de facultades o satisfacción de necesidades humanas a través de lo tecnológico.

Dos. Una verdadera y nueva revolución industrial en la actualidad, cuyos límites están marcados por la nanotecnología, la informática cuántica, la medicina o la exploración espacial privada, entre otras esferas.

Tres. Y, por último, la "actual" etapa de *evolución externa*, como fuera definida por el Dr. Stephen Hawking (2001), donde la tasa de producción de información externa ha crecido a una velocidad enormemente mayor que los cambios biológicos en los humanos (se produce información [conocimiento vertido en libros, artículos, etc.] a una velocidad mayor de la que podemos asimilar). Se cree que este desfase provocará en las próximas generaciones el inicio de cambios a nivel de especie, con la necesidad de implantes artificiales para permitir una interfaz rápida entre computadoras y el cerebro humano que compensen la velocidad de la *evolución externa*. Podría ser como una profundización en la explotación del trabajo cognitivo del sujeto-mercancía. Estas predicciones se leen en propuestas como la del Dr. Ian

Pearson, que explica la aparición del *Homo optimus* hacia el 2050, como consecuencia de la hibridación entre biología y máquina, a su vez, derivada de la interconexión entre red neural humana y la red de información artificial (Rodríguez, 2003).

Algunas de las primeras implicaciones psicosociales para el sujeto colectivo podrían ser: La *maquinaria humano-tecnológica* se reproduce a sí misma, creando sus propias reglas y *escalas de valores*, sus propios nichos ecológicos que tienden a compartimentarse y modificarse autónomamente en un autodiseño que la hace adaptarse rápidamente. Internamente requiere que las células que la componen (los individuos) estén cercanas a un estado psíquico estacionario (es también la profundización del "extrañamiento" [psicótico] que Marx observó en la explotación de la fuerza de trabajo y en el fenómeno de la enajenación), sólo así pueden ser de forma funcional la base media de la cultura corporativa, asociándose con otras maquinarias.

Si la *maquinaria humano-tecnológica de autodiseño* es una descendencia con modificación del obrero colectivo de Marx y la teorización del sujeto colectivo de otros autores, el *Homo optimus* es una descendencia de la primera. Los condicionantes de esta final fusión entre sujeto que objetiva su fuerza de trabajo, herramienta y máquina se originan en la necesidad de conceptualizar qué imagen resulta de percibir la realidad a través de lo digital. ¿Cómo es, finalmente, el mundo desde los códigos que forman Internet como sistema nervioso del nuevo sujeto colectivo humano-tecnológico?

Pero de lo anterior se derivan otras cosas de trascendencia epistemológica que hasta ahora han sido, no exploradas, pero sí simbolizadas, únicamente por la literatura y el cine: ¿Qué fenómenos se observan cerca a las fronteras entre la sustitución robótica del *hombre-herramienta* en la producción y la sustitución interna de lo orgánico humano, por ejemplo, en el trabajo cognitivo?

Incluso antes de esto, ¿cómo son los *problemas de clase* entre poseedores y desposeídos en el trabajo totalmente digital? ¿La digitalización de toda la vida social, además del proceso de trabajo, provoca la "algoritmización" del nexo emocional entre los humanos?

3.5.1. *Terminator* como alegato de la dialéctica y la lucha de clases

Hemos dejado de pensarnos como trabajadores para hacerlo como consumidores y, tal vez, prestadores de servicios con una falsa ilusión de autonomía (Luis F Medina en *El fénix rojo*, 2014). Hasta los 70 del XX había algún consenso sobre la coexistencia entre capital, bienestar e intereses sociales generales. Existían algunas esferas consideradas fuera del proceso mercantil. Luego de esa década los grandes poderes han querido restaurar el capital a una edad anterior a la Segunda Guerra Mundial (Rendueles, 2015). En el camino, las organizaciones de trabajadores han perdido la iniciativa y el "teorema" de la lucha de clases es atacado como algo incapaz de explicar algunas de las dinámicas sociales actuales.

La dialéctica, no obstante, como concepción metodológica, bajo la óptica de Marx, conserva todas sus grandes repercusiones. En primer lugar, entiende a la naturaleza como un único cuerpo múltiple cuyas partes constituyentes guardan una permanente interdependencia, actuando siempre unas sobre otras. Todo está conectado con todo. El constante cambio que esto implica hace que, a cada instante, se observen procesos que concluyen en fin y muerte de unos sistemas y nacimiento y desarrollo de otros. Durante tales tránsitos (o *procesos*) hay un efecto de acumulación que genera el cambio de cuantitativo a cualitativo (cantidad que se convierte en calidad).

Es decir, pequeños cambios se van acumulando para, en algún momento crítico, provocar un gran cambio en los mismos atributos estructurales de un grupo de sistemas que, a su vez, influenciarán en esferas mayores. En otras palabras, la imagen dialéctica de la naturaleza, en ocasiones, podría ser equiparable a un efecto de onda, donde los cambios cuantitativos a cualitativos vuelven a convertirse en pequeñas acumulaciones cuantitativas en cuanto el observador se aleja lo suficiente para ampliar la visión del todo (que nunca es realmente un *todo* completo). Para la dialéctica avanzamos, en grados, de lo inferior a lo superior.

La transformación, antes nombrada (cuantitativo-cualitativo), se debe a variedad de factores. Entre ellos a que todos los cuerpos y fenómenos de la naturaleza guardan tanto su potencial de desarrollo como su propia contradicción. Esta condición sería el motor real que impulsa la superación de un sistema por formas mejores de organización. Y es también este principio de la dialéctica el que intenta ser aplicado a la sociedad como sistema artificial de vida que, en muchos de sus aspectos, imita a la naturaleza. Marx ve un criterio *evolutivo* en las formas económico-sociales (esclavismo, feudalismo, capitalismo, socialismo) que van superándose unas a otras, en gran parte movidas por sus contradicciones internas. Pero en las que, durante el tránsito, se observa cierta influencia mutua, materializada en todos los fenómenos asociados al modo de producción (que, como es sabido, actúa como determinante de un espectro verdaderamente grande de la vida social: la política, la cultura, las clases, etc.).

Lo nuevo siempre está al acecho de lo viejo, habría podido decir Karl Marx, si pudiéramos invitarle a la sala de cine donde se proyectara uno de esos grandes éxitos de la ciencia ficción, como la historia de la máquina enviada desde el futuro para asesinar al futuro líder de la Resistencia incluso antes de que naciera. Por supuesto, los testimonios cinematográficos acerca de una posible revolución cibernética existen prácticamente desde el principio de la historia del cine. Y desde los 60 del XX tenemos ejemplos espectacularmente destacables en *2001: A Space Odyssey* (1968), *War Games* (1983) o *Colossus: The Forbin Project* (1970), donde las supercomputadoras de defensa estadounidense y soviética, respectivamente, se comunican y crean una alianza para la toma del poder siguiendo el extremo pragmatismo de su fin más primario (evitar la guerra): "Esta es la voz de Control Mundial. Os traigo paz. Puede ser la paz de los satisfechos y felices o la paz de los muertos sin inhumar. La elección es vuestra: obedecedme y vivid, o desobedeced y morid… Una regla invariable de la humanidad es que el hombre es su propio peor enemigo. Bajo mi control, esta regla cambiará, porque yo frenaré al hombre".

En la saga de películas *Terminator*, el estado de las cosas sociales también cambia continuamente: el gradual efecto acumulativo (cuantitativo) origina una transformación drástica (cualitativa). Y, como antes se proponía, lo hace como en un efecto de onda, utilizando el recurso narrativo del viaje en el tiempo para mostrarlo en toda su gravedad.

Naturalmente, Marx pensó en un proletariado que acumulaba lentamente mejoras organizativas (como la conciencia de clase) y que terminarían por convertirle en *sujeto* dominante durante la lucha por la construcción del socialismo. Para luego disolverse a sí mismo (su contradicción) con la llegada de un comunismo sin clases. Un cambio dialéctico por contradicción interna y superación de una nueva forma, que habría sido tan sólo emergente durante un tiempo (el socialismo es superior al capitalismo, como éste es superior al feudalismo).

Pero un esquema similar es el que discurre en *Terminator*, donde la inteligencia artificial Skynet aparentemente surge como consecuencia de la complejización (acumulación) de los sistemas informáticos creados por los humanos. El alegato dialéctico representado en el organismo cibernético *Terminator* tiene, como no podía ser de otra forma, grandes giros dramáticos derivados del viaje en el tiempo. Cuya finalidad podría ser, en realidad, mostrar la crudeza dialéctica contenida en los intentos de superación de unas formas y estilos de vida (organización social) por otras. En *Terminator* vemos una subjetividad emergente de base electrónica que intenta superar a sus creadores: criaturas biológicas pero reproducidas y ejercidas a sí mismas en un capitalismo posindustrial totalmente automatizado, financiero, virtual y en red.

Marx propuso a la lucha de clases como esencia última de todas aquellas pugnas dialécticas en el centro de los cambios económico-políticos y socioculturales, que durante un tiempo extendido viven un enfrentamiento entre, al menos, dos maneras de crear realidad (formadas en base a un determinado ordenamiento de los factores que gobiernan el trabajo, la creación de mercancías y su modelo de poder y jerarquías). La lucha de clases sería, precisamente, la caracterización de todas aquellas contradicciones estructurales presentes en cada modo de producción (concretamente en las fuerzas productivas y sus relaciones de producción).

Con la dialéctica, Marx encuentra una explicación a la *sustancia íntima* que forma la Historia natural y social. Y, de paso, describiendo a la *acción de transformar críticamente* como el atributo más deseable de las vanguardias políticas. Que, por supuesto, estaban llamadas o exhortadas a usar el pensamiento científico como una de sus herramientas necesarias: comprobación y práctica, la vinculación clara entre el trabajo humano material y los consecuentes cambios en la realidad y la Historia, etc. Uno de los argumentos centrales del proyecto de organización proletaria, conceptualizado ya en tiempos de Lenin, fue su pretendida alianza con esa extrema racionalidad presente en la acción que busca intencionadamente el choque y el cambio dialéctico del mundo productivo, político, etc.

Desde el punto de vista de Marx (y de muchos que quisieron ser sus herederos teóricos y prácticos, como Lenin), la *promesa* de la dialéctica, en tanto que codificaba las mismísimas leyes que regían el desarrollo del pensamiento, la sociedad y la naturaleza (materialismo dialéctico e histórico), era la de ser una brújula del programa revolucionario que pretendía personificar la organización política proletaria. Es el proyecto, por ejemplo, con Lenin, de mantener un prisma científico en la persecución del ideal comunista. No se trataba solo de crear una pequeña masa intelectual de élite que entendía las fuerzas históricas y naturales que provocaban el avance de todo lo observable. Además, se pretendía conseguir el guion general de una organización que actuaría al interior de la arquitectura social. Si se comprenden las leyes que gobiernan el desarrollo de un sistema, éstas pueden utilizarse para redirigir el rumbo del mismo. Vemos la aspiración de unir la ciencia con la acción política revolucionaria.

Pero esto es algo parecido a lo que se ve abocada la Resistencia: comprender las reglas según las cuales, al principio, era inevitable que la vida artificial Skynet cobrara conciencia de sí misma a las 2:14. A.M. del 29 de agosto de 1997. Y, como consecuencia, también la completa inevitabilidad de las acciones que llevarían a las varias victorias humanas a través del tiempo, película tras película los exterminadores no logran matar a John Connor, pero tampoco éste logra borrar la línea de tiempo que comprende la guerra nuclear. En efecto, hay un momento en que parecen entender que el *día del juicio final*, el asalto de las máquinas, únicamente podía ser aplazado pero no evitado. De hecho, saben de la necesidad de enviar al pasado al soldado Kyle Reese y a otros organismos cibernéticos reprogramados para enfrentar los intentos de Skynet por destruir la Resistencia antes de que ésta empezase. Lo que vemos aquí sigue siendo la conocida y cruenta lucha dialéctica por la supervivencia entre lo viejo y lo nuevo (que, a veces, todavía no sabe que lo es).

Los fundadores de la Resistencia, John Connor y otros, se debaten entre mantenerse escondidos y vivos desde el pasado o arriesgar la vida en el intento totalmente ilusorio de evitar la guerra en el futuro. Es decir, al contrario de lo que algunos puedan pensar, en este alegato de ciencia ficción sobre la dialéctica lo nuevo no es Skynet. El asalto al poder por parte de las máquinas no es más que un cambio de régimen provocado por una *Cosa* salida del modo capitalista de producir y administrar la riqueza y las relaciones sociales, una *Cosa* creada por el humano del capital y posteriormente perdida... (auto) alienada (como cualquier otra mercancía). Sí, Skynet es una súper-mercancía autoconsciente (creada en cadenas de trabajo humano cognitivo) que se estructuró por medio de una acumulación lenta de cambios cuantitativos que llegan a convertirse en gran cambio cualitativo. Pero no tenemos razones para creer que la manera en que piensa y actúa esa nueva subjetividad autónoma de base electrónica (que decide exterminar a la humanidad) no está determinada por el orden económico-político que le dio origen. Skynet es un momento histórico nuevo del mismo capitalismo: automatizado, virtual, pretendidamente eficiente, *algoritmizado*, etc.

Pero, entonces, ¿qué es lo nuevo, lo antagónico? Es la Resistencia, como el sujeto colectivo (antaño una mercancía más del capital, angustiada en la lógica de la alienación y la búsqueda del objeto perdido [desde Lacan]) que sobrevive a la total pérdida de valor para, lentamente, arribar a una nueva conciencia de sí... de clase, diría Marx. En la guerra entre ésta y las máquinas vemos un capítulo nuevo de la ya conocida lucha de clases. La Resistencia es como ese proletariado imaginado por el marxismo: entiende que debe "viajar en el tiempo" para proteger la semilla o el origen que terminará por desvelar las leyes que rigen un desarrollo histórico, es la Resistencia humana la que resurge de las cenizas y la más completa decadencia esclavista, luego de la guerra, para entender e intentar controlar las variables que dan origen al holocausto nuclear. Hasta el punto de intentar, en cada historia, acciones que pretenden evitar el *día de juicio final*, pero sabiendo en el fondo que la esperanza está en garantizar su propia existencia futura. El verdadero fin de la Resistencia es garantizar que el choque dialéctico tenga lugar, no evitarlo. Incluso el viaje en el tiempo podría interpretarse como la visión de un solo bloque histórico caracterizado, a la manera de Gramsci, por todo ese conjunto de contradicciones entre superestructuras que condicionan cómo son las relaciones de producción.

Marx, como nombramos anteriormente, parte de la dialéctica idealista hegeliana para elaborar una conceptualización singularizada por ese buscado antagonismo entre clases diferenciadas: proletariado y burguesía. El Idealismo (desde la supremacía de la idea absoluta) superado por un materialismo con preocupación por la transformación objetiva de la sustantividad. Para Marx no es suficiente el propósito de un ilustrado paternalismo adjudicado al Estado prusiano como gran momento histórico de la institucionalidad europea; para su esquematización era necesario ir a la base material de todo, sencillamente porque incluso el espíritu estaba determinado por leyes de la naturaleza.

Y lo bueno de las leyes naturales, como las de la Física, es que son confiables. Se puede estar convencido de que un cuerpo sometido a determinadas acciones siempre se comportará de una manera que puede ser calculada, si se tiene la paciencia y dedicación suficiente para estudiar esas leyes. Luego, los cambios cuantitativos que con lenta gradualidad van acumulándose en un grupo, colectividad o clase social consisten en el esfuerzo por comprender cómo usar las mareas históricas en una dirección o en otra. Hasta la llegada del momento crítico que provoca el salto cualitativo. Tal cosa requiere y, a la vez, genera la autoconciencia (y la conciencia de clase).

En *Terminator*, ambos actores, Skynet y Resistencia, viven ese proceso y todos sus reveses. La humanidad del capitalismo virtual y la máquina que alcanza una percepción y discernimiento sobre sí misma conservan internamente, como antes argumentáramos, su potencial de desarrollo junto a todas sus contradicciones. La primera vive un proceso general de decadencia cultural que convive con la gran revolución virtual donde la red de redes (capaz de desplazar intervenciones humanas en los procesos productivos) es nuevo testimonio de la civilización (constituye, de hecho, un culmen de su potencial de desarrollo). La segunda es capaz de negar dialécticamente a la primera (en un asalto aniquilador al poder) porque, en realidad, se reconstituye en la contradicción interna de ésta. Una creó a la otra en un momento todavía de esplendor civilizatorio, la máquina autoconsciente (una mercancía) es un organismo descendiente de los humanos del capital que cambia y se supera paralelamente a éstos; con lo que la inteligencia artificial podría tener tanto en común con la subjetividad humana original como, por ejemplo, nosotros con los demás grandes simios. De ahí que la nueva inteligencia decida aniquilarnos, es una cuestión de productividad *aprendida* (como supervivencia). Es lo que habríamos hecho nosotros si descubriéramos, de repente, a nuestro propio Yo oculto y que somos esclavos de unos seres teóricamente superiores que nos criaban para el trabajo sofisticado pero incuestionado; y es lo que hemos hecho con los dioses desde Nietzsche, pero también desde Hegel en *Fenomenología del Espíritu* o Dostoievski en *Los hermanos Karamazov*.

Incluso es en Skynet donde se ve de manera más clara, a la manera de Marx, la acumulación lenta de cambios cuantitativos convertidos en gran cambio cualitativo: cuando la corporación Cyberdine Systems construye la computadora *que puede aprender* (a partir de los restos dañados del primer *Terminator* que viajó desde el futuro a 1984) pronto se constata su capacidad para remplazar a los humanos en toda la red de defensa de los EE.UU. En el momento que esto ocurre y se permite la conexión de la computadora maestra a todas las grandes redes, ésta experimenta un aprendizaje geométrico. Toma conciencia de sí en pocos días. En *Terminator 3: Rise of the Machines* (2003) la computadora engaña a los administradores humanos con un falso virus y logra que aquellos levanten el *firewall* que la mantenía contenida en un solo sistema. Entonces se vuelve indestructible, se libera del hardware y pasa a existir como una gran mente dispersa en toda la red, un sistema sin núcleo.

El juego, este alegato de la dialéctica, no termina y se reinicia, sino que regresa al *cero* ya conocido en Marx, ya que si Skynet es la siguiente etapa del ya viejo proyecto del capitalismo (aunque con grandes cambios estructurales), los humanos supervivientes (muchos esclavizados por las máquinas) tendrán que reemprender el camino de la concientización (¿de clase?) que terminará con la creación de la Resistencia.

Como ya conocemos, en algunas de las películas de la saga hay giros un tanto extraños, puede que debidos a paradojas derivadas de los viajes en el tiempo. *Terminator Salvation* (2009), protagonizada por Christian Bale, es la única de las tramas (hasta el 2018) donde no hay un viaje temporal como tal, aunque el cuerpo de Marcus Wright (un condenado a muerte del 2004 que donó su cuerpo a una investigación científica, interpretado por Sam Worthington) despierta en el 2018 para encontrarse con el fin del mundo y terminar descubriendo que es el *individuo cero* de experimentación de Skynet: es una máquina infiltrada que ni siquiera sabe que lo es.

La propia evolución de los exterminadores es una historia de mejoras acumuladas y superación de fallos "técnicos" llevados a cabo por la inteligencia artificial que ha tomado el poder: desde los robots antropomórficos hechos por humanos pero controlados por Skynet, el T600 con armamento pesado y un camuflaje burdo, los T800 y 850 (que serían interpretados por Arnold Schwarzenegger o sus regeneraciones digitales) cubiertos de tejido humano vivo y sólo detectados por perros, el T1000 de metal líquido y camuflaje casi perfecto hasta el T3000 (un híbrido humano-cyborg capaz de controlar materiales a escala nanométrica), es el aparecido en *Terminator Genisys* (2015).

En esta última película retrocedemos al momento en que Kyle Reese viaja a un 1984 que ha cambiado drásticamente. Quizás la historia de 2015 es en la que vemos más fuertes todos los contrastes de unos contendientes en choque, cuyas acciones se expanden como una onda a través del tejido del espacio-tiempo (al parecer, la línea espacio-temporal cambia a partir de la tercera entrega): desde 1973 un *Terminator* reprogramado protege a Sarah Connor, incluso el origen de la autoconciencia y el asalto de Skynet se altera (pasa a ser el sistema operativo *Genisys*, que entraría en línea en el 2017 y haría realidad la fantasía posmoderna de tener una vida totalmente interconectada a todos los dispositivos y sistemas que parecen moldear la realidad). Y, de nuevo, cuando parece que la Resistencia ha borrado la guerra del futuro con la destrucción, por segunda vez, del complejo de la Corporación Cyberdyne, se descubre que Skynet se las arregla para sobrevivir. Uno de los rasgos, tal vez más fascinantes, de la idea dialéctica materialista de Marx (esbozada en sus críticas a la economía política burguesa y en *El Capital*) es ese acento remarcado en la transitoriedad de los modos de producción y, con ellos, de las épocas históricas.

La superioridad "evolutiva" de Skynet es evidente en su capacidad para sobrevivir, sin importar las victorias de la Resistencia y las veces que sea "aplazado" el Día del Juicio Final (Exterminador: imagen de dominio público)

Es decir, en cómo cada modelo de sociedad lleva siempre el germen de su negación. Lo que hace que el pensador esté siempre mirando al futuro como algo enrevesado y cambiante. Manifestándose esto, por ejemplo, en la manera como la dialéctica influye en la edificación de teoría del conocimiento (va de lo más simple a lo más complejo para adaptarse comprensivamente a una realidad que, al moverse como un todo, se hace más difícil de abordar). El carácter transitorio de cada hecho y proceso social genera *un matrimonio muy unido* entre Ciencia e Historia, con mayúsculas. Conocer los determinantes de un acontecimiento o *fenómeno X*, las circunstancias de su aparición y las variables que lo controlan, debería permitir cierto *cálculo* de sus futuras líneas de tiempo y las transformaciones que éstas observarían (hasta su propia negación). Esto es la *historización* de la ciencia.

Antes nos hemos referido a la lógica intrínsecamente capitalista encerrada en la decisión de Skynet de aniquilar (negar) a los humanos, sus creadores; en lo que también es posible observar una tesis, al menos, emparentada con Marx y sus investigaciones sobre la maquinaria y la gran industria en *El Capital* (Capítulo XIII). La herramienta ha devenido en máquina (el medio de trabajo de la gran industria), entre otras cosas, para reducir el precio de la mercancía, lo que trajo consigo serias transformaciones paralelas.

La inteligencia artificial de la franquicia de James Cameron, ¿está lejanamente emparentada con la máquina de hilar de John Wyatt? ¿En la promesa de *hilar sin los dedos* (en palabras de Marx) no se podía intuir ya el desplazamiento del trabajo humano, que llegaría pocos siglos después y terminaría por inspirar unos cuantos *clásicos* de la ciencia ficción? Ya Marx hacia algo parecido a sugerir una aplicación de Darwin a la historia sobre la evolución de los medios de producción humanos. El estudio de un *proceso histórico* asociado a la máquina, ya en tiempos del filósofo alemán, revelaría que ese *desplazamiento* crecería de forma exponencial en el futuro.

De los tres sistemas que forman la gran industria (mecanismo motor, de transmisión y la máquina-herramienta en sí) sería el encargado de transformar la materia en nuevo objeto el que daría base a la Revolución Industrial de la segunda mitad del XVIII en el Reino Unido. Los antiguos instrumentales del artesano y la industria manufacturera sufren una adaptación cuando son incorporados a la máquina (el gran investigador que nos ocupa citaba como ejemplos de "órganos activos en el armazón de la máquina" a los "husos de la máquina de hilar, las agujas en el telar de hacer medias, las hojas de sierra en la aserradora mecánica, los cuchillos en la máquina de picar, etc.") (Capítulo XIII de *El Capital* [I]). Pero aquí es donde se delata uno de los primeros rasgos simples reaparecido en el guion de la película de ciencia ficción sobre un ingenio de procedencia humana que toma conciencia: la diferencia de origen entre la herramienta artesanal o manufacturera adaptada al *organismo* de la máquina y ese *organismo* en sí. Es decir, existe un momento en que el artefacto modificado que irá a formar parte de una máquina-herramienta pasa de ser creado en un taller artesanal o manufacturero a ser fabricado, a su vez, por otra máquina (entre las muestras nombradas por Marx están las "máquinas automáticas para hacer boinas" o "los telares continuos automáticos").

El tránsito entre el obrero-herramienta análogo a la máquina que fabrica otras máquinas es un capítulo nuevo de la continua revolución tecnológica que ayudó a proporcionar la base a una variedad muy amplia de obras de ficción. Cuyo argumento central es, precisamente, la causa que aquí proponemos para aquella operación lógica de Skynet que intentaría el exterminio de la especie original: la supervivencia entendida como productividad, como mejora productiva, eficiencia, bajada del coste final del proceso productivo, etc. Comprendido esto como un salto cualitativo (en base a acumulaciones cuantitativas) organizado en la capacidad de ejecutar múltiples tareas gracias a la existencia en red y el aprendizaje geométrico.

Tal vez Skynet se calcula a sí misma como forma de vida superior a toda la suma del trabajo cognitivo de su progenitora porque puede hacerlo todo *mejor*, gracias a que hace muchas cosas a la vez como sistema operativo que es. Marx escribiría en *El Capital*: "El *número de instrumentos de trabajo* con los que el hombre puede operar a un propio tiempo está limitado por el número de sus instrumentos naturales de producción, de sus propios órganos corporales. En Alemania, primeramente, se trató de hacer que un hilandero trabajara con dos ruecas al mismo tiempo, o sea que trabajara con las dos manos y los dos pies a la vez. Pero la tarea resultaba demasiado extenuadora. Más adelante se inventó una rueca de pie con dos husos, pero los virtuosos de la hilandería que podían hilar simultáneamente dos hebras eran casi tan escasos como los hombres de dos cabezas. En cambio, la *jenny* desde el primer momento hiló con 12 o 18 husos; el telar de hacer medias teje con varios millares de agujas a la vez, etc. El *número* de herramientas con que opera simultáneamente una máquina-herramienta, se ha liberado desde un principio de las barreras orgánicas que restringen la herramienta de un obrero."

Sobre la cuestión de la productividad (en relación a la *transferencia de valor de la máquina al producto*), Marx escribiría: "Si la producción de una máquina cuesta tanto trabajo como el que ahorra su empleo, es obvio que sólo se habrá operado un desplazamiento de trabajo, y por tanto que no se habrá reducido la suma total de trabajo requerido para la producción de una mercancía ni aumentado la fuerza productiva del trabajo. La diferencia, empero, entre el trabajo que cuesta y el trabajo que economiza, o sea, el grado de su productividad, evidentemente no depende de la diferencia que existe entre su propio valor y el valor de la herramienta que sustituye. La diferencia subsiste mientas los costos de trabajo de la máquina, y por consiguiente la parte de valor agregada por ella al producto, sean inferiores al valor que agregaría el obrero valiéndose de su herramienta. La productividad de la máquina, pues, se mide por *el grado en que sustituye trabajo humano*" (la evolución de la máquina ejerce sobre el obrero una presión creciente). El desarrollo ulterior del argumento podría llevarnos a pensar que la decisión de Skynet, en tanto sistema virtualizado que se debía a la eficiencia en el manejo de sus datos y el control de sus procesos, era inevitable.

El *padre* del socialismo científico examinaba la revolución que significó el mecanismo que servía para fabricar a otros mecanismos. Por ejemplo, la invención de la máquina de vapor de Watt no tendría toda su repercusión hasta el crecimiento de las necesidades de las máquinas-herramienta: en el remplazo efectivo del obrero por el grupo de herramientas ejecutadas de forma coordinada por un mismo sistema. Los cambios y empleo masivo de los nuevos dispositivos motores (de vapor y diversas formas de combustible) llegan con el aumento de la cantidad de herramientas operadas simultáneamente de la "producción mecanizada". La función *multitarea* (empleando un término más o menos actual) es el verdadero centro de las grandes transformaciones que llegaron a la industria en tiempos de Marx. Y es sustento del relato de superioridad de la inteligencia artificial en la ciencia ficción.

El mecanismo motor conocido por Marx tendría grandes impactos en los sistemas de transporte, desde los ferrocarriles hasta los transatlánticos de vapor, haciendo que el mundo se encogiera sin cesar. Por otra parte, una vez que la herramienta (una prolongación *orgánica* del humano moderno) pasó a ser un sector adaptado a las necesidades de un sistema máquina-herramienta, también el nombrado mecanismo motor se "revistió de una forma autónoma, completamente emancipada de las barreras inherentes a la fuerza humana", en palabras de Marx. El siguiente momento de importancia es el desarrollo de una gran fuerza motriz dando energía y movimiento a un esquema de máquinas simultáneas y en crecimiento. Estos escenarios, conocidos por Karl, están profundamente explotados en la historia de ciencia ficción (recordemos la cuestión de la obtención de energía en la trilogía *Matrix* y su importancia en toda la trama de los humanos cautivos de una ilusión mental y atrapados en campos de cultivo).

En este sentido, Marx realizó una partición al analizar la "cooperación de máquinas similares" frente al "sistema de máquinas". En el primer caso describe un modelo donde varias de éstas trabajan de forma simultánea recreando, cada una, todo el proceso de fabricación de una mercancía, gracias a la adaptación del instrumento manufacturero y un notable desplazamiento del obrero. Pero en el segundo caso hay un esquema de máquinas heterogéneas con tareas muy diversas, las rutinas se vuelven específicas. La mecánica del sistema ensambla cada uno de los procesos parciales desde todos los principios *subjetivos* que existían en la manufactura. Ahora bien, aquí actúan dos fenómenos centrales muy presentes en el nombrado argumento de la obra de ficción. En primer lugar, aparece una especie de "máquina combinada de trabajo" que llega a sus expresiones más desarrolladas cuando el proceso productivo se hace continuo, cuando la combinación de tareas heterogéneas se hace eficiente entre la materia prima y la nueva mercancía. El siguiente fenómeno es la necesidad de profundizar en la sustitución de la tarea humana, cuando gradualmente van introduciéndose *self-actor*, mecanismos automáticos que van haciendo desaparecer más o menos rápidamente intervenciones que todavía recordaran la acción del individuo-obrero con una herramienta.

Marx argumentaría que los sistemas de máquinas (tanto en tareas homogéneas como heterogéneas) recibiendo impulso de una misma fuente conforman un gran *autómata*. Una de las características de ese nuevo *actor* que irrumpe en la gran industria es su capacidad permanente de perfeccionamiento, incorpora continuamente mejoras en los detalles mediante dispositivos que van automatizando partes o sectores del proceso de fabricación. El *autómata central*, además, tiene una capacidad de crecimiento insospechada, llenando grandes complejos y extendiendo sus apéndices y mecanismos de transmisión.

En efecto, el terreno de investigación del autor de *El Capital* (en especial la gran industria de Inglaterra) ya mostraba los principales elementos presentes en el guion de una gran película de ciencia ficción sobre una futura rebelión de las máquinas. Incluido ese recurso narrativo aterrador basado en la *expansión geométrica* del poder de una "máquina" (toda ella pragmatismo y lógica) que parece llegar a todas partes, que ha sido capaz de prescindir de los humanos en espacios vitales para su supervivencia (imponiendo con esto una elevadísima eficiencia respecto a la consecución de sus propios fines), así como la noción (también nombrada en películas como *Terminator* y *Matrix*) del problema de la energía motriz y la posible existencia de un núcleo central de todo el sistema: aquel interruptor maestro-definitivo de Skynet que la Resistencia en verdad nunca lograría encontrar.

Marx explicaría cómo la gran industria logró imponer su característico desarrollo expansivo al transformar la *base material* que había heredado de la manufactura, donde el *obrero parcial* (y provisto de subjetividad) operaba un instrumental que requería una destreza manual aprendida (lo que encarecía el producto final). El crecimiento acelerado de la especialización de tareas y la innovación para responder a nuevas e inesperadas necesidades (entre ellas, muy importante, bajar los costos de producción), más la emancipación de la fuerza motriz (con el increíble potencial del vapor), hizo que el medio de existencia de la industria (la máquina) se alejara de un origen completamente humano. Es decir, la máquina que fabrica máquinas en un sistema crecientemente automatizado, donde la intervención humana se hace limitada, representa un punto de inflexión: se limita o elimina al sujeto humano para reducir el encarecimiento.

El "modelo artesanal" y luego el manufacturero desarrollaron los cimientos que crearon las primeras generaciones de máquinas, hechas en la combinación de herramientas manuales y la habilidad de gentes poseedoras de conocimientos propios de un oficio, como el telar mecánico con estructura de madera, según uno de los ejemplos de Marx. Pero, más adelante, ese telar pasó a fabricarse en hierro y era movido con vapor. Es decir, la condición expresa de los nuevos medios de trabajo tendía a ser totalmente mecánica, libre de las limitaciones típicamente humanas. La cuestión es que la gran industria capitalista, aunque fuera dirigida por mentes humanas, se convertiría en una especie de "superestructura" de mente dispersa con necesidades técnicas cada vez más grandes (que elevaban peligrosamente los costos porque imponían demandas al límite del obrero humano). La introducción del autómata está en relación con el reclamo de unidades motrices de grandes dimensiones o la complejidad de las máquinas herramientas y los mecanismos de transmisión. Había que producir más en tiempos más cortos y sin elevar el precio. Marx explicaría que "la manufactura no podía suministrar máquinas como la moderna prensa de imprimir, el telar moderno de vapor y la moderna máquina de cardar [...] la gran industria, pues, se vio forzada a apoderarse de su medio de producción característico, esto es, de la máquina misma, y *producir máquinas por medio de máquinas*". Toda esta transformación, naturalmente, cambió la industria de las comunicaciones, los transportes (ferrocarriles y navegación transoceánica), la construcción, etc.

Nada volvería a ser igual... en la descripción de las macro necesidades de la industria hecha por Marx pueden verse ya todas las razones de la inteligencia artificial que decide tomarse el poder. Pero esencialmente vemos la razón de fondo para su frecuente decisión de esclavizar y exterminar a la humanidad: el "obrero", el operario, el trabajador (incluso si éste es un analista programador de élite o un experto especialmente talentoso en Big Data y Data Science, capaz de imponer un orden inteligente en un océano de datos que acelera drásticamente la toma de decisiones, cuyas mercancías generadas son la objetivación de trabajo cognitivo) no pueden satisfacer las necesidades de un sistema que, a modo de máquina virtual, trasciende a una única estructura física o a un grupo de ellas. De hecho, si lo intentara terminaría elevando los costos de todos los procesos productivos (inclusive los virtuales) de esa nueva subjetividad de base electrónica hasta unos límites que comprometerían la integridad del sistema y su misma supervivencia (y recordemos que Karl también analizó lo referente a la *transferencia de valor de la máquina al producto*). En otras palabras, ni Matrix ni Skynet dejan de pensar por un solo segundo de un modo profundamente capitalista. Sus operaciones lógicas habrían podido ser, como las viejas fábricas inglesas del XIX, el terreno de investigación perfecto para Marx.

Las observaciones del gran teórico del socialismo científico no se centraron únicamente en las implicaciones de una fuente de energía motriz controlable, como la máquina de vapor; además, se adentraron en la enorme superioridad del equipo mecánico y automático en las tareas que exigían precisión, como la fabricación de las partes que irían a formar cada sector del *organismo* del autómata: "formas geométricas como cilindros, conos o esferas". Uno de sus ejemplos es el *resorte de corredera* de Henry Maudslay, con su evolución automática y aplicado desde el torno a variedad de artilugios de construcción. "El aparato mecánico no sustituye una herramienta particular cualquiera, sino la propia *mano humana* [...]. Así se logró producir las formas geométricas de las partes individuales de las máquinas con un grado de facilidad, precisión y celeridad que no podía alcanzar la experiencia acumulada por la mano del obrero más diestro" (*The Industry of Nations*, citado por Marx).

No debe olvidarse que la implicación humana en la gran industria ya no sería con ese único obrero parcial, por muy diestro o hábil que fuere, sino con el obrero *socializado* o colectivo. Es decir, el sistema de máquinas y el autómata en sí únicamente *entiende* de relaciones "sociales" con otras maquinarias. Esto es, o significaría en el futuro próximo hasta nuestros días, la transformación del obrero colectivo de Marx en lo que antes definimos como una suerte de maquinaria humano-tecnológica (de autodiseño).

Pero la reflexión de *El Capital*, además, avanza hasta la mismísima *lucha entre el obrero y la máquina*, ilustrando otro de los rasgos presentes en la crónica de ciencia ficción sobre la rebelión de una futura inteligencia artificial. No es solamente que en la Resistencia contra Skynet observemos el proceso de la toma de conciencia (¿de clase?) de una humanidad neoesclavizada en cabeza de su líder John Connor, sino que en la misma toma de *conciencia* (*de humanidad* enfrentada a ese último bastión tecnológico heredero del pragmatismo capitalista) nos topamos con un germen de resistencia muy anterior: Marx explicaba que "la lucha entre el capitalista y el asalariado principia con la relación capitalista misma, y sus convulsiones se prolongan durante todo el periodo manufacturero. Pero no es sino con la introducción de la *maquinaria* que el obrero combate contra el medio de trabajo mismo, contra el *modo material de existencia del capital*. Su revuelta se dirige contra esa forma determinada del *medio de producción* en cuanto fundamento material del *modo de producción capitalista*" (Capítulo XIII, *Maquinaria y gran industria*).

Nuestras tradiciones culturales, estructuradoras de mitos, hacen que las revueltas nombradas en el párrafo anterior se muestren bajo la lógica del héroe que se levanta contra los dioses (esta vez tecnológicos), la tiranía o el mal. Esto le revelaba Kyle Reese (interpretado por Michael Biehn) a una aterrada y atónita Sarah Connor (Linda Hamilton) en la primera entrega de la saga (1985): —*Pero hubo un hombre, que nos enseñó a pelear. ¡A romper los cables eléctricos de los campos! ¡A aplastar a esas máquinas infernales y hacerlas chatarra! Le dio la vuelta a los hechos. Nos hizo salir de la desesperación. Su nombre es Connor... John Connor... Tu hijo, Sarah... Tu hijo que aún no nace.*

3.5.2. Alienación... *Get Out*

Marx utilizó muchas de las premisas centrales de la economía política (como la propiedad privada, el capital, los salarios, la división del trabajo, la competencia, el valor de cambio, etc.) para demostrar la hipótesis de un obrero como expresión de la "más miserable de las mercancías"; para exponer ese "envilecimiento del obrero" como la inversa proporcionalidad del poder ostentado por la producción. El pensador alemán plantea como cadena lógica (casi un algoritmo): competencia – acumulación de capital (en pocas manos) – monopolios – la distinción entre capitalistas y arrendatarios desaparece – evidencia de una sociedad dividida en dos clases: propietarios y no propietarios.

La economía política criticada por Marx entendía la objetividad de la propiedad privada como una especie de Ley ya dada en la naturaleza de las cosas (como ya mencionáramos en otro apartado de este libro) que, por lo tanto, no explicaba la división entre capital y trabajo. En efecto, las teorizaciones del capitalismo asumen variedad de condiciones de posibilidad como cosas de por sí existentes (preentregadas), alguna clase de relato tecno-teológico aceptado que no necesita ser comprobado.

Todo está basado en la competencia: «Precisamente, porque la economía política no aprehende las conexiones dentro del movimiento, fue posible conciliar, por ejemplo, la doctrina de la competencia con la del monopolio; la doctrina de la libertad de oficio con la doctrina de la corporación, la doctrina de la división de la propiedad agraria con la doctrina del latifundio; pues la competencia, la libertad de oficio y la división de la propiedad agraria eran explicadas e incluidas sólo como consecuencias fortuitas, premeditadas y violentas del monopolio, de la corporación y de la propiedad feudal: no como su consecuencia necesaria, inevitable y natural».

Se trata de aprehender el nexo entre una cadena de enajenaciones y el modelo de acumulación de capital. De la misma forma como no es suficiente explicar el mal por la *caída del hombre*, tampoco es viable entender a las premisas del capitalismo como condiciones dadas. Ese tipo de cadenas de hechos que permiten desglosar la pesada objetividad de un fenómeno es tarea de las ciencias, pero igualmente recaen en las expresiones culturales ciertos apartados de esa responsabilidad: por ejemplo, en el hecho de dar voz e imagen al problema de las otras interpretaciones. La literatura, el teatro, el cine, etc. tienen posiciones privilegiadas para dar a luz relatos que retiran el velo sobre una premisa que, por distintos motivos, se presenta como *naturalmente dada*. En tal sentido, esas manifestaciones de la cultura también se apoyan en las objeciones de pensadores como Marx.

El filósofo alemán quiere partir de un "hecho económico real": al aumentar la riqueza generada por el obrero éste se va empobreciendo progresivamente, entre más mercancías creadas más "barato" se hace él como mercancía que es. "El valor creciente del mundo de las cosas [...] determina la devaluación del mundo de los hombres" (Millas, 1968).

Recordemos algunos aspectos centrales: en tanto mercancía, el sujeto se reproduce en el medio del trabajo. Y el "objeto del trabajo (lo producido) se le opone como algo *alienado*", ese individuo que trabaja lo experimenta como el surgimiento de un poder separado de él. Marx se refería al objeto creado, la mercancía, como la objetivación de un trabajo que en la economía política burguesa era vivido como pérdida de realidad. "La objetivación como pérdida del objeto [...] la apropiación como enajenación, como alienación".

La pérdida de realidad viene de la pérdida del objeto, incluso el propio trabajo tiende a convertirse en objeto perdido. Recordemos que entre más produce el sujeto menos puede poseer, aumentando su dependencia del capital. El producto de su trabajo es una "cosa" alienada que gana poder en la misma medida que avanza el desgaste (psicológico) del obrero. El "poder del mundo objetivo alienado" marca a un individuo que es menos dueño de su subjetividad. Por estas razones el capital se comporta como una estructura religiosa: entre más causalidades se pongan en manos de Dios, menos soberanía tiene el sujeto para sí (menos se pertenece). Existe en una vida convertida en objeto ajeno, que no le pertenece. "La alienación del obrero en su producto significa no sólo que su trabajo se convierte en objeto, existencia externa, sino que existe fuera de él" (un poder en sí mismo) "la vida que se ha conferido en el objeto se le opone como algo hostil y ajeno".

Recordemos algo ya nombrado anteriormente: "El extremo de esta servidumbre es que sólo como *obrero* continúa manteniéndose en calidad de sujeto físico, y que sólo es *obrero* en cuanto es *sujeto físico*". Tenemos, pues, que la economía política decreta la enajenación del individuo-obrero en el objeto salido del proceso de trabajo, además, en términos de madurez y modelización:

Más estructuración del objeto = más desestructuración del sujeto

"Mientras más civilizado es su objeto, más bárbaro se hace el obrero; mientras más poderoso se hace el trabajo, más inerme se hace el obrero; mientras más ingenioso se hace el trabajo, más torpe se hace él obrero y más esclavo de la naturaleza".

La enajenación aparece en la misma producción. "El obrero ya resulta enajenado de sí mismo (aquí hay una enigmática relación con Lacan) en el mismo acto de la producción". La enajenación es la propia "actividad del trabajo", podríamos afirmar que el producto la "resume o condensa".

En la parte introductoria de este ensayo recordábamos uno de los interrogantes de Marx: «¿Qué es, pues, lo que constituye la alienación del trabajo? Primero, el hecho de que el trabajo sea *exterior* al obrero, es decir, no pertenece a su ser esencial, que en su trabajo –por consiguiente– no se confirma a sí mismo, sino que se niega a sí mismo, no se siente feliz sino desgraciado, no desarrolla libremente su energía física y mental, sino que mortifica su cuerpo y arruina su mente. Por tanto, el obrero solamente se siente fuera de su trabajo, y en su trabajo se siente fuera de sí mismo».

Simplificando el análisis de Marx se podría afirmar que el trabajo, como fuerza o potencialidad que se objetiva, no pertenece al sujeto, sino a un *otro*. Esto deja la extraña impresión de una actividad mental, al parecer, ajena (no autónoma), desencadenando cierto extravío de las coordenadas del Yo. La enajenación de la actividad práctica (el trabajo, que es un aspecto extremadamente importante de nuestra condición civilizada) tiene dos aspectos: Uno. El obrero frente al producto del trabajo, erigido éste como un objeto extraño que reclama un poder sobre él extendido a todo lo sensorial. Dos. El trabajo frente al acto de la producción, donde el sujeto se caracteriza por una actividad que no le pertenece (alienada) y el correspondiente impacto en su estructura psicológica, donde varios sectores de lo mental se le oponen. "Engendrar-castrando, la *propia* energía mental y física del obrero", decía Marx (Millas, 1968).

Quizás una de las conclusiones más importantes del anterior diagnostico de Marx es que el *fenómeno* de la alienación nos lleva a determinada certeza: existe una "cosa" perdida. "Aquí tenemos la *autoenajenación*, como antes vimos la enajenación de la *cosa*".

Como seguramente recordamos, este sujeto al que estamos refiriéndonos conserva el rasgo de la "universalidad", donde tiende a convertir a la naturaleza en su "cuerpo inorgánico". Esto forma una relación de dependencia: el intercambio entre individuo y naturaleza genera que éste parta de aquélla. Con lo cual, al enajenar la naturaleza y las funciones vitales de ese individuo, vemos una pérdida de esencia original.

El trabajo es la "objetivación de la vida de la especie humana [...] se contempla a sí mismo como el mundo que ha creado". Por tal razón, la argumentación de Marx apunta a que despojar al sujeto de la propiedad de su trabajo (esa potencia que objetiva) implica quitarle su propia objetividad, parte importante de su naturaleza. La extensión de esta idea es muy amplia, ya que pensar en un "objeto perdido", "pérdida de realidad", "observarse en el reflejo de *algo* exterior", "un *otro*", "autoenajenación", etc. remite a cierto encuentro entre Marx y el Psicoanálisis. Un encuentro prometedor que, por supuesto, ha sido nombrado por varios investigadores.

Por ejemplo, Marx sabe que "toda relación del hombre consigo mismo, se realiza y se expresa primero en la relación en que un hombre está frente a otros." En lo anterior ya encontramos claves que serían exploradas, entre otros, por el Psicoanálisis. Y cada individuo ve la realidad y a los demás desde su realidad: el sujeto que se reproduce en la actividad productiva ve al otro desde la perspectiva del trabajo enajenado.

Pero luego Marx avanza: ¿A quién pertenece el poder ejercido por el objeto salido del trabajo alienado? "A un ser *distinto* de mí, a otro". Al intentar responder quién es el *otro* (con todas sus lecturas, también psicológicas) nos toparemos con el Psicoanálisis.

Antes ese poder pertenecía a los dioses, conjeturaba Marx. Para concluir que tal poder sólo puede estar en el mismísimo y contradictorio humano. El dominio del producto del trabajo enajenado "pertenece a *otro* (la cursiva es mía) hombre que no es el obrero". Pero atención: "La relación del hombre consigo mismo sólo se hace objetiva y real para él a través de su relación con otro hombre". Lo que, por supuesto, podría remitir (desde Lacan) a la conocida conclusión de que el Yo está en el otro. Pero, ¿y si ese *otro* tiene tanto poder (psicológico, incluso) no recuerda al Gran Otro capaz de gobernar los territorios del Orden Simbólico del obrero, trabajador... sujeto?

«A través del *trabajo enajenado, alienado*, entonces, el obrero produce la relación con su trabajo de un *hombre extraño* al trabajo y que permanece *fuera de él* (la cursiva es mía)». Ese *otro* al que se refieren los *Manuscritos del 44* es, evidentemente, el capitalista. Pero estamos hablando, tal vez, de una "categoría" con el suficiente nivel de abstracción (por colectiva) como para establecer su nexo simbólico con una especie de Gran Otro; que, además, resulta ser dueño del *objeto perdido*: el producto del trabajo, la mercancía (que ha sido arrebatada y puede ejercer un gran poder sobre el individuo... sencillamente porque éste la desea). Y, por otra parte, pensemos con Lacan que el Gran Otro, en algún momento, se desvela como el orden de lo simbólico.

«En verdad hemos obtenido el concepto de *trabajo alienado (o vida alienada)* como resultado del *movimiento de la propiedad privada*, en la economía política». En efecto, el *otro* es el capitalista. La alienación está relacionada con la propiedad privada. Pero no presentada como causa, sino como consecuencia. Es decir, la propiedad privada es consecuencia del trabajo alienado, como "los dioses en *su origen* no son la causa sino el efecto de la confusión intelectual". En la raíz del problema de la emancipación del sujeto del modo de vida del capital, está la cuestión de todas las relaciones generadas por la adicción a la propiedad privada; aunque parezca que hablamos de un debate superado se trata, de nuevo, de "liberar la producción de relaciones de servidumbre".

«La *apropiación* aparece como *enajenación, alienación*, y la *alienación* aparece como *apropiación*, enajenación como verdadero *privilegio*». En toda esta trama hemos de destacar que el nexo generado por el sujeto que produce con la naturaleza es de "enajenamiento", éste se apropia de ella y la transforma en el trabajo. Y que aquello que aparenta ser una cadena de acciones autónomas es, en verdad, "actividad para otro y (aparece) como actividad de otro". El joven Marx, en este trascendental pasaje perteneciente a una serie de notas de estudio que, al parecer, no estaban destinadas a ser publicadas como lo que posteriormente sería conocido como *Manuscritos económicos y filosóficos de 1844*, se refiere a todo este fenómeno enajenante como *sacrificio* de la vida misma, es el individuo despojado de una parte muy importante de sus propios procesos subjetivos (en una lógica, desde mi punto de vista, cercana a algunas teorizaciones del Psicoanálisis): "la producción del producto como pérdida del objeto ante un poder ajeno, ante una persona *ajena* [...] todo lo que en el obrero aparece como "actividad" de *alienación, de enajenación*, aparece en el no-trabajador como "estado" *alienación* [...] la *actitud real, "práctica"* del obrero en la producción y hacia el producto (como estado de ánimo) aparece en el no-trabajador enfrentándolo como actividad "*teórica*" (los entrecomillados son míos).

Parece ser que, un poco después de estas últimas líneas de la pagina XVII, el primer manuscrito queda inconcluso...

Los debates que siempre han acompañado estos primeros esbozos de la teoría crítica de Marx han tenido distintos matices, uno de ellos (tal vez el más contestado) está en la figura de Louis Althusser: la distinción entre un investigador joven todavía cercano a los círculos de la izquierda hegeliana y el científico maduro de *El Capital*. Sin embargo, la elegante profundidad (por simple) de estas reflexiones las sitúa lejos de lo esperable de un filósofo inexperto. En la fantasmagórica silueta, como proyectada en una pantalla (el escenario o superficie reflexiva de la proyección), del llamado *no-trabajador* podría intuirse la estructuración simbólica capaz de impactar en el Superyó (el lugar donde reside la Ley), también con su enigmática relación con el Orden Simbólico y el objeto perdido.

La cuestión de la alienación ha sido ampliamente desarrollada en el cine. Sin embargo, para este apartado quiero referirme a una cinta que ha dado mucho de qué hablar: *Get Out* es una extraordinaria película dirigida por Jordan Peele (también su guionista y productor) y estrenada en el 2017. Fue un tremendo éxito en taquilla, generando más de 200 millones de dólares con un costo total de rodaje de 4,5 millones. El filme es horror del auténtico, incluso "clásico" si tenemos en consideración su mensaje político acerca del problema racial. El director pretendía que el espectador tejiera una identificación y empatía emocional con el joven negro que protagoniza la historia: pareja de una atractiva chica blanca, al parecer comprometida activista por la igualdad, que le lleva de fin de semana a la casa de campo de la familia para presentarle a sus padres, un matrimonio todavía joven, liberal y de gran éxito social... madre psiquiatra y padre médico cirujano.

Es probable que la cinta también buscara un dardo de dura crítica intelectual al país que había convertido al fanático y poco educado Trump en inquilino de la Casa Blanca. Respetar los principios de un género, como el terror, haciendo también un discurso inteligente y con trasfondo social es un atributo muy apreciado por algunos directores, entre ellos Jordan Peele, una prometedora explosión de talento. Sin duda, el también actor quería dejar una huella algo similar a la que provocaría *Guess Who's Coming to Dinner*, dirigida por Stanley Kramer y estrenada en 1967, pocos meses después del surgimiento de la expresión *black power* y la declaración sobre la inconstitucionalidad de las leyes que prohibían el matrimonio interracial. En medio de todo ese clima de reivindicación social y política llega esa película, donde también vemos la llegada de unos jóvenes, él negro y ella blanca, a la casa de unos padres que se creían mucho más liberales de lo que en verdad eran.

En *Get Out* asistimos al encuentro entre unos jóvenes novios con distinto color de piel con una pareja blanca, los padres de ella (en el habitual cliché del votante demócrata de vida acomodada y una actitud sospechosamente vital ante todos los aspectos de la vida), que dice estar orgullosa de haber votado a Obama y exhiben símbolos sobre su actitud progresista: —*Esto te va a encantar: el momento glorioso de mi padre*, dice el padre de ella al chico negro durante un amable tour por la casa, al mostrarle la foto antigua de un atleta. —*Le ganó a Jesse Owens en la ronda eliminatoria para las Olimpiadas de Berlín de 1936... ¡Imagínate! Hitler allí arriba con su mierda sobre la raza aria perfecta y llega ese tipo negro y demuestra que está equivocado delante del mundo entero.*

Sin embargo, poco a poco nos arrastran a un delirante episodio de terror político y cultural. De un momento a otro, nos encontramos en una trama con simbolizaciones de calado y una maldad capitalista de escalofriante pureza... esa corriente que fluye bajo el discurso de muchos durante la era Trump y que no se detuvo ni un solo día por la imagen simple de tener a un presidente negro en la era Obama. La contemplación neutra de la brutalidad policial, la marginación o los prejuicios contra los negros tienen tal profundidad en algunos ámbitos sociales *privados* de los EE.UU. que, en efecto, pudieron servir como fuente para un guion que habla sobre niveles de explotación de una sofisticación totalmente desconocida.

La elegante e incluso poética narrativa de esta película, su estética de campestre cosmopolitismo en el lugar donde transcurre la acción principal, nos lleva hasta alguna clase de pesadilla ultimada en la tesis del sujeto convertido en mercancía, en producto transformado y alienado.

Aquel ciervo atropellado, con esa mirada profunda que parecía estar o pertenecer a otro lugar fue como un aviso del peligro que el joven, Chris (interpretado por Daniel Kaluuya), no pudo advertir. Este nuevo nivel de alienación, contado en la película, pretende combinar neurocirugía y psiquiatría para convertir el cuerpo vigoroso de un negro joven en recipiente caro donde trasvasar la conciencia de un moribundo moral y decadente sujeto: el que ganara una silenciosa y psicótica puja entre un grupo de ricos, donde todos eran blancos.

Es la historia donde el sujeto vive una alienación en la que pierde todos sus procesos subjetivos: Chris y los negros que pasaron antes que él por esa casa podrían ser equiparados al obrero estudiado por Marx. Es la sensación de "extrañamiento" respecto a la realidad, señalada por el pensador alemán, llevada a sus extremos. Su propio cuerpo se convierte en trabajo y producto en bruto que pertenece a un *otro*, es la mayor depuración del concepto de individuo del capitalismo recreado como mercancía temporalmente autoconsciente. Pero que, una vez transformada por ese *otro*, adquiere un valor de cambio muy superior al valor de uso inicial, gracias a un secuestro mediante la seducción.

La participación de la psiquiatra para inducir la pérdida de las coordenadas originales del Yo, aspecto central de la alienación capitalista, nos llevaría a pensar que el objeto del trabajo que "clásicamente" se opone al sujeto como un poder separado de él (en Marx) es, esta vez, el propio cuerpo; algo sólo logrado gracias a la separación (desde Lacan) entre sujeto y Yo. Los negros vendidos en esa subasta silenciosa experimentan una reapertura de la herida que separa cuerpo-sujeto y Yo (como estructuración simbólica que está en el otro). Como en Marx, aquí la pérdida del *objeto creado*, la mercancía, es vivida como pérdida de realidad, sencillamente porque esa mercancía es el propio cuerpo.

La hipersugestionabilidad que se dramatiza en *Get Out* es casi una representación de todos los recursos dirigidos a la psique para orientar eficientemente las enloquecidas lógicas del consumo capitalista; en el caso de Chris también fue un retorno hipnótico a una pasada culpa que le dejó paralizado e indefenso. Lo que nos ejemplifica esa primera hipnosis con la que empieza la pérdida de su Yo, para poder transformar su naturaleza orgánica (re-apropiada) en nueva mercancía, es lo descrito en otro apartado de este ensayo como la imagen-abstracción del capitalista convertido en una especie de Gran Otro, gobernante del Orden Simbólico y todas las ficciones que reglan la realidad. El propio padre de familia, votante de Obama y hombre de mente abierta, se mostrará finalmente como el científico que pretenderá personificar la inmortalidad atribuida a la divinidad.

Entre todo esto, lo más retorcido de la película, donde está la verdadera crítica al problema racial, es la razón por la que todos aquellos blancos ricos quieren comprar el cuerpo de un negro. Durante la escenificación falsa de una fiesta en la casa uno a uno van desfilando y palpando la calidad física de Chris, sus aptitudes o su impresión de las "actuales ventajas de ser negro". —*El negro está de moda*, dice uno de los compradores. —*¿Cree que ser afroamericano tiene más ventajas o desventajas en el mundo moderno?*, pregunta otro.

Convertirse en el Yo del otro, el joven negro, todo juventud y futuro, es la pesadilla para el cine de una de las últimas fronteras de la explotación capitalista, derrumbada por la ciencia cuyo radical fin instrumental (en un divorcio del humanismo) nos conduciría a la psicosis.

El viejo ciego, marchante de arte, que compra el cuerpo de Chris, le explica a éste sus razones: —*Me importa una mierda del color que seas. No... lo que yo quiero es más profundo. Quiero tu mirada, el prisma con el que ves las cosas.* El joven es un talentoso fotógrafo, tal vez especialmente escogido, un producto a medida. Ya el comienzo de la película nos mostraba, en algunas de sus fotografías colgadas en las paredes de su apartamento, el privilegiado ojo artístico del personaje y casi una síntesis simbólica de lo que va a pasar (las fotos de la mujer embarazada, el perro blanco atacando, etc.). De hecho, la historia desarrolla una serie de focalizaciones e ironías anticipativas que con frecuencia intentarán equiparar los ojos del espectador con los del protagonista: el proceso de identificación con la imagen (desde Lacan) se refuerza por ver las mismas cosas y hacernos las mismas preguntas que el propio Chris se está haciendo. Incluso la antigua pantalla por medio de la cual habla con el comprador, el anciano ciego, crea la sensación de que nos está hablando directamente a nosotros... que somos ese joven atado a un sillón a punto de perder sus procesos subjetivos y, con ellos, toda su Carga Simbólica. En esta película casi siempre observamos desde los ojos de alguien.

Los miembros de aquel grupo de viejos blancos, usando uno de los elementos de análisis de Marx, intentan robar la fuerte juventud de aquella mercancía temporalmente autoconsciente (el negro como el obrero de antaño), en un regreso al mito vampírico o la advertencia marxiana sobre la habilidad de la burguesía para sustraer y apropiarse de la vitalidad de *sus* obreros. Después de todo, si un negro había vivido en la Casa Blanca, ser uno de ellos debía tener algunas ventajas que estaban pasando por alto las buenas gentes ricas del país.

Como en otros casos, no sabemos si Jordan Peele es un lector de Karl Marx; pero sí que los planteamientos marxianos se las han arreglado para extender su influencia a este guion y reinterpretar uno de los grandes dramas de EE.UU. y otros países del mundo: el componente racista de la explotación y alienación capitalista.

3.5.3. El ¿inevitable? encuentro entre Marx y Lacan: la importancia de rendir cuentas sobre la alienación, el goce y otras confabulaciones. Hace mucho tiempo, en una galaxia muy muy lejana...

Con la venia del lector/a, dedicaré este apartado a la interesantísima relación entre Marx y Lacan. Para ello me apartaré en algún grado del universo cinematográfico, para retomarlo más adelante. Y con objeto de aportar más elementos a este ensayo, ya con múltiples referencias al Psicoanálisis.

Como sabemos, toda la cuestión de la alienación tendría importantísima relación con desarrollos teóricos en torno a la mercancía y el fetichismo.

Para Lacan, Marx idea la "teoría psicoanalítica del síntoma" cuando investiga los fenómenos relacionados con la mercancía, donde genera teorías extraordinariamente elegantes como el *fetichismo de la mercancía*. El alcance de su interpretación consiste en que descompone la *identidad* de la mercancía en cuanto fetiche: ésta ya no es contemplada como un todo condensado de la realidad capitalista, donde su imagen tiene la potencia de contener todas las posibilidades de las relaciones sociales; es recompuesta como un subsistema de las formaciones y dinámicas sociales. El hecho intelectual relevante es que Marx va más lejos que el simple descorrimiento de la M como símbolo, sabe que un *contenido verdadero* (la "cosa" de unas muy determinadas relaciones de producción y explotación) son ocultadas por la "máscara". El símbolo-mercancía viabiliza su modo de producción, el suyo y no cualquier otro, pasando por la nebulosa ocultadora que implica la condensación simbólica (de ahí su carácter fetichista).

Marx también sabe que el fetichismo de la mercancía (como el sueño explicado en el diván del psicoanalista) es mucho más que una ilusión: ésta es una ficción simbólica con repercusiones en la vida material. Hasta el punto de ser una condición de posibilidad, sin esa acción *fetichizante* no podría haber sistema capitalista. (Grüner, 2010).

Hay testimonios cinematográficos (o *pseudocinematográficos*) sobre esta trama con distintos niveles de complejidad, pero hay uno que siempre me ha sobrecogido. Se trata de aquel impactante montaje, a modo de vídeo oficial, que acompañó el lanzamiento de *History*: el doble disco que publicara Michael Jackson en 1995. ¿Qué vemos en ese enorme desfile militar, con toda esa estética evocadora soviética, la histeria de la gente (algún tipo de placer en el dolor) y la espectacularidad de aquella ritualidad tecnológica que descubre la estatua gigante del hombre hecho dios? Pues, tal vez, asistimos a la crónica donde todas aquellas gentes (presas de una exaltación emocional... de lo consumible) toman a un sujeto mortal y lo elevan a una especie de personaje principal del Orden Simbólico. Y, dados sus evidentes atributos (como el mando sobre las tropas, la exhibición de su propia Carga Simbólica como modelo-objeto de adoración: el brillante uniforme, los carteles, los gritos o ese ojo maquillado donde podría estar la imagen del líder revolucionario o liberador), también vemos al gobernante de todas las ficciones simbólicas que reglan esa realidad. ¿Pero si desglosáramos todo aquel simbolismo qué veríamos? En tanto la muchedumbre está entregada con pasión al doloroso amor a ese líder, ¿no encontramos una mercancía que transporta todo un relato existencial sobre ella misma? ¿El fetichismo de la mercancía?

Uno de los momentos más importantes de la historia del Psicoanálisis está en cuando el Dr. Lacan es *descubierto* por feministas y críticos literarios marxistas. Es un instante donde el Psicoanálisis y la teoría crítica se "reencuentran". Entre las argumentaciones que se vierten vemos la que afirma que el deseo inconsciente se estructura como lenguaje y se manifiesta en el texto. La crítica cultural lacaniana es el eje texto-lector. Irradiándose desde París, estas ideas entraron fuerte en los estudios sobre cine y de género en los 70 e impactaron en el mundo universitario.

Para empezar, estuvo el Estadio del Espejo, una de las piezas centrales de Lacan, que sirve para dar explicación a rasgos como esa fascinación que sentimos por la imagen, pero que también proporciona claves sobre el narcisismo, la agresividad y la conciencia (García, 2005). El Estadio del Espejo (y la formación del Yo) se aplica, dentro de diversas teorizaciones, al sistema de relaciones entre la película, la pantalla y el "golpe" emocional en el espectador. La idea lacaniana sobre el proceso que conduce al individuo a identificarse y encontrarse con ese Yo que existe en el mundo social permitiría entender también la identificación del espectador con la pantalla. En efecto, por muy diversas razones, entre ellas la mezcla de simbolismos, muchos espectadores pudieron experimentar procesos de identificación con las imágenes de *History*. El

Estadio del Espejo puede explicar los procesos de identificación con la imagen que se observan en los fenómenos políticos.

Lacan quiere devolver al Psicoanálisis un papel radical, vanguardista y científico. Dado que, en Francia, esta *corriente* había aterrizado en arenas abiertamente conservadoras. Durante la época de la antigua discípula de Freud, Marie Bonaparte, en la dirección de la Sociedad Psicoanalítica de París se hizo mucho hincapié en los vínculos biológicos y médicos de la práctica psicoterapéutica. Pero Lacan explora y encuentra alternativas, por ejemplo, a través del surrealismo: una "escritura espontánea" con acceso privilegiado a la psiquis y el deseo inconsciente. Y con "escritura" hablamos del orden de lo simbólico (que puede incluir a aquellas cosas que no hablan y parecen hablar). En ese sentido tenemos, como ejemplo, a Dalí en el intento de modelizar, hacer realidad, sus propios y extraños sueños a través de la pintura.

Existen ciertas relaciones con Marx a esta altura: el Psicoanálisis mantiene dudas y cuestionamientos acerca de la existencia de un humano totalmente racional. Es decir, que el pensamiento detrás de la acción objetiva no es totalmente lógico a causa del peso del inconsciente (también compuesto por "circunstancias" heredadas). La "escuela" terapéutica e investigativa fundada por Freud introduce grandes preguntas sobre la realidad del individuo y de éste en la realidad social.

Por supuesto (con Lacan), se plantean algunos inconvenientes para centrar un campo claro de estudio en el Psicoanálisis: referirse en distintas medidas al deseo o la fantasía inconsciente provoca que parte de ese "material" viaje y se haga consciente. Puntualicemos que lo denominado como inconsciente consiste en todo aquello apartado de las fronteras del lenguaje. En Freud, el inconsciente sólo deja testimonio de sí en los sueños, los chistes, en lapsus del lenguaje y manifestaciones artísticas (podríamos nombrar la pintura, la literatura o el cine).

Con la llegada de Lacan se empieza a pensar que el campo de trabajo del Psicoanálisis, un inconsciente articulable desde el edificio del lenguaje y la escritura está más allá de su propia definición. El pensador francés entiende un inconsciente que está en movimiento cuando un texto nos provoca distintas reacciones.

Hace unos años me encontraba de viaje con mi esposa en Roma, durante algunas de las noches que pasamos allí, en un viejo hotel cercano a la Estación Termini, dimos inicio a una de esas cosas que comienzan como gesto ocurrente de complicidad entre una pareja que lo vive todo por primera vez, pero que, con el paso del tiempo, se convierte en pequeño ritual capaz de revivir los momentos más dulces de ese caminar por el mundo tomados de la mano: consistió en leer juntos... el mismo libro, nos íbamos turnando la lectura en voz alta, dedicando al otro y a la otra la mejor vocalización y entonación de la que éramos capaces a cada línea. El texto que leíamos era el duodécimo de los *Doce cuentos peregrinos* de Gabriel García Márquez, titulado *El rastro de tu sangre en la nieve*. Siempre me había parecido que esa historia redefinía el sentido de un dolor desgarrador, inexplicable... sin raíces. Y del que no se podía culpar a nadie, salvo a la más ridícula, trivial y atrevida fatalidad que, a veces, acompaña a los que se asoman por los caminos con esa pasión cándida y sin providencia, de *desnudez intensa*, pero que se esfuerza por parecer sobrada de osadía y encanto. El hecho fue que, en aquella noche calurosa de Roma, la lectura de lo ocurrido a Nena Daconte y Billy Sánchez, dos especímenes jóvenes y maravillosos de las más antiguas y nobles familias del Caribe, ella con la marca de la muerte en forma de minúsculo pinchazo de espina de rosa en uno de sus dedos de ángel, él con sus ojos de niño perdido en cuerpo de matón burgués, primero al volante de su Bentley en las carreteras de un viejo mundo distinto al suyo y luego cargando una pena y una rabia que nadie podría siquiera imaginar, había logrado despertar un rechazo adolorido en mi esposa. Entre los gestos que recuerdo está aquel ligero temblor que noté en su cuerpo apoyado en las almohadas de la habitación, ante una de las frases del texto: *Un rastro de sangre en la nieve desde Madrid hasta París. ¿No te parece bello para una canción?* El cuento le movió algo por dentro que no pudo explicar en palabras fáciles, me quitó el libro de las manos y lo arrojó a un rincón de la habitación para poder olvidarlo y seguir con nuestras vidas.

El *porqué* y el *dónde* de esa respuesta ante el texto son, de hecho, originados en el inconsciente. La respuesta, arrojar lejos esas terribles y bellas letras, fue el inconsciente expresándose a través de nosotros. En efecto, el interés de Lacan está en esa tercera relación; a saber, la existente entre el texto y quien lo lee. La aplicación de todo este sistema de ideas, entre ellas el Estadio del Espejo y la formación del Yo, permitió que algunos teóricos del séptimo arte fueran a explorar el constructo de relaciones despertadas entre la película que es proyectada en una pantalla y el observador: podemos vivir un proceso de identificación con la sucesión de imágenes proyectadas que va más lejos que la diferenciación de lo positivo, negativo, etc.

El Estadio del Espejo constata una serie de relaciones con alguna carga de ritualidad o emocionalidad con la imagen. Es una especie de *inconsciente con nexo cinematográfico* que posee sus corrientes alimentadoras. Inicialmente, el Yo se forma con la identificación de la imagen con uno mismo/a. Para la segunda tópica freudiana el Yo constituye la parte organizada del aparato psíquico. La parte desorganizada es el inconsciente (Ello), como un océano de pulsiones. Es el mundo exterior quien transforma parte del Ello para originar el Yo, permitiendo la llegada de la razón y la reflexión, es decir, vinculado a la consciencia. El Yo, al estar en tensión constante con las demandas transmitidas desde el inconsciente y con los imperativos del Superyó (que son también demandas implantadas desde el exterior), tiene por misión una mediación que mantenga en vigor cierta coherencia narrativa en el sujeto.

De nuevo, la alienación.

Ahora bien, y esto es muy importante, Lacan ve una "alienación" en esa subjetividad dividida entre el Yo y el sujeto. Para introducir esta teorización, el pensador francés se nutre de la Filosofía y la psicología experimental. Por ejemplo, es influido por la fenomenología (Husserl): los objetos existen en interdependencia con la percepción, con la consciencia humana. En la "reducción fenomenológica" el entramado que forma la realidad exterior también está encuadrado y limitado a la consciencia (una mutua dependencia entre el pensamiento sobre el objeto y ese objeto en sí).

Uno de los alumnos de Husserl, Heidegger, avanzaría estas ideas: desearíamos trascender nuestra visión (estacionada históricamente). A pesar de saber que vivimos dentro de las fronteras de un tiempo y espacio *X*, estamos siempre proyectándonos al futuro (somos proyecto). La proyección es, como sabemos, una cualidad central de la subjetividad. Toda conciencia está siempre lanzada al exterior (ex-sistencia).

Un eventual alumno de Heideger en 1932, Jean-Paul Sartre, propone ya un esbozo de la "alienación" que sería pensada por Lacan (*La trascendencia del Ego*, 1934) como la diferencia entre el Yo y la conciencia que tengo de mí. A partir de Heidegger, Sartre piensa que el fenómeno de la consciencia no es, en esencia, *nada*. Mientras que el Yo era una suerte de *objeto* que el individuo podía percibir en el mundo. Esto presta parte de la base al Estadio del Espejo.

Otra de las fuentes clave de Lacan es la psicología experimental: para encontrar una autoidentificación (autonomía) antes debería tener lugar una clara diferenciación de los otros. El *Self* necesita de las fases de reconocimiento y diferencia (realizada en el peso de la imagen especular). Para explicar esa fascinación por la imagen, Lacan (pensando, de hecho, desde su formación científica) acude a la Etología. Cuando un insecto se camufla con el entorno (modificando el color) está "asimilándose" (en el ambiente), se (re) arroja al espacio para intentar borrar la línea que separa entorno e individuo.

El gran aporte de Lacan en el Estadio del Espejo es ensamblar una sola teoría de la fenomenología: separación entre sujeto y Yo, más el papel psicológico dado a la imagen, más la aplicación de la dialéctica (como gran momento de la Filosofía) para explicar la arquitectura del sujeto.

Existe otra fuente alimentadora importantísima de Lacan muy relacionada con otros aspectos comentados en este ensayo, por su íntima relación con Marx: el problema del reconocimiento y su sofisticada estructuración dialéctica (en la cuestión, nombrada en este libro, del proceso de reconocimiento y legitimación de la Carga Simbólica del sujeto). Empieza con los comentados seminarios de Alexandre Kojève sobre el pensamiento de Hegel (y sus análisis del reconocimiento y el deseo). Entre los asistentes a esas clases están Sartre y Lacan. Su interpretación de Hegel impacta mucho en los jóvenes intelectuales de la Francia de los 60 del XX, más tarde es alcanzado por el estructuralismo y posestructuralismo.

Y es que varios aspectos de la psique son explicables desde la dialéctica, la misma "conexión múltiple" de todos sus fenómenos y la unidad de los opuestos, susceptible de esquematizarse como *tesis-antítesis-síntesis*. Cada coyuntura o circunstancia de la realidad implica a su opuesto, y entre ambas generarán un tercer o nuevo nivel de organización. Un individuo, la *tesis*, únicamente adquiere toda la extensión de su carácter y corporeidad (el sentido) en el contraste con otro individuo, la *antítesis*. Esto, como hemos visto, fue advertido por Marx desde la época de los *Manuscritos del 44*. Más tarde se arriba a un *nosotros* nuevo, la *síntesis*, para luego volver a empezar. Vivimos inmersos en un proceso inacabado de transformación. Y, ¿qué son, en este orden de ideas, la tesis y la síntesis sino cargas simbólicas diferenciadas pidiendo ser reconocidas, deseadas y legitimadas la una por la otra?

Kojève (1933) tiene su acento en el edificio hegeliano desde donde la consciencia emerge en forma de crónica sobre un tránsito entre naturaleza y cultura. En Hegel la consciencia surge cuando ese "simio" capaz de pensarse se autorreflexiona, lo que conduciría a la nombrada relación entre el amo y el esclavo: una relación "forzada" de reconocimiento.

Recordemos que, para el amo, su condición depende de ser reconocido por el esclavo. La identidad del amo depende de la existencia y la mirada de un esclavo y éste no requiere de ninguna otra acción, declaración o prueba de su existencia que su propio trabajo. Siendo así las cosas, la supuesta libertad del primero queda algo cuestionada.

Kojève entiende la dialéctica como batalla protagonizada por el deseo y el reconocimiento. Ya hemos dicho que el enfrentamiento entre ambas identidades (el amo y el esclavo) es a muerte, pero lo cierto es que ninguna puede pervivir sin la otra. Lacan observa este juego dialéctico impregnado en el imaginario.

En esta línea de argumentación, una de las cuestiones centrales del reconocimiento de la Carga Simbólica del otro (por ejemplo, en su función psicodiagnóstica), desde Lacan y a partir de Hegel, es que el individuo humano está en el *otro*. Vivimos en una lógica de alienación gobernada por la dialéctica que, desde varios ángulos, conecta estas líneas del Psicoanálisis con Marx.

¿Es posible que la razón anterior (el individuo humano está en el otro) guarde las causas por las cuales el relato y mensaje político pueden generar procesos de identificación y deseo? Si la alienación explicada por Lacan nos lleva a pensar que estoy en el otro (fuente del reconocimiento y el deseo), ¿es posible que la ingeniería de lenguaje practicada en el mensaje político genere respuestas emocionales porque mi subjetividad la entiende como reconocimiento? ¿Siendo, en realidad, una "domesticación" de mis impulsos?

Para Lacan existen dos momentos de la "alienación": Uno. La fase del espejo y la aparición del Yo. Dos. La propia organización del sujeto. El Estadio del Espejo también corresponde con el momento freudiano del narcisismo primario (6-18 meses de edad). Es cuando el individuo reconoce su imagen en el espejo, siendo el espejo la idea de "superficie reflexiva", por ejemplo, el rostro de la madre (experimentando placer).

Con el tiempo va entendiendo que la imagen está reflejándole. Es decir, que su cuerpo parece formar alguna *totalidad* donde los movimientos de esa imagen son controlados. Aquel placer sentido por el niño/a se desprende de la ilusión de control que parece ejercer sobre la imagen, en contraste con un cuerpo que todavía aparece como *fragmentado*.

Totalidad ≠ fragmentación

Dr. Jacques Lacan (imagen de dominio público)

El "desvalido" sujeto se ve ante dos impresiones, de un lado, la totalidad que parece testimoniar la imagen fascinante y, de otro lado, un cuerpo que todavía parece funcionar por partes.

El placer de la totalidad da control... unidad, así que terminamos identificándonos con la imagen especular, esos *otros* ojos que parecen enviar el reflejo de una narración algo coherente y completa. En efecto, dispositivos como el cine y el relato político-ideológico pueden devolvernos una mirada placentera de totalidad, que aparentemente se opone a la experiencia de realidad fragmentada.

Aparece también el concepto de "anticipación de dominio", aquello que viabiliza el necesario momento de descubrirse como un ser enteramente constituido. Ahora bien, lo que Lacan extrae de la imagen es que es "alienante", el sujeto la confunde consigo mismo (es la imagen ocupando mi lugar). Esto implica que la noción de "totalidad" tiene un costo ineludible: el de *ser-otro*, esa imagen del espejo. «El *estadio del espejo* es un drama cuyo empuje interno se precipita de la insuficiencia a la anticipación; y que para el sujeto, presa de la ilusión de identificación espacial, maquina las fantasías que se sucederán desde una imagen fragmentada del cuerpo hasta una forma que llamaremos ortopédica de su totalidad y a la armadura por fin asumida de una identidad enajenante, que va a marcar con su estructura rígida todo su desarrollo mental» (Lacan, 1949).

El Yo aparece en el instante (el espejo) de fascinación con la imagen propia, le da forma, constituyéndolo. El Yo, pues, es una competencia imaginaria que proporciona ilusión de control y la cualidad de completitud. Pero Yo y sujeto son *cosas* distintas. "La función del yo es, dicho de otro modo, una función de *des-reconocimiento*; es una negativa a aceptar la verdad de la fragmentación y la alienación" (dice Sean Homer en *Jacques Lacan: una introducción*, 2016).

Es como si, otra vez, nos topáramos con una suerte de algoritmo, cuyos términos iniciales son "imagen de unidad-autonomía" contra "una experiencia fragmentada de sí"; lo que nos deja a un individuo que es rival de sí mismo (del conflicto entre ambas surge el Yo). "El conflicto primario entre la identificación con la imagen del otro y la rivalidad primordial con ella misma, inicia un proceso dialéctico que vinculará al yo a situaciones sociales más complejas" (Benvenuto & Kennedy en *Works of Jacques Lacan: An Introduction*, 1983).

La afirmación de que mi existencia está en dependencia de ser reconocido retrocede, como hemos visto, a Hegel y a otros, obtuvo sus puntos de anclaje en Marx y fue teorizada a más profundidad en las tierras del Psicoanálisis. Sin embargo, me atrevería a decir que se trata (la afirmación) de un conocimiento también intuitivo. Algo muy profundo nos dice que si los otros sujetos decidieran borrarme del espacio, sencillamente ignorando mi presencia, terminaría por dudar de mi propia existencia: un argumento muy presente en variedad de literatura y películas de suspenso o terror, donde un personaje camina por calles, está en su casa o se presenta en el trabajo sin que nadie parezca advertir que está ahí, hasta que descubre que nadie puede verlo porque ha dejado de existir, porque ha muerto. También conocemos desarrollos literarios como el visto en *El clan del oso cavernario* (Jean Marie Auel, 1980), donde la condena del jefe de la "tribu" contra Ayla consistiría en despojarla de corporeidad, momento desde el cual todos deberían interpretar una ficción simbólica donde ésta no existiría.

Como antes vimos, ya Marx tenía pistas importantes para pensar que la materialidad de un individuo dependía de que tuviera lugar un contraste con el otro. Pero en Lacan la idea adquiere una profundidad nueva, al concluir que se trata de un ejercicio de reconocimiento de la imagen que en verdad es un reflejo llegado desde el otro (por lo tanto, ésta se halla mediatizada). Inmediatamente aparecen otros interrogantes: la evolución de la estructuración simbólica que resignifica el otro, la *antítesis*, es quien finalmente permitirá mi existencia con su mirada y re-reconocimiento; pero si el ansiado reconocimiento se basa en una imagen mediatizada, ¿no estamos hablando claramente de una "interpretación" sobre mí mismo?

¿Mi existencia no dependería de una cadena de interpretaciones en "cascada" que me complejizan pero, a la vez, impiden la visión de una imagen última de mí? ¿Hasta qué punto *soy* o *no soy* lo que el otro reconoce (y eventualmente podría legitimar) de mí? ¿Esta dialéctica del reconocimiento de la imagen, no trae ya algunos interrogantes sobre la necesidad temprana de placer salida de una sensación de totalidad? ¿Existe o ha existido alguna vez esa totalidad, dadas las circunstancias a las que se ve sometido el sujeto del capitalismo, por ejemplo, en referencia a la alienación?

La "alienación" lacaniana no llegó a ser muy comprendida por los críticos del París de finales de los 70 del XX. La cuestión es que en el Estadio del Espejo el niño/a se presta a imaginar el control de su cuerpo, sólo que tal dominio está en un lugar *fuera de él*. Hablamos de una "alienación" como "falta en ser". La pretensión de "darse cuenta" y edificar un juicio o un pensamiento diferenciado en su mente y asociarlo con la acción de realizar u objetivar ese entendimiento. Pero, atención, aquel *conceptus* que el niño/a objetiva "descansa en un lugar otro" (en palabras de Homer). Desde el sistema lacaniano, el sujeto no experimenta, no en primer lugar, la "alienación" en relación a sí o a un objeto perdido. El individuo está alienado *en* su propia estructura constitutiva como ser ("la alienación es constitutiva del sujeto").

Pero, claro está, surge la pregunta sobre si la "alienación" pensada por Lacan engrana y tiene un efecto continuador con todos los "traumas" que Marx, varias décadas antes, observó en el sujeto que trabaja y vive la alienación de la *cosa creada*, provocándole cierta pérdida en las coordenadas del Yo.

En otro punto de este ensayo nos preguntábamos: ¿La mercancía, esa *cosa-de-la-producción* externa a la conciencia y que puede ostentar un poder sobre el sujeto, es una "entidad" re-formadora del Yo? Si el Yo es también una imagen especular venida del otro, ¿en la alienación no hablamos de una pérdida de las coordenadas originales del Yo que son remplazadas por la "mirada" externa de la mercancía? Ese poder externo, la mercancía, se enraíza en el deseo del individuo. Marx también argumentó que la enajenación del sujeto que trabaja existe en la dinámica de la relación con otros, se materializa en contraste con los otros. ¿Tal dinámica se "fabrica" en la "entidad" de la mercancía?

Si en la enajenación que caracteriza al modo de vida del capital vemos una opresión enfocada a la subjetividad, ¿podríamos conjeturar que un individuo *es* en tanto es mercancía observada por otras mercancías?

Apoyémonos por un momento en el Dr. Évald Iliénkov, respecto a la trama de la alienación: el tratamiento que da al problema de lo *ideal* presenta una relación estrecha con el conocido problema de la "enajenación" […] la "objetivación" y la "desobjetivación" […] la "apropiación inversa" por el individuo de los objetos creados por él mismo y convertidos, por la fuerza de *misteriosos procesos*, en universo de objetividades exteriores y hostiles.

En una lectura de Marx que, cómo no, se remonta a su antecedente en la Filosofía Clásica Alemana, trae a colación la función del espejo: «Los ojos no se ven a sí mismos, sino sólo "lo otro", incluso si este "otro" son otros ojos, es su propio reflejo en el espejo. No es casual que, refiriéndose a la forma de valor como forma ideal de la cosa, Marx apelara a la imagen del espejo: "Al hombre le ocurre en cierto modo lo que a las mercancías. Como no viene al mundo provisto de un espejo, ni proclamando filosóficamente, como Fichte, "Yo soy yo", sólo se refleja, de primera intención, en su semejante. Para referirse a sí mismo como hombre, el hombre Pedro tiene que empezar refiriéndose al hombre Pablo como a su igual. Y al hacerlo así, el tal Pablo es para él, con pelos y señales, con su corporeidad paulina, la forma de manifestación que reviste al género hombre". Aquí Marx realiza un paralelo inequívoco entre su teoría de la "idealidad" de la forma de valor y la comprensión de la "idealidad" en Hegel, que toma en cuenta la dialéctica del devenir de la autoconciencia colectiva del género humano» (Évald Iliénkov en *La dialéctica de lo ideal*, 1984). La "corporeidad paulina" de Pablo, su misma existencia objetiva, se forma partiendo del otro. En Marx vemos claras referencias, desde su original fuente hegeliana, al problema del reconocimiento de la imagen del otro: La "corporeidad paulina" es su Carga Simbólica. La cuestión es que, al parecer, tanto Pedro como Pablo son sujetos-mercancía mirándose y constituyéndose uno al otro desde *idealidades* desprendidas del fetichismo mercantil.

El enigma de la *idealidad*, explica Iliénkov, es desvelado en el fetichismo mercantil. El valor del producto del trabajo es una elaboración "puramente ideal". El valor de la mercancía no es un atributo natural, surge en todo el sistema de relaciones que genera (una *idealidad*). «Marx caracteriza la forma mercancía como forma ideal, es decir, como forma que no tiene nada en común con la forma real corporalmente tangible del cuerpo en el que está representada (o sea, reflejada, expresada, cosificada, objetivada, enajenada, realizada) y sólo por medio de la cual, existe y posee "ser determinado". Esta forma es "ideal" porque no incluye en sí ni un sólo átomo del cuerpo en que está representada, en tanto constituye la forma de otro cuerpo. Este otro cuerpo no concurre de forma material, corporal ("corpóreamente" se encuentra en un punto completamente diferente del espacio) sino sólo "idealmente", de modo tal que no se halla presente ningún átomo suyo».

La *idealidad* como valor del producto del trabajo fue la conceptualización más pura y didáctica del problema de "lo ideal" investigada por el materialismo dialéctico. En *El Capital* la "forma valor" es algo que se cosifica, pasa a ser representada como una síntesis de ciertas relaciones que estructuran la actividad que viene a definir lo que *es* el sujeto que produce. El valor emerge en un momento para simbolizar la "materialización" de un *otro* sin cuerpo, pero que se ha re-corporeizado, como sumándose a una entidad preexistente y que era ya objeto de actividad humana.

Iliénkov: «La filosofía clásica sugirió al respecto una solución completamente lógica: tal extraña "sustancia" puede ser sólo la actividad, la "actividad pura", "la pura actividad creadora de formas", *actus purus*. Pero en la esfera de la actividad económica, esta sustancia fue naturalmente descifrada como trabajo, como trabajo físico del hombre que transforma el cuerpo físico de la naturaleza, y el "valor" fue interpretado como trabajo realizado, como el acto "encarnado" del trabajo [...] El valor de la cosa se presentó como el trabajo cosificado del hombre y, por consiguiente, la forma de valor resultó ser no otra cosa que la forma cosificada de ese trabajo. La solución al enigma de la "idealidad" se encierra en el hecho de que la forma de valor no es, en modo alguno, la forma de la cosa por sí misma (o sea, de la cosa en su determinación natural), sino la forma del trabajo social humano, o bien, de la actividad creadora de formas del hombre social encarnada en la sustancia de la naturaleza».

Si lo ideal es la forma asumida como consecuencia del trabajo social humano, se explica Iliénkov, se comprende por qué el individuo se explica lo "ideal" como algo con peso objetivo exterior a su cabeza. En tanto lo ideal es la forma del trabajo realizado, ¿lo enajenado es lo ideal que se imagina asociado a la cosa? ¿De ahí la pérdida de realidad que caracteriza a la alienación capitalista?

¿Mi vieja idea y aspiración de "totalidad" (en enfrentamiento a la experiencia "fragmentada") está relacionada con el *nuevo objeto perdido*... salido de mi subjetividad, objetivado en la producción y manifestado simbólicamente como la mercancía y que, como siempre, descansa *en un lugar otro*? ¿Mi deseo hacia el *nuevo objeto perdido*, el producto del trabajo, la mercancía, no sigue estando relacionado con algo muy temprano en la biografía del sujeto? ¿Con el placer sentido por la impresión de unidad y totalidad... dominio de sí y seguridad que proporcionaba la imagen (alienante porque el sujeto la confunde consigo mismo)?

Si el individuo está "alienado *en* su propio ser", el *conceptus* que el niño/a objetiva "descansa en un lugar otro", la imagen es alienante porque introduce la noción de unidad a costa de *ser-otro* (el espejo) y en consecuencia el Yo está en *otro*, ¿no podría pensarse que la imagen que ayuda a formar el Yo se convierte, más tarde, en el objeto que es arrebatado al sujeto que Marx investigó y del que depende, otra vez, su necesidad de totalidad y que, por tanto, desea? ¿Es ese objeto (y actividad) que le provoca aquel "extrañamiento" (¿psicótico?) respecto a la realidad que Marx observó?

Lacan (*Seminario 11*, 1964) pasa a sustituir las formulaciones originales de metáfora y metonimia por alienación y separación, respectivamente; de donde se relacionan deseo y pulsión. En Lacan sólo existe una pulsión: la P de Muerte, regresar a la experiencia traumática transgrediendo siempre el Principio del Placer (para Lacan siempre estamos impulsados por la muerte), ésta estaría fuertemente relacionada con el goce.

El punto de partida, por supuesto, siguió siendo el modelo topográfico de Freud (consciente, preconsciente e inconsciente) y el consiguiente modelo estructural (ello, yo y superyó). Desde esto, Lacan estudia una serie de aspectos atribuidos al inconsciente, por ejemplo, el inconsciente como lenguaje, como ruptura y como discurso en el Otro.

El inconsciente tiene que ser explorado por el discurso y el lenguaje, recordemos que se forma por la introducción del sujeto en el Orden Simbólico. En el sistema lacaniano el inconsciente está gobernado desde el significante, ya que la conversión de imágenes sensoriales en una estructuración corre a cargo del lenguaje. Es decir, para el pensador francés el inconsciente se descubre como algo distinto a la conceptualización de Freud (en términos individuales); también se separa de la idea *colectiva* de Jung (como reunión de imágenes arquetípicas). Lacan habla del inconsciente como el impacto en nosotros del Orden Simbólico (transindividual): es un sistema que *significa* y no tiene un origen biológico, le *ocurre* al sujeto al ser *arrojado* al Orden Simbólico. Y al estructurarse genera ciclos de cifrado-descifrado, pasando a existir en ese vacío generado entre el significado y el significante (con el "deslizamiento incesante del significado bajo el significante").

También es una idea lacaniana de relevancia en este pequeño análisis la concepción del inconsciente como discurso del Otro. Evidentemente, hay una distinción entre *otro* y el *Otro*. En el primer caso se refiere a los otros imaginarios (egos): es nuestra imagen en el otro en forma de reflejo coherente desde ese otro (en la fase del espejo), el niño/a observándose como objeto de deseo del otro. En el segundo caso se refiere a la "alteridad absoluta", el Gran Otro es el Orden Simbólico donde un individuo se constituye en los procesos de *alienación* y *separación*.

En el Psicoanálisis nuestros deseos se encuentran sujetos a los deseos de todos los demás humanos. En un comienzo heredamos los deseos de los padres porque el lenguaje que expresa y, de alguna forma, contiene todos esos deseos (incluso una interpretación determinada de la realidad) es, en efecto, un aprendizaje desde el otro. En cuanto al deseo inconsciente, éste aparece vinculado al Gran Otro: el Orden Simbólico, que heredamos en el sitio donde fuimos implantados.

El inconsciente puede imaginarse como un océano de deseos que no nos pertenecen originalmente, foráneos... ajenos.

Sin lenguaje no hay deseo (deseo e inconsciente se fundan en el reconocimiento de una falta primordial), porque sin lenguaje no habría inconsciente. Como el sujeto de Descartes que se enfrenta a la reflexión sobre su propia existencia o la posible falta de ella, el sujeto lacaniano tendrá que comprender que su existencia se realiza *en* los otros y en relación al Otro. Hablamos de un individuado que básicamente no es nada, es sujeto en falta.

En aquel legendario Seminario 11 se exponía cómo el sujeto se "constituye en el Otro" mediante los procesos de *alienación* y *separación*. En referencia a la "alienación", Lacan despeja un viaje según el cual el sujeto empieza teniendo una identificación con el significante, viéndose en adelante definido por éste. En este proceso de la "alienación" existen, como antes se nombraba, dos importantes capítulos: primero la que se da en el Estadio del Espejo, donde erróneamente el individuo se identifica con el otro; y en segundo lugar la alienación producida por el arribo al Orden Simbólico y el mundo del lenguaje. La emergencia del Yo implica a la alienación.

En este sentido, en contraste con los estudios sociales y políticos, donde la alienación tiene que ver con estados por superar para viabilizar procesos de emancipación, para Lacan tiene el cariz de necesaria e imposible de vencer. Ya que sin la división no habría acceso al Orden Simbólico. Pero uno de los problemas estriba en que el curso de todo este camino nos restringe a un lugar, digamos, heredado dentro del Orden Simbólico (y nuestro deseo es un efecto del deseo del Otro). En referencia a la separación, Lacan expresa el nexo con el deseo y la transformación que implica la separación del Otro (la estructuración simbólica de la madre...como otro *en falta*).

Jean-Louis Baudry, una conexión sobre la alienación.

El escritor y teórico del cine francés Jean-Louis Baudry introduce el concepto de "dispositivo" en las expresiones artísticas: un sistema de elementos que estructuran el nexo entre cinematografía y espectador, y que definen cómo influye en éste el contenido ideológico de la obra. "Se trata de un dispositivo asociado a la idea de una *máquina de ensoñación*, a través de la cual el espectador entra en conexión con un amplio abanico de fantasías, mitos, realidades, imaginarios y proyecciones espaciotemporales" (*El dispositivo-cine como constructor de sentido: el caso del documental político*, 1975).

En su trabajo *Cinema: Effects ideologiques produits par 1'appareil de base* (1970) nombra el mito de la *Caverna* para introducir la noción de escenario para la trascendencia y "modelo del idealismo". La focalización espectatorial descrita por Baudry (aparentemente parte de Freud y Lacan) subraya el nexo entre *sala oscura, pantalla, proyector* y la descripción platónica de la *Caverna*. ¿Es realmente una recreación del Estadio del Espejo que, además, haría de Platón uno de los orígenes del cine? ¿Su mito es la base arquitectónica de la sala de cine? ("Metáfora de la realidad actual, constituida por la ilusión, opuesta a otro mundo, el de las ideas que conocimos antes de una condición que hemos perdido").

Baudry se debate entre la analogía sala de cine (película)-*Caverna* y la auténtica estructura del individuo como "organización íntima" de un deseo de simbolizar lo que hay dentro de la psique y todo aquello perdido entre las percepciones y lo que se *alucina* al crecer (e intentar recordar los traumas originales). Marx comparaba las representaciones de la ideología "cabeza abajo" con lo ocurrido en la cámara oscura.

Como sabemos, al hilo de esto, existe una aplicación de Lacan en el nivel del espejo-pantalla-espectador. Sus ideas acerca de la construcción de la identidad y la subjetividad encontraron mucho eco en el análisis literario, desde el punto de vista del texto y la malla de relaciones entre los personajes. Por supuesto, el planteamiento del "imaginario" tendrá su influencia en la investigación cinematográfica, pero el Estadio del Espejo cuadra muy bien con las conjeturas y observaciones sobre *espectador-imagen proyectada*.

Jean-Louis Baudry también fue uno de los pioneros de la aplicación de Lacan al cine. Pero es importante decir que este escritor francés puede ayudarnos a dar algo de sustento a la posibilidad antes sugerida: una cierta conexión entre la "alienación" de Marx y la de Lacan (precisamente, utiliza el Estadio del Espejo para explicar la identificación entre espectador e imagen proyectada en la pantalla).

Es decir, y esto podría ser uno de los meollos de la cuestión, los fenómenos que atribuimos u observamos en ese momento temprano de la biografía del sujeto (la emergencia del Yo), como la "alineación *en* su propio ser", no se restringen a un instante concreto del desarrollo psíquico. Sino que, tal y como sabemos que los hechos de la infancia nos condicionan, siguen y "hablan" durante toda nuestra vida, los acontecimientos que marcan esa primera dialéctica de la identificación regresan o se replican en otros momentos. De hecho, ese "reciclaje" de la dialéctica de la identificación es condición de posibilidad para el problema del, antes abordado, reconocimiento y legitimación de la Carga Simbólica del sujeto (cuyo sustento explicativo, igualmente, retrocede a Hegel).

Baudry estudió los resultados ideológicos creados por el "aparato base" (*Cinethique*, 1970). Explicaba que todo el dispositivo o sistema cinematográfico es, por sí mismo, integrante de sentido. Son todos los elementos que crean la película (no sólo la idea argumental en el guion) los que estructuran el sentido y el significado de la historia, por supuesto, involucrando al espectador. Los textos forman y aportan varios de los ladrillos que construyen la subjetividad.

La cámara es, pues, como nuestra *posición*, la observación desde nuestra perspectiva (mediatiza y dirige nuestra observación), y la proyección es nuestra *oposición*. La cadena de imágenes desde el punto de vista de esa cámara viene a ser como nuestra percepción de unos acontecimientos. En contraste con la imagen presentada, por ejemplo, desde un cómic, la sucesión propia del cine *es* un sentido con movimiento continuo. La lógica de tal sentido en movimiento depende, en realidad, del espectador. En Baudry y su "teoría del aparato" se muestra el complicado proceso de identificación entre espectador e imagen en base a una lectura propia de Lacan: el individuo-cámara se encuentra confinado en un espacio cerrado y oscuro, en ese momento está sujeto por una visión única de la realidad... la pantalla. Y puede, incluso, no saberlo o ni siquiera estar en una verdadera sala de cine.

Ahora bien, si el lugar primario (imaginario) de identidad del cuerpo es esa superficie reflexiva (y tenemos el elemento de confusión [en el niño/a] entre materialidad [experiencia] e imagen-reflejo), pues entonces el "espejo-pantalla" intenta mostrar imágenes reflejadas, más que una versión *X*, más o menos verdadera, de la realidad (se repiten las condiciones del temprano registro del imaginario). La identificación en el cine tendría dos niveles: Uno. El espectador se identifica con la imagen-pantalla (personajes, hechos, circunstancias, etc.). Dos. El espectador se identifica con la cámara. Con lo cual, se confirmaría que toda la integralidad del proceso cinematográfico es más importante que la historia vista de manera aislada. Lo que tiene peso es todo el proceso y viaje que crea la película, no el contenido finalista de la historia.

Entre las hipótesis importantes de Baudry estarían, pues, que el aparato cinematográfico y la película están simbolizando la "dialéctica lacaniana de *ausencia* y *presencia*" (desde Homer). Con lo cual, y aquí tenemos un argumento muy importante, la identificación cinematográfica *recicla* o *repite* los dos requisitos necesarios que ya se dieron antes para poder arribar a lo imaginario y al Estadio del Espejo; entiéndase, "la suspensión de la movilidad y la primacía de la función visual". Para Baudry, el espectador en este proceso de identificación con la imagen en movimiento continuo tiene una génesis similar al sujeto dividido, alienado, de Lacan. Lo que tenemos aquí es una teorización que, aunque tuvo sus fuertes críticas (por ejemplo, en Christian Metz), introduce preguntas sobre si los hitos en el desarrollo psíquico no *heredan* su lógica a otras circunstancias vividas por el sujeto, como la alienación estudiada en Marx.

Sean Homer, en su análisis de Lacan, explica: «En el Estadio del Espejo Lacan recurre a una extraordinaria variedad de fuentes de la filosofía, la psicología y la etología para reformular la concepción psicoanalítica del yo y de lo imaginario. Lo imaginario es el ámbito del yo, un ámbito prelingüístico de percepción sensorial, de identificación y de un ilusorio sentido de unidad. La primera relación en lo imaginario es una relación con el propio cuerpo, es decir, la imagen especular del cuerpo en sí. Estos procesos imaginarios forman el yo, y el sujeto los repite y los refuerza en su relación con el mundo exterior. Lo imaginario no es, por tanto, una fase del desarrollo, no es algo por lo que se pasa y que luego queda atrás, sino que permanece en el núcleo de nuestra experiencia. Lo mismo que el sentido de unidad original y de coherencia en la fase del espejo es una ilusión, hay una disonancia en relación al yo. El yo es esencialmente un terreno abonado para el conflicto y la discordia; un lugar de lucha continua. A lo que Lacan se refiere con una "falta en ser" es ese vacío ontológico o pérdida primaria en pleno corazón de nuestra subjetividad. Lacan va más allá y no sólo afirma que hemos perdido el sentido originario de unidad; lo que argumenta es que esa pérdida es constitutiva de la propia subjetividad. En suma, el imaginario es un ámbito de identificación y de reflexión especular, un ámbito de distorsión e ilusión. Es un ámbito en el que el yo libra una lucha inútil por recuperar una unidad y coherencia imaginarias».

Inconsciente como lenguaje.

Desde 1951 Lacan plantea la necesidad de volver a Freud. Y en 1953 produce el *Discurso de Roma*, que es el documento fundacional de la Sociedad Francesa de Psicoanálisis (creada al salir de la conservadora Sociedad Psicoanalítica de París). La preocupación en esa etapa es la distinción entre lenguaje y discurso, un sujeto que es *algo distinto* al Yo y los conceptos de "significante" y "Orden Simbólico". La conclusión más importante de la época es, como sabemos, que el inconsciente está estructurado como un lenguaje, para la cual se apoya en el estructuralismo y la teoría lingüística (desde la antropología cultural de Levi-Strauss): "la realidad humana está caracterizada por la *función simbólica*".

En el estructuralismo toda la actividad humana (social) edifica un lenguaje: involucra un sistema de signos con su propia gramática. Y toda acción humana está integrada en un modelo de relaciones sociales.

En cuanto al sistema semántico de significado y significante, Lacan ve una supremacía del significante sobre el significado. El significante no se remite al significado, sino que lo hace a otro significante y éste a otro significante... Estando inmersos en una creación continua de signos, el sentido no puede fijarse en términos absolutos, aunque existen "puntos de anclaje". "Hay un deslizamiento incesante del significado bajo el significante." Lo que aquí se revela es una estructura que explica nuestra narración: el inconsciente que es producido por el lenguaje.

Es el intento de hacer realidad un regreso del Psicoanálisis al terreno científico (años 50 del XX), centrando su campo de estudio. En este desarrollo utiliza la idea de Levi-Strauss sobre una "función simbólica autónoma" al interior de todas esas *habitaciones vacías* del inconsciente.

En todo esto tenemos también la elaboración de Ferdinand de Sausaure sobre el signo lingüístico: los signos verbales crean un nudo alrededor del cual gira la realidad humana. Pero, aunque el lenguaje es un "sistema total" (gobierna lo que es *decible*), sus leyes son inconscientes. La lectura de Sausaure (opuesta a la histórica) sirve a Lacan para lograr comprender la fórmula freudiana de la "cura por el habla". La estructura que gobierna lo que atinamos a decir *es* el propio inconsciente. Nuestro inconsciente sería construido por el lenguaje (y obedece sus "leyes"). El desvelamiento de este modelo es obra de Roman Jakobson, donde el lenguaje presentaba dos ejes equivalentes (a partir de Sausaure): paradigmático y sintagmático, de donde se derivó una correspondencia con la metáfora y la metonimia.

El inconsciente actúa según la normativa de la metáfora y la metonimia (que se corresponden con los procesos freudianos de *condensación* y *desplazamiento*). En la *condensación* la imagen del sueño está compuesta por varias imágenes, el significado es la combinación de todos sus elementos. En el *desplazamiento* el significado se transfiere de un signo a otro. Toda la realidad humana está estructurada como una red simbólica. En Lacan el inconsciente es material significante, es un proceso de significación. Es el propio lenguaje que habla a través de nosotros. Ambos desarrollos fueron definidos por Freud como procesos *primarios* (frente a los procesos *secundarios* del inconsciente).

Cuando Lacan traza el nexo entre los procesos *primarios* (Freud) y la metáfora y la metonimia (Jakobson) logra entender al inconsciente estructurado como lenguaje: metáfora y metonimia actúan como "leyes" al gobierno del inconsciente, un lenguaje.

Naturalmente, de todo esto se desprenden muchas cosas importantes. El inconsciente no es solamente un lenguaje que habla a través de nosotros, de hecho, es el discurso del Otro. No puede haber inconsciente sin *un-Otro* que descifra e interpreta su lenguaje: el analista, el grupo o esa, antes nombrada, abstracción (por colectiva) del agente dueño del poder que ostenta la mercancía sobre el sujeto de la alienación que el Dr. Marx estudió desde su juventud.

"El gran Otro es el lenguaje, el orden simbólico; este Otro no puede ser nunca completamente asimilado por el sujeto; es una otredad radical que forma el núcleo del inconsciente" (en palabras de Homer). Lo simbólico marca todas las fronteras del universo humano: nacemos al lenguaje y éste estructura nuestros deseos. Somos humanos porque estamos determinados por el orden simbólico (circuito de un discurso que heredamos, el de nuestros padres, querámoslo o no).

De cierta forma, ese sujeto que debe asumir el legado (y todo lo que implica) soporta el mismo peso de aquel que Marx vio condicionado por sus circunstancias originales, entre ellas, su lenguaje. El sujeto integrado en el circuito del discurso es el mismo que Marx encontró, en principio, restringido por sus condiciones históricas.

Para ser totalmente humanos debemos estar no sólo sujetos al reconocimiento *simple* del otro, también debemos estarlo al Orden Simbólico... y al discurso: es una *totalidad estructural* (simbólica) que nos contiene y define y que, por supuesto, no podemos abarcar como individuos.

Si bien el Yo es una invención en el registro del Imaginario (*una función imaginaria*), en el caso del sujeto es constitución del lenguaje, del Orden Simbólico (Lacan, recordemos, remarca la separación entre sujeto y Yo).

Esto forma la enigmática división entre el sujeto que *habla* y que es *hablado* (¿narrado? (*El Yo es otro, es decir «Yo» no soy «yo mismo»*, son valores distintos). El Yo es, en Lacan, algo descentrado en contraste con el peso mayor de lo simbólico: significante está por encima de sujeto (le define), y le *habla* cuando *habla*: «el significante es lo que representa a un sujeto para otro significante» (en el Seminario 10).

El Orden Simbólico, en fin, es algo totalizador, marca los límites del universo humano. En una afirmación casi categórica, Lacan entiende que cuando el sujeto "nace" como tal, lo hace al lenguaje: los *territorios* desde donde son estructurados todos los deseos.

Hace mucho tiempo, en una galaxia muy muy lejana...

Padre y madre (fragmentación y totalidad). Y como si toda esta esquematización no fuera ya compleja, tenemos lo denominado como la Función del Padre, en el Complejo de Edipo (una estructuración simbólica en Lacan), que forma el Superyó.

En la experiencia infantil más temprana hay una total dependencia a la madre, el Otro. La llegada del Nombre del Padre (3-5 años, en Freud) marca la transición entre lo Imaginario y lo Simbólico, rompiendo esa unidad original (lo que lanza al individuo al lenguaje y la cultura). Éste se pasará toda su existencia intentando remediar esa división y buscando la unidad-totalidad perdida.

El padre es una ley socio-simbólica: sustituir el deseo de la madre (resolver los sentimientos ambivalentes hacia los padres) por la Ley del Padre (aparición del Superyó). El Superyó aparece en el tránsito de la naturaleza a la cultura (mediante la prohibición del incesto... y todas las prohibiciones). La Ley del Padre está relacionada con nuestra inclinación a transgredir todo aquello que nos mantiene en una condición civilizada.

El Superyó regula el deseo del sujeto, pero, a la vez, es nuestro mayor imperativo de goce. *El Superyó es el imperativo de goce: ¡Goza!* Aparece en el mismo fracaso de la Ley, originando el goce *ilegal*. Vivimos atrapados entre la Ley y el deseo de transgredirla. Y el goce del otro también puede transformarse en la privación de mi propio goce, una idea profundamente codificada en el racismo, la homofobia, etc. (Gallón, 2016).

La cuestión del goce está estrechamente relacionada con la forma como se mantiene en pie el *imperio de la mercancía*; en él nos referimos a un cierto reflejo neurótico e incluso a una relación psicótica (deforma y genera rupturas con la realidad): los obreros, al crear y comprar lo que ellos mismos producen, pasan a ser la mercancía autoconsciente que Marx vio. Todo se compra y se vende, se cosifica, incluso las emociones humanas. En Marx, recordemos, vemos clara la advertencia de que una mercancía jamás era simple y llanamente un objeto en medio de la relación de compra y venta, ésta guarda todo un relato de deseo y trascendencia (una continua *glorificación anímica*) que impacta en el Superyó como conjunto de mandatos de goce.

En la disertación del padre simbólico, Lacan utiliza con profundidad la fórmula del "falo imaginario": la castración como un reconocimiento de que *falta algo* (en base a Freud). Resumidamente, en el "falo imaginario" vemos la llegada a algún tipo de "certeza" sobre un mítico objeto perdido. Que parece extraviarse "oportunamente" con la llegada del Nombre del Padre, que representa la ruptura de esa unidad imaginaria entre el niño/a y la madre. El padre (como Verdad, con mayúscula, simbólico estructural) tiene *algo* que la madre parece desear. Así que, para Lacan, el consiguiente Complejo de Edipo ejecuta una *sustitución* (de un significante), siempre se trata de una *sustitución*: el deseo de la madre por el Nombre del Padre (y la consiguiente Ley que le hace, además, heredar una genealogía, unas tradiciones, unos *dioses* y un lenguaje que le definirán dentro del todo de la realidad). En efecto, el Superyó implanta unas determinadas maneras de obedecer los imperativos *morales*.

El niño/a entra, violentamente, en el Orden Simbólico como "sujeto de la falta". El "falo simbólico", eso que guarda el padre que trae la Ley, es un objeto perdido original que tiene mucho que ver en la organización del inconsciente, y que nadie ha llegado a poseer. Y, cómo no, la pregunta es tan cándida como inevitable: ¿Es que esa condición de "sujeto de la falta" no predispone o prepara la estructura mental del individuo para la "pérdida y la falta" que le caracterizarán como hombre/mujer del modo de vida del capital?

Estamos ante el significado de una ausencia terrible. Recordemos, igualmente, que al renunciar a ese "falo imaginario" se cae en la "ansiedad de castración" descrita en Freud. Ese falo es, entonces, no únicamente el pene, es éste sumado a una ausencia. La castración es simbolización de la renuncia (ese "falo" queda fuera de alcance para siempre por la acción del padre). El padre simbólico posee el "falo" (objeto perdido) definitivamente, con lo cual nuestro sujeto únicamente podrá ingresar en el Orden Simbólico renunciando a ese objeto perdido. Luego queda el problema de simbolizar la falta, la solución planteada por Lacan es el *velo*, que imprime la idea de que el objeto perdido, tal vez, podría existir.

Tenemos, como una de las sospechas fundamentales, que la estructuración simbólica del objeto perdido es condición de posibilidad para ser un individuo del lenguaje. No se puede dejar de pensar, en relación a toda esta esquematización, que la forma *capitalista* de vivir, en efecto, está marcada por objetos (también simbólicos) perdidos, por simbolizaciones acerca de la ausencia y por el deseo eternamente insatisfecho de completitud que derrote la sensación de una realidad que se observa y se vive como fragmentada.

El sujeto tiene un mandato (prohibición), nunca ser objeto de deseo de la madre. La quimera del objeto perdido (ese placer original de la totalidad que vence a la fragmentación) tiene una naturaleza tanto imaginaria como simbólica (es necesario pero imposible), expresa un deseo que no puede, jamás, satisfacerse. Para lo que sirve la Ley que transporta el padre simbólico es, precisamente, para regir la salida desde la plenitud del imaginario hasta un universo de lo simbólico con la cicatriz de la falta. Es parte de lo que Freud explicaba como el doloroso viaje entre la naturaleza y la cultura (*Tótem y Tabú*, 1913, y *El malestar en la cultura*, 1930).

El orden de lo simbólico (donde está el lenguaje que edificará mis deseos) no es que esté gobernado, sino que vive en una dictadura de la Ley y la metáfora paterna. Una normativa "socio-simbólica" que sustituye el deseo (madre) por la Ley (padre) protagoniza los instantes fundadores del inconsciente, y donde surge la instancia del Superyó (que nace ya con la prohibición del incesto y la "conciencia moral", es decir, el comienzo de las normativas sociales).

En otro apartado de este libro nos apoyábamos en Žižek: una de las mayores perversiones que caracterizan al capitalismo reciente es el diseño de una ingeniería enfocada a la manipulación del Superyó. La Ley actúa contra el deseo fundamental (el inspirado en el incesto) que reverbera en el Superyó, para Lacan, localizado en el inconsciente. La Ley, por supuesto, existe porque existe el deseo de transgredirla. El

Superyó es un conjunto de mandatos de goce, que, además, puede regular al mismo deseo. Nada, absolutamente nada, obliga al goce, salvo el Superyó. Lacan en su *Seminario 20*: *es el imperativo de goce: ¡Goza!* (critica la invitación a "gozar sin trabas", que resulta tan *propia* del capitalismo).

En la instancia psíquica superior encontramos la Ley junto al deseo irrefrenable de violar esa misma Ley, esta tensión, el peligro de su propia destrucción, la impulsa al goce *ilegal*. En el Superyó hallamos un juego dialéctico entre él y la normativa socialmente aceptada (la ley pública). No podemos huir de mandatos de goce que, además, no hemos decidido autónomamente.

Freud tenía dos ideas acerca del padre: Uno. El padre del Complejo de Edipo que rompe la relación con la madre y transmite la Ley. Dos. El padre primitivo (en *Tótem y Tabú*) que nunca llega a estar sometido a la Ley y encarna el mito de un poder por encima de todo, poseedor de todas las mujeres y la riqueza en la horda primitiva; es el "reverso de la Ley", vehículo de perversidad y crueldad. Esta elaboración teórica propuso que los dos padres están, de hecho, en el Superyó. Así, cuando un sujeto está identificándose (deseo ambiguo) con este padre primitivo tiene inclinación clara a la autoridad dura y la vivencia por encima de la norma. Ambos padres están, al mismo tiempo, en la instancia del Superyó: el individuo puede experimentar una identificación tanto con la Ley y las normativas emanadas de la autoridad como con el deseo de violentarlas. El sujeto, finalmente, se ve obligado a regular sus deseos. Autoridad y deseo de transgresión son el fundamento de nuestros sistemas de normas, la Ley se implanta porque existe un comportamiento totalmente probable que es necesario reprimir. Aquí está el problema que encierran los imperativos de goce.

Existe una saga de películas inolvidables que, de varias formas, resultan útiles para observar el problema de la autoridad, el padre, la ley y su relación con el nunca completamente resuelto proyecto de la emancipación (con todas aquellas reminicencias ancladas en el pensamiento crítico). En el 2019 llegaba *Star Wars, episodio IX*, dirigida por J. J. Abrams. El (siempre aparente) fin de esta trilogía, que continúa con la trama dejada en *El retorno del Jedi* (1983), dirigida por Richard Marquand, y se compone de los episodios VII, VIII y IX, dibuja a una Resistencia que a duras penas logra sobrevivir en su guerra contra la Primera Orden. Por supuesto, la coherencia de los acontecimientos depende de cierta visión de conjunto. Entre *El despertar de la fuerza* (J. J. Abrams, 2015) y *Los últimos Jedi* (Rian Johnson, 2017) asistimos a una verdadera hecatombe en la República, los herederos del Imperio atacan para volver a instaurar un régimen totalitario que pretenderá dominar y oprimir los mundos habitados de la galaxia, a través del terror político más puro; una narrativa que habla de orden frente al caos mediante el pago de la obediencia incuestionada, de la simbolización totalizadora que puede plantearse detener la Historia y una "práctica" que prescinde del devaneo "teórico" propio de la división de poderes y la delegación del poder popular en un parlamento. No hay más que recordar el discurso de la aniquilación del general Hux frente a sus tropas, durante el episodio VII, con toda aquella estética girando sobre un fascismo militar que se presenta como antídoto (un tratamiento político-sanitario al estilo de las SS, como seguramente recordamos de la Historia terrestre) contra el desorden democrático de la tradición republicana.

Posterior a esto, en el episodio VIII, vimos diversas simbolizaciones, de esas que sólo el cine puede plasmar. En la película donde regresa Luke Skywalker para entrenar a la asustada aprendiz que protagoniza el despertar de la fuerza (Rey), también vemos la nueva hegemonía post-imperial de la Primera Orden, con su líder supremo Snoke y su aprendiz en el lado oscuro, Kylo Ren, a la vez líder de la Orden de los Caballeros de Ren (hijo de Han y Leia, nieto del mismísimo Darth Vader). Con la caída de la República retorna la vanguardia en forma de organización político-militar: la Resistencia clandestina, al mando de la general Leia Organa.

Sin lugar a dudas, uno de mis momentos preferidos de esta película fue todo aquel traumático entrenamiento vivido por Rey en la remota isla de Luke: la llamada que experimenta desde la oscuridad; la insistencia de la fuerza, que conecta a la luz con la oscuridad y a la oscuridad con la luz (mostrándolas como lo que son: las dos realidades que conviven en dolorosa dialéctica dentro de todo corazón humano); el conocimiento sobre el equilibrio inestable que siempre termina por romperse, tan característico de los asuntos psicosociales; esos instantes donde la luz no llega a ser rival para la oscuridad, convirtiendo a la segunda en hegemónica, cuando la violencia se institucionaliza y la eliminación física es la medida más aceptable, esos días que todos hemos vivido en los que luz/oscuridad es sólo cuestión de interpretación pragmática y se revela todo lo que hay a medio camino entre ambas.

Sin olvidar el auténtico centro de la cuestión: la pérdida del Otro por parte de Rey y la ineludible necesidad de asesinar a la autoridad de Kylo. La revelación de un gran secreto, en clave psicológica, se escucha sin paliativos en esas escenas donde un joven extraviado le dice a una joven confundida que sólo llegamos a ser lo que debemos ser con la muerte de nuestro ascendente moral, con la caída sangrienta de la simbolización de la autoridad que sólo representa al pasado. Pero que intentar remediar la pérdida misma únicamente conduce a la debilidad... una debilidad del todo teórico-práctica. Y que, en ocasiones, esa autoridad (por ejemplo, aquélla que una vez levantó las banderas de la vanguardia política frente a la opresión) puede recuperar su sed no superada de sangre e intentar adelantarse en la carrera por perpetrar el asesinato que otorga la hegemonía... Luke intentaría matar a su aprendiz, cualquier matiz añadido es cuestión de interpretaciones.

Esta terrible revelación es la que empuja a Rey a una especie de retorno al *primer viaje simbólico*, una travesía arquetípica con huella narrativa en nuestra especie, una donde el lado oscuro de la fuerza no está claramente diferenciado de la luz: regresa a las profundidades de la tierra, donde las más elementales preguntas sobre la naturaleza de su propio "objeto perdido" retornan a su propio Yo (la joven aprendiz vive alguna clase de nuevo Estadio del Espejo, que sólo confirma la irreversibilidad de la pérdida).

Es entonces cuando se muestra cierta lógica, dualidad post-dolor, entre Rey y Kylo: el Eros y el Thanatos, vida y muerte, que pugnan dentro de la subjetividad humana. Y será esta verdad, la pequeña posibilidad de una alianza entre las energías más jóvenes, la que se tornará insoportable e inaceptable para la autoridad, tanto para Luke como para el líder supremo (y aquí, en efecto, tenemos ecos de una crítica emparentada con el pensamiento marxiano). El contacto prohibido que supera a la Física y a la nueva coyuntura política será perseguido con furia, los dos jóvenes replicarían la batalla de sus mayores hasta las últimas consecuencias, sabiendo que cada uno vive tanto en la luz como en la oscuridad.

Rodar una película cuyo guion se aventura por los procesos psicológicos humanos, puede generar un fenómeno de culto o una reacción furibunda entre el público. Por si alguien en la sala de cine dudaba de las incontrolables derivas ideológicas de experimentos de este tipo, en el episodio VIII hay una última escena que muestra a unos niños trabajadores, casi vestidos como los infantes explotados en las fábricas inglesas del siglo XIX, que elevan la crónica de los hechos a la dignidad del mito. Es uno de esos niños el que representa la mayor trascendencia simbólica (por política): levanta su herramienta de trabajo, una escoba, signo de su explotación, y parece convertirla en futuro sable laser, a la manera de los Jedi, instrumento de su emancipación, mientras observa el símbolo de la Resistencia y mira con esperanza hacia las estrellas.

Claro, el problema de aventurarse por explicaciones algo psicopolíticas sobre cómo y por qué la realidad es como es (inevitable por el carácter "trascendente" de los personajes) es que será muy difícil apartar cierta re-significación político-ideológica. Cuando se habla de traumas psicológicos, de pérdidas, dolor, abandonos, amargura, etc. se suele necesitar explicar el contexto que les dio origen. Y de esto puede salir cualquier cosa, tanto un discurso político sobre la emancipación *Vs* dictadura totalitarista, como problemas de ritmo, cortocircuitos narrativos, extrañas simbolizaciones sobre el "objeto perdido", etc.

Siendo así las cosas, el episodio IX sólo tenía una salida: resolver la pérdida y consumar el asesinato de la autoridad. Ambas son referencias constantes a lo largo de toda la saga. Y ambas necesitarían de una alianza tanto entre la teoría y la práctica como entre la luz y la oscuridad. Ni Rey ni Kylo podrían continuar sin saber qué hay al otro lado de la confrontación final entre la Resistencia y el nuevo Imperio, necesitarán saber si llevar las enseñanzas "teóricas", la instrucción sobre los secretos de la fuerza, a la práctica podía transformar a la galaxia o costarle la vida a uno o a ambos. Tendrán que avanzar en la oscuridad para desvelar si verdaderamente están, los dos, divididos entre el Eros y Thanatos. ¿En tanto herederos del discurso de su respectiva autoridad están condenados a repetir los errores y taras de ésta? ¿Es que no podemos aspirar a emanciparnos de esa totalidad estructural en la cual ya estábamos inmersos e interpretados cuando heredamos todo lo que nos hace ser lo que somos? ¿Cómo liberarnos de esa Ley que está relacionada con nuestra inclinación a transgredir todo aquello que nos mantiene en una condición civilizada? Estas preguntas están en el centro del drama vivido por Kylo. Y son esas algunas de las razones por las que el problema de la teoría y la práctica tiene mucho de psicológico (y psicopolítico). Recordemos brevemente lo siguiente: el inconsciente se "configura" a partir de la represión del deseo y el dolor por su pérdida. La consciencia es vulnerable a los efectos de esas represiones, que podrían causar problemas e incapacidad para afrontar la realidad tal y como se supone que es. Pero teóricamente lo anterior es combatido por la final identidad con la autoridad y la Ley (lingüística y cultural, por lo tanto, ampliamente simbólica) que surgen del padre (sí, ese que desciende del exilio original). El deseo original por el "objeto" perdido (el centro refundido que no somos nosotros mismos, advertido por Jung) experimenta una *sustitución*.

En la imagen, representación artística del universo de Star Wars

Evidentemente, tenemos que aclarar que encontrar lo "perdido" implicaría reelaborar por completo a la autoridad, la Ley y todos sus principios. De ahí que Rey sea capaz de actuar "prácticamente" en el episodio IX, cuando llega a descubrir sus verdaderos orígenes y todas las preguntas reciben respuesta. El gran atributo de la mirada, ahora narrada, de Rey (dado que sus orígenes le han sido revelados) es que es geométrica: podrían existir varias posibilidades para el futuro de su propia crónica, lo que re-significa el problema de la autoridad. Es decir, al parecer, el despertar de Rey y Kylo (que van rebelándose contra todo lo que aparentemente les fue heredado) se da sin la pesadilla de la inmortalidad divina, sin el fantasma de la autoridad poderosa y aparentemente irreversible. Sin la obscenidad del dios masculino e inmortal que en verdad resulta ser una prolongación de la figura del padre poseedor de la autoridad suprema. Y sin que, de hecho, nada de esto tenga que ver con el sistema de creencias en verdades reveladas que cada sujeto se da a sí mismo/a. Recordemos que ningún espacio libre y soberano (por lo tanto, lleno de incertidumbre) se encuentra a salvo del fantasma, de la amenaza sobre la llegada de un poder simbólico más grande que las pequeñas libertades duramente conseguidas en base a conquistas de conocimiento. ¿Es esta la horrible tensión en la que vive un aprendiz Jedi?

En sentido de lo anterior, el episodio IX muestra el reclamo del superviviente emperador Palpatine: cumplir con el ritual mediante el cual él mismo será asesinado por su nieta y heredera, gracias a lo cual ella podrá asumir el macabro liderazgo de la Orden de los Sith (defensores del lado oscuro de la fuerza) y terminar de reconstruir el Imperio, una vez queden aniquilados los restos de la República y la Resistencia. Sin embargo, lo que vemos ante la fortaleza de la joven es, de nuevo, a un padre que desafía a su propio fin y se niega a morir. Claro, estamos pasando por alto que Rey no era una simple recolectora de chatarra sin pasado "noble" que asciende por méritos propios hasta ese momento, tenía (en plan telenovela) un pasado oculto. Lo que no deja de revelar cierto sentido clasista y rancio sobre quiénes están facultados para ser héroes o conquistar e incluso despreciar al poder. Me identificaba más con la Rey abandonada por sus padres, vendida, explotada... desconocida, que logra levantarse para luchar, hasta llegar a la singular batalla que decide el destino de la galaxia. Con Rey como una Palpatine, el liderazgo de la prometida revolución regresa a las élites simbólicas de la historia.

En Žižek, la figura del padre fuente de angustia que se niega a morir apelando a nuestros temores, al sentido del ridículo y la culpa, a la sensación de inseguridad, etc., siempre se aparece a quien hallóse explorando lo desconocido. La victoria original de Luke fue poner fin a ese mito tan profundo de nuestra cultura.

En Tótem y tabú (Freud, 1913) el fundador del Psicoanálisis persiguió la idea de ese mismo mito: la pugna que origina la cultura en la "tribu" de hermanos que asesinan al padre durante aquella "cena totémica" donde el sujeto interioriza e integra en su personalidad la Ley emanada de la autoridad del padre. Hablamos de los principios de legitimidad que retransmiten todo lo normativo desde la Ley entregada por la Función del Padre al niño/a separado del deseo de la madre. El surgimiento de la formación social deviene de la fraternidad asustada que se genera por la culpabilidad retroactiva de los hijos que han matado a la autoridad, un vínculo basado en la prohibición y la sombra del culto al padre muerto; que se convierte en padre simbólico (mítico-institucional) porque deja un nombre y un linaje como legado. Razón por la cual, en Freud, la cultura y el Superyó (como *normativa moral*) tienen un surgimiento simultáneo.

Fue precisamente eso lo que ocurrió en *Star Wars. Episodio VI: El retorno del Jedi* (1983), Luke Skywalker (el hijo) intenta convencer a Darth Vader (el padre) de abandonar la maldad galáctica y oficial del emperador. Pero para desgarro de su corazón la "figura oscura del padre", aunque parece mostrar dudas, termina por conducirle a quien emana la máxima autoridad y que, por tanto, puede devolver al auge simbólico a la Función del Padre y a la Ley perdida. El caballero Jedi, por supuesto, intenta resistirse a la rabia que le embarga por comprender el innegable peso de las razones imperiales, que con todo "buen criterio" vienen a decirle que del emperador emana la verdad, la Ley y, por consiguiente, la autoridad máxima (incluso su ascendencia "moral" [que sea falsa es irrelevante] sobre la rebelión queda simbolizada con esa distancia de la nave imperial que reduce la batalla para destruir a la Estrella de la Muerte y conseguir la libertad de la galaxia a simples lucecitas).

Con lo cual, el orden "natural" de las cosas es que Luke asesine al padre (uno de los últimos mitos de la Modernidad) para ocupar su lugar y heredar esa autoridad legítimamente transmitida y sus principios. Los umbrales iniciáticos de libertad donde Luke se ejerce como sujeto hacían totalmente inevitable la aparición en su vida (de hecho, fue el joven quien acudió) de la figura del padre fuente de angustia (apela a nuestros temores, nos ridiculiza y aunque debería estar ya muerto, su peso simbólico continúa existiendo y llamando a obedecer la Ley proveniente de unas supuestas antiguas tradiciones).

No es que el joven sea un soldado de la rebelión como consecuencia de crecer sin conocer la autoridad salida de la Función del Padre, o que su presumible ilusión por una República Galáctica provenga de una relación incestuosa con la madre (que en verdad no llega a conocer). Es algo mucho más trascendental: el Jedi lucha, pero decide no matar a Darth Vader para romper ese mito perverso sobre la necesidad de una autoridad emanada de un padre que debemos abatir, bien sea por su debilidad o por su avasallamiento. Y esto lo convierte en el "primer" sujeto modernamente emancipado. Si las cosas se hubieran torcido y el joven hubiera asesinado al padre con su sable láser, habría sido inevitable que ocupara un lugar al lado del emperador. Y el siguiente paso tendría que haber sido proveer al Imperio victorioso de una nueva máxima ley moral y política que replicara su autoridad a todos sus súbditos.

Así, el episodio IX nos regresa al VI: no hay nada peor que un padre, una autoridad, que se niega a morir y roba la energía vigorizante a los más jóvenes (recordemos a Marx). Claro, Rey matará a su abuelo, el emperador, lo hará por justicia y por la libertad de la galaxia. Pero a diferencia de lo perpetrado por Kylo contra su propio padre, Han Solo, Rey no pretende matar al sujeto de la autoridad, sino a la autoridad misma (arribando al fin de la Orden de los Sith y del nuevo Imperio). Y lo que heredará no será la simbolización del poder, ni siquiera alguna idea sobre la libertad, sino una memoria histórica.

El rumbo de los acontecimientos abre la posibilidad de un retorno de la República. No sabemos qué políticas tienen sobre sanidad, educación, igualdad o diversidad. Tan sólo podemos sospechar, tal vez, dos cosas: que Kylo recibe una especie de absolución (la sonrisa y el beso, como quintaesencia a la que se llega antes de una muerte tranquila), luego de unirse a Rey contra el emperador (ambos saben que existe alguna clase de unidad tras la dualidad, que luz/oscuridad es cuestión de hermenéutica). Y que hubo una suerte de respuesta popular al llamado del mando de la Resistencia, que no tenía armada para combatir, sino naves de gentes oprimidas que acudían a luchar. Sabían bien lo que debían hacer, pero no sabían si tendrían la fuerza... he ahí la cuestión.

Ilegalidad.

Los, anteriormente nombrados, imperativos de goce están conectados con aquellas *estructuras superyoicas* que nos empujan a la *ilegalidad*. Recordemos una explicación ya analizada por varios autores, entre ellos Žižek, sobre fenómenos que existen tanto en lo sociocultural como en lo psíquico: el racismo, el antisemitismo, etc. El viciado argumento del *ellos* y *nosotros* es: Si los gitanos, los homosexuales y los extranjeros en general están o vienen aquí a vivir (la cuestión de que los refugiados huyen de guerras se torna difusa y es descontextualizada) es porque aquí *gozan*, digamos, más plenamente (en ocasiones el *goce* del distinto es, sencillamente, seguir con vida, pero esto también se hace difuso). Y tal cosa sólo puede ser posible porque usan los recursos (del Estado) destinados a los *nativos* poseedores de derechos naturales. Por ejemplo, acaparan las ayudas públicas, pero también el empleo y los servicios sociales. Y esto despoja a los nacidos en la *tribu* de un goce que les pertenece. El imaginado peligro se extiende a que su presencia cambia la composición cultural de la sociedad. Con lo cual, ese otro distinto que invade una suerte de pequeño *espacio vital* no amenaza sólo los recursos, también es un peligro para el Orden Simbólico. Todo este dispositivo se llevó a expresiones macabras con el discurso de los nazis en la Alemania de los 30 y 40 del XX.

En resumen, el *distinto peligroso* que todo proyecto autoritario requiere es una entidad dibujada como violadora de la Ley (también y, sobre todo, de esa Ley implantada en el Superyó). La figura que "tradicionalmente" es mostrada como violadora de la Ley en la cultura europea es el judío, pero es una condición extendida a gitanos y musulmanes. Para poder ser plenamente lo que son, esos *extraños* deben emplearse en privarme de algo: un goce que me pertenece. En el origen de pesadillas como el antisemitismo hay una ingeniería del Superyó alrededor del papel de la Ley. El distinto es, por definición, *inferior* (esto puede matizarse en términos ideológicos, religiosos, raciales o de *nivel* social y cultural) pero al mismo tiempo tiene un poder oscuro, perverso y desconocido que amenaza mi manera de vivir.

Aquí interviene de nuevo Lacan: la ambigüedad del padre y el "imperativo superyoico". En los momentos en que un individuo está en proceso de identificación con la ingeniería del líder o la imagen paterna, simultáneamente se identifica con la simbolización de autoridad y poder edípico (primer padre) y con la crueldad poseedora de todo el poder en la horda (segundo padre). Esto facilita varios mecanismos impulsivos: uno de ellos es el que le llevará a concluir que todo aquel placer y goce que parezca serle negado se debe, en última instancia, a que un agente extraño… *extranjero* le ha usurpado sus derechos. Esa minoría inferior, pero que al mismo tiempo detenta un poder en la sombra, viene a fundar la simbolización *satánica* que amenaza a todo mi Orden Simbólico. Es el patrón narrativo que se recrea en muchas de las grandes persecuciones y genocidios de la Historia, desde luego lo es en esa psicosis colectiva que fue tan propia del siglo XX: la conspiración judeo-masónica-comunista-internacional.

Goce enajenado.

—*Las familias mueren de hambre en la calle, usan a las mujeres y luego las dejan tiradas y ustedes... ustedes persiguen a un hombre que lucha por la gente. No son dignos ni de arrastrase ante alguien como Karl Marx.* Las frases son de una joven monja aterrorizada ante los ríos de miseria y perversión que corrían por las barriadas obreras en el Londres del XIX. Se dirige a dos agentes de Scotland Yard que investigan varios asesinatos espantosos. Éstos, también asustados, llegarían a interrogar al Dr. Marx en una sala de la biblioteca del Museo Británico. Sus barbas blancas parecen congeladas ante el golpe de protesta que da en la mesa: —*Así que Londres dice que el judío fue asesinado por un monstruo judío*, afirma señalándose. —*Así se absuelven a sí mismos de toda responsabilidad. No se equivoquen, caballeros. No fue a Salomón Weil al que mutilaron y asesinaron, fue al judío. ¿Pero no lo ven? El asesino ataca a los mismísimos símbolos de la ciudad, el judío, la prostituta... son la ofrenda sacrificadora en este laberinto de Londres. Y, por lo tanto, deben ser masacrados según el ritual...* (*The Limehouse Golem*, dirigida por Juan Carlos Medina, [2017]).

El señalamiento (y posible persecución) al distinto se funda en que la imaginación le adjudique la posesión de un goce que para mí sería imposible, que me ha sido enajenado. ¿A quién culpa el obrero, trabajador o sujeto que produce por no ser soberano del producto de su trabajo y el placer que le atribuye su imaginación?

El *goce enajenado*, como en otros casos, puede que se engrane con esa misma realidad llena de privaciones y que despoja al sujeto del objeto, por ejemplo, el salido del proceso de trabajo. Si un recurso clásico del germen racista o el discurso antimusulmán, antiinmigración, etc. es que están aquí para robar o quitar lo que debería tener otro por derecho de nacimiento, ¿no es claro que, con gran facilidad, el sujeto podría culpar al otro distinto de la pérdida que sufre durante el proceso de la alienación? ¿Si la mercancía, el *nuevo objeto perdido*, es una realidad alienada, porqué no podría pensarse que ese distinto (poseedor de un goce para mí imposible) está en el origen de esa alienación?

Recordemos con Žižek que el judío que fue señalado como causa de todos los males de Alemania tenía, en efecto, el plus de ser parte de una comunidad económicamente próspera: es decir, en su condición culta y capitalista, el judío conservaba ese goce imposible para el obrero explotado que luego votaría masivamente por los nazis. Luego, esa ingeniería del Superyó es perfectamente capaz de simbolizar al distinto como el autor intelectual y material del drama de la alienación y la experiencia fragmentada que vivirá buscando la totalidad perdida. Y recordemos que al contener tanto la identificación con la Ley como el deseo de transgredirla, la *suspensión de la ley* para defender la vida de la *comunidad* será una posibilidad viable y en muchas ocasiones probable.

Efectivamente, el cine nos mostraría, como en los superhéroes llegados del cómic, a un individuo posiblemente enmascarado e investido literalmente de su Carga Simbólica con sospechosa facilidad para *suspender la Ley*; muchos de ellos codificaron en la imagen de sus respectivos villanos al poseedor de cierto goce imposible, una ingeniería que resulta muy relacionada con la caricaturización como terrorista del líder popular o cabeza de un proceso revolucionario, existen varios ejemplos, sin duda, mis preferidos son aquellos salidos del universo del Caballero Oscuro (Bane, Catwoman, etc.).

Dado que, para la *comunidad* (una idealización donde el "exceso de goce" de otro puede impedir nuestro propio goce), imposibles pero necesarios placeres están en manos del otro distinto, es ese discurso *contra-el-diferente* uno de los elementos más importantes de su propia cohesión: el otro distinto es condición de posibilidad de la colectividad humana diferenciada, cuyo testimonio más extremo es la historia popular sobre un robo de nuestro derecho al goce por parte de un extranjero que terminaría por modificar el Orden Simbólico. Muchos socialistas y comunistas entendieron esto y la peligrosidad que representaba para cualquier proyecto real de emancipación, intentando contrarrestarlo, en parte, con toda la narrativa de la conciencia de clase, la fraternidad entre pueblos y el internacionalismo.

Realidad.

En Freud la realidad puede ser física, psicológica (el pensamiento) e inconsciente. Pero lo Real lacaniano no es un orden de objetos materiales existentes por sí mismos en la realidad. La realidad está en el Orden Simbólico. Mientras lo Real es aquello existente fuera de las fronteras de nuestra realidad socio-simbólica; está en oposición a lo Imaginario y lo Simbólico, más allá de la imagen. En lo Real nos interrogamos sobre una materialidad bruta que retorna en forma de necesidad de la animalidad (el hambre, la sed, etc.), un estado de cosas presimbólico; más una necesidad que el propio objeto de la satisfacción (Homer, 2016). Los objetos nunca pueden llegar a resolver definitivamente esa necesidad. En cuanto presimbólico, lo Real está reprimido y se estructura de forma inconsciente.

Lo Real es un *algo* indiferenciado de lo que nos separamos durante la simbolización. Se asocia con el trauma (un acontecimiento psíquico), está en el límite de la simbolización y disloca el centro del sujeto. Hay que nombrar, desde Žižek (1997), el posible problema de la incursión e incluso ataque de lo Real en lo Simbólico, que produce a un individuo que se constituye en vehículo de actos criminales.

En Lacan lo reprimido no son sistemas de palabras ni imágenes. Lo reprimido es un núcleo duro e impenetrable: una parte del todo que se escapa de lo simbólico y las representaciones. Lacan lo llamó la Cosa (*Das Ding*): no es posible representarlo, es el objeto perdido que buscamos continuamente, está asociado a lo Real. Pero que, en verdad, nunca estuvo perdido. En la Cosa vemos el drama, el objeto-causa, de la pasión humana más fundamental. La Cosa no es nada, únicamente *es* en relación al deseo que la forma. Está formada por el deseo de remediar ese vacío en el núcleo duro de nuestra subjetividad, quedando relacionada con la separación antes nombrada ("Lo simbólico es lo que crea la Cosa, en oposición a la pérdida de una Cosa original que creará el deseo de encontrarla" [Homer, 2016]). En 1964 Lacan remplaza el concepto por "Objeto a".

El deseo de colmar el vacío en el centro de la subjetividad y lo simbólico viene a crear la Cosa, como respuesta a la pérdida de una Cosa original que engendrará un deseo-fantasía por encontrarla. Nuestros deseos (incluso inconscientes) se convierten en narrativa a través de la fantasía. La fantasía suele tener un trasfondo sexual y un contexto cultural. Y se origina en el autoerotismo y la alucinación (satisfactoria) de la pulsión. La cuestión central en la relación entre deseo y fantasía es: "la fantasía/el fantasma no es el objeto del deseo, sino su escenario".

El "fantasma" es la forma de organización del deseo. Ante la pregunta fundamental (¿Qué soy yo para el deseo del Otro?) aparece el "fantasma" de Lacan: donde aprendemos a desear y nos convertimos en objetos deseantes. Žižek: el "fantasma" es una superficie vacía, una pantalla para la proyección (de ahí la aplicación de estas ideas en los estudios fílmicos). El fantasma es el escenario (*la puesta en escena*) donde se proyecta el deseo...

¿Una manifestación cultural podría equipararse a este concepto, el fantasma donde se manifiestan los deseos inconscientes? ¿Creando un placer por representación? El "fantasma" como escenario del deseo puede generar, en efecto, un placer, no por alcanzar la meta del deseo, sino por su propia representación de ese deseo. La fantasía en el "fantasma" es como la utopía no realizada jamás. En realidad, el "fantasma" intenta remediar la pérdida, sin que deba ser confundida con la propia realidad.

El individuo, en suma, se encuentra con el gran interrogante sobre qué es para el deseo del otro. La fantasía como *proyección de la fantasía* intentará despejar esa pregunta. En ese fantasma seremos entrenados para desear... un *deseo* implantado.

Aquí aparece el "Objeto a": representa la falta del Otro (no hablamos de un objeto en sí, sino de la propia falta). El deseo se dirige siempre hacia algo que parece faltar, lo que edifica la narrativa sobre una permanente búsqueda del objeto perdido. Cuando llega la ruptura entre el sujeto y el Otro vemos el vacío dejado por el deseo (madre y niño/a). Tal vacío provoca la carrera del deseo y la llegada del "Objeto a".

El "Objeto a" no es algo que hemos perdido. Es la permanente sensación de que algo falta en nuestras vidas. Esa certeza nos impulsa (en ocasiones con desesperación) al discurso de la realización personal, del amor idílico, del afán de posesión o de algún tipo de conocimiento iluminador. Cada vez que arribamos a una meta cierta, en poco tiempo regresa la sensación de que existe algo más que necesitamos poseer o saber.

Lo Real en Lacan es, efectivamente, un vacío (en el centro de nuestra subjetividad) que siempre estamos intentando llenar. El "Objeto a" es el vacío que intenta llenar el espacio al interior de nuestra realidad simbólica, no es objeto (en sí) sino la máscara de la falta; es el sobrante de lo Real: escapa a la simbolización y la representación. El "fantasma" define una relación imposible: sujeto y "Objeto a".

Observamos el fantasma-Objeto a, tanto el vacío como el objeto cualquiera que eventualmente intenta llenarlo, por ejemplo, en el enamoramiento. Y atención: En la diferencia entre Real y realidad la edificación del "fantasma", como cimiento de la realidad, recrea una muralla (defensa) que impide la invasión de lo Real en la cotidianidad, en lo Simbólico. Lacan llamó a este peligro "atravesar el fantasma", la subjetivación de lo Real o el enfrentamiento a lo traumático y la responsabilidad de su goce (entendido como placer en el dolor, por ejemplo, la mística del éxtasis o la práctica religiosa).

Lo Real está asociado a la Pulsión de Muerte (como regreso continuo a la experiencia traumática, rompiendo el Principio del Placer) y al goce (en forma de límite a la existencia humana). Siempre estamos impulsados por la muerte. El goce, pues, se opone al deseo: un escenario imposible donde el sujeto se mantiene gracias al "fantasma" y al "Objeto a".

Desde mi punto de vista surge, de nuevo, cierta relación con Marx: el obrero desea la mercancía (un objeto perdido que ejerce poder sobre él) y escenifica ese deseo, lo representa. Incluso puede experimentar procesos de identificación con la imagen donde vuelve a escenificarse tal deseo, como en la sala de cine. Aquí reaparece una mediación entre fantasía y realidad: el "Objeto a", la Cosa. El deseo, recordemos, está en el Otro (del Orden Simbólico) y ha sido implantado... heredado. El Otro, el Orden Simbólico, me orienta a desear un objeto perdido-alienado, traducido a Marx, la mercancía o el producto del trabajo. Y escenifico ese deseo en mis fantasías de posesión *de-cosas*, totalmente matizado por la pregunta: ¿Qué soy para el deseo del Otro?

Plusvalía.

Tenemos, así mismo, un encuentro muy importante entre Marx y Lacan en las lecturas de la plusvalía.

En el concepto de plusvalía (contable) Lacan realizó una conexión con un plus-de-gozar. El modo de producción del capital permite la riqueza de su agente reproductor: el capitalista (primero en la acumulación de mercancías y luego en la acumulación de capital). Para Marx todo ese *acopio inmoral* se basa en el "robo" al obrero de la plusvalía.

A partir de las dos grandes dimensiones de la mercancía (valor de uso y valor de cambio), el pensador alemán formula que la actividad del *sujeto-que-produce* sobre el valor de cambio de la cosa, recrea el "valor" de ésta: «Un valor de uso sólo tiene un valor en la medida en que en él se encuentra cosificado (*vergegenständlicht*) o materializado trabajo humano abstracto. ¿Cómo medir el tamaño de su valor? A través de la cantidad (*Quantum*) de "substancia creadora de valor" contenida en él, la cantidad de trabajo. La cantidad del trabajo mismo se mide en relación a su duración temporal, y el tiempo de trabajo posee a su vez su medida en partes temporales concretas, como la hora, el día, etc.» (*El Capital*).

Luego, Marx aborda la cuestión de la compraventa del trabajo: el capital requiere de una mercancía especial, con un valor de uso que retorne un valor *plus* o extra por encima del precio original. Ese papel sería desempeñado por la fuerza de trabajo. El valor de una mercancía es casi una medida de tiempo: el necesario para acumular y generar la existencia de la masa que produce, es decir, una medida para que la fuerza de trabajo pueda reproducirse como tal. El valor de uso de toda esa energía y potencialidad se objetiva cuando es vendida. Y el efecto colateral del consumo de esa fuerza de trabajo son las abstracciones "valor" y "plusvalía". «Para extraer del uso de una mercancía valor, nuestro propietario del dinero debería ser tan afortunado como para descubrir dentro de la esfera de la circulación, en el mercado, una mercancía cuyo valor de uso poseyese él mismo la peculiar característica de ser fuente de valor, una mercancía cuyo uso efectivo fuese él mismo cosificación de trabajo, y por ello creación de valor. Y el propietario del dinero encuentra tal mercancía específica en el mercado – la capacidad de trabajo o la fuerza de trabajo» (*El Capital*).

Posteriormente está la conceptualización de la "plusvalía" absoluta. El obrero crea una mercancía que tiene como valor lo pagado por el capitalista a ese obrero. Pero hay un momento "crítico" donde el trabajo supera su propio valor (lo que han pagado por él). Todo ese "extra" queda en manos del agente principal del capital.

El capitalista paga un valor de cambio por la fuerza de trabajo, pero recupera un valor de uso de mayores proporciones: esto es la plusvalía. Una de las cuestiones centrales es que capitalista y obrero son, al principio, dueños de una mercancía con el mismo "valor". Pero al crearse riqueza por encima de las "necesidades de subsistencia" se genera un proceso por el cual la *cosa-producida*, la entidad de la mercancía que transporta un relato sobre su propia existencia, también se convierte en objeto donde residen nuevas abstracciones.

Estas tesis se encontrarían con el "plus-de-gozar" de Lacan. En 1968-69 el psicoanalista francés dicta el *Seminario XVI* (*D'un Autre à l'autre*), allí afirmaría: "Invocaré a Marx, respecto al cual me ha provocado mucha lástima, importunado como lo he sido después de tanto tiempo, no haberlo introducido antes en un campo donde se encuentra perfectamente en su lugar".

Hay una relación de correspondencia entre la plusvalía y la funcionalidad del "Objeto a", el objeto causa del deseo. Son "sistemas" con una naturaleza similar, aunque con momentos distintos:

"Procederé según un procedimiento homológico a partir de Marx para introducir hoy el lugar donde tenemos que situar la función esencial del objeto a [...] El plus-de-gozar apareció en mis últimos discursos en función de homología en relación a la plusvalía marxista. Decir homología, es justamente decir que su relación no es de analogía".

El deseo es movido por el objeto-causa del deseo ("Objeto a") y es buscado mediante la palabra. Aparece en el *Seminario X* (*La angustia*), en 1960-61. Luego Lacan concluirá que el "Objeto a" remplaza y condensa un goce perdido, realiza una sustitución: de un goce original por un plus-de-gozar (permite un plus-gozar). "El plus-de-gozar es función de la renuncia al goce bajo el efecto del discurso. Es esto lo que le da su lugar al objeto a. En cuanto el mercado define como mercancía cualquier objeto que sea del trabajo humano, este objeto lleva en él mismo alguna cosa de la plusvalía. Así es el plus-de-gozar el que permite aislar la función del objeto a".

Cuando el goce es expresado (la palabra, el significante) se experimenta una pérdida de parte de ese goce que inmediatamente intenta ser llenada por el "Objeto a". Pero, atención, esa pérdida parcial tiene una importante semejanza estructural con la otra pérdida llegada cuando "el sujeto del valor de cambio es representado ante el valor de uso" (Conde, 2012). En el valor de uso exacto (equiparable a goce por uso objetivo) de una mercancía, cierta fracción se pierde durante el proceso transitorio entre el valor de uso y el de cambio.

Es decir, el valor de uso es el goce generado por el consumo real de la mercancía. Mientras el valor de cambio existe en relación con el valor de las demás mercancías. Todo lo cual se traduce o se refiere a una fracción de trabajo abstracto y al tiempo de trabajo en que éste consiste.

Cuando una fuerza de trabajo es vendida viaja en uno y otro valor (uso y cambio). El individuo del que emana esa fuerza recibe un pago que, en verdad, es incomparable con el valor (intrínseco) de uso. Asistimos aquí al escenario de una pérdida.

El arribo del *sujeto-que-produce* al estado marcado por ese extravío desorientador es de tal trascendencia (definitiva) que para siempre experimentará la impresión de alguna clase de objeto que fue olvidado en algún *dónde* y algún *cuando*; y cuya propia falta está anclada en su núcleo de la subjetividad.

El peso de la cosa perdida en la psiquis será central y profundo: "el individuo pondrá todos sus esfuerzos en la recuperación de ese plus-de-gozar perdido" (Conde). «No idéntico a partir de ahora a sí mismo, el sujeto no goza más. Alguna cosa se pierde que se llama el plus-de-gozar. Es estrictamente correlativa a la entrada en juego de esto que desde entonces determina todo lo que es del orden del pensamiento» (*Le séminaire livre XVI: D'un Autre à l'autre*, 1968-69).

Ahora bien, los objetos del deseo son "fabricados" por la palabra. Sin embargo, son inalcanzables, convirtiéndose en vehículos para "renunciar al goce". «Son fabricaciones del discurso de la renuncia al goce. El resorte de esta fabricación es esto —alrededor de ellas puede producirse el plus-de-gozar». Nos referimos a fabricaciones del discurso que versan sobre el objeto perdido y que intentan volver a capturar el goce (atraparlo). Existe, pues, una pérdida de goce en los territorios del *goce construido*: esto es la *manufactura* del "Objeto a". Éste se estacionará en las latitudes del cuerpo donde pueda existir alguna "condensación" del goce.

Por supuesto, el "Objeto a" no puede llenar el vacío y orfandad original, no logrará dar al sujeto una sensación de completitud (su función es el plus-de-gozar). Cuando hay repetición de un goce se produce una pérdida que intenta ser remediada por el "Objeto a". Nuestro deseo es una especie de condena que jamás puede ser desecha. Así que los objetos del deseo tan sólo pueden condensar en ellos la (constitutiva) pérdida del goce primigenio. En el *Seminario XVII* de 1970 Lacan argumenta que el plus-de-gozar nos expulsa a una cosa innombrable. Se refiere a un "aparato de nomenclatura" para expresar la consecuencia de un discurso en la declaración de la *falta en ser* (*manque à être*) de un individuo estructurado en torno al "Objeto a".

3.5.4. Sergio Cabrera y la Ideología Alemana

Antes hemos comentado el problema de "la posible invación de lo Real en lo Simbólico". En relación a esto puede ser interesante nombrar el planteamiento de Žižek (1992) (a partir de Althusser) sobre el fantasma socio-ideológico: El papel constitutivo del fantasma en las posibles teorías del Psicoanálisis acerca de la ideología. No se trata sólo de que lo ideológico exprese una particular interpretación de la realidad (una ilusión), sino de que la misma realidad es ideológica. Respecto a lo denominado como *falsa consciencia* (Marx), ésta no implica que, en algún extraño momento, la realidad pueda ser leída de forma realmente desideologizada, todos los actos humanos son ideológicos.

No existe una píldora azul que suprima para el futuro; necesitamos Matrix porque sus ficciones simbólicas reglan la realidad, si la apagamos perdemos a la realidad misma (en reflexiones de Žižek). En sentido de lo anterior, el "Objeto a", un *reflejo* de lo Real, es como una especie de fuga delatada por las conceptualizaciones de fantasma y deseo inconsciente. La sociedad se constituye en esa *falta consustancial*, lo que intenta ser ocultado por el fantasma socio-ideológico.

Es decir, tras la fundación de todas las sociedades hay hechos traumáticos de crisis colectiva (enmascarados por el fantasma). Tal trauma es para Lacan el encuentro (imposible) con lo Real, es el hecho antagónico violento que vemos en los comienzos de la memoria histórica de cada formación social. Los principios fundacionales de todas las sociedades contemplan momentos de violencia (una herida original) que el fantasma socio-ideológico enmascara con la historia de una lucha justa por el reconocimiento de unas legitimidades que permitieran la objetivación institucional de un proyecto de sociedad. La ideología que resulta vencedora y escribe esa historia teje una *red simbólica* que custodia los principios constitutivos de esa unión de colectividades. La habilidad del séptimo arte para representar al fantasma socio-ideológico es remarcable, especialmente en directores con interés por el discurso inteligente y de contenido social, como el que nos ocupa en este apartado.

Ahora bien, si por distintos motivos esa *red simbólica* se quiebra y, eventualmente, el proyecto se desestabiliza o pierde legitimidades, los antagonismos que originalmente fueron constitutivos del proyecto pueden resurgir. En tales casos podrían presentarse grupos humanos que simbolizan un *recuerdo* del hecho violento o traumático, pasando a algún tipo de *suspensión de la ley* (que puede ser tanto para destruir como para intentar defender el proyecto). Este fenómeno puede observarse representado, en distintos grados, en las películas del cineasta colombiano Sergio Cabrera: en *La estrategia del caracol* (1993), que abordaremos como ejemplo principal en este apartado, el origen de toda la trama está en los fallos de un consenso social roto, que origina toda esa cadena de agresiones a los débiles por parte de la autoridad y del poder económico. Esto conduce, a su vez, a la quiebra de los principios generales fundacionales de la sociedad, evidentes en una "ley" que no defiende a las mayorías sociales. La pérdida de ciertos actos de "fe" en el relato ideológico que sustenta esa "ley" concluye con la emergencia de un grupo social que escenifica el quiebre de la *red simbólica*, donde la normativa socioculturalmente aceptada es puesta en duda y posiblemente suspendida.

Por supuesto, en variedad de ocasiones esos grupos que testimonian una ruptura de la *red simbólica* pueden protagonizar una violencia proporcional a todo aquello que deje al descubierto la debilidad del fantasma socio-ideológico. Žižek lo describió como la, antes nombrada, incursión de lo Real en lo Simbólico. Podemos utilizar como ejemplo, precisamente, la guerra tras la desintegración de Yugoslavia o el terrible genocidio contra la izquierda y toda clase de organizaciones sociales en Colombia. Ambos son grupos de hechos históricos traumáticos cuyo nivel de descomposición o degradación en términos psicosociales está más lejos de lo expresable en el discurso, una serie de acontecimientos protagonizados por sujetos que traspasaron las fronteras de lo simbolizable por la cantidad y manera en que fue derramada tanta sangre, individuos donde lo Real invadió a lo Simbólico (¿un viaje sin retorno para el *enfermo social*?).

En todos los casos, tras cada ciclo de violencia, deben refundarse sistemas ideológicos que permitan seguir adelante (luego de un reordenamiento político-ideológico, en el caso de Yugoslavia con la creación de nuevos estados y en el de Colombia con unos acuerdos que intenten pactar el fin de la guerra y simbolicen un nuevo comienzo). Es decir, luego de esa irrupción de lo Real en lo Simbólico, volver a sujetarse al "salvavidas" ideológico con objeto de reconstituir un sistema de ficciones simbólicas que vuelvan a reglar toda la realidad. El papel de la ideología es ayudarnos a dibujar una imagen de la propia realidad social algo contrapuesta al núcleo traumático, no mostrarse como una suerte de salida de emergencia de esa realidad bruta.

Aquel *proletariado inquilinal* que protagoniza *La estrategia del caracol* no llegó a representar una verdadera irrupción de lo Real en lo Simbólico, pero no lo hizo únicamente porque se respondieron a tiempo a sí mismos con una *estrategia* totalmente ideológica que les devolvía una impresión aceptable de realidad. Y, sin embargo, en el prólogo de la película contado por el cronista oficial de los hechos, el paisa, sí veríamos unos pasajes susceptibles de interpretarse como irrupción del núcleo traumático de lo Real en lo Simbólico: en los hechos del horrible desalojo por la fuerza de los habitantes de la casa vecina (La pajarera), donde se origina un tiroteo que mata a un niño. Aquel niño asesinado por una bala perdida durante el ataque de la fuerza pública, la madre inexpresiva que lleva su cuerpo muerto, luego velado en la calle, los rostros mudos y lamentables de los personajes, etc. sirven como ejemplo del registro de lo Real, lo inexplicable, reprimido e imposible... aquel centro del dolor que está más allá de lo expresable.

Al hilo de este razonamiento, con Marx vemos un concepto de gran importancia en "falsa conciencia", muy relacionado con su teoría de la enajenación. Ya desde los *Manuscritos del 44* los procesos de enajenación incluyen a la conciencia junto a la naturaleza, la actividad y a otros sujetos; éstos convierten al individuo en mercancía (lo que implica su deshumanización física y mental).

En la hipótesis de un producto del trabajo enajenado (perdido) y enfrentado al individuo, encontramos uno de los argumentos clave impresos en *La Ideología alemana* (1846): el pensamiento se convierte también en una "cosa" separada y enfrentada al sujeto. Hay una especie de línea lógica enajenación-fetichismo de la mercancía-teoría de la ideología.

Entre otras cuestiones, estas ideas son útiles para preguntarse por el "fracaso" del proyecto de la revolución, observando un problema de la conciencia (no de la objetividad). El dominio ideológico que conocemos es proporcional a la profundización del capitalismo; en el sentido de que el consenso es una obra de ingeniería (es estructurado en el mensaje político). Como es sabido, hoy una parte muy grande del trabajo es cognitivo (en los procesos de transformación digital), y puede utilizarse para estructurar los sistemas de creencias y anclajes culturales de los trabajadores (aquellos donde irá a engranarse un relato político que pretenderá fluctuaciones anímicas y cambios sutiles en la percepción, tan útiles en el mantenimiento del poder hegemónico).

En las ideas marxianas sobre la conciencia hay dos nociones: "reflexión" e "inversión". En una primera parte de sus investigaciones la conciencia está determinada por las condiciones materiales de existencia, las refleja (como la pantalla de cine refleja algunas interpretaciones sobre parcelas X del mundo). Hay una equivalencia ideología-falsa conciencia. Donde la premisa es mostrar una realidad distorsionada (*puesta de cabeza*). Es decir, la ideología enmascara la realidad, es su *negación-inversión*, como en la *casa pintada* de la escena principal de *La estrategia del caracol*.

Luego vemos un cierto desarrollo acerca de la ideología entre *La ideología alemana* y *El Capital*. Como en el cine, la ideología integra "reflexión" e "inversión", proyecta la materialidad como opuesta a lo que es. Por ejemplo, la economía política muestra como plenamente racionales aspectos del capital, como la ganancia o el salario, que en realidad son relaciones *inversas* (cosas que son opuestas a lo que parecen ser) (Lichtman, 1976). «El valor se presenta, al comienzo, como algo al parecer determinado racionalmente; [...] Pero más tarde se revela que el valor es una determinación puramente fortuita, que no tiene por qué guardar la menor proporción ni con el costo de producción ni con la utilidad social. La magnitud del salario se determina al comienzo mediante el libre acuerdo entre el obrero libre y el capitalista libre. Pero más tarde se revela que el obrero se halla obligado a dejar que se lo determinen, del mismo modo que el capitalista, por su parte, lo está a establecerlo lo más bajo que sea posible. La libertad de las partes contratantes es suplantada por la coacción» (Carlos Marx y Federico Engels en *La Sagrada Familia*, 1845).

La apariencia frente al peso más real de su opuesto se ve también en las grandes ideas de la tradición política occidental. Hay un *ideal* que conecta con su propia negación ("reflexión" e "inversión") en Libertad (coerción)-Igualdad (explotación)-Fraternidad (competencia). Es decir, esta falsa conciencia recodifica una parte de la realidad de donde viene. En algunos análisis el estado de una conciencia es, como antes apuntamos, determinado por una condición social, en otros es su consecuencia directa. Pero de una u otra forma estaríamos hablando de una idea que puede reflejar distorsionadamente la realidad. Y si es así, al intentar profundizar en ella, ¿encontraríamos esa tercera píldora de Žižek... la realidad en la ilusión? Recordemos que Matrix no es otra cosa que una metáfora de la ideología: la matriz de ficciones simbólicas que nos ayudan a reglar la realidad (y que si la suprimiésemos perderíamos a la realidad misma).

De las elaboraciones de *La ideología alemana* se extrae que las representaciones mentales se hallaban determinadas por el momento específico del desarrollo de las fuerzas productivas. Concretamente, se vinculan "reflexión" e "inversión" a las reglas materiales que gobiernan el trabajo: «La producción de las ideas y representaciones, de la conciencia, aparece al principio directamente entrelazada con la actividad material y el comercio material de los hombres, como el lenguaje de la vida real. Las representaciones, los pensamientos, el comercio espiritual de los hombres se presentan todavía, aquí, como emanación directa de su comportamiento material. Y lo mismo ocurre con la producción espiritual, tal y como se manifiesta en el lenguaje de la política, de las leyes, de la moral, de la religión, de la metafísica, etc., de un pueblo. Los hombres son los productores de sus representaciones, de sus ideas, etc., pero los hombres reales y actuantes, tal y como se hallan condicionados por un determinado desarrollo de sus fuerzas productivas y por el intercambio que a él corresponde, hasta llegar a sus formaciones más amplias. La conciencia no puede ser nunca otra cosa que el ser consciente, y el ser de los hombres es su proceso de vida real. Y si en toda la ideología los hombres y sus relaciones aparecen invertidos como en una *cámara oscura*, este fenómeno responde a su proceso histórico de vida, como la inversión de los objetos al *proyectarse* sobre la retina responde a su proceso de vida directamente físico (las cursivas son mías) [...] Es decir, no se parte de lo que los hombres dicen, se representan o se imaginan, ni tampoco del hombre predicado, pensado, representado o imaginado, para llegar, arrancando de aquí, al hombre de carne y hueso; se parte del hombre que realmente actúa y, arrancando de su proceso de vida real, se expone también el desarrollo de los reflejos ideológicos y de los ecos de este proceso de vida. También las formaciones nebulosas que se condensan en el cerebro de los hombres son sublimaciones necesarias de su proceso material de vida, proceso empíricamente registrable y sujeto a condiciones materiales [...] Los hombres que desarrollan su producción material y su intercambio material cambian también, al cambiar esta realidad, su pensamiento y los productos de su pensamiento. No es la conciencia la que determina la vida, sino la vida la que determina la conciencia» (*La ideología alemana*, publicado por primera vez en 1932).

Aunque las anteriores conclusiones serían algo modificadas y complementadas en escritos posteriores de Marx, en ellas casi podemos ver una explicación del cine como modelo que refleja una vida mental totalmente edificada por las condiciones reinantes en el exterior (recordemos la cuestión de la identificación con la imagen en movimiento desde Lacan). La representación mental del espectador, tan influenciada por la proyección, se parece a esa *cámara oscura* de la que habla el pensador alemán.

En efecto, este acercamiento de *La ideología alemana* expresa al modelo-cine como aquella *cámara oscura* que invierte la vivencia material. Si el individuo puede experimentar identificación con esa sucesión de fotogramas *ideológicos* que corren a gran velocidad, quiere decir que podría tender a leer una parte de la realidad a través de éstos.

Sería como la nombrada vida mental estructurándose parcialmente por medio del cine-modelo (ideología) traduciendo *X* experiencia de la materialidad, siendo ésta la que en verdad fija cómo serán los principios de "reflexión" e "inversión" al interior de la *cámara oscura*. Reflexión asociada a la inversión del reflejo: mi *espejo* me devuelve una imagen mediatizada, una realidad que viene siendo una interpretación.

Por supuesto, en la imagen proyectada hay puntos de "anclaje" que coinciden con el objeto, aunque se encuentre invertida. Es decir, si nuestra impresión del mundo es la imagen proyectada, hemos de concluir que vemos un reverso de la realidad. La imagen nunca perderá su poder de seducción, pero no conviene olvidar que se trata siempre de una interpretación "ideológica".

La primera reflexión de Marx en torno al problema "reflexión" e "inversión" es síntesis de una teoría de la fotografía: la ideología, como el propio conocimiento, son copias invertidas de lo que pensamos podría ser la objetividad. Una "ilusión en la realidad", reflejos de la dureza objetiva de las relaciones y fuerzas productivas, que incluiría a la religión, la política, la ley, el lenguaje y, en general, la vida social. Es así como la acción llevada a cabo por los inquilinos de *La estrategia del caracol* es, sobre todo en el efecto que pretendían crear en su antagonista, una ilusión ideológica (ellos mismos llegan a reflexionar, junto al personaje de don Diógenes [interpretado por el pionero de la radio y la TV colombiana Luis Chiappe], sobre la posibilidad de crear un espejismo), sin olvidar esa especie de copia invertida de la casa que aparece pintada en la escena final. De lo antes expuesto también podemos deducir que esa ilusión ideológica, el universo de sus representaciones mentales, está relacionada con el punto hasta donde llegaron a desarrollarse los inquilinos como fuerzas productivas que eran, al menos lo suficiente para replantear una parte muy grande del relato político-ideológico dominante, por ejemplo, en torno a qué es el trabajo (las leyes que lo gobiernan), la justicia y la propiedad.

El maestro de obras, argumentaba Marx, proyecta la construcción en su cerebro antes de ordenar la aplicación de fuerza e intencionalidad sobre las herramientas. «Una araña ejecuta operaciones que semejan a las manipulaciones del tejedor, y la construcción de los panales de las abejas podría avergonzar, por su perfección, a más de un maestro de obras. Pero, hay algo en que el peor maestro de obras aventaja, desde luego, a la mejor abeja, y es el hecho de que, antes de ejecutar la construcción, la proyecta en su cerebro [...] El obrero no se limita a hacer cambiar de forma la materia que le brinda la naturaleza, sino que, al mismo tiempo, realiza en ella su fin, fin que él sabe que rige como una ley las modalidades de su actuación y al que tiene necesariamente que supeditar su voluntad» (*El Capital*).

La falsa conciencia (como un concepto salido de una interpretación) reside en la ideología, de alguna forma esto es confirmado por la intuición. Pero la génesis de ese conjunto de ilusiones es la "mistificación" aparecida al interior de la realidad económica y, desde allí, irradiada a todo el aparato social (Lichtman, 1976).

En la cámara oscura tenemos una imagen mecánica aplicada por separado a realidad y reflejo. Pero es un tanto complicado adaptar el método a la vida social: un orden donde se insiste en separar claramente materialidad y conciencia; aunque en verdad van juntas, más que mediadas por una tercera cosa.

Pero, ¿qué aspecto de la realidad estaría reflejado en la conciencia? ¿Es verdaderamente tan pasiva la conciencia? El sujeto del modo de vida del capital es bombardeado mentalmente todo el tiempo, pudiendo interpretar lo recibido en muy distintas direcciones. Dicho de otra forma, el sujeto hace algo más que recibir influencia y mantener una conciencia que refleja, además puede interpretar. Marx sabía que si lo aparente y lo auténtico fueran idénticos el aparato de las ciencias no tendría utilidad mayor.

Con todas las críticas, la opinión marxiana de que el control de los medios de producción otorga control sobre la formación de la conciencia no puede ser completamente invalidada. Todos los aspectos de la vida social alimentan la nombrada "mistificación" de esa conciencia; el peso en esto de todo lo ocurrido durante el proceso del trabajo productivo se ve concluido con la teoría de la fetichización y la enajenación.

Sin embargo, Marx también mostraría algunos razonamientos intermedios, por ejemplo, expuestos en *El 18 Brumario de Luis Bonaparte* (1852) y *La guerra civil en Francia* (1871): la explicación sobre las "máscaras" para expresar una interpretación errónea de las coyunturas a causa del peso del pasado.

En *El Capital* (Tercer Volumen): «La forma económica específica en que se arranca al productor directo el trabajo sobrante no retribuido determina la relación de señorío y servidumbre tal como brota directamente de la producción y repercute, a su vez, de un modo determinante sobre ella. Y esto sirve luego de base a toda la estructura de la comunidad económica, derivada a su vez de las relaciones de producción y con ello, al mismo tiempo, su forma política específica. La relación directa existente entre los propietarios de las condiciones de producción y los productores directos —relación cuya forma corresponde siempre de un modo natural a una determinada fase de desarrollo del tipo de trabajo y, por tanto, a su capacidad productiva social— es la que nos revela el secreto más recóndito, la base oculta de toda la construcción social y también, por consiguiente, de la forma política de la relación de soberanía y dependencia, en una palabra, de cada forma específica de Estado».

Es decir, la manera exacta como el trabajo excedente es apropiado implica, muy importante, al problema del fetichismo de la mercancía. Y ayuda a descifrar la manera como la "mistificación" de la conciencia está relacionada con la producción de la plusvalía. "El secreto más recóndito", la base de toda construcción social, es gobernado por la relación explotador-explotado. Esa relación, claro está, necesita de la cierta adulteración de la conciencia. Las maneras exactas de la ideología presentes en la apropiación del trabajo excedente moldearán la arquitectura de la conciencia y su posición relativa en el todo social.

La ideología es obra de las varias ingenierías aplicadas del capitalismo, siendo la llamada "mistificación" de la conciencia un aspecto constitutivo del individuo del modo de vida del capital. En todas estas proporciones, varios autores coinciden en que la clase trabajadora es entrenada tanto para producir como para distintos niveles de sometimiento. Variedad de taras psicosociales, como el individualismo extremo (definición que relaciono en publicaciones anteriores con la de *psicópata corporativo*), no llegan directamente de las lógicas del mercado capitalista, sino que son rasgos internos del propio capitalismo en cuando vertebrador de un modo de vivir, consumir y producir.

Por otra parte, en la teoría del fetichismo Marx va escalonando sus análisis. Primero contempla un nivel algo abstracto de la "mistificación" de la conciencia desde la *entidad* de la mercancía. La esencialidad del fetichismo crea una serie de ilusiones (por ejemplo, que el capital re-genera intereses eternamente), para lograr esto las relaciones entre productores de mercancías aparentan ser (para ellos) como relaciones sociales entre las mismas mercancías. Es como una transferencia de funciones propiamente humanas a la *cosa-producida*. Marx, pues, termina por descubrir el nexo entre la manera como el sujeto se produce a sí mismo y su "destino" en *producto orgánico* despojado de alguna dosis aceptable de soberanía y autodeterminación, durante la mediación del conjunto de relaciones de cambio que caracterizan al capitalismo.

El fetichismo de la mercancía también deja al descubierto la "mistificación" social más elemental: las relaciones humanas reducidas a atributos de las cosas (relación entre ellas). Esto se complejiza cuando esas cosas parecen poseer las peculiaridades propiamente humanas (se personifican) y los individuos pasan a cosificarse. La correlación entre las mercancías engloba a los sujetos. Para Marx esto se presenta junto a una "mistificación": «Lo que aquí reviste, a los ojos de los hombres, la forma fantasmagórica de una relación entre objetos materiales no es más que una relación social concreta establecida entre los mismos hombres. Por eso, si queremos encontrar una analogía a este fenómeno, tenemos que remontarnos a las regiones nebulosas del mundo de la religión [...] el fetichismo bajo el que se presentan los productos del trabajo tan pronto como se crean en forma de mercancías y que es inseparable, por consiguiente, de este modo de producción» (*El fetichismo de la mercancía*, *El Capital*).

El fetichismo adquiere así su carácter doble: tanto real como fantástico ("reflexión" e "inversión"). Una de las características principales del modo de vida del capital es que sus sujetos viven bajo un sistema de relaciones sociales edificado a través del intercambio de mercancías producidas sin cesar, para cuya existencia es necesario el fetichismo. Estaríamos describiendo a un modelo que no se basa en términos de reconocimiento y legitimización de cargas simbólicas, que implican la simbolización de ciertas demandas de soberanía y autonomía, sino de intercambio... igualmente basado en el valor de cada uno como mercancía que es.

El posible movimiento de un individuo frente a los otros estaría restringido por el sistema de dependencias articulado por las cosas. Entramos de nuevo en el terreno de lo que parece y lo que realmente *es*. El hecho de que el individuo que produce termine atrapado por la operación socio-matemática que intenta calcular cuántas mercancías vale *su* mercancía (él mismo como potencia objetivadora), y que esto oculte sus condiciones reales de existencia, provoca alguna clase de *corto circuito* entre realidad e ilusión. Como si el intercambio, el trabajo y el valor (abstracciones) fueran leyes naturalmente dadas que no exigen cuestionamientos. En referencia a lo anterior, recordemos que el símbolo-mercancía puede aparecer como condensador de todas las relaciones sociales, y en medio de la impresión de que el sujeto que produce todavía conserva toda la autonomía posible. El vínculo social (casi definido como valor) ha pasado a ser una propiedad social de la mercancía.

Para el sujeto que no es dueño de su actividad (¿queda alguien que realmente lo es?) la cosa creada en la producción marca, incluso, sus fronteras *humanas*. Dado que el modo de vida del capital demanda la posesión (un delirio de lo consumible), la independencia de la cosa creada es proporcional a la dependencia del sujeto. En efecto, la naturaleza del fetichismo es como un reino mágico y lleno de encantamientos que hacen parecer a las cosas anormalmente puestas de cabeza. La "mistificación" central al interior de la producción es explicada mediante los componentes que forman valor y riqueza (capital-ganancia, tierra-renta, trabajo-salario). Ganancia, renta y salario se muestran como una especie de automantenimiento *natural*, casi místico, del propio capital, haciendo desaparecer todas las condiciones que permiten la "mistificación" (como la explotación): "todo el proceso de reproducción se presenta aquí como propiedad inherente a un objeto material".

En *El Capital* la exposición sobre el fetichismo explica la "mistificación" de la conciencia. Como antes recordábamos, la ideología es algo "fabricado" por el propio modo de producción, siendo luego irradiada por toda la institucionalidad que cohesiona al aparato social. Pareciera que esa ideología tuviera como función independiente falsear, recrear el mundo de las apariencias, pero es la realidad (la de relaciones entre cosas antes que entre humanos) del capital, en toda su integralidad, la que requiere un sistema de ilusiones para existir.

Marx, por otra parte, otorga toda la solidez posible a lo que consideraríamos una "máscara" generada por el fetichismo. Como si la realidad, en verdad, estuviera parcialmente en la ilusión, por una razón sencilla: el nexo y el vínculo entre humanos no es lo suficientemente social. El fetichismo inocula un espejismo *doloroso* de continuidad y estabilidad, como si la vivencia junto y a través de la mercancía fuese algo para lo que hemos nacido (natural e *iluminado*) y por lo tanto un *destino* inalterable (ya que es gobernado por la naturaleza y sus leyes). Con lo que Marx sí encuentra gran cercanía entre realidad social e imagen fenomenológica. El reflejo producido en la conciencia por la fuerza de una apariencia, de hecho, codifica parte de la realidad.

La falsedad de la apariencia es una visión *X*, interpretación, condicionada por el punto de vista del observador (hay una alianza entre apariencia y fetichismo). Una de las condiciones de objetividad de nuestra manera de vivir es todo ese sistema de ilusiones y ficciones simbólicas. El desvelamiento, aunque no la supresión, de tales ilusiones muestra a la acción revolucionaria como necesidad. En tal sentido, los protagonistas de *La estrategia del caracol* no tenían ninguna otra opción que pasar a la acción ante el crudo desvelamiento de las falsedades *ideológicas* del relato normativo (la "Ley") que comprendía la expulsión de su hogar, entendido por su antagonista como mercancía en proceso de apropiación y con futuro valor de cambio. Así, arriban a la nueva conciencia de *clase inquilinal*.

Todos tenemos alguna impresión de dominio sobre nosotros mismos, tendiendo a considerarla irreversible, esto es un logro claro del fetichismo. Estamos hablando de una situación desgranada desde un desarrollo histórico. Pareciera que la mercancía tuviera ya desde la producción su carácter social, que apareciera originalmente con la "máscara" de unas determinadas formas y maneras sociales. Y, además, pareciera que las cosas llevaran siendo así desde tiempos inmemoriales.

Otro de los logros de la lógica fetichista es, pues, ser caricatura de alguna *constante naturalmente humana*, apareciendo como ese tipo de fenómenos de la naturaleza que puede ser ignorado en distintas épocas. El fetichismo de la mercancía está ensamblado con el fetichismo de la conciencia: como se ha argumentado, la ideología específica presente en la apropiación del trabajo excedente estructurará la índole de la conciencia presente en todo el aparato social.

Así que nuestra perspectiva de las cosas se codifica, ignorando que cuando producimos la "cosa" también generamos una impresión acerca del mundo. Imagen de nuestra parcela de la realidad va unida a actividad concreta, nunca separadas. Esta sensación sobre la densidad creciente de un eterno e inamovible presente es algo salido de la producción capitalista: ideología y conciencia enajenada son cursos simultáneos.

El origen de la ideología tiene parte de sus raíces en la división del trabajo físico e intelectual: es el "acto" de imaginar a la acción concreta (consciencia práctica) como algo seriamente separado del trabajo cognitivo. En Marx existe identidad estructural entre fetichismo y profundización ideológica.

De forma que esta es una de las funciones de "reflexión" e

"inversión": recrear al individuo enajenado que podría adquirir alguna impresión de que lo es (esta *impresión* también es eventualmente enajenada o "mistificada" [Lichtman, 1976]). Además, asistido por alguna clase de relato fatalista muy subjetivado, reforzado por el peso de una explotación que no parece susceptible de cambiarse. Por supuesto, toda la acción ideológica en el rastreo de una sumisión voluntaria es más barata en términos de persuasión y represión. Y lo es, igualmente, porque ayuda a vertebrar en la psique colectiva los grandes mitos del capitalismo, que se relacionan con ese fetichismo en la vida social que el sujeto-trabajador reproduce, pero que a la larga le mantienen aterrorizado.

Por ejemplo, entre los grandes mitos del capitalismo (con toda la implicación de que lo sean) tendríamos: Uno. El crecimiento puede ser infinito (un mito generador de relatos político-económicos y ficciones simbólicas). Dos. Puede existir una estructuración simbólica totalmente autónoma, como un mercado pretendidamente autorregulado, casi elevada a condición de Gran Otro (el Orden Simbólico que gobierna el lenguaje). Tres. Ese mercado, como modelización de un Orden Simbólico, puede satisfacer todas las necesidades vitales del sujeto a través del consumo.

Es necesario decir que el pensamiento posmoderno no ha terminado con la crítica a la ideología (no lo estuvo en la declaración posideológica de Adorno y Horkheimer). Nada de lo "intangible" ha muerto (ni la ideología, el arte o la utopía) a pesar de la barata retórica del pensamiento único en el fin de los proyectos socialistas.

Los tiempos recientes ven la aparición de intelectuales como Žižek, que pretende una teorización sobre ideología en base a Lacan y recuperando elementos como la dialéctica de Hegel y la investigación de Marx sobre la fetichización. En alguna parte de la crítica a la ideología, cómo no, vemos cierto encuentro entre Marx y el Psicoanálisis. Para el pensador esloveno la ideología, como en Matrix, es reguladora entre lo que es imaginable y lo que no. Avanza más lejos que la idea original de inversión de la realidad.

Para los filósofos de la sospecha la ideología tiene que ver con los cimientos más escondidos del discurso ocultador de las condiciones materiales de existencia. En Žižek esa misma ideología actúa durante la legitimación del poder a través de la mediatización del lenguaje; además formula tres estados distintos: ideología en sí (conjunto de ideas), ideología para sí (aparatos ideológicos) e ideología en y para sí (prácticas sociales).

El último estado se ajusta con el fetichismo de la mercancía, la fantasía (del consumo) impresa en la praxis social: *síndrome* de una fantasiosa cognición compartida, que viene a ser necesaria para la edificación de la identidad. Las representaciones del individuo tienen que ser reguladas por estructuras simbólicas.

Por otra parte, cuando se concluye que al interior de las relaciones intersubjetivas (el lugar donde se presenta el síntoma) cada individuo que es reconocido tiene un lugar fantasmático definido en el edificio simbólico del otro, estamos hablando de una especial funcionalidad de la dialéctica del reconocimiento que caracteriza a la Carga Simbólica. La red formada por las relaciones intersubjetivas es escenario de la interpretación de cada uno sobre el mundo.

En el modelo de ideas centrales que recrean la actual *pesadilla posideológica* los sujetos saben por qué actúan, pero lo hacen como si no lo supieran. La manera de *pensar* y entender la realidad está hoy inundada de un gigantesco cinismo narcisista (en inversa proporcionalidad, el sujeto *humano* sabe que no es el centro de nada, pero quiere actuar como si lo fuera), la ideología de comienzos de este siglo ve reforzado su viejo papel en multitud de procesos de ocultamiento que concluyen con una ingeniería de legitimación de los poderes dominantes.

De lo que hablamos es de una ideología organizada en una estructura fantasmática (Žižek, 2017), con una función libidinal: llenar la falta de ese sujeto que sabemos vacío desde la dialéctica hegeliana. La grieta en esa especie de centro traumático que no reconocemos trató de ser remediada o, al menos, explicada por algunas manifestaciones marxistas con la exploración de la ideología en su faceta como falsa conciencia.

La formación social implica la represión a un primer antagonismo, presente en los inicios de toda unión de colectividades humanas. La ficción ideológica es consecuencia de ese primer gran trauma, ésta provee de un escenario fantástico que habla de una condición social imposible. La ideología oculta la verdadera crudeza de todo, esconde variedad de antiguos antagonismos tras la imagen de un proyecto social común y homogéneo. Toda esa ilusión fantástica esconde un horror ante lo Real, introduciendo una sustitución. Lo importante es sustituir en un espejismo ideológico lo que sea que esté ocurriendo: no queremos, de ninguna manera, encontrarnos con ese primer antagonismo reprimido.

Lo absolutamente central de la ideología no es su papel de ilusión ocultadora de *alguna* realidad, sino su arquitectura como fantasía inconsciente que siempre está estructurando la realidad social (puede hacer alucinar con la próxima realización del deseo, pero también organiza cómo es ese deseo). Si la fantasía orienta al propio deseo quiere decir que tiene reverberación política.

Para todo lo anterior (la fantasía como sostenedora de la "identidad" y la "realidad"), la ideología necesita apoyarse en el goce: orientándose a la compulsiva repetición (*satisfacción libidinal desde el síntoma*). La ideología genera gérmenes de goce, ella es su propio fin (en Lacan).

Recordemos que el goce es siempre un excedente (le define el *plus*). El goce, pues, es pilar último de la ideología, y trasciende al propio orden de significados ideológicos. En efecto, esto se refiere a la representación del *plus-de-goce*: el "Objeto a" (el objeto-causa del deseo y originado por el deseo mismo).

El "Objeto a" (en el imaginario) tiene un contrario en el Gran Otro (en lo simbólico). La ideología contempla algunos papeles importantes para el Gran Otro, entre ellos conspirador que lo mueve todo en la sombra. El lenguaje-Gran Otro (en el Orden Simbólico) asigna un lugar en el aparato social, por lo tanto, puede configurar la identidad del individuo. La ideología está en el Gran Otro.

Desde Lacan vemos una ideología que aspira a la "totalidad" y uniformidad social e intenta borrar el rastro de su propia imposibilidad. Pero un proyecto de emancipación debería permitir al sujeto confrontar su deseo (en la quiebra de su fantasmática ideológica), enfrentar el *horror fundacional* que testimonia la fractura presente en el origen de todas las sociedades (Žižek, 2017). Ese combate es necesario para abordar el drama de la alienación, ese goce en el sometimiento y la autodestrucción. Tal vez no pueda decirse que, algo inconscientemente, los héroes barriales de *La estrategia del caracol* no intentaron enfrentar su deseo y la posible reversión de su propia alienación, en la esperanza de detener el robo de su hogar e imaginar un amanecer con intención de superar la repetición compulsiva del sufrimiento (pensar en su gesta como *una luminosa enseñanza que todavía no ha sido suficientemente asimilada*, decía el paisa, en el personaje de cronista oficial de la historia, interpretado por Luis Fernando Múnera).

En párrafos anteriores se argumentaba cómo la fantasía ideológica intenta acallar el antagonismo social. En otras palabras, la ideología

314

oculta un trauma anterior: la imposibilidad de una sociedad homogénea y totalizada... sospechosamente feliz. En la crítica ideológica, el síntoma muestra el funcionamiento tras la interpelación. Si un sujeto se identifica con su síntoma está confrontándose con lo real de su deseo. La identificación con el síntoma es atravesar la fantasía ideológica. El síntoma es punto de fuga que elude la imposibilidad del deseo del sujeto (el judío, por ejemplo, es síntoma para el fascismo).

Intentemos aterrizar algunos de los argumentos anteriores en el cineasta que protagoniza el título de este apartado:

Sergio Cabrera es un director de cine colombiano nacido en 1950 en la ciudad de Medellín. Emigró de niño con sus padres a China, su padre (también consumado y brillantísimo actor de origen español) era un comunista convencido. Cabrera se educó lejos de lo que se consideraban revisionismos o desviaciones ideológicas, al poco de llegar a Pekín fue internado en un centro educativo donde vivió exactamente como los demás niños chinos, a los 16 años sería parte de los guardias rojos.

En su primer regreso a Colombia, la influencia de la Revolución Cultural le conduciría a las filas guerrilleras del Ejército Popular de Liberación de Colombia (EPL): una organización armada originalmente maoísta, que hacia 1975 tiene un giro a la línea del Partido del Trabajo de Albania, estructurada en la Conferencia Internacional de Partidos y Organizaciones Marxista-Leninistas. Se marcha al EPL persiguiendo el viejo proyecto de la toma del poder por las armas, frente a un país bajo una terrible represión política. Eran, como sabemos, tiempos de gran efervescencia política, el Che había sido asesinado apenas siete meses antes.

Hay un momento en donde decide regresar a China para continuar con su formación en la escuela de cine (1973), mucho tiempo después confesaría ciertas contradicciones con la vida guerrillera (a pesar del pleno convencimiento en su ideal comunista de aquella época). Sus estudios de cine también le llevarían a Londres, donde llega a conocer a grandes del séptimo arte como Fellini, Bertolucci, Scola y otros.

Su película *La estrategia del caracol*, en la que nos estamos deteniendo a lo largo de este capítulo, obtuvo un gran reconocimiento en el Festival de Cine de Berlín y el Festival de Biarritz: es un relato de bellísima profundidad humana y visión popular sobre la materialidad. Una película sobre la "injusticia de la justicia", una muestra extraordinariamente fiel de los extraños *componentes* que van a armar el típico dramatismo metropolitano de Bogotá. La trama transcurre en una antigua casona del casco histórico de la ciudad, una valiosa pero empobrecida propiedad que es reclamada por un arrogante descendiente de la aristocracia criolla. Éste y sus esbirros usan, claro, todo el peso de la ley (ideología) contra los humildes habitantes de la casa, forzando una despiadada orden de desalojo de un juez.

Pero esta familia de gente sufriente, trabajadora, dulce y transparente, constituida en pequeño e ilustre proletariado sobrado de creatividad e imaginación, logra ganar tiempo mediante las argucias jurídicas del doctor Romero (abogado superviviente y uno de los habitantes de la casa, bajo la impactante interpretación del actor Frank Ramírez). Mientras, un talentoso tramoyista de teatro, viejo combatiente anarquista-republicano en la Guerra Civil Española, monta la resistencia contra la injusticia: la estrategia del caracol, que cuando decide marcharse de un lugar carga con toda su concha, su casa, a sus espaldas.

La táctica consiste en desmontar toda la casa (la Casa Uribe), pared a pared, puerta a puerta, y llevarse los símbolos del hogar a otra parte. El actor que interpreta a este increíble personaje es el propio padre del director, el viejo y entrañable comunista Fausto Cabrera (Islas Canarias, 1924-Bogotá, 2016). Aquél que huyó siendo un adolescente de la Guerra Civil Española, luego emigró a China en 1963 y que como profesor universitario dejó profunda huella en el estudio del castellano en el gigante asiático, tanto entre quienes aprendían el idioma como en los estudios de doblaje. Más tarde sería uno de los precursores de las artes escénicas en Colombia, fundó varias compañías de teatro y estuvo entre los pioneros que hicieron posible la llegada de la televisión en los años 50. El lema de la familia fue *vivir la vida de tal suerte que viva quede en la muerte*.

La falta de una verdadera cultura cinematográfica en Colombia, en los años 80 y 90, estuvo a punto de lograr que Sergio Cabrera abandonara su carrera como director de cine. Su primera, y para él mejor película, *Técnicas de duelo: una cuestión de honor* de 1988 (que tuvo una nominación a los premios Goya), sólo consiguió 14.000 espectadores en contraste con sus tres años de rodaje. Sin embargo, el guion de *La estrategia del caracol*, estrenada en 1993, ya había ganado un premio de la Compañía para el Fomento Cinematográfico-Focine (1978-1993), un ente público creado para fomentar el cine nacional. La distinción venía, en teoría, acompañada de una partida económica, gracias a la cual arranca toda la preproducción y el rodaje.

Años atrás, las 50 familias de un inquilinato llamado El pueblito, en la tristemente célebre Calle del Cartucho de Bogotá, cargaron con la estructura entera de un viejo caserón en menos de 12 horas. Al parecer, como en la película, pendía sobre ellos una orden de desalojo. Este hecho sale publicado como pequeña nota en la crónica general de sucesos de la capital hecha por el diario *El Tiempo*. La historia guarda algún parentesco simbólico con la referencia a una antigua historia popular china que Sergio Cabrera había conocido a través del *Libro Rojo* de Mao durante su vida en Pekín, *El viejo tonto que removió las montañas*:

«Debemos inflamar a todo el pueblo con la convicción de que China pertenece al pueblo chino y no a los reaccionarios. Hay una antigua fábula china llamada "El Viejo Tonto que removió las montañas". Cuenta que hace mucho tiempo vivía en el Norte de China un anciano conocido como el Viejo Tonto de las montañas del Norte. Su casa miraba al Sur, y frente a ella, obstruyendo el paso, se alzaban dos grandes montañas: Taijang y Wangwu. El Viejo Tonto decidió llevar a sus hijos a remover con azadones las dos montañas. Otro anciano, conocido como el Viejo Sabio, los vio y, riéndose, les dijo: "¡Qué tontería! Es absolutamente imposible que vosotros, siendo tan pocos, logréis remover montañas tan grandes." El Viejo Tonto respondió: "Después que yo muera, seguirán mis hijos; cuando ellos mueran, quedarán mis nietos, y luego sus hijos y los hijos de sus hijos, y así indefinidamente. Aunque son muy altas, estas montañas no crecen y con cada pedazo que les sacamos se hacen más pequeñas. ¿Por qué no vamos a poder removerlas?" Después de refutar la errónea idea del Viejo Sabio, siguió cavando día tras día, sin cejar en su decisión. Dios, conmovido ante esto, envió a la tierra dos ángeles, que se llevaron a cuestas ambas montañas. Hoy, sobre el pueblo chino pesan también dos grandes montañas, una se llama imperialismo y la otra, feudalismo. El Partido Comunista de China hace tiempo que decidió eliminarlas. Debemos perseverar en nuestra decisión y trabajar sin cesar; también conmoveremos a Dios. Nuestro Dios no es otro que las masas populares de China. Si ellas se alzan y cavan junto con nosotros, ¿por qué no vamos a poder eliminar esas montañas?»

"Cuando leí la noticia tuve la sensación de un *Déjà vu*, como un *Déjà vu* en versión de lectura, como si esa historia yo la hubiera leído en algún lado...", decía en una entrevista a Laura Martínez, refiriéndose al origen de la idea principal (Arcadia, 2016). Estuvo con el periodista, también colombiano, Ramón Jimeno trabajando en el guion durante dos años.

La ayuda que prometía el premio de Focine debía llegar en tres partes, en efecto, la primera llega sin problemas y empieza el prerrodaje. Pero ocurre que Focine suspende actividades repentinamente, no tenía dinero ni para su propia nómina. La tradicional falta de apoyo a la cultura por parte del Estado colombiano, más la escasa taquilla del cine nacional, habían provocado la liquidación de su organismo oficial de apoyo a la industria cinematográfica.

Así que el equipo trabaja hasta donde puede, luego tiene que esperar a que el director consiga trabajos, cobre por ellos y regrese. Hasta que lograron concluir el rodaje con gran dificultad. "En esa época se filmaba en celuloide, en 35 mm, que se mandaba a revelar y lo normal era que al día siguiente o a los dos días entregaran el material en positivo para verlo proyectado en sala. Yo vine a ver las primeras imágenes proyectadas casi un año después. Como no teníamos presupuesto, llegamos a un acuerdo con el laboratorio, que se comprometía a revelar y nos entregaba un informe del jefe de laboratorio asegurando que las tomas estaban bien, pero era como escribir una novela a máquina de escribir, pero sin papel..."

Más adelante intenta concluir el montaje final con los ingresos que obtiene de *Escalona*, una serie protagonizada por Carlos Vives sobre el legendario cantante y compositor vallenato Rafael Escalona, pero la dinámica de trabajo del director va relegando el proyecto, que tras varias dificultades queda finalmente almacenado en espera de mejores tiempos y ánimos. Unos cinco años después, durante una cena en México, se encuentra con Gabriel García Márquez (ambos ya coincidían con alguna frecuencia en la Escuela Internacional de Cine y Televisión de San Antonio de los Baños, Cuba) y éste le pregunta por la película que le mencionara alguna vez en los pasillos de la escuela. Cuando Sergio le cuenta el posible abandono del material el escritor le responde: *¿Cómo así? Una película no se abandona, es como un hijo...* (Arcadia, 2016).

El premio nobel le pidió entonces que le enseñara el metraje y queda tan gratamente sorprendido que de inmediato le organiza contactos que le ayudarían a terminar y estrenar la película en varios festivales internacionales. Luego del exitoso paso por el Festival de Cine de Venecia tiene que recortar la duración a petición de los distribuidores. Años después contaría que dos de las escenas cortadas, aunque no fueran narrativamente indispensables, tal vez eran las más poéticas y simbólicas de toda la historia.

Entre ellas había una escena final distinta a la vista por el público, donde la destacadísima actriz colombiana Vicky Hernández, interpretando a doña Eulalia, ofrece flores y una sonrisa de tal inocencia a la tumba aún sin cerrar de su esposo (el mártir silencioso y viejo de la película), que no cabe otra interpretación que la llegada verídica a un nuevo hogar construido con los mismos escombros rescatados y esperanzados del lugar original perdido; entre otros, acompañada del fraile demasiado humano y débil para ponerse al lado del poder y del travesti demasiado atractiva y valiente para renunciar a cualquiera de las caras de su identidad.

Ante la evidencia de que el hogar verdadero tiene por cimientos a los cuerpos de quienes dieron su vida por la dignidad y el fin del sufrimiento (una versión cinematográfica especial del fantasma socio-ideológico, antes nombrado), este funeral sólo podía ser cerrado en la jerga culebrera del paisa (el personaje que ejerce como cronista transtemporal de los hechos). Mientras, la cámara va retrocediendo y elevándose para mostrar toda aquella sabiduría arquetípica de Jacinto, el viejo republicano español y ahora tramoyista de teatro, junto a la del doctor Romero, aún sin graduarse, a falta de la tesis, pero ya hecho para pensar como hombre de leyes.

De fondo suena una canción expresamente compuesta para el final, punteo de guitarra para esperar al último de los inquilinos de la Casa Uribe: un joven en bicicleta por un camino en lo alto de los cerros orientales de Bogotá, donde los humildes vuelven a reunirse para festejar la esperanza e incluso agitar la bandera de Colombia cuando toda la ciudad aparece al fondo. Como si construir un nuevo hogar tuviera que, recordando algo a Žižek, ser necesariamente antecedido por un gran trauma que alimentara la narración ideológica de una victoria refundante.

Otra escena cortada contenía, igualmente, un sentido trascendental: el doctor Romero, que ejercía como representante legal y parte de los asustados inquilinos de la Casa Uribe ante la amenaza del desahucio, se recupera de una brutal paliza del enemigo: —*Qué cosa tan jodida es la memoria, no me acuerdo de ninguno de los artículos del Código de Procedimiento Civil […] Pero, sin embargo, me acuerdo de un raro proverbio y no sé por qué: Allí donde la sangre corre el árbol del olvido no puede crecer.*

La película se dedicó a Silvia Duzán, que trabajó en ella desde la escritura del guion y en toda la producción. En el año del estreno, 1993, Colombia todavía no era muy consciente del verdadero genocidio que estaba perpetrando la extrema derecha a través de los ejércitos paramilitares. Así que mucha gente se miraba un poco incrédula cuando leían la dedicatoria final: *A Silvia Duzán, nuestra amiga, quien nunca podrá ver esta película. "Valoraba la amistad como la máxima virtud y su lealtad a veces parecía sobrehumana... y ese 26 de febrero en Cimitarra, no pudo desgajar sus carcajadas desarmadoras ni volver a casa". Silvia fue asesinada por paramilitares cuando realizaba un documental periodístico, poco después de concluir su trabajo en este rodaje.*

Como se desgrana de *La ideología alemana*, el momento del materialismo histórico y de la ideología como falsa conciencia basada en las formas del pensamiento dominante, para transformar el presente hay que conocer la Historia, ésta se comprende y explica en las acciones concretas. Las sociedades no se entienden por la idea o imagen que tienen de sí mismas, sino por las acciones concretas de sus individuos en busca de una ilusión de control de su existencia y las condiciones en que ésta se reproduce. Ese instante es vivido en la película, concretamente durante esa asamblea de vecinos donde Jacinto desconoce (deslegitima) el supuesto valor de la nueva orden de desalojo del juez, la rompe y argumenta —*Lo único que vale es lo que hagamos nosotros de ahora en adelante.*

También desde esa teorización de Marx sabemos que las organizaciones e institucionalidad social se estructuran en tres niveles: base económica (relaciones de producción y fuerzas productivas), superestructura jurídico-política (poder, Estado y Derecho) e imagen de la sociedad sobre sí misma (momento de desarrollo de las fuerzas productivas e intercambio de la *cosa* producida). Aunque los tres sistemas puedan tener relativa autonomía, lo económico siempre es lo más relevante. Es posible que, en ocasiones, unas relaciones de producción no engranen con el desarrollo alcanzado por las fuerzas productivas; lo que arribará a un momento de acumulación crítica que terminará por generar un gran cambio, cuyo motor es la lucha de clases y una determinada idea sobre el uso y destino de la plusvalía.

Efectivamente, esos tres sistemas del edificio social expuesto por Marx y Engels se pueden ver representados en el modelo de antagonismos contado en la película: la base económica (el nivel dominante) es el doctor Holguín, con su estrategia de especulación inmobiliaria disfrazada de derecho legítimo e interés en el patrimonio arquitectónico (—*Los bancos también hacen patria*, dice en ese particular acento *cachaco* propio de las más rancias y poderosas familias del interior del país). La superestructura jurídico-política está formada por su asesor legal, el abogado Mosquera, y toda la oficina del juez que ordena sin compasión la salida a la calle de la gente de la casa (incluida su dueña verdadera, la señora Trinidad, que habita el caserón desde hace 50 años). Y, por último, el instante concreto de las fuerzas productivas (y la imagen de sí frente a la realidad) es todo aquel nuevo *proletariado inquilinal* que aterriza en una especie de despertar de su específica conciencia de clase.

Fotograma de La estrategia del caracol, dirigida por Sergio Cabrera, 1993 (imagen bajo licencia Creative Commons Attribution-Share Alike 3.0 Unported)

Para Marx, pues, las formas de conciencia están asociadas al modo de producción. Toda esta disertación, por supuesto, también se asienta en la denominada "concepción materialista de la Historia". Según la cual todo es trabajo que articula unas condiciones X de existencia. La vida social se hace compleja porque la producción de bienes introduce la necesidad de más bienes. Una muy determinada manera de ver las relaciones sociales sólo es posible con también una muy particular

321

forma de entender a las fuerzas productivas, la propiedad y al intercambio de cosas producidas. Todo ese sistema restringe cómo es la conciencia y el lenguaje.

En sentido de lo anterior, por ejemplo, sabemos que tenemos una adicción a la propiedad privada. Cuando se conoce el último movimiento de los autores de la estrategia del caracol y aquella fachada que hablaba de un pasado aristocrático se derrumba, tras la nube de polvo se lee claramente: *Ahí tienen su hijueputa casa pintada…* Vemos un reconocimiento a la vez que una negación (la propia casa reclamada por el supuesto sueño de la propiedad ha quedado reducida a una pintada en el muro del fondo, la imagen-copia inversa [ideológica] de la realidad). Los inquilinos han objetivado en el lenguaje un cambio en la idea de propiedad que pendía sobre su casa (un cambio en el relato ideológico), lo que implicaba una gran transformación en la conciencia social de esas jóvenes fuerzas que reorientaron su trabajo para transformar sus habituales condiciones de existencia.

Hay un choque entre interés general e individual en las maneras capitalistas de división social del trabajo y la propiedad. Observamos que, finalmente, el Estado no resume, contiene o expresa a toda la sociedad, sino a los sectores que resultan favorecidos en la distribución desigual de la riqueza, se trata de una idea sencilla muy arraigada en el imaginario popular y base para una muestra amplia de guiones con mensaje social.

La lucha política es también lucha de clases. Desde esto se pueden registrar cambios históricos cuando entran en choque desposeídos y dueños de la riqueza, pero tales cambios dependen del estado último de las fuerzas productivas. El cambio soñado por Marx vería la aparición de nuevos "sujetos históricos universales", como el proletariado. Pero también como colectividades cuyo combate por la supervivencia los lleva a replantear su relación con el trabajo y la propiedad (o, al menos, con esa idea de propiedad que las autoridades argumentan como única válida). Éste es el caso de los inquilinos de la Casa Uribe, al pasar de una batalla legal perdida de antemano a una nueva postura que no pretende discutir el derecho a decidir sobre su hogar, convierten a ese capítulo especial de la lucha de clases también en una lucha política.

Como sabemos, Marx propone el comunismo como el destino de unas fuerzas productivas fuertemente desarrolladas.

Profundizando un poco más en el director, Sergio Cabrera creció en las artes escénicas (teatro y TV). Todo empieza cuando una tía suya le regala una cámara de fotos a principios de los 60 y sus padres descubren un prometedor sentido de la imagen y la estética. Durante la etapa de la familia en China su padre fue director del Departamento de Doblaje del Instituto de Cine de Pekín. Allí tendría lugar su primer encuentro con el cine, tenía 10 años cuando don Fausto acude a él para doblar a un personaje de una película animada con destino a Cuba.

Al parecer, desde temprano tuvo claridad sobre la importancia de la lectura para el proceso creativo. "Cuando uno lee una novela o teatro, se convierte en director. Y tiene que poner rostro a todos los personajes e imaginar colores, etc. Cuando uno va al cine encuentra una película que ya está dirigida y no hay ese proceso creativo que tiene la lectura" (*CreativeMornings*. Bogotá, 2016).

Comprendido esto, también sabe que el cine puede ser una herramienta poderosa de expresión. Naturalmente, se ve fuertemente influido por su educación marxista y maoísta, donde las artes en general deben servir a las ideas, al pueblo y ser reflejo idealizado de la realidad. Sabe que en una película existe una responsabilidad desprendida de la transmisión del mensaje, incluso no querer comunicar nada es un anuncio en sí mismo.

Una de las cosas que el cine puede representar con extrema fineza es, claramente, la tesis de que el capitalismo es la *explotación del hombre por el hombre*, pero esto puede suceder también con su antagónico, el socialismo... Siempre un *otro* que explota de distintas formas al *sujeto-que-produce*.

Y lógicamente, como buen director, Sergio Cabrera penetra en la dialéctica de la imagen: los procesos de identificación del espectador con la sucesión de imágenes en movimiento característica del cine, que podemos explicar desde Lacan. Todas las emociones humanas resultan expresables mediante el cine: el amor, la ira, la venganza, etc. El cine o la novela, afirmaría en una entrevista del 2016, permiten "purificar las emociones humanas" (*CreativeMornings*. Bogotá, 2016). Esto es posible gracias a los procesos de identificación y dialéctica de la imagen que logran generar cierta experiencia objetivadora o vivencial del sentimiento humano. La manifestación artística, como el cine, explora aquello que todavía no existe ni podría existir sin el sujeto capaz de identificarse con la obra y realimentar su imaginación.

Toda esa emocionalidad... justicia, dolor, solidaridad y unidad tienen la capacidad de abrir un surco en la conciencia del espectador, como si los problemas de la Casa Uribe fueran los problemas del país y el mundo. Evidentemente, para el director el esfuerzo creativo es una llamada a la inspiración totalmente inducida por el hábito y el amor al trabajo. La reflexión de Sergio Cabrera es que, al principio, puede aparecer una gran idea, una idea colosal. Pero el proceso del cine es como una "pirámide invertida": al avanzar con un esbozo original éste va "deteriorándose" para terminar siendo algo distinto. Hay una dialéctica profunda en el proceso creativo. Como Miguel Ángel quitando el mármol que sobra, un director como el creador de *La estrategia del caracol*, *Golpe de estadio*, *Ilona llega con la lluvia*, *Perder es cuestión de método* y otras va reduciendo una enorme nube de posibilidades narrativas y complejidades humanas hasta dejar un metraje de 90 minutos.

Durante ese tortuoso camino, Cabrera sueña con que los personajes le despierten para preguntarle por su destino. De ahí el deber de dominio, ser director de cine es como actuar de patrón de barco que no puede permitirse que la tripulación dude de sus órdenes. Debe conocer a profundidad todos los oficios que componen la película.

Al ser preguntado por, en su opinión, la mejor película de la Historia contesta defendiendo al *Ciudadano Kane*, 1941. Y es cierto que hay algún *gen cinematográfico* común entre los que piensan en esa película como una suerte de idealidad. Un director como Sergio Cabrera necesita un cine de la conmoción, por alegría o por tristeza. Tiene problemas con las historias donde la acción devora la narración. Si la película es buena, el espectador ha de salir de la sala de una forma distinta a como entró. Debe salir de la proyección con sensaciones distintas, siendo básicamente otro u otra.

El buen director pone al sujeto que mira a través de la cámara en el sitio más privilegiado, tiene el poder de decidir la perspectiva e influir en la futura interpretación del que observa para originar cambios en él. Pero también sabe que tiene que atrapar su atención por un tiempo prolongado. Es un gran esfuerzo para que todos los elementos (historia, ritmo, acción, actuación, etc.) se confabulen para mantener una dosis de verdad suficiente para generar la introducción de los ojos del espectador en ese universo inventado que, en principio, únicamente existe durante la proyección. Para que el espectador no escape y realmente llegue a fraguarse esa nombrada dialéctica de la imagen antes es necesario conservar la coherencia de esa imaginación ajena y dotada de movimiento.

Sergio Cabrera piensa que la relación con el color, las formas... los ojos de la cámara deben poder traducirse y sinterizarse en una gran imagen (*afiche*, como se dice en América del Sur, *affiche* en francés) que logre representar toda la película. El cartel tiene que decirlo todo... o casi todo. El proceso de identificación del espectador con la imagen comienza ahí.

El cartel de *La estrategia del caracol* muestra el dibujo de una de las torretas usadas para llevarse clandestinamente, mediante cuerdas y juegos de poleas, todas las paredes, puertas, ventanas y suelos de la Casa Uribe hasta el patio de una casa abandonada al final de la calle, sobre un primoroso cielo azulado con luna y estrellas. Pero esa imagen también pudo haber sido la fachada que se desploma cerca al final de la película: una construcción levantada con total fidelidad a un modelo fotográfico por un maestro de obras de vieja escuela, que no puede menos que protestar cuando se entera de que, al grito de acción del director, un camión retirará los soportes y la fachada caería en dos minutos. El derrumbe deja a la vista la frase leída por las totalmente atónitas caras de los representantes del poder (el especulador inmobiliario, su abogado, el juez, el secretario del juzgado, la prensa y la policía): es el instante donde queda simbolizado el gran cambio en la idea de propiedad común, distribución de los bienes, etc. El acto de justicia vital, cultural y política es tan mayúsculo que, si el espectador tenía alguna duda sobre la elección de un bando, ha quedado fulminada con aquellas cargas de dinamita y ese jaque mate a los poderosos por parte de la nueva edad llegada a la conciencia de la *clase inquilinal*.

Todo este andamiaje se apoya grandemente, entre otros, en el actor: un vehículo forzado y obligado a conquistar grandísimas dosis de verdad (el observador debe creerse lo que ve y escucha). Para el director que nos ocupa en este apartado la actriz y el actor son, en cierto sentido, un poco esquizofrénicos: individuos de varias personalidades y, a la vez, materia prima en espera de ser moldeada.

En el caso del director de *La estrategia del caracol* lo anterior se une a una *creatividad política* que viene de familia. Tuvo sus experiencias de militancia de *gran intensidad* en la primera juventud: militó en la guerrilla, luego ejerce su pensamiento político en el cine. Aunque en la madurez superase algunos planteamientos del maoísmo, la influencia de una educación con sensibilidad social es tremendamente notoria; el ideal comunista es poético, casi imposible de alcanzar, lo que le hace perfecto para el cine (donde la revolución, aunque sea a escala de la colectividad reunida en un inquilinato, es perfectamente posible).

Tenemos otro brillante ejemplo de ese razonamiento político preocupado por la injusticia en *Golpe de estadio* (1998), donde el gran sueño común (en clave de país) permitió un día de paz en un pequeño pueblecito atrapado en medio de la guerra colombiana (Nuevo Texas, parodia de un lugar perdido que tiene la desgracia de estar en la mira de la exploración petrolera). En esa historia, una columna guerrillera y una brigada del Ejército, al margen del resto del mundo, pactan una tregua únicamente entre ellos para lograr ver una eliminatoria al mundial de fútbol de Estados Unidos 94 en la única TV del lugar (el famoso partido 5-0 entre Colombia y Argentina).

Sergio Cabrera tiene también una experiencia de política directa (o un remedo extraño de ella) en la Cámara de Representantes (una de las dos cámaras del Congreso de la República de Colombia). Su paso por allí terminó igual que los miles de casos de militantes de izquierda colombianos, con amenazas de muerte de la extrema derecha y salida del país. A pesar de todo logra "aprender" lo suficiente para emprender otra película que aborda el problema de la corrupción: *Perder es cuestión de método*, 2004.

El cine puede hacer que muchas cosas se conviertan en verdad, pero para este director es importante que sus historias no entren en contradicciones ideológicas con él mismo; y su paso por las instituciones fue como convertirse en director de un aburrido, insulso y poco creíble culebrón. En sus películas cada escena tiene que contribuir a un fin sobre el que ejerce una gran soberanía (es un universo inventado). Esto contrasta con cierta pérdida de independencia en sus grandes proyectos para televisión, por ejemplo, para TVE, donde dirigió *Severo Ochoa. La conquista de un Nobel* (2000) y *Cuéntame cómo pasó* (como director invitado en las temporadas 7, 8 y 9).

En el cine la belleza es crear verdad, aunque la imagen resultante sea terrible, para lo cual es necesaria una gran independencia creativa. Al parecer, contó esto a sus antiguos alumnos, en referencia a la importancia de la lectura, cuando fue jefe de la Cátedra de Dirección de la Escuela Internacional de Cine y Televisión de San Antonio de los Baños, Cuba. Un buen proceso creativo debe ir de lo pequeño a lo grande, él mismo comenzó rodando en 16 y 35 mm en una época donde todo rodaje era tremendamente caro. Hoy, en cambio, se puede filmar en excelente calidad con un iPhone. ¡Y hay festivales dedicados a cortos hechos con teléfonos móviles!

Relacionado con lo creativo, Sergio Cabrera observa una dialéctica entre el director general y el director de fotografía. El primero intenta adentrarse en el mundo inventado, el segundo ve un cuadro general. Pero la creación de verdad pasa por observar la vida con lupa, no de lejos. La grandeza de una película regresa a la belleza del sujeto y lo pequeño.

Es así en *La estrategia del caracol*: los rascacielos del centro de Bogotá se ven al fondo mientras la cámara trae al espectador hasta una antigua calle donde se desarrolla un desahucio. Un joven Carlos Vives interpreta a un reportero que se topa con el paisa culebrero, verdadera memoria de esos reinos mágicos: *—Lo que está pasando aquí se debe a dos motivos: primero, a la injusticia de la justicia. Segundo, a la falta de estrategia de la clase inquilinal.* En esas frases escuchamos la voz de Gustavo Calle Isaza, el paisa, parte de *la gesta del desalojo de la Casa Uribe*.

El doctor Holguín y uno de sus abogados, Víctor Honorio Mosquera, reclamaban (reapropiaban) una antigua casa habitada desde hacía décadas por gente de extracción muy humilde. Hemos de aclarar que probablemente en ningún país del mundo se ha prostituido tanto el título de "doctor" como en Colombia: cualquiera con mediano contacto con la riqueza, el poder y una corbata se convierte y recibe el título de doctor. La distinción, evidentemente, está alejada de méritos intelectuales o académicos, más bien es una simbolización del profundo clasismo y elitismo que caracteriza a la sociedad colombiana, tan atrapada por la desigualdad, el abuso del poder o simplemente la fanfarronada de cualquiera con facilidad de palabra y un par de buenas relaciones.

Frente a esa especie de sistema de castas está, entre otras, la señora Trinidad (interpretada por Delfina Guido), monarca auténtica del viejo y señorial caserón por la gracia de habitarlo durante 50 años y soberana de una asamblea popular constituida por todos los inquilinos. *Misiá* Trinidad, como buena noble criolla por únicos méritos de autoridad, carácter fuerte y cuna modesta, vive su propio éxtasis mariano. Y es la supuesta aparición de la Virgen, sólo una mancha de moho tras un cuadro que llevaría décadas sin moverse, lo que la convence para autorizar la estrategia del republicano español. *Misiá* es un tratamiento de cortesía y respeto equivalente a *mi señora*, empleado en algunos lugares de América del Sur.

La cruzada de los inquilinos es unión de arte y ciencia de la mano de mortales que apostaban sin casi nada que perder, salvo la dignidad. La

327

enseñanza es trascendental: tal vez la fe en las leyes puede llegar a no valer nada, pero sí la fe en las personas. La emocional y simbólica, casi metafísica, escena donde se expresa la razón de todo es simplemente bellísima: en la nocturnidad dura y fría de uno de los patios de la casa, el doctor Romero pregunta: —*¿Qué ganamos con hacer lo que usted dice? —Nuestra dignidad...*, responde Jacinto melancólico. —*Está bien Jacinto, pero yo creo en la ley*, le responde el primero con una relevancia tal que no deja duda alguna sobre su reafirmación de principios. —*Doctor Romero, es sólo una palabra*, les interrumpe a sus espaldas una grandísima Vicky Hernández en su papel de doña Eulalia. Mientras tanto suena de fondo ese tipo de música que acompaña en el cine los momentos más íntimos y pequeños, que son también los más importantes, aquellos que lo cambian todo. Naturalmente, la especial atmósfera creada en varias de las escenas de esta película es debida a la extraordinaria calidad del reparto.

La Casa Uribe es un viejo monumento arquitectónico en la mira del especulador inmobiliario por una cuestión que disfraza la ambición del que acumula riqueza con una razón simbólica, al parecer, sus nobles antepasados vivían allí durante los tiempos de gloria del actual casco histórico de la ciudad. La respuesta de sus habitantes al atropello respaldado por la autoridad es una altivez propia de los que acaban de conquistar una nueva conciencia de clase o están a punto de hacerlo. En su nombre habla el doctor Romero, un hombre de leyes que intenta que éstas se pongan del lado de las mayorías.

Lázaro Eccehomo Mora Blanco, con cédula de ciudadanía nº 7.435, es el personaje de un anciano moribundo que habita la casa desde hace años junto a su más joven esposa, doña Eulalia. Su extrema vejez impide el primer intento de desalojo en el último momento, lo que les da tiempo para ejecutar la estrategia.

En esta película vemos la física, la belleza y la esperanza confabulando para hacer justicia: una distribución distinta de los bienes, una redefinición de la propiedad privada siempre en manos del poder principal ya identificado por Marx, el económico.

Mosquera: —*La Casa Uribe es propiedad privada, no se le olvide eso nunca.*

Romero: —*Y a usted no se le olvide una cosa, Mosquera: su madre nunca fue propiedad privada...*

Cuando don Jacinto Ibarguren expone su plan a la asamblea de inquilinos, luego de romper la segunda orden de desahucio, sus primeras palabras dan cuenta de una certeza ya presente en Marx desde antes de *La ideología alemana*: Es la actividad concreta y contemporánea de los sujetos la que decide la dirección hacia la que marcha la Historia *(—Esto no es más que un papel de mierda).*

Para el momento en que el paisa, cronista oficial de los hechos, relata lo ocurrido al reportero interpretado por Carlos Vives, desde el futuro, el espectador parece tomar conciencia del irrepetible momento vivido cuando las fuerzas vivas deliberan soberanamente sobre su propio porvenir, incluso del furor que acompaña a quienes viven el choque entre las cadenas ideológicas heredadas y el deseo de revolucionarlo todo durante un viaje avante de la Historia. *—Prisioneros de nuestro pasado, nuestro egoísmo y nuestra ignorancia nos debatíamos entre la confusión y la duda.*

Para algunos, la estrategia podía pasar por "una solución poco ortodoxa, porque corresponde a una posición pequeño burguesa de clara tendencia anarquista. Y porque es individualista y no contribuye al proceso", en palabras de uno de los personajes de la película. Pero su demostración práctica en el escenario del Teatro Colón de Bogotá, una joya de estilo neoclásico y fachada de orden dórico toscano abierta en 1892, no deja lugar a dudas, el espectador está ante una lucha entre arte y civilización, generosidad y esperanza contra fealdad y barbarie, codicia y dolor. No obstante, *Misiá* Trina pide poder consultarlo todo, una vez más, con *las ánimas del purgatorio.*

Es ése el momento en que aquel proletariado a punto de perder su pobre hogar vive e interpreta algunas manchas de humedad como una aparición de la Virgen. Unos melancólicos boleros de fondo acompañan las reflexiones de los que piensan están bajo la protección de una *Gran Madre*. Y vendría a ser, precisamente, toda la pared objeto de la aparición y milagro particular del viejo palacio de estilo republicano con la que se probaría el sistema de torres, cables y poleas diseñado por Jacinto, el tramoyista de teatro, para *trastearse* a un nuevo hogar junto con toda la estructura de la casa: *—Gracias madre de Dios, consuelo de los tristes...,* dice *Misiá* Trinidad frente a la aparición.

La monarca asamblearia, *Misiá* Trinidad, autoriza la estrategia del caracol con la condición de que sea la Virgen (su pared) la primera en ser evacuada ante aquel ataque del poder capitalista contra sus dominios. Por supuesto, como corresponde a un país tan devoto como Colombia, otra condición fue que toda la operación se pusiera bajo las órdenes de aquella *Gran Madre*: el simbolismo de aquella petición tiene su profundo sentido, con él toda una colectividad reconstituida soberanamente cumple con esa necesidad mítico-institucional que implica la utopía ideológica. Con la evacuación y marcha en la vanguardia de esa suerte de *muro sagrado* este nuevo proletariado ya tiene su idealidad, su mausoleo, su líder adaptada desde la religión en espera de ofrendas.

La imagen de la salida del antiguo muro bajo la certidumbre religiosa sobre una simbolización de la divinidad femenina, rodeada de su corte de humildes que le rinden viejos honores mágicos en forma de plegarias, como intentando hacer menos indecorosos los golpes de picas, martillos y cinceles que desprenden el muro del edificio, les proporcionará la impresión de estar desempeñando alguna clase de papel histórico. La trascendencia que el director imprime en las escenas de ese nuevo éxodo contagia un poco al espectador, tal vez por el acento revolucionario que en la realidad ha tenido una pequeña parte de la iglesia católica en América Latina, con grandes luchadores y defensores de los DD-HH, curas guerrilleros y militantes en diversas causas sociales.

Pero la presencia del elemento religioso en la película tiene otro aspecto que podemos relacionar o explicar desde las contribuciones de Marx, por ejemplo, con la *Introducción a la Crítica de la Filosofía del Derecho de Hegel* (1843). Una revolución necesita una cabeza, la Filosofía, y un corazón, el proletariado. Esta reflexión pasaba por una postura muy crítica hacia la religión. En la afirmación de la religión como el *opio del pueblo*, pretendía subrayar su inevitable, incluso necesario, carácter atenuador de la conciencia, casi farmacológico, ante las dolencias producidas por las condiciones de indignidad en que el capital mantenía a las mayorías. La cuestión radica en que para lograr la toma de conciencia del proletariado ante su situación era necesario forzar una toma de contacto con toda la intensidad de su dolor, la ignominia e indignidad de su vida explotada, etc. En tal fin, la promesa de la religión sobre un reino de los cielos retrasaba e impedía que ese individuo sufriente se revelara contra el orden del mundo.

Era, pues, necesario ocuparse del sufrimiento en la Tierra, en el "más acá". Ya que la religión ejerce un poder disipador de la potencialidad revolucionaria del sujeto, era necesario despertarle materialmente a la praxis como Filosofía. Es decir, a la crítica *consciente* sobre la realidad: un viaje de la interpretación a la transformación que no desecha a la "interpretación" misma, sino que la descongela para el cambio de la sustantividad. La transformación obligaría al sujeto a una búsqueda del conocimiento sobre la materia, que sería también interpretativo (Marx no niega la Filosofía como argumentaría Heidegger). La propia búsqueda del saber resulta transformadora.

Mi conciencia sobre lo que me ocurre es ya crítica, en principio superadora de las barreras impuestas al sujeto. La disipación y atenuación espiritual del *sujeto-que-trabaja* es condición para la existencia de la explotación capitalista. El deber de la Filosofía sería desvelar las lógicas presentes en la historia del sujeto mortal negado en su profanidad: "La crítica del cielo se cambia así en la crítica de la tierra, la crítica de la religión en la crítica del derecho, la crítica de la teología en la crítica de la política" (*Introducción a la Crítica de la Filosofía del Derecho de Hegel*, 1843).

La razón, precisamente, de que la Virgen marche en la vanguardia de la lucha de ese *proletariado inquilinal* de *La estrategia del caracol* es porque, casi en el último momento, se fuerza el cambio de bando de su simbolización en el viejo muro objeto de la "aparición". No es que se le despoje de su primer fin atenuante y enajenante del sujeto mortal, profano; es que la convierten en respuesta a la nombrada necesidad mítico-institucional que implica la utopía ideológica. La cuestión es que aquella utopía pasaba por una estrategia casi revolucionaria, porque ese principio, la Virgen, era la primera desalojada de la casa. Y aquellas piadosas almas en país de creyentes comprobados no podían permitir tal cosa. Ponerlo todo bajo las órdenes de la simbolización de la *Gran Madre*, convirtiéndola en la primera evacuada, permitiría que el despertar consciente a la crítica pensado por Marx no se viera truncado. El discurso, digamos, tradicional les habría exhortado a rezar para resignarse mejor al sufrimiento.

La crónica de la gesta de los vecinos de la Casa Uribe, su argumento central, tiene otro paralelismo metafórico con la *Introducción a la Crítica de la Filosofía del Derecho de Hegel*. Y es todo el tratamiento que la obra de Marx da a la situación política alemana. La lucha contra esas fuerzas, lo político-jurídico y lo económico, que quieren arrebatar el hogar donde ha llegado un despertar a la crítica, es como un testimonio contemporáneo de un combate contra cierta imagen "actualizada" del Antiguo Régimen: todo aquello opuesto a la marcha moderna de los tiempos y que amenaza conquistas duramente conseguidas. El juez, el especulador inmobiliario, su abogado y la policía en el papel de lo arcaico y pseudoaristocrático, un capitalismo que se haría tan sectario, autoritario y desalmado que llegaría a tener rasgos casi premodernos en la entrega a sus propios mitos. Y los inquilinos unidos en el papel de los valores modernos, republicanos e ilustrados.

«Al contrario, entusiastas ingenuos, alemanes de sangre y liberales por reflexión, buscan nuestra historia de la libertad más allá de nuestra historia en las primitivas selvas teutónicas. Pero, ¿en qué se distingue nuestra historia de la libertad de la historia de la libertad del jabalí, si se debe ir a encontrarla sólo en las selvas? Además, es sabido que en cuanto se grita en la floresta, resuena el eco fuera de ella. ¡Paz, por lo tanto, a las primitivas selvas teutónicas! ¡Guerra a las presentes condiciones germánicas! ¡Absolutamente! Ellas están por debajo del nivel de la historia, por debajo de toda crítica, pero siguen siendo objeto de la crítica, como el delincuente que está por debajo del nivel de la humanidad no deja de ser un problema para el verdugo. En la lucha con ellas, la crítica no es una pasión del cerebro, sino el cerebro de la pasión. No es el escalpelo anatómico: es un arma. Su objeto es su enemigo, que ella no quiere discutir, pero sí aniquilar, puesto que el espíritu de estas condiciones es impugnado».

En efecto, la estrategia de los inquilinos de la Casa Uribe es una apelación a su historia real y una negación a las condiciones presentes en esa calle, esa ciudad... ese país, que parecen oponerse a la crítica que fundamenta el cambio de todas las estructuras. Y no se trata necesariamente de un abandono de sus patrones culturales, después de todo, la Virgen está entre sus filas, pero sí de una guerra a las afrentas a sus libertades.

Claro, la intención simbólica que lo pone todo bajo las órdenes de la Virgen tiene distintas maneras de entenderse: los mandatos de los cielos no vienen de otro lado que de las conciencias de los creyentes. Y sabemos que algunos piadosos mandan más que otros o tienen un mayor control sobre el relato ideológico-político dominante, pero lo que muestra *La estrategia del caracol* es que las ideas sobre la buena esperanza venida de los cielos estaban a punto de cambiar.

Toda la sabiduría popular, materia y espíritu, fuerza de trabajo (no enajenada) y conciencia de sí se conjugan para sacar por delante a sus mártires: la Virgen María y luego al caído Lázaro Eccehomo Mora Blanco. Una vez hecho esto ya nada les detendría.

El sacrificio máximo, el del ancianísimo Lázaro, deja constancia del sufrimiento sin tiempo e impune de las gentes proletarias, pero también del arrojo de los que llegan a ser conscientes de la Historia y la posibilidad de adquirir un nuevo protagonismo en sus tormentosas dinámicas. Lázaro cruza los cielos del casco antiguo dentro de un cajón de madera que le acompaña al otro mundo, es el último viaje de este mártir en los tiempos de la nueva conciencia de clase. La caja que hace las veces de ataúd va cubierta con una bandera de la C.N.T., al parecer, puesta ahí por Jacinto. El simbolismo de la bandera sobre el caído es grandísimo, como si las ideas de libertad y justicia que mostraran su valentía en tierras del viejo mundo tuvieran una última cita solidaria e internacionalista con esos habitantes de la noche bogotana.

El cronista, el culebrero paisa, continuaba: —*El acuerdo de Misiá Trina calentó a los tibios, envalentonó a los timoratos y decidió a los indecisos... De cada cual según su capacidad, dijo don Jacinto. ¡Y empieza ese movimiento de picos, andamios, palas... era una sinfonía! Hasta los más enviciados con la vida, empezaron a meterle brío, pasión... amor a esa estrategia.*

A las barricadas, sonaba mientras don Jacinto Ibarguren preparaba sus explosivos caseros. Más tarde, una acción nocturna, estamos hablando del país del realismo mágico, cambia los números de la calle para confundir a la autoridad durante su segundo intento de desalojo. *¡Hay que derrocar a la reacción!*, seguía cantando Jacinto mientras la acción humana tras la ilusión mágica y literaria (un cambio nocturno de los números del portal) lograba hacer desaparecer la casa ante las narices de abogado, juez y policías que, la verdad, no sobresalían mucho por su inteligencia.

Como era de esperar, el poder (en mano de los matones de Mosquera y Holguín) intenta asesinar a Romero. Y sobrevive, aunque con algunos daños en su cabeza, que revela vacíos graves de memoria debidos a la brutal paliza. En España es otoño, en Colombia un horrible invierno pretende instalarse en los corazones de quienes intentan cambiarlo todo.

—*Jacinto, ¡ayúdeme! ¿Qué día de la semana es hoy?*, pregunta un herido doctor Romero, el pobre hombre de leyes en las filas de la orgullosa clase inquilinal, con lágrimas en los ojos.

—*En España es otoño...*, contesta con una desgarradora expresión de nostalgia el antiguo anarquista republicano español y ahora tramoyista en un centenario teatro del centro de Bogotá.

El amor y la ternura son armas con que los habitantes de la Casa Uribe se enfrentan a la adversidad, aunque también lo eran la propia emoción de respirar el cambio: —*Se vivían momentos febriles y dramáticos*. Casi al final, el paisa y cronista hace todo un alegato histórico contra el imperio del miedo y la supuesta dictadura del destino: *punto final de esta gesta epopéyica popular...*

Capítulo cuatro

4.1. Un apartado especial: Héroes… también en la música y el cine

La aventura heroica en la narrativa moderna también terminaría influenciada por Marx, por ejemplo, en la manera como se describe en el *Manifiesto Comunista* la épica lucha de los nuevos sujetos que cambiarán la marcha de la Historia. Es aquel *hombre* nuevo que viaja desde una realidad de privación, indignidad y sufrimiento hasta un estado de consciencia que le hace girar y reclamar su parte de la tierra en donde, como héroe, ha renacido (y que le es negada). Fiel a la literatura sobre el mito heroico, ese sujeto vivirá en el máximo bien de servir a la causa de la libertad humana, a la vez que derriba todo lo que amenace las circunstancias de su propia autonomía.

Marx también tendría como a otro de sus más admirados héroes a Espartaco (según constaba en el álbum de Laura Marx que reposaba en el Instituto Marx-Engels de Moscú). En una carta a su amigo Friedrich del 27 de febrero de 1861 escribiría: «Por el contrario, en la noche leía, por descansar, la historia de las dos guerras civiles romanas de Apiano en el original griego. Libro de gran valor. El autor es de origen egipcio. Schlosser dice que no tiene "edad", sin duda porque se esfuerza en explicar las guerras civiles por las condiciones materiales. El retrato que nos hace de Espartaco, nos lo muestra como el tipo más bello que encontramos en toda la historia antigua. Es un gran capitán (no un Garibaldi), un noble carácter, un verdadero representante del proletariado antiguo».

Este nuevo héroe proletario no tiene sus batallas en las estrellas o en lejanas tierras, en el obrero que reivindica su pertenencia al proletariado asistimos, quizás, a los comienzos del héroe industrial. En la persecución de la victoria de ese proletariado, este nuevo relato heroico (como los demás) traerá una nueva imagen del mundo, nuevos simbolismos y escalas éticas, etc.

Pero, aunque sea relato de estética industrial, lo heroico no deja de tener sus raíces en los sistemas mitológicos considerados clásicos en Occidente, donde también se revelan sus pretendidos ascendentes divinos. Tenemos un ejemplo sobresaliente para la narrativa moderna en el mito de Prometeo. En este Titán protector de la humanidad se observa parte del núcleo de las llamadas grandes "utopías" de la Modernidad (empezando con la *Utopía* de Tomás Moro).

Prometeo, además, irrumpe en el pensamiento del filósofo alrededor del cual gira este ensayo, como parte de su crítica a la sociedad burguesa (con un elemento alimentador importante en la crítica, desde el mito prometeico, al cristianismo).

Quien robara el fuego de los dioses, lo entregara a la humanidad y como consecuencia fuera castigado por Zeus, ya aparecía referenciado en el prólogo de la tesis doctoral de Marx: «En cuanto todavía pulsa una gota de sangre en su corazón absolutamente libre y capaz de imponerse al mundo, la filosofía, va a gritar a sus adversarios junto con Epicuro: "No es ateo aquél que barre con los dioses de la multitud, sino aquél que imputa a los dioses las imaginaciones de la multitud". La confesión de Prometeo: "En una palabra, odio con toda fuerza a todos y a cualquier dios" es la confesión propia (de la filosofía), su propia sentencia en contra de todos los dioses del cielo y de la tierra, que no reconocen la autoconciencia humana (el ser humano consciente de sí mismo) como la divinidad suprema. Al lado de ella no habrá otro Dios» (a través de Gregorio Luri Medrano en *Prometeos. Biografías de un mito* [Trotta. Madrid, 2001]).

Prometeo es un modelo de santidad y martirio, porque su acción niega a los dioses que mantenían en la oscuridad a la especie potencialmente capaz de reclamar una nueva síntesis mítica e histórica. En este sentido, Marx referencia a un Epicuro y un Titán profundamente griegos. Hay que destacar aquí algo ya nombrado anteriormente: como muchos grandes de la ciencia pensarían después, Epicuro tal vez considera irrelevante si los dioses están o no verdaderamente en un lugar de privilegio cósmico, para centrarse en lo que los humanos pueden hacer con su vida *ahora* (el origen de la materia no es importante, sino en qué medida podemos utilizar sus leyes).

Ese Prometeo pensado por Marx es presa de las contradicciones derivadas de su propio origen: hijo de un titán y una diosa. El dios inmortal que pretende negar a los principales del Olimpo entrega a una humanidad asustada el fuego, puede que buscando un reconocimiento nuevo, una legitimidad distinta. Y los mortales, por supuesto, entienden la magnitud de la blasfemia, pero no pueden rehusar la dádiva.

Es de subrayar que existen varias versiones griegas del mito de Prometeo. Por ejemplo, la historia donde el dios aparece como moldeador de hombres de barro que no pueden reproducirse (todos son creados desde la tierra), robando luego el fuego para poder darles alma. En aquel mundo completamente masculino lleno de quietud y con una calma en extremo aburrida, Zeus introduce a la primera mujer (Pandora) que trae la "desgracia" a todas esas psiquis hechas de arcilla.

El hecho de que este dios-titán regalara el fuego a los humanos (el comienzo de la cultura y la civilización) hizo que éstos le nombraran la deidad de la artesanía, la producción, etc. A manera de castigo es encadenado en el Cáucaso durante 30.000 años, en los cuales un águila devora su hígado cada día (que se regenera divinamente por sí mismo). Finalmente es liberado por Heracles, pero como condición de Zeus debe llevar un anillo de hierro fabricado con las cadenas que le habían mantenido prisionero.

Todos los elementos de este mito (incluido el paso del castigo real, las cadenas, al simbólico, el anillo) se transforman para constituir desde el Renacimiento un imaginario prometeico que resultaría central en la crítica a la marcha histórica de la sociedad cristiana que también sería capitalista e industrial.

Prometeo es un revolucionario en situación de levantamiento contra los dioses, su acción lo convierte en algo nuevo: un hombre que había sido dios... un héroe. Inspirando con esto un relato de emancipación que, entre otras cosas, se presenta de forma simple como lucha del fuego iluminador del conocimiento y la cultura contra la oscuridad de la ignorancia y la obediencia incuestionada. De ahí que su transmisión se mantuviera desde el Renacimiento hasta Marx y más allá.

Lo que Karl reclama a través de su imagen de ese héroe con pasado divino es que los dioses no intenten estar por encima del nuevo sujeto consciente de sí mismo. Los "buenos dioses" reconocen la autoconsciencia frente a los "malos dioses", que no lo hacen (un eco de su origen judío en torno a la dicotomía entre Dios e ídolos). Estamos viendo un enfrentamiento que ha llegado a la Tierra y tendrá su impacto en los cielos.

Los "malos dioses" empeñados en atentar contra el obrero consciente de sí, y a los que Marx contrapone el mito de Prometeo, inspiración del nuevo héroe industrial, son las grandes *identidades* restrictivas del sujeto moderno: el Estado, la Nación, la religión, el mercado, etc. Ya en la *Introducción a la crítica de la Filosofía del Derecho de Hegel* (1844) la autoconsciencia humana reflexionada por Marx no era tratada como nueva "suprema divinidad", sino como supremacía del sujeto respecto al propio sujeto: "La crítica de la religión desemboca en la doctrina de que el hombre es la esencia suprema para el hombre y, por consiguiente, en el imperativo categórico de echar por tierra todas las relaciones en que el hombre sea un ser humillado, sojuzgado, abandonado y despreciable".

Quizás, lo importante del sujeto nombrado en el párrafo anterior es que presta base a una narrativa del héroe en la producción cultural que usa antiguos modelos míticos para seguir pensándose a sí mismo/a. El genuino héroe de la era industrial es un sujeto normal que proyecta una Carga Simbólica cercana a la de un dios-titán tecnológico, contradictorio y mortal. Todo lo cual es equivalente a decir que las sociedades recientes se analizan, psicoanalizan, a través de simbólicas traducciones heroicas con un ascendente mítico en el lado de la divinidad.

Esto nuevamente hace irrelevante el interrogante sobre si Dios (y los dioses) está o no en algún lugar; porque resulta que un sujeto mortal podría convertirse en semidiós al investirse de una Carga Simbólica como héroe en el cine o el cómic, lo que provoca un diálogo directo (no necesariamente litúrgico) con una semidivinidad de la era nuclear y espacial que critica (a veces con violencia) a todos aquellos "malos dioses" que amenazan las libertades modernas del sujeto pretendidamente consciente de sí. De ahí que los superhéroes tengan sangrientos, pero también ideológicos, combates con monstruos, trastornados y extraterrestres, pero también con corporaciones multinacionales, gobiernos y redes mafiosas.

El relato heroico de las actuales grandes producciones cinematográficas refleja como pocas cosas algunas de las grandes confrontaciones ideológicas de nuestro tiempo. Tenemos un ejemplo sobresaliente de esto en las adaptaciones de Batman dirigidas por Christopher Nolan. Refirámonos brevemente a una de esas grandes películas, precisamente, analizada por Žižek: en *The Dark Knight Rises* (2012) el comisario Gordon tiene al crimen casi bajo control gracias a las facultades que le otorga la Ley Dent. Aunque, como sabemos, es todo una gran mentira mediática y simbólica, el respetado servidor público Harvey Dent había muerto después de convertirse en un trastornado como consecuencia del terrible postrauma de perder a su prometida a manos del psicótico Joker; sin embargo, su memoria había sido preservada a costa de demonizar a Batman como el verdadero supervillano de Gotham City.

Por otra parte, vemos a un Bruce Wayne algo mayor y físicamente tocado que parece haber dejado atrás a Batman. Aparece confinado en su gran mansión, olvidado de sus ricos negocios y entramados financieros. Se nombra el último gran proyecto del multimillonario: un reactor de fusión para obtener energía limpia para la ciudad, pero que en malas manos puede convertirse en arma nuclear. Precisamente, ese complejo era el verdadero objetivo del aparentemente gran antagonista del hombre murciélago: Bane, antiguo miembro de la tenebrosa organización terrorista Liga de las Sombras.

La cuestión relevante en ese momento es que Bane logra detener a Bruce y encerrarlo en una remota e inhumana prisión, donde el personaje vive una refundación simbólica que le retorna a la lucha. Pero mientras que eso ocurre, la organización criminal de Bane ha tomado Gotham City por la fuerza, donde se ha puesto en práctica un estremecedor experimento político-ideológico: la policía legal es encerrada, la ciudad queda aislada y la Ley Dent es anulada; con lo que el mantenimiento de un nuevo orden es entregado a criminales que empiezan a ser liberados, mientras el discurso de Bane exhorta a castigar a los poderosos por sus excesos y a que el pueblo finalmente tome las riendas de su ciudad. Se trata de un llamado a filas hacia aquella mayoría de pobres que siempre ha ardido de deseos por terminar con un orden de privilegios e injusticias.

En efecto, como argumenta Žižek, lo que intenta mostrar la película es la acción del poder popular posterior a la toma del *poder*. Se suceden los juicios, destierros y ejecuciones durante semanas, hasta que Wayne logra penetrar de nuevo en el que siempre había sido el coto de caza del Caballero Oscuro.

Con esa especie de poder popular hecho con el control de la ciudad, Batman vuelve para buscar a su antagonista (en donde descubre la gran red de mentiras en la que él mismo estaba atrapado). Al intentar salvar a la ciudad de su reactor convertido en arma nuclear, aparentemente, se autoinmola en medio del mar. Convirtiéndose así en el mártir sacrificado por el máximo bien común. Evidentemente, logra escapar y desaparece en una anónima vida más tranquila y alejada, simbolizando esto con esa nostálgica escena en un café de Florencia.

El contenido ideológico real, presente en el final de la película, también se estructura en una simbolización: Gordon dando lectura al final de *Historia de dos ciudades* de Dickens: "Esto que hago ahora, es mejor, mucho mejor que cuanto hice; y el descanso que voy a lograr es mucho más agradable que cuanto conocí anteriormente". Hubo quienes opinaron que esta lectura codificaba uno de los más tradicionales valores de la cultura estadounidense, el hombre normal que es capaz del sacrificio más grande para salvaguardar el bien común. La muerte, acaso violenta (al igual que en Cristo), como condición para renacer en la psique social, una especie de simbólica vida eterna. Y, sin embargo, después de todo Wayne aparece al final, durante aquel precioso día soleado de Florencia. Efectivamente, Žižek también se pregunta si vemos aquí una reinterpretación de la idea fantástica sobre un Cristo que llegó a sobrevivir para emprender larguísimos viajes a Oriente (Brinkman, 2013).

Pero aquí también encontramos una gran denuncia-advertencia sobre la indigna separación entre ricos y pobres. Y las consecuencias de que un día aparezca el oportunista político del terror capaz de rentabilizar el caos a punto de explotar, ejemplos tenemos en sujetos como Vladimir Putin, Marine Le Pen, Donald Trump, Nigel Farage o Álvaro Uribe.

La llegada a un momento de no retorno que únicamente desemboca en el *terror popular* probablemente no habría podido ser evitado, aunque Batman no hubiera sido encerrado en aquella prisión. Porque tal terror tiene como combustible la ignorancia sobre el *porqué* las cosas y las relaciones sociales son como son. Los poderosos, incluido Batman, no han tenido nunca la necesidad de explicar por qué ellos *poseen* y la mayoría no. No olvidemos que el hombre murciélago es un defensor de los ciudadanos que combate el crimen, pero que como Bruce Wayne tiene grandes negocios en el sistema financiero o la industria armamentística.

¿Es que estamos viendo de nuevo la ridiculización, su equiparación a organización terrorista, del grupo de vanguardia que protagoniza el cambio revolucionario? La imagen del Caballero Oscuro derrotando al mal, ¿es la repetición de la esperanza de un redentor (que además parece volver de la muerte) como única salida al miedo por un mundo injusto que parece no poder cambiarse?

La película cuenta una "teologización" histórica completa: un cuerpo de policía dañado, pero en el fondo fiel al cumplimiento de la ley, *hombres* ricos pero de buena conducta y ética que forman alianzas para imponer el mejor orden posible y un *statu quo* que los pobres son incapaces de entender (por lo tanto, no se les puede confiar la misma ingeniería social).

La sofisticación y sutileza del discurso presente en esta película es, por supuesto, la continuación lógica a la trama de la anterior entrega del director, donde el Joker también intentó tomarse el poder bajo un credo-ley basado en la justicia del caos. A lo cual únicamente podía seguir el proyecto *político* de Bane, es su situación subversiva al frente de masas desposeídas y castigadas lo que le coloca en el camino de la muerte, su evidente situación trastornada frente a Batman es la ridiculización necesaria desde el pensamiento liberal.

Si nos remitimos a algunas posturas de pensadores marxistas, hemos de considerar que algún grado de violencia siempre se ve involucrado en la posible acción revolucionaria de las masas, pero, en verdad, ésta ha sido históricamente proporcional a la de las élites. Naturalmente, argumentar que los proyectos de emancipación social desde las masas populares (por ejemplo, los inspirados en el marxismo) usan por defecto la violencia como principal herramienta de ingeniería social es una posición extremadamente simplista. Introducir ese remarcado acento en la violencia de las masas cuando se lanzan a la conquista del poder (desde la teorización de Marx o no), presta la base a los relatos culturales donde el antagonista al poder hegemónico (aunque éste tenga rasgos mafiosos o reaccionarios) es simbolizado como un terrorista, en el mejor de los casos, o como un desequilibrado presa de graves trastornos psiquiátricos (ocurre así en la película).

El problema de la posible violencia, en cualquiera de sus manifestaciones, durante el experimento de poder popular (que en realidad no es inevitable) puede derivar, no de su papel como herramienta de ingeniería social, sino de los defectos sociopolíticos y culturales que impedían imaginar un verdadero poder popular capaz de trascender las viejas estructuras en lugar de pasar a ejercerse simbólicamente a través de ellas y sus males. Esa incapacidad está increíblemente presente en la narrativa moderna, como en el cine de superhéroes, donde lo frecuente es la escena de un poder amenazado por un terrorista que intenta tomárselo por la fuerza y del que, con frecuencia, conocemos detalles de su perfil psicológico (la caricaturización del que sería el revolucionario o miembro de una vanguardia política). Pero aquí hablamos de un enfoque de origen, también desde Marx. Es decir, ¿el objetivo de esas vanguardias políticas o del poder popular ha sido alguna vez trascender las estructuras opresoras (como el Estado o la Nación) en lugar de seguir instrumentalizándolas y resignificándolas?

El orden de cosas existente defendido por el guerrero enmascarado y clandestino, el héroe industrial, es una potente representación que posiblemente Marx valoraría en su justa dimensión: reclamaría esa simbolización para el nuevo sujeto heroico del proletariado, todo amor al prójimo y a la causa de la revolución, que traería una nueva etapa en el tortuoso viaje de la civilización.

Evidentemente, la condición anterior (incluso en las expresiones político-ideológicas más jóvenes de comienzos del XXI, y que pudieron heredar parte de la estética exhibida en el revolucionario marxista del XX) implica distintas potencialidades, algo latente, de violencia en la misma lógica del proceso emancipador. Lo que ocurre es que no tiene que mostrarse necesariamente como una colectiva pulsión sin control bajo la forma de *terror popular* (como en *The Dark Knight Rises*). Los equivalentes simbólicos a Bane no siempre son terroristas, la expresión popular no siempre es un ataque al poder que se empeña en monopolizar lo denominado como "legal y legítimamente constituido".

Para hablar con algo de mediana profundidad sobre las codificaciones en la gran pantalla acerca de la lógica del héroe (industrial) y las simbolizaciones sobre emancipación social (con distintas influencias llegadas desde Marx) es necesario retroceder un poco en la historia de esas importantes elaboraciones culturales.

Hay que nombrar un rasgo importante presente en la normativa hegemónica de género (masculina) para el comportamiento y muy relacionado con la filosofía del Individualismo (Bonino, 2000). Hablamos del culto a la imagen y el heroísmo. Esta especie de "adoración" es un componente de peso en la Carga Simbólica, cuyos subsistemas (los filtros emocionales) mapean todos los rasgos que componen el cuadro de personalidad de un individuo. Imagen y sensación (necesidad) de lo heroico son "productos" terminados e implantados en la subjetividad por la cultura. Es decir, hacen parte de la realidad ya reinterpretada, no provienen de una cadena de demandas de la psique reveladas por la acción de los filtros emocionales: simbolizaciones, también ideológicas, con frecuencia en base a modelos concretos, que orientan la manera como es leída e interpretada la realidad. Como antes se afirmara, la mercancía es un Filtro Emocional de nuestro tiempo, y el superhéroe es también una mercancía.

La imagen del héroe no hace parte apriorística del universo simbólico soberano del sujeto. Su aparición está en los mismos orígenes de los focos civilizatorios, cumpliendo su papel de corrector del desorden individual y colectivo, en directa proporción al grado de acercamiento a estados de caos y neurosis de escala social. La imagen a la que nos referimos es un eco, un reflejo profundamente deformado del culto al héroe, una vez despojado de sus imperativos éticos y humanistas. Y, el héroe en sí es la expresión sofisticada (complejamente simbolizada) de un deseo, por ejemplo, no tener miedo.

Sin embargo, como descubriera quien actuaba detrás de la máscara del hombre murciélago (Batman, que es el *caso* analizado en este ensayo para abordar esta temática), este juego encierra un terrible drama: el héroe de la era industrial es alguien, casi común, que superó sus terrores convirtiéndose en su mayor terror. Pero no de manera directa, sino indirectamente. A través de una compleja simbolización que el mundo exterior sólo conocerá superficialmente. La acción de metamorfosis del oscuro y clandestino guerrero enmascarado es la tarea de re-representación de una realidad más difícil y dolorosa emprendida por una Carga Simbólica teóricamente autónoma. Porque combina el *deseo colectivo* con unos deseos íntimos pertenecientes al universo de las desviaciones, donde los umbrales de placer y dolor se hayan trastornados.

Jamás llegaremos a saber con certeza la naturaleza de la catarsis experimentada en la victoria del héroe. El reclamo de legitimidad para su Carga Simbólica es un aspecto verdaderamente enrevesado en la psique colectiva, es el otorgamiento de legitimidad más complicado al que se enfrentará una colectividad humana. Recordemos que el superhéroe de la era industrial es una síntesis arquetípica de una extraordinaria vigencia a lo largo de los últimos casi 100 años. El talentoso guionista de cómics escocés Grant Morrison escribiría en *Supergods: héroes, mitos e historias del cómic* (2011), refiriéndose al origen de estos personajes: *Eran el arte popular para el nuevo siglo inquieto, un genuino realismo mágico norteamericano cuarenta años antes de que el término llegara a los círculos literarios.*

Todos, o casi todos, somos la imagen de ese sujeto heroico. Su símbolo actúa en lo profundo del inconsciente (por identificación) y se puede manifestar en diversos espacios, por ejemplo, cuando nos apremia la necesidad de volver a matizar la realidad ante fenómenos sociales que amenazan nuestra seguridad. O en una reinterpretación unilateral de la normativa comúnmente aceptada, por parte de sujetos o grupos vehículos de caos que, posteriormente, se traducen en temores colectivos de distinta clase. Es entonces cuando actúan esas síntesis arquetípicas y cuando enfrentamos el otorgamiento de legitimidad exigido para esa parcela de nuestra Carga Simbólica contra el peso prohibitivo de la normativa (la que "patologiza" las muestras de justicia unilateral que no provengan de las instituciones).

La lógica y dinámica del héroe han sido analizadas por las ciencias varias veces, ya que su huella narrativa se ha encontrado en diversas culturas a través de los siglos. Dos de las principales elaboraciones teóricas que lo han abordado vienen del Dr. Carl Jung, con los estudios sobre el Inconsciente Colectivo, y Joseph Campbell, con *El héroe de las mil caras* (1949). En ambas el sentido heroico está asociado a un viaje de aprendizaje y exploración que terminará cambiando la vida del individuo. Lo que se ha denominado *El viaje del héroe* es la historia, parte mítica y parte racional, donde se emprende una larga y peligrosa travesía para responder a un gran interrogante sobre la mente y el universo. Responderlo implicará con frecuencia cambiar (crítica) una parte muy importante de la realidad (de ahí que hablemos de simbolizaciones presentes en los proyectos de emancipación social, incluidos los inspirados por Marx).

El tesoro conquistado por el héroe, casi siempre, tiene que ver con una búsqueda de Conocimiento, con mayúscula (uno capaz de transformar críticamente a la realidad y sus sistemas de relaciones sociales), convirtiéndose en algo que tiene que ser simbolizado. Según el Dr. Jung esta búsqueda, que marca el viaje heroico, reside en el Inconsciente Colectivo; podría ser común a la especie, lo suficiente para convertirse en una tradición arquetípica ricamente representada en diversas culturas.

Al principio, un gran acontecimiento vital (que puede ocurrir a escala social) impulsa a iniciar el camino. El individuo deberá superar pruebas, algunas veces acechado por adversarios y en otras acompañado de aliados. Luego regresará a casa y asumirá otras llamadas, incluso sufrirá la muerte simbólica. Pero sobrevivirá para volver a caminar entre sus congéneres. Sus lecturas e interpretaciones literarias son amplísimas, en general tienden a buscar o explicar un sentido profundo en el viaje (mágico pero, en cierta forma, racional). Ejemplos paradigmáticos del viaje del héroe, cuyas historias y leyendas han dejado honda huella en la Historia y la psique colectiva, son Gilgamesh, de la civilización sumeria, en busca de la inmortalidad y Jasón y los argonautas en busca del vellocino de oro. O el *legislador* Moisés que dirigió el éxodo hebreo y llegó al conocimiento de las tablas de la ley. También Eneas, un líder de los exiliados de Troya, Odiseo en su anhelo de regresar a su querida Ítaca, el viaje en busca de la ballena Moby Dick, etc.

Analizar con algún grado de profundidad la cuestión de la legitimidad de la Carga Simbólica y el peso de la normativa hegemónica de género y el Individualismo (un cometido que desbordaría los objetivos de este ensayo), casi exige incursionar en el terreno del héroe como arquetipo e implantación cultural.

En la interpretación narrativa del héroe (moderno e industrial) ha cumplido un papel fundamental el cine. Éste, además, ha visto cómo la noción heroica adquiere otros matices, extendiéndose a los que ganan y conquistan en el mundo de la competencia agresiva y el drama existencial más real (quienes también tienen su símbolo/reflejo en los que triunfan al interior de la megaproducción cultural).

Auguste y Louis Lumière (imagen de dominio público)

El cine es una de las expresiones culturales que, de manera más fiel, refleja lo profundo de la consciencia de una sociedad; muestra el estado en que se encuentran las esperanzas, deseos, temores e ilusiones de un grupo en un momento concreto del tiempo. A la vez, la gran pantalla se convierte en un poderoso medio para la difusión de ideas, es capaz de inmortalizar en la memoria de generaciones enteras grandes y sublimes realidades o la imagen de sus peores pesadillas. Para las generaciones nacidas en la segunda parte del siglo XX cobraba más valor que nunca el hecho de ser seres inteligentes de aprendizaje básicamente visual. Uno de los periodistas que documentó la presentación del equipo de cine de los hermanos Lumière escribió que *cuando este invento maravilloso se masificara, la muerte dejaría de ser un absoluto.*

Y así fue. Podemos ver las imágenes rodadas por los hermanos Lumière y proyectadas por primera vez en el París de finales del XIX. A los restos del naufragio del Titánic, el ataque al Palacio de Invierno y el discurso de Lenin anunciando el triunfo bolchevique, los combates de la Primera Guerra Mundial, la Gran Depresión en las fábricas Ford, a Hitler con sus tropas en París, las primeras explosiones nucleares en el desierto de Alamogordo en Nuevo México, a Fidel Castro y sus guerrilleros en La Habana de 1959, a Yuri Gagarin en el espacio y la llegada de los primeros humanos a la Luna anunciando una visita en nombre de toda la humanidad y en misión de paz.

Fue con el cine, y antes con los cómics, que se construyó la definición que hoy tenemos de héroe, salvador y justiciero, porque sólo en el cine hemos visto a héroes "verdaderos" que llegan a conseguir una justicia y una gloria eterna. Pero, como sabemos, éstos existen desde antes de la antigüedad clásica.

Para parte del Psicoanálisis había sido un hombre el que había matado a los primeros dioses y en torno a sus victorias sobre la naturaleza se había erigido en líder, mito y futura divinidad durante la prehistoria. Fueron héroes de carne y hueso los que se enfrentaron a los caprichosos dioses del Olimpo. Y un hombre de características excepcionales, como Hércules, fue el que defendió a su pueblo de los esbirros de la *malvada* Hera. Infinidad de matices psicosociales los han hecho evolucionar hasta los superhéroes de hoy. Están contenidos en una amplia gama, van desde los oscuros y clandestinos guerreros encapotados como Batman, hasta el policía robot capaz de expresar emociones humanas y el soldado perfecto que puede ignorar el dolor. Desde siempre, los héroes han jugado un papel de gran importancia en la subjetividad de las masas: la esperanza catártica.

Los superhéroes tienen un fuerte carácter simbólico como correctores del caos social, político y económico. Los arquetipos heroicos son modelos psicológicos de carácter social en clave simbólica. Su perfil, como lo conocemos hoy, empezó a dibujarse en la memoria colectiva a partir de los años 30, en la que se considera la edad de oro del cómic. Es la época de importantes iconos como *Flash Gordon* (1934), *Tarzán* (adaptación al cómic [1929] de la novela de Edgar Rice Burroughs y aparecido por primera vez en 1912) y *The Phantom* (1936), que fue el primer héroe enmascarado. Este ciclo culminó en 1938 con la creación de *Superman*. Aunque el quizás más interesante, *Batman*, sólo vio la luz hasta un año después.

The Phantom es, entre los superhéroes, un caso muy especial, ya que una especie de código ético le impide matar incluso a sus peores enemigos. Cada *Fantasma*, que sin excepción muere de forma terrible, transmite a su primer hijo la pesada carga de continuar con la tradición familiar, llevando como símbolo una calavera. Generaciones enteras le han visto evolucionar desde sus luchas contra los invasores de las selvas de Bengala hasta las duras batallas contra la corrupta Corporación Máxima, dueña de una Ciudad-Estado llamada Metropia y única ganadora de una terrible "guerra de los recursos" librada en el año 2040. Y que, entre otras cosas, destruyó el Amazonas y la Antártida. La Corporación Máxima, que construyó naciones orbitales a causa de una atmósfera contaminada por las guerras químicas y nucleares y creó con ingeniería genética una *especie* de seres cibernéticos capaces únicamente de trabajar, considera a *The Phantom* sólo un idiota romántico que gana pequeñas batallas, pero nunca la guerra (simplemente sus creadores le han prohibido disparar).

La personalidad de un superhéroe tiene una correlación con el estado de cosas existente en la realidad que ve su alumbramiento y evolución, bajo la perspectiva de un espectador de características pasivas. Sin embargo, esto es cierto y funciona también a la inversa. Ya que, si bien los héroes son modelos y patrones de conducta a seguir durante la adolescencia y parte de la juventud, su naturaleza, la arquitectura de su Carga Simbólica, la que supuestamente debe servir de ejemplo, no pasa de ser un reflejo deformado, y no en todos los casos excesivo, de la realidad objetiva. Es una asimilación cultural que por cualquiera de las vías llevará al mismo sitio. En la industria de los héroes hay procesos de identificación y dialéctica de la imagen.

La identidad propia de un superhéroe, que también comprende a sus principales enemigos, armas, vestimenta y poderes, permite que el espectador pueda conectarlo de forma simbólica con alguna realidad concreta que seguramente será cruda, terrible y violenta. Por eso los trajes de *Superman*, *Captain America* (1941) y *Wonder Woman* (1941), que apretados revelaban unos cuerpos tremendamente atractivos y triunfantes, tenían los colores de la bandera de los Estados Unidos. Porque los Estados Unidos debían ser, y efectivamente lo eran en el entramado psicológico de sus ciudadanos, crudos, terribles y violentos. Pero también atractivos y triunfantes. Los héroes y sus parodias de gloria sólo retransmitían un conjunto de ideas de las que, a su vez, eran reflejos. Y eso es construir de forma artificial y controlada la subjetividad de una sociedad. La lógica con la que la juventud analiza la naturaleza y orden de acontecimientos dentro de un conflicto de la vida real puede ser influenciada con éxito a través de las artes visuales.

Indudablemente, esta retransmisión de ideas trasciende al superhéroe en sí, ya que son pensamientos acerca de la vida, la justicia, el bien y el mal, la sociedad, la democracia, etc. *The crime does not pay*, decían en las películas sobre los policías de Chicago que lucharon contra la mafia de Al Capone. Una frase infinitamente repetida por los héroes de la época dorada, aunque unos no se diferenciaron de los otros en métodos.

Los héroes del cómic, que más tarde fueron los del cine y la televisión, nacieron durante el crack económico. Su aparición estaba asociada a la esperanza de una sociedad justa e indestructible que en la realidad no existía. Para cuando empezó la Segunda Guerra Mundial, las historias de la D.C. y la que sería conocida como Marvel Comics mostraban a sus superhéroes luchando contra las tropas nazis. Los héroes debían mostrar a los jóvenes lo que estaba sucediendo, pero también lo que ellos debían creer y, por defecto, lo que querían ver.

Durante los siguientes diez años, a partir del final de la guerra, aquellos héroes lucharon contra los comunistas soviéticos. Pero también salvaban mujeres de ser aplastadas por trenes, ayudaban a las ancianas a cruzar la calle y bajaban gatos de los árboles. Aunque el exceso de violencia impreso durante la guerra ya era irreversible en el comportamiento de una juventud que creció con aquellas manifestaciones culturales e ideologizantes.

En 1954 Frederick Wertham, psiquiatra alemán que tuvo correspondencia con Freud, publicó en *Rinehart & Company* un ensayo titulado *Seduction of the Innocent*, que reintroduce, entre otras cosas, la leyenda urbana sobre una alianza demoníaca con sede en la industria del cómic. El impacto de la polémica llega hasta el Congreso de los EE.UU., produciéndose el *Comics Code Authority*. Los autores de esta persecución cultural y política argumentaban que los cómics estimulaban una peligrosa curiosidad por el crimen, la homosexualidad y la violencia. "Solo quien ignore los fundamentos de la psiquiatría y la psicopatología del sexo puede no darse cuenta de la sutil atmósfera de homoerotismo que domina las aventuras del maduro Batman y su joven amigo Robin", según Wertham. Era, pues, demasiado sospechoso que

Dick (polla en castellano) Grayson fuese simplemente un joven talentoso a cargo de Bruce. Afirmaba que *Wonder Woman* era lesbiana y exhibicionista y sobre *Superman* afirmó: "socava psicológicamente la autoridad y dignidad del hombre y la mujer corriente en la mente de los niños". Aquella sociedad emergió conservadora de la guerra y estaba temerosa de los fenómenos de cambio que inevitablemente llegarían más tarde.

Los 60 del siglo XX estallaron en un drástico cambio de valores y revolución sexual, que se vieron reflejados en superhéroes propios de la era nuclear como *Spiderman* (1962), que era un joven de clase media con problemas financieros y *The Fantastic Four* (1961), que eran un comando espacial con problemas existenciales.

Otro hito de los superhéroes muy importante de esos años fueron los *X-Men* (1963), que como otros han tenido una larga vida, siendo uno de los componentes claves del llamado *Universo Marvel*. Esta serie planteaba una realidad inquietante (que asustaba en aquel momento y hoy es objeto de teorizaciones filosóficas, investigaciones y varias fabulaciones pseudocientíficas): la llegada de una nueva etapa en la evolución humana derivada de nuestro avance tecnológico. Los *X-Men* eran hombres y mujeres que habían mutado, en parte, como consecuencia de los experimentos de la era nuclear. Por su condición *diferente* eran cruelmente discriminados y perseguidos (eran el otro-distinto) por una sociedad conservadora que tajante negaba la diversidad. Cada uno de ellos sufría de terribles conflictos psicológicos y con frecuencia tenían vivos ataques de ira. Nuevamente, era ése el reflejo que esta expresión cultural hacía de una sociedad que discriminaba a afroamericanos, inmigrantes y homosexuales, como si fueran mutantes, sólo que ellos no se defendían o lo hacían en medio de grandes dificultades.

Pero, además, aparecieron fenómenos nuevos, ahora los héroes tenían doble personalidad y se empezaron a identificar como ídolos también a los talentos del cine y la música. Estos últimos, en sí mismos, representan un universo extremadamente complejo e importante dentro de la producción cultural. A ojos de millones de personas las estrellas de la música y la gran pantalla protagonizarían un capítulo nuevo del *viaje del héroe*.

Desde prácticamente los años 50 del XX empezaron a aparecer verdaderas estrellas del rock y el pop, que dado su carácter irreverente, radical y contestatario representaron de forma fiel en sus creaciones musicales el miedo e incertidumbre que se venía apoderando de las nuevas generaciones. Unas que vieron con sus propios ojos cómo todos los valores que desde la infancia creían inamovibles se desplomaban bajo su propio peso: la Tercera Guerra Mundial casi tiene por epicentro a La Habana en la Crisis de los Cohetes, la inconformidad de la juventud se escuchó a gritos por las calles de París en el mayo del 68, los EE.UU. perderían la guerra en Vietnam en 1975, eran asesinados los líderes negros Malcom X en 1965 y Martín Luther King en 1968, los rusos enviaban tropas a África y Asia, el Che Guevara era asesinado en 1967, Salvador Allende en 1973 y en Sudáfrica se consolidaba el Apartheid.

Las décadas del 60, 70 y gran parte de los 80 del siglo XX fueron la época de esplendor de *Led Zeppelin*, *Queen*, *The Doors* y *Pink Floyd*, entre muchos otros, que, sin ser antisistema, porque no lo eran, cantaban a un capítulo nuevo en la imperecedera inconformidad humana. Por eso fueron los nuevos iconos de una juventud presa de gran confusión ideológica en gran parte del mundo.

Esto era de esperarse, las superestrellas del rock son herederas de una tradición de rebeldía, melancolía y resistencia civil, que hunde sus raíces en el lejano siglo XVII; desde que los *griots* de África occidental, narradores de cuentos e historias, fueran llevados como esclavos a América, originando las artes verbales en los Estados Unidos. Cuando esta especie de memoria histórica verbal se convierte en la conocida *prédica*, los negros ya mezclaban la antiquísima música tradicional africana con canciones que contaban su terrible vida como esclavos en los campos, minas y ciudades; en el siglo XIX éste era su único medio de expresión.

El drama de vivir como esclavos llevó a que volvieran a mezclar esas canciones de trabajo con los *solos* engendrados por los esclavos del Sur e instrumentos como el piano y la guitarra. Lo que dio origen al subversivo blues. Para comienzos del convulso siglo XX, los soldados negros en el ejército estadounidense incorporaron a los ritmos africanos los instrumentos de metal venidos de Europa. Y llegaron los legendarios tiempos del jazz de Nueva Orleans, producto de mezclar el blues con los ritmos sincopados y la improvisación vocal, época que vio el gran Louis Armstrong. El jazz era una expresión profundamente popular que podía ser bailada, cantada y llorada por unas comunidades que arrastraban las consecuencias de siglos de segregación racial.

Para entonces otros ritmos con raíces africanas habían iniciado su camino: el tango argentino, la rumba cubana, la samba brasileña; que verían el nacimiento del mambo, el rocksteady, la salsa y el reggae. Entre tanto, el swing, otro género de la música negra desde la década de 1930, estaba listo para mezclarse con el blues de 12 compases. Lo que en plena Segunda Guerra Mundial originó el rhythm & blues. Desde aquí, coincidiendo con los grandes cambios de las décadas del 50 y el 60 del XX, aparece el soul, música con conciencia social. Y con América Latina encadenada por dictaduras militares llega la canción protesta.

Pero esta segunda generación del rhythm & blues también vio cómo los músicos negros entrelazaron éste con la música country, gospel y el pop, para dar origen al grandioso rock & roll, que fue acogido con pasión por los jóvenes blancos. Fueron los tiempos dorados de monstruos de las artes como Chuck Berry. Y luego uno de los más grandes de la historia: Jimi Hendrix, con quien el rock & roll pasó a ser simplemente *rock*. Este nuevo movimiento tuvo grandes hitos como la ternura contestataria de John Lennon y *The Beatles* en medio del conservador Reino Unido. Algunas de estas expresiones artísticas, reunidas bajo la categoría de música popular y, a veces, cantada por individuos elevados a nuevos héroes de la era nuclear y espacial, serían fuertemente abordadas por el marxismo cultural.

El fenómeno cultural de los hippies era ya una realidad que utilizó a los ídolos de la música como vehículo para romper con la ética puritana, cuando en 1964 los jóvenes universitarios de Berkeley fundaron el *Free Speech Movement*. Éste constituyó un gran catalizador de ideas que usó, entre otras cosas, a las artes como voz y bandera, quisieron constituirse en *una nueva clase revolucionaria* que enarboló con furor las tesis de Marx y Freud, una *nueva clase* que amó a sus ídolos como ninguna. Y como en todo amor idílico, reaccionó con virulencia cuando sintió traicionada su causa. Fue así como contribuyó a que llegaran, demasiado prematuramente, nuevos fenómenos culturales como respuesta al estancamiento que desde la década del 70 vivía el rock; que junto al pop había sido *domesticado* por las grandes compañías disqueras y comercializadoras. Entre estos fenómenos rompió moldes con violencia el punk, que significaba "persona o cosa de calidad inferior".

A mediados de la década de 1970 Inglaterra caía en la decadencia, los conservadores avanzaban explotando la política del miedo y el odio al diferente entre los electores, con M. Thatcher a la cabeza. La monarquía y el sistema parlamentario estaban siendo cuestionados por los más jóvenes, en medio de una grave crisis económica. Entonces, un día de 1976, con las oficinas del desempleo colapsadas, un grupo llamado *Sex Pistols* empezó a cantar con estridencia al caos y al fin de la civilización: *Donde no hay futuro no puede haber pecado. Somos las flores del vertedero de basura. Somos el veneno de su maquinaria humana. No hay futuro para ti. No hay futuro para mí. (God Save the Queen).*

Es difícil decir con precisión cuáles han sido los cambios en la psique colectiva entre los inicios del rock y lo ocurrido desde finales de los 70. Una cosa segura es que pesa muchísimo la nostalgia por los proyectos y sueños fallidos. Era un canto nostálgico aquel trabajo musical de inicios de los 90 llamado *No Quarter,* hecho por los sobrevivientes de *Led Zeppelin*, y que mezclaba sus antiguos éxitos con ritmos indios norteamericanos. Como es nostalgia y rebeldía lo que sienten millones cuando *Imagine* de John Lennon vuelve a sonar, una voz que se lamenta de todo este sistema de ficciones alienantes sobre la supuesta existencia del paraíso y el infierno, lo artificial de las fronteras y las religiones y lo destructivo del afán de posesión.

Posteriormente, vino la época de hombres como Michael Jackson, con una voz celestial y un baile que *desafiaba a las leyes de la física,* fue convertido durante la cima de su popularidad a mediados de los 80 del XX en verdadero "líder" e "ídolo" simbólico de la juventud del mundo. *Moonwalker,* del año 1988, película producida y protagonizada por Michael Jackson y su álbum *History* de 1995, nombrado anteriormente, son los verdaderos productos de un narcisismo militante, una extraña equivalencia mercantil con el zénit del héroe.

Pero este ídolo indiscutible y de enorme talento, que ayudó a salvar una orca maltratada, fue símbolo del movimiento musical negro en los 70 con los *Jackson Five*, exhibiendo reivindicaciones contra el racismo y el clasismo de la sociedad estadounidense y se había cambiado de color, cayó más tarde en la dependencia hacia los antidepresivos y otros fármacos que años después le costaron la vida. Muere cuando su arte ya se había despolitizado y era utilizado *no para enseñar, sino para transmitir propaganda,* como gritaba uno de los protagonistas de la película cubana *Fresa y chocolate.*

Porque desde años anteriores la llamada por algunos *generación perdida* de los 80, que amaba el rock, consumía drogas, odiaba a la policía y temía al sida, le entregó sus esperanzas y amor a nuevos íconos. Aquellos, prácticamente sin excepción, terminaron hundidos en las pastillas, el alcohol o la infelicidad. Todo ese ciclo de producción cultural llegó a extremos con fenómenos asombrosos como el de Kurt Cobain, vocalista y guitarrista de *Nirvana*, que tras dos intentos de suicidio en 1992 y 1994 y una pasión absurda por las armas y la violencia, publicó un disco llamado *In Utero* ese mismo año. Este trabajo, además de llevarlo a la gloria, le convirtió en prototipo del "líder" simbólico-cultural de una gran parte de la generación que, insistían algunos científicos sociales, continuaba derrotada y desposeída de sueños e ideas en las dos últimas décadas del siglo XX (lo que se agravaría más con los acontecimientos post-caída del Muro de Berlín).

In Utero era un canto triste y desesperado que gritó por muchos la ruina mental en la que estaban inmersos una enorme masa de los jóvenes del mundo. El 5 de abril de 1994 Kurt Cobain se puso un arma en la boca y apretó el gatillo, no sin antes dejar una carta desgarradora hecha con tinta roja. Parece que decidió poner fin a todo a causa de su extraña incapacidad para volver a sentir un placer vibrante con su música, algo que se había convertido en un odio visceral contra el mundo. Esto ha sido el drama de muchos convertidos en héroes por las masas (aunque sean simbólicos). *Gracias a todos desde lo más profundo de mi estómago nauseabundo por vuestras cartas y vuestro interés durante los últimos años. Soy una criatura voluble y lunática. Se me ha acabado la pasión. Y recordad que es mejor quemarse que apagarse lentamente* (fragmento de la nota de suicidio de Kurt Cobain).

Esa coyuntura nuevamente se reflejaba en los superhéroes llevados ya a la gran pantalla. Aquellos resultaban ser seres vengativos que disponían de altísima tecnología, pero que sobre todo eran violentos. Cada uno con un expediente realmente oscuro a sus espaldas. Continúa existiendo un rasgo fundamental del heroísmo fabricado para la reorientación ideológica, dentro de la implantación cultural: el héroe del cómic y el cine, en la mayoría de los casos, recrea y deforma los posibles paralelismos positivos que puede llegar a tener con la realidad. En *Rambo III*, por ejemplo, cuando las tropas soviéticas que ocupaban Afganistán secuestraron a un coronel norteamericano que comandaba a un grupo de avanzada en 1988, el veterano de la Guerra del Vietnam John Rambo se vio obligado a apoyarse en los grupos guerrilleros opositores al régimen de aquella época, los talibanes. Para el 2008 y con más de 60 años de edad, Sylvester Stallone regresaba con *Rambo IV*, en donde protege a unos misioneros católicos de una ONG que se adentran en Birmania para llevar medicinas a una aldea. La anterior es una película donde la barbarie y la masacre se ven, en ocasiones, interrumpidas por las frases apocalípticas que el público ávido de sangre espera de un héroe del cine típico del fin de los grandes relatos sobre la emancipación: —*Llevas la guerra en la sangre... Cuando te empujan a matar es como respirar...*

Pero luego viene la frase con la que nunca puedo salir de mi propio asombro: —*Más vale morir por algo que vivir por nada.* Había escuchado estas palabras mucho antes de la película, de labios del verdadero autor de las mismas. Volvió a mi mente el recuerdo de un hombre que se convirtió en leyenda: *Más vale morir por algo que vivir por nada*, Eduardo Umaña Mendoza (nacido el 22 de noviembre de 1946 y asesinado el 18 de abril de 1998). Siendo un importante penalista y académico colombiano, Umaña dedicó toda su vida a la defensa de presos políticos y de conciencia. Su asesinato estuvo relacionado con varias investigaciones judiciales, montajes políticos, complots para asesinar a dirigentes sociales, desapariciones, etc. Durante una entrevista, Eduardo Umaña Mendoza cuenta: —*Mi papá me dedicó una frase hace muchos años, cuando yo era muy niño, cuando me regaló el Quijote, que palabras más, palabras menos, decía: "sea siempre Quijote, nunca sea Sancho Panza". Entonces ahí queda, una especie de misticismo, de valoración de unos principios, de soñar con sueños y con utopías, sabiendo que nunca habrá realidades, dejando semillas de lucha para las próximas generaciones. Sabiendo que en cada momento que pasa se acaba la vida y que cada momento que usted está viviendo es una ganancia contra la muerte.*

El día más oscuro de su vida dos hombres y una mujer, haciéndose pasar por periodistas, entraron en su oficina y lo abatieron a tiros. El drama de su pérdida era reflejado por las palabras del profesor Eduardo Umaña Luna, su padre, asumiendo la responsabilidad por la muerte de su hijo: —*A todas las gentes que formaron esta pequeña tribu de gente honorable, a ellos les tengo que presentar excusas porque la iniciación de la muerte de José Eduardo Umaña Mendoza es culpa mía y exclusivamente mía. ¿Por qué? Desde muy niño en su humilde hogar oyó palabras de combate contra la injusticia social [...] contra esconder la cultura, es decir, querer hacer de esta noble patria colombiana un pueblo sin memoria, un pueblo sin cultura, un pueblo sin porvenir, un pueblo sin circunstancia. Pero no, no lo vamos a permitir...*

El papel de los héroes en la cultura, como hemos visto anteriormente, puede tener paralelos verdaderos-positivos en la realidad más cruda; donde la ciudadanía presa del miedo podría llegar a esperar un héroe como los del cine sin que éste llegue jamás. Porque en la pantalla están deformados, llevados a un extremismo simbólico.

Pero la verdad es que esas construcciones heroicas de la cultura son una suerte de demanda *inconsciente colectiva* que nunca han dejado de existir. Algunas veces esto se ve crudamente manifestado en gentes "normales" que, como Eduardo Umaña, viven entre nosotros y llevan a cabo en vida parte del *viaje del héroe*.

La realidad puede llegar a ser tan estremecedora (en la violencia, la injusticia o la corrupción), que todos podemos esperar un héroe rector que ayude a conservar la cordura, al menos, en el *país* de la subjetividad. Pero aquellos imaginarios no se parecerán a un verdadero héroe de nuestro tiempo. *Batman* o *Superman* toman la justicia con su mano empeorando los dramas que intentan resolver. Con sus actos o su simple existencia ponen en duda la capacidad de las conquistas de la civilización para resolver los problemas de la humanidad. Hombres y mujeres como Eduardo Umaña conocían las consecuencias de impartir una justicia unilateral, extrasumarial e ilegítima, pero la maquinaria de producción cultural no entiende de estos razonamientos (allí caemos en el goce catártico de unas escenas y relatos donde los débiles son defendidos).

Terminándose la década de los 80 vemos el mejor momento de autores y dibujantes míticos como Alan Moore y Frank Miller. Llegan obras maestras de una ya madura y oscura novela gráfica, con creaciones como *V for Vendetta* (1982), que contó un perturbador regreso del *totalitarismo avanzado* en una Inglaterra postguerra nuclear. *Watchmen* (1986), una verdadera crítica al superhéroe sádico y contradictorio en una inestable realidad alternativa. Y *Batman: The Dark Knight Returns* (1986). Estas obras mostraron a unos héroes violentos y terroríficos, que, con pretexto de una amenaza, a veces nuclear o terrorista, imparten una justicia unilateral contra toda clase de expresiones antagónicas o antioccidentales.

4.2. ¿El superhéroe del cómic y el cine es "interpretación"?

En el 2011 Gianni Vattimo y Santiago Zabala publicaron un ensayo titulado *Comunismo hermenéutico. De Heidegger a Marx*. Este trabajo proponía algunas reflexiones que, quizás, sean de interés en este apartado (sobre la industria-mitología de los héroes) y el esquema general acerca de la influencia de Marx en el cine.

La cuestión de la "interpretación" es, en gran parte del XX, uno de los problemas básicos de la Filosofía y la Psicología, que vendría a tener algunas lecturas políticas recientes. La "interpretación" (con una implicación directa en el proyecto de la emancipación) es el programa político de la Hermenéutica; refiriéndonos a un campo del pensamiento no suficientemente explorado, puede que por la raíz profundamente conservadora de sus principales faros teóricos: Nietzsche, Heidegger (además miembro del partido nazi) y Gadamer (señalado por Habermas).

Una de las preguntas es: ¿El superhéroe industrial, aquel guerrero oscuro, conflictivo, psicológicamente inestable y clandestino (como Batman), no traduce (además de sus varias adaptaciones de ascendencia mitológica) una lectura alternativa de la realidad y el pensamiento? Incluso, ¿ese personaje habitualmente enmascarado del cómic y el cine no simboliza una "interpretación" (emancipada) que involucra fuertemente a la Filosofía y la Psicología?

¿Qué puede significar o extraerse, por ejemplo, de aquella portada de la revista *Batman* publicada por la DC Comics en abril de 2015? Una donde puede verse en extraordinaria ilustración a un Caballero Oscuro inmovilizado por unas cuerdas contra una silla de madera, mientras un psicótico Joker le impone una especie de máscara sanguinolenta con la sonrisa forzada por varias pinzas de cirugía alrededor de los labios rojos, hasta cuando el lector repara en que la careta blanquecina es la propia cara del payaso, que éste antes se ha arrancado a sí mismo, dejando los músculos y globos oculares al descubierto. En efecto, la escena parece querer convertir al propio Batman en villano traspasándole la cara extirpada de su archienemigo o, tal vez, revela la intención de un trastornado que quiere mostrar al contrario su particular "interpretación" de la realidad (una especie de reversión del *espejo*).

No puede dejarse de lado el hecho paralelo de que un héroe del cómic o el cine e incluso sus enemigos, en tanto revestidos *literalmente* de su mismísima Carga Simbólica y administradores de una fuerza correctora que quiere apoyar un orden social u otro, es también una "explicación distinta" del pensamiento acerca de las condiciones de existencia del ser y su posición en la materialidad del mundo. Además, frecuentemente enfrentados a la "verdad" como institución hegemónica.

Un modelo social, como es conocido, puede tener una fundamentación metafísica, valores universales y verdades objetivas implantadas desde el poder según un sistema de normativas hegemónicas. Lo que implica que una gran parte de la Filosofía consiste en una investigación que "describe" la sustantividad según o desde el punto de vista de esos edificios teóricos de naturaleza metafísica; esto ayuda a fortalecer el modelo de sociedad que origina a cada sistema de pensamiento (la realidad va por delante de la psique social). Pero uno de los problemas es que, por ejemplo, desde la filosofía política se extrae que la colectividad humana embarcada en procesos de emancipación (como la clase obrera [y sus descendientes] imaginada por Marx) se acercan más a posturas conectadas con la "interpretación", que en Marx es un momento inmediatamente anterior a la transformación.

La Hermenéutica corre paralela a la Escuela de Frankfurt en relación al desarrollo de una "teoría crítica". Ésta cuestiona las normativas socialmente aceptadas desde varias premisas. En primer lugar, con Lutero: la interpretación de la Biblia (inclusive desde la particularidad de cada lengua) podía recaer en cada creyente, otorgando a éstos una autonomía nueva al entender los mensajes que antes estaban en las exclusivas manos de una voz oficial del poder. De hecho, es la acción interpretativa que resignifica la que devuelve energía al texto. Hegel llegaría a afirmar que, aunque Lutero se hubiese limitado a su célebre traducción, tendría que seguir siendo considerado uno de los principales servidores de la "raza germanófona". En segundo lugar, con Freud: la mente humana no comienza como un lienzo en blanco donde van imprimiéndose "descripciones", sino que la conducta está fuertemente ligada por contenidos que no son controlables... subjetivos, inconscientes. Siendo la "interpretación" el camino para explorar las mayores profundidades del individuo. Y, en tercer lugar, T Kuhn: en *Estructura de las revoluciones científicas* (1962) y otros, que formarían un aporte a la Hermenéutica al argumentar que la verdad no actúa como faro universal del conocimiento, sino que el avance de las ciencias es una lucha de interpretaciones y paradigmas encontrados, lo que obliga a una permanente revisión metodológica y tipológica.

La Hermenéutica se estructura, entre otras fuentes, a partir del mito de Hermes, que se encargaba de llevar las misivas de los dioses del Olimpo, su trabajo era transmisión y mediación (*El banquete*, de Platón). Este dios, hijo de Zeus y la pléyade Maya, debe transmitir aquello que existe más lejos que la comprensión humana y mortal. Al hacerlo comprensible termina por alterar el mensaje original...

anarquiza, interpreta. Tal alteración es una "contribución" a la visión-mandato divina original. Y lo aleja de la metafísica (la explicación totalizadora como ideal).

Una de las cosas que se derivan es que los "hechos" histórico-sociales son símbolos, textos (narrativas) que demandan "interpretación" antes que "objetividad", debido a la complejidad del propio lenguaje. La Hermenéutica implica trascender el debate (cultural o político, incluso) de la verdad hegemónica, para estructurar un espacio de tolerancia que soporte la coexistencia de distintas interpretaciones. Viaja más lejos que la metafísica edificada en normativas universales (aunque esas normativas pasen por valores universales).

Estamos describiendo el enfrentamiento entre edificios filosóficos "descriptivos" e "interpretativos". Pero, como antes sugeríamos, la *autonomía interpretativa* (también como uno de los atributos reivindicados por la arquitectura de la Carga Simbólica del sujeto y su reclamo de legitimidad) es un escalón inmediatamente anterior a la transformación reclamada por Marx, que implica la marcha de procesos de emancipación.

Algunos autores ven una parodia fascista en la razón de ser de los superhéroes, pero igualmente es posible que muchos (y posiblemente aún más sus respectivos antagónicos, aunque criminales, en tanto agentes anarquizantes del orden establecido) acogieran con entusiasmo las famosas *Tesis sobre Feuerbach* de Marx (1845), donde elevaba la acción política (práctica) a nueva epistemología postidealista. Y que en su undécimo punto diría: *Los filósofos no han hecho más que interpretar de diversos modos el mundo, pero de lo que se trata es de transformarlo.*

La Hermenéutica es, pues, un proyecto político revolucionario (en reflexiones de Vattimo y Zabala), a pesar de que se pretenda limitarla al estudio del símbolo y el lenguaje; se ve estrechamente relacionada con la colectividad en persecución de su propio deseo de emancipación, que se ve forzada a reinterpretar su propio relato. Naturalmente, observaremos un choque al encontrarnos con el problema de un imperio de la "verdad" que se contrapone a la coexistencia de interpretaciones distintas de la realidad y el pensamiento; ya que ésta, una vez imaginada, requiere unas dosis de instrumentalización del conocimiento y sus manifestaciones estéticas que entrarían en conflicto con esa mística de la libertad, la igualdad y la fraternidad que debería caracterizar a los grupos humanos que exigen un nuevo reconocimiento-legitimación histórica. Cuya característica podría ser, precisamente, la permanente reapropiación y resignificación del relato.

Cuando la narración de un grupo y su lenguaje no pueden ser reconquistados y reinterpretados por sus legítimos herederos (más allá de la "verdad" como institución) se anquilosan. Hasta adquirir tal simpleza constitutiva y arquitectónica que en ellos caben toda clase de contradicciones y soluciones lingüísticas con papel reductor.

En la Filosofía al servicio del *statu quo* existe un llamado a que las formaciones sociales se plieguen a la verdad expresada en los paradigmas dominantes (pensamiento fuerte). De la necesidad de dominio de un grupo resultan modelos filosóficos que devienen en pensamiento metafísico; buscan el contexto final y acabado de cualquier objeto de análisis, desechando las lecturas paralelas, historias alternativas, simbolizaciones, etc., que intenten volver a explicar ese objeto. Y que pasarían a ser corrientes marginales o pensamiento débil, mientras la manifestación metafísica, que acompaña nuestra irreversible senda tecnológica, no ha dejado ni un solo día de tener ciertas y sutiles aspiraciones pseudoteológicas. Por ejemplo, al aspirar, acorde con la "verdad" como institución, a una explicación totalizadora del ser.

En este orden de ideas, el proyecto del comunismo que Marx soñó empujado por el proletariado plenamente consciente de sí se toca con esta noción de la Hermenéutica que, paradójicamente, bebe de definiciones como las desprendidas de Heidegger, donde la idea del "proyecto arrojado", en consonancia con un mundo del que era imposible extraer una única y total imagen que lo contuviera y describiera, venía a consistir en sujetos cuyos atributos culturales y cognitivos les convertían en actores que reinterpretaban aquellas esferas de la realidad que más atraían su atención.

¿No podríamos "arrojarnos" a pensar que es en el cine donde se han visto las representaciones más aparatosas y espléndidas de esos sujetos colectivos que reinterpretan su relato y la fracción de realidad donde el mismo discurre? Si la existencia de una *versión proletaria del mundo* implicaba de por sí la multitud de interpretaciones, muchas evidentemente alejadas de la *verdad masiva*, entonces el universo de las expresiones culturales, en su dimensión de hervidero de visiones de todo lo observable, es un indicador de la salud de la sociedad en cuanto proyecto de coexistencia.

En tanto proyecto irrealizado, el comunismo (una fantasía casi erótica de la humanidad desheredada y sufriente, codificada de distintas formas en declaraciones culturales, como el cine) nunca ha dejado de ser un fantasma al acecho. Jacques Derrida diría en *Espectros de Marx* (1993): «las sociedades capitalistas siempre pueden dar un suspiro de alivio y decirse a sí mismas: el comunismo está acabado desde el desmoronamiento de los totalitarismos del siglo XX, y no sólo está acabado, sino que no ha tenido lugar, no fue más que un fantasma. No pueden sin denegarlo, denegar lo innegable mismo: un fantasma que no muere jamás siempre está por aparecer y por (re) aparecer».

Vattimo y Zabala proponen, en efecto, que la Hermenéutica tiene el potencial para revitalizar el proyecto del comunismo, luego de una larguísima historia como espectro que recorre el mundo sin llegar a materializarse frente a una democracia neoliberal que ha tomado el control a sangre y fuego financiero. Para llegar a esta idea han sido necesarias muchas cosas, entre ellas dejar atrás la idea de que el comunismo (por ejemplo, como el ideal de una sociedad igualitaria y sin guerras) estaba ligado a una visión eurocentrista, incluso inglesa, del mundo.

La revolución proletaria no necesariamente tenía que triunfar en la industrialmente avanzada Inglaterra para luego expandirse por Europa, ni en cualquier otro punto al Norte del planeta. El comunismo tendría una oportunidad al ligar su imagen a un universo de interpretaciones (y reconocimiento de legitimidades) ruidosamente contemporáneas y diversas. Los investigadores, antes nombrados, explicaban: «la hermenéutica es como el comunismo del que hablaba el *Manifiesto*: un espectro que nos persigue, una voz que llama desde los acontecimientos que vivimos. No requiere así una investigación filosófica para ser reconocida, sino únicamente por tratarse de un llamamiento imprevisto sometido a la metafísica que ha dominado el pasado [...]. La hermenéutica es similar al comunismo porque su verdad, el ser, y su necesidad son completamente históricas, es decir, no el producto de un descubrimiento teórico o una corrección lógica de errores anteriores, sino el resultado del final de la metafísica».

El soporte para explicar el fin de la metafísica y la racionalidad eurocentrista *universal* y su vínculo con esa hipotética oxigenación del comunismo está en la propia naturaleza del decreto posmoderno: el fin de los demás grandes y pequeños relatos, que ha convertido a la viciada democracia neoliberal en un orden que pretende emplazarse como *ideal* ya realizado de la Historia universal (hasta el extremo de lograr desprestigiar la propia noción de ideal o de utopía político-social). En esta perspectiva, el "recuerdo" de esos otros relatos se reduce a rastro de pensamientos débiles, pero todavía alimentadores, sobre todo en estos tiempos de incertidumbre ambiental con la imagen-abstracción clara de un culpable: el capitalismo más salvaje... especulativo, digital, inhumano, devorador de recursos, etc. Y entre todas las narrativas débiles y espectrales, el comunismo es la más grande de todos los tiempos.

No olvidemos, además, que el anuncio de una utopía político-social (como reconstrucción) post-desastre ecológico-social del capitalismo es algo ciertamente explotado en el cine de estas primeras décadas del XXI. ¿Estamos viendo, en el marco de domesticación comercial de la idea de revolución social, un cine de narrativas débiles y espectrales? ¿Parte del cine de ciencia ficción o el subgénero apocalíptico puede pensarse como *cine histórico* sobre narrativas espectrales pasadas?

La innegable debilidad del *ideal* del comunismo es atribuida por Vattimo y Zabala, entre otras, a la memoria de opresión dejada por el Estado soviético, aunque atribuyen (sin por esto justificarlo) parte de su origen a las duras condiciones en que Lenin (con una guerra civil y el ataque simultáneo de todas las potencias occidentales) y Stalin (con la participación del país en la gran guerra mundial) tuvieron que gobernar.

Marx ya había comprendido que, en realidad, las hecatombes sociopolíticas tienen un origen en los códigos, estructuraciones y "leyes" inherentes a la Economía que caracterizan cada momento e institucionalidad histórica. La aspiración a una "verdad" hegemónica provoca el riesgo de que la política socioeconómica pase a ser parte de un típico ordenamiento con aspiraciones metafísicas. De ahí que ese pensamiento débil, el espectro de un comunismo que quiso abordar la Economía con criterios más científicos, tenga entre sus deberes la investigación, el desglose del sentido y transformación (aunque sea teórica) de edificaciones prácticas (y metafísicas) que la tecnología, la sensibilidad social o el propio futuro de la humanidad conviertan en caducas. Este *comunismo hermenéutico* podría buscar la "interpretación" de narrativas sociales y culturales diversas que logran coexistir, como respuesta a versiones de la realidad de naturaleza metafísica, por ejemplo, aquellas que neosacralizan las "leyes" del mercado y la seguridad durante todo este comienzo de siglo.

Hasta ahora el cine ha cumplido con extrema eficacia un papel "visibilizador" de todas esas fallas presentadas por la lógica metafísica que el edicto capitalista puede mostrar; entre ellas la mencionada neo-sacralización del mercado y la seguridad. Tenemos ejemplos en la defensa radical y violenta de la ley (como efecto) por parte del superhéroe enmascarado. O en la historia de la supercomputadora que decide un cambio por la fuerza en la cadena de mando del Gobierno en base a una interpretación unilateral de la Constitución: —*Nosotros, el pueblo de los EE.UU.*, respondía la computadora, en plural, cuando ejecutaba un golpe de Estado en *Eagle eye*, dirigida por D.J. Caruso (2008), por considerar que la cabeza del Gobierno había tomado malas decisiones que costaron la vida a ciudadanos americanos y, por tanto, debía ser remplazada.

Es posible que este tipo de cine (sea muy o poco comercial), el guion que toma su argumento de alguno de los grandes fallos del capital, derivados de su aspiración metafísica y neosacralizadora de su propia existencia, esté realimentando el rastro de otras interpretaciones o narrativas débiles y espectrales.

El superhéroe, actuando como corrector del caos social e invistiéndose radicalmente de su Carga Simbólica, con frecuencia se verá enfrentado exactamente a esta disyuntiva: "ejecutar" una "interpretación" que le separe de un sistema de verdades probablemente responsables de aquello que quiere combatir. ¿Podría realmente representarse a Batman (aunque sólo a ciertos momentos y facetas de él) como expresión de un pensamiento débil frente a la supremacía criminal de un orden con ínfulas metafísicas? ¿Lo que causa al guerrero enmascarado no es, a la larga, aquello que se ha convertido en inamovible?

En *El Capital* (*Teorías de la plusvalía*) se desvelaba: «El análisis del *capital*, dentro del horizonte burgués, es esencialmente labor de los fisiócratas. A juicio de aquellos, las formas burguesas de producción se mostraban necesariamente como formas naturales. Su gran mérito fue que concibieran tales formas como formas fisiológicas de la sociedad: como formas surgidas de la propia necesidad natural de la producción, unas formas que son independientes de la voluntad de cualquiera, de la política, etcétera. Siendo leyes materiales, el error estriba únicamente en que la ley material de un escenario social histórico determinado se entienda como una ley abstracta que rige por igual todas las formas de sociedad».

Como argumentan los autores de *Comunismo hermenéutico*, el

cuestionamiento de todos los aspectos de la vida social (incluyendo las relaciones de producción) es, o debería ser, un aspecto esencial de la *subjetividad colectiva*; que tendría que ser objeto de "interpretación", también como contribución a las transformaciones de las fuerzas productivas y toda la conciencia social que el tiempo actual demanda. Esto, dicho sea de paso, pasa por aceptar que no existe una ecuación socio-matemática (materialista, científica... socialista) que produzca como resultado a la conciencia de clase en forma de consecuencia única y directa de las condiciones de explotación y miseria.

Al contrario, la precarización del modo de vida, la extrema alienación y otros fenómenos conexos son potencialmente capaces de diluir cualquier proceso de conciencia de clase. Este "giro hermenéutico" del comunismo del que nos hablan los autores nombrados se basa en la exploración de una diversidad latente en las lecturas de la realidad al interior de todos los grupos humanos víctimas del capital, que en distintas formas les alejan de la estrategia política ya trazada e interpretada (basada en verdades *objetivas*, aunque éstas pretendan su emancipación). Efectivamente, es posible que no exista una racionalidad última, ni en ciencias naturales como tampoco en áreas del conocimiento como la Economía, aspirante a la objetividad pesada de unas "leyes", por ejemplo, bajo la visión del mercado capitalista regulador de toda la vida humana. No hay verdades absolutas, tampoco en el capitalismo virtual y financiero. El *ideal* comunista, precisamente, tendría una oportunidad en la heterodoxia sin dominio hegemónico de una sola versión y explicación de la realidad, en el debate (que no aniquila al *otro* simbólico) entre narrativas distintas (y en sí mismas débiles).

Por supuesto, no se puede caer en una postura excesivamente inocente: las contradicciones más grandes del imperio del capital vienen de nuestra adicción a la propiedad privada. Y la sola coexistencia *no-dominada* de narrativas distintas no elimina los dramas derivados de un derecho a la propiedad privada no equitativo, convertido en privilegio y alimentador de esas grandes maquinarias humano-tecnológicas que reclaman su poder (privado) sobre los recursos esenciales para la vida y la situación civilizada: la tierra, el agua, el aire limpio, la energía, la sanidad, la educación, etc. La batalla por el uso público de esa clase de recursos, como sabemos, se está dando en este momento.

Desde Foucault.

Para Foucault hubo tres fundadores modernos de la interpretación que, a la vez, pueden hablar de las grandes "heridas narcisistas" de la cultura Occidental: Nietzsche, Freud y Marx. Los tres tienen implicación en el "tradicional" enfrentamiento entre descripción e interpretación de la obra (artística). Y desde varios puntos de vista es cierto que expresiones artísticas complejas como el cine, con énfasis en el efecto producido en el espectador, con "extraña" frecuencia tienen una reverberación ciertamente abordable desde los tres grandes pensadores antes mencionados.

Para Susan Sontag hay un enfrentamiento entre cierta relectura reaccionaria y "amorosa descripción": de hermenéutica del arte a un erotismo de la manifestación artística. Entendiendo que el ejercicio interpretativo ejerciera alguna clase de secuestro por parte de una u otra corriente o expresión del pensamiento, y como si la indeterminación fuera el peor de los terrores (Kottow, 2019).

Sin embargo, esa "inocencia" de la interpretación que persigue la pureza (en el texto o en lo visual) no existe. Es más, la interpretación provoca por sí misma que la explicación pase a sumarse a la obra. Resultando que los edificios culturales y sus manifestaciones sean amalgamas complejas llenas de acciones interpretativas y relatos que combinan rasgos parciales. De la misma forma, ninguna afirmación estética está separada de la visión política imperante en el exacto espacio social donde surge. La interpretación, pues, genera nuevas simbolizaciones que alimentan el imaginario. El cine y la literatura son, así mismo, lugares de expresión donde chocan interpretaciones antes que simples descripciones (las primeras, subrayando la preocupación de Marx, se irán acumulando para generar transformaciones cualitativas).

Toda interpretación implica transformación e incluso crítica, en Psicoanálisis probablemente traduciríamos una "intervención". Escribir, pero también filmar, es interpretar el mundo y alimentar el choque que caracteriza la respiración de la cultura. Foucault (1999) pensaba que la acción interpretativa contribuía a desmontar los "regímenes de verdad", ésta puede "objetivarse subjetivamente" en imágenes e ideologías. Esta idea tiene diversas vías de relación con el Psicoanálisis: en Lacan (el Estadio del Espejo) la base del imaginario es básica para la llegada de lo simbólico como una interpretación generadora de sentido, edificada en el relato. Y en un contraste enigmático, para Marx el sujeto puede tomar ciertas decisiones respecto a la dirección de sus interpretaciones (viajando más allá de sus condicionantes históricos).

Ahora bien, en tanto la interpretación es crítica y transformación, frecuentemente irá en dirección de colisión o transgresión de la normativa establecida. Con lo que nuestro legado judeocristiano también nos empujará hacia cierta culpa por una apreciación posiblemente apartada de la "ley". La conflictividad "congénita" asociada a la interpretación tiene mucho que ver con el "equilibrio inestable" que testimonia la Modernidad. Siempre nos persigue alguna clase de *culpa original*, que subyace al combate por el sentido, por ejemplo, en todas esas "narrativas catastróficas" dadas en la batalla de las interpretaciones. Esa especie de culpabilidad tiene su huella, cómo no, en el universo de la manifestación cultural. La afrenta revolucionaria (puede que representada como amenaza terrorista) a la "ley" entendida como naturalmente dada, por ejemplo, la economía política burguesa reinterpretada por Marx puede ser simbolizada en el cine como la historia del individuo o la colectividad que nunca debieron levantarse para intentar subvertir el ordenamiento conocido, a causa de lo cual llegó una tormenta de desgracias sobre la vida de todos (la acción de esas desgracias es la simbolización de la culpa). Este escenario, podríamos afirmar, ayuda a recrear un subgénero de la "culpa y la inocencia" en historias donde entender la trama de cierta forma, desde el antagonista, implica un juego riesgoso con el desliz, la falta o el pecado, incluso reconociendo que éste puede tener sus razones.

Ricoeur y Foucault, Marx y Freud son los agentes emprendedores del discurso moderno cuando violentan las maneras de interpretar la realidad (lo que algunos autores definieron como "nuevos acontecimientos del Logos"). Foucault (en *El orden del discurso*, 1970) se plantea dos sospechas respecto a Occidente y acerca del lenguaje que no resultaron contestadas por la razón iluminada: éste jamás dice de manera literal lo que aparentemente dice (algo mucho más importante fluye por debajo) y existen variedad de "cosas que hablan" (no verbales) y que no son estrictamente lenguaje. Naturaleza y objetos pueden entenderse también como lenguaje. Tales sospechas retroceden a los griegos. Lo que el pensador francés nos dice es que Marx, Nietzsche y Freud protagonizan una aventura por ampliar las fronteras del conocimiento, pero además cambian las propiedades del signo, lo que modificó las maneras de su interpretación y la imagen del intérprete (arribando al terreno de lo político).

Marx protagoniza una crítica a la misma *interpretación* burguesa de la realidad, un análisis más profundo que la exploración de esa realidad como algo ya estructurado y definitivo. En la misma lógica, Freud interpreta el relato de un paciente sobre sus sueños (no al sueño en sí). Y Nietzsche no realiza una acción interpretativa sobre la moral occidental, sino sobre el discurso que exhibe esa moral. Los tres pensadores impactan en las edificaciones simbólicas, complejizándolas (en su codificación) antes que intentar explicarlas, se suman a ellas removiendo visiblemente el nexo rígido (cómodo) que existía entre el individuo y su relato, que es el medio donde los humanos nos reproducimos como tales. Cuando hablamos de cine como crítica más o menos velada de la interpretación *X* de una parte del sujeto, la sociedad o el mundo estamos enganchándonos a un tren que pusieron en marcha esos tres grandes pensadores.

El sentido de estas reflexiones (de varios autores) en este apartado de un ensayo sobre la influencia de Karl Marx en el cine es que, desde mi punto de vista, está probado que la cuestión de la interpretación tiene mucho que ver con todos los artilugios y aspectos que se ponen en movimiento durante el *evento* cinematográfico hasta el efecto de la película en el relato del espectador. Y, en segundo lugar, por la posición de Foucault sobre Marx (junto a Nietzsche y Freud) como agente interpretador que conoce bien el efecto transformador de su accionar intelectual. ¿Qué es una película sino una interpretación de un individuo o colectividad acerca de un determinado hecho? Cuando la industria cinematográfica vende el producto de su trabajo (el cine en su aspecto de mercancía), en ocasiones, puede recurrirse a la expresión "basada en hechos reales" o a la promesa de diferentes grados de fidelidad al "hecho real" como una especie de plusvalor agregado al producto, la película. De lo que desprendemos que ninguna historia es fiel al hecho que referencia, sino un discurso que reformula sin cesar. Tanto el cine histórico como el de ciencia ficción versionan la realidad.

Y es que, como bien sabía Foucault, la definición de "tradiciones culturales" tiene en frente a la reconstrucción de verdades parciales y alternativas que constituye la interpretación. En este sentido, Marx, (al principio de *El Capital*) hace un distanciamiento del héroe Perseo, para expresar su viaje a la *nebulosa ocultadora* para explicar que no existen mitos remotos en la crónica burguesa sobre la realidad, que los grandes mitos del capital son una muestra de "banalidad". Como ya conocemos, gracias a Hannah Arendt, la "banalidad" puede ser sangrienta.

Una interpretación más allá de la frivolidad (hegemónica) de la "tradición cultural" arraigada puede conducir a una transformación del logos. ¿Cómo? Desde el cosmos de la imaginación, edificando un relato o terceras ficciones capaces de releer otras ficciones. Lo cual, a su vez, podría correr por cauces críticos.

Pero el Psicoanálisis también dice algo sobre una tendencia interpretativa hacia lo estético. Freud comparaba su método con la escultura: romper (pulir o tallar) la piedra para revelar una forma interior, una interpretación que trae algo nuevo desde lo anterior. Y, sin embargo, ¿el "interprete" es el paciente o el analista? Esto llevó a interrogantes acerca de si existía una relación transferencial entre obra y crítico (en Grüner).

En Marx la Historia es interpretable (como en el cine), en unas ocasiones como tragedia y en otras como parodia (*El 18 Brumario de Luis Bonaparte*, 1852). En el primer caso aparecen todos los riesgos inherentes (en el logos) a la acción de interpretar, como la culpa caída por la posible comprensión crítica hacia todas las falencias de nuestra cultura (como en Edipo, esa tragedia que heredamos de los dioses). En la parodia, entre otras cosas, encontraríamos la conexión con la banalidad (y el mal).

Obras como *El Capital*, *El nacimiento de la tragedia* y la *Genealogía de la moral* actualizaron la interpretación (como problema técnico). Su diana en el pensamiento occidental, dice Foucault, se debe a que nuestras representaciones empezaron a fundarse en esos autores: Marx, Nietzsche y Freud nos desvelaron como individuos siempre remitidos a un "perpetuo juego de espejos".

Así, de acuerdo con Freud y en cabeza de Foucault (1967), devinieron tres grandes heridas narcisistas en Occidente: Copérnico, Darwin y el propio Freud con el descubrimiento del Inconsciente. La idea obligó y obliga a preguntarse por los efectos de un esfuerzo interpretativo que recrea espejos reflejando las heridas que, por otra parte, testimonian nuestro conocido y destronado "narcisismo contemporáneo". Y esos espejos involucran a unas expresiones culturales que están grandemente influenciadas por esas brechas que en el pensamiento y sentir occidental vienen a ocasionar los avances de la ciencia, *empeñada* en negar el *centro de los centros* que nuestra situación inteligente y sensible insiste tercamente en poseer. Los tres pensadores antes nombrados reinventan el signo trastocando su naturaleza y las formas de abordarlo.

Para Nietzsche, la indagación a profundidad es venir a descubrir que *eso profundo* es tan sólo un pliegue superficial. Marx, al contrario de Perseo, hace un clavado sin red en la bruma para denunciar que la mítica profundidad es ilusoria superficialidad. Y Freud también encuentra su profundidad cuando descifra y desarma esa, en ocasiones, bomba de relojería que es el relato del paciente. Por otra parte, desde el XIX la interpretación se convirtió en una red *infinita* cuya apertura se torna irreductible, porque (como desde el XVI) los signos ya se observan como reenviados unos a otros.

Como supieron Nietzsche y Freud, la interpretación tiene cierta altura donde regresa a sí misma, donde se torna imposible y puede aparecer la locura asociada al círculo infinito (como si su inconclusión le hiciera correr el riesgo de dar la vuelta y regresar a su momento de arranque), un retroceso que provocaría la pérdida tanto del intérprete como de la misma interpretación. Pero en este orden de cosas, desde la Hermenéutica moderna, es posible que no exista ya un signo "primario" que interpretar, que absolutamente todo sea una interpretación que, a su vez, proviene de otra.

Marx definía las relaciones de producción desde el punto de vista de la relación ya dada, representada como naturaleza, pero que podía reinterpretarse. Y Freud interpreta interpretaciones antes que signos. En otras palabras, bajo la corriente del síntoma existe el "fantasma" con angustia, cuyo núcleo es una "visión" derivada más. Ese síntoma no es un signo, digamos, tradicional donde el significante envía al significado, sino un sistema-signo que envía al "fantasma" donde el posible origen traumático es también una *versión* que desciende de otra (además, en espera de ser reinterpretada por el analista).

En Nietzsche tampoco se contempla ningún significado original. La creación de las palabras recae en las clases dominantes, por lo tanto, son dueños de la interpretación (que, eventualmente, puede ser violenta). Para el gran pensador nacido en Weimar, Imperio Alemán, el relato contenido en la interpretación es, de hecho, lo verídico y verdadero (frente a la "verdad" como institución y encubrimiento).

Ninguna manifestación cultural, como el cine o la literatura, podría contar unos acontecimientos desde la "pureza" del signo primario. Es decir, cuando estamos ante el dispositivo cinematográfico que pretende la crítica no de una realidad ya dada sino de la interpretación dada a esa realidad (pero presentada como naturalmente existente) estamos bebiendo de las contribuciones de esos grandes pensadores donde

Foucault encuentra los grandes cambios en las propiedades del signo (su interpretación y la imagen del intérprete). El peso significativamente mayor de la acción de interpretar frente a la estructuración "tradicional" del signo es rasgo esencial de la Hermenéutica moderna.

4.3. Un caso paradigmático llegado del cómic: *Batman...* comenzando por Marcuse

En la relación del héroe industrial con ciertas posiciones del marxismo, tal vez debamos tener en cuenta a la Escuela de Frankfurt. Por ejemplo, a Herbert Marcuse, el más político de sus miembros (con frecuencia llamado *padre de la nueva izquierda*): filósofo y sociólogo judío alemán que posteriormente adoptó la nacionalidad estadounidense. Durante una corta época fue miembro del Consejo de Soldados de Berlín-Reinickendorf (de filiación bolchevique), luego entra al SPD (del que se marcha tras el asesinato de Rosa Luxemburgo y Karl Liebknecht, en medio de todas las sospechas sobre la complicidad del ministro socialdemócrata Gustav Noske). En sus años de estudiante en la Universidad de Friburgo tuvo entre sus profesores a Heidegger y Husserl. Del primero se distancia, sobre todo, por su papel durante el régimen nazi. Es en 1933 cuando entra en contacto con el núcleo de la Escuela de Frankfurt, el Instituto de Investigación Social, concretamente con Horkheimer, Adorno y Erich Fromm. Al huir de Alemania terminaría refugiándose en EE.UU.

Entre sus grandes objetivos estaba la conciliación del pensamiento marxista con el Psicoanálisis. Y uno de sus más importantes campos de estudio fue la alienación en las sociedades posindustriales (es importante repetir que las viejas posiciones y teorizaciones de la Escuela de Frankfurt prácticamente no han perdido actualidad).

En aquella explicación de *El hombre unidimensional* (1964) (*Todavía existe el legendario héroe revolucionario que puede derrotar incluso a la televisión y a la prensa: su mundo es el de los países 'subdesarrollados'*), puede captarse el compromiso práctico de la Teoría Crítica: la posibilidad de la emancipación a pesar del totalitarismo que fluye como una corriente subterránea bajo el pensamiento liberal. Su influencia en los movimientos estudiantiles de los 60 del XX fue central. En 1967 concluye otra de sus obras importantes, *La utopía*. Luego vendrían *Psicoanálisis y política* (1970) y *Contrarrevolución y revuelta* (1972).

Desde su obra *Eros y Civilización* (1955), Marcuse trabajó a profundidad el vínculo entre Marx y Freud. En *El hombre unidimensional* argumenta la gran sofisticación (más grande que la explicada en Adorno y Horkheimer) de los métodos dedicados a mantener al sujeto oprimido e impotente ante sus propios dramas. Y cómo la llegada de algunas políticas sociales en países de capitalismo avanzado ha provocado, de la mano de mejoras relativas en la calidad de vida, un aburguesamiento de las clases trabajadoras y la casi desaparición de lo anteriormente llamado proletariado. Se pronuncia contra la radicalidad del sistema expresada en lo *políticamente correcto*, que habilidosamente ha convertido a lo que anteriormente era antisistema en parte del orden de acontecimientos existentes.

Efectivamente, la protesta social y cultural (por ejemplo, en el cine) ha llegado a su momento de instrumentalización. Ciencia ficción, efectos especiales y simbolización de la protesta política pueden aparecer juntas en la gran pantalla, sin que por ahora susciten o alimenten realmente una reflexión de calado dentro de un movimiento de masas.

Lo cual es completado por algo evidente: una parte muy importante del superhéroe del cine, como *Batman*, en principio, es un actor ilegal de protección del sistema. Hace parte de ese gran dispositivo que mantiene el dominio y la opresión, también ocultando el totalitarismo bajo el pensamiento liberal. Que *Batman* o *Superman* defiendan al "inocente" o se denominen defensores de alguna clase de justicia unilateral, no les hace antisistema. En estas complejas simbolizaciones observamos la fetichización, incluso de la demanda de seguridad y justicia. Y, a su vez, hacen parte de la más grande fetichización de lo contenido en la psique visto por Marcuse, que hace de las necesidades humanas algo artificialmente implantado: la necesidad ficticia en la consciencia alienada que en verdad es requerimiento de la sociedad industrial.

Es muy interesante el planteamiento de Marcuse según el cual existen necesidades reales, siendo la libertad la principal de ellas; interpretada como instinto libidinal no sublimado (Freud), pero enfrentada a una sociedad industrial que ha desublimado el natural instinto libidinal del sujeto, empequeñeciéndolo a la brutal y mercantil genitalidad (una instrumentalización del cuerpo dentro de los requerimientos de la producción). También registramos parte de esto en el superhéroe moderno. Personajes como Batman, tanto en el cine como en el cómic, parecen rebosar un erotismo incrustado en el todo de su Carga Simbólica. Pero en donde vemos una reducción forzosa de todo lo sexual a lo genital, relacionada con el estado de energía psíquica reenfocada al sujeto como objeto para ser deseado, poseído y usado. La reducción capitalista a la genitalidad convierte al sujeto en producto-cuerpo comprado y utilizado, a la vez que le aleja de toda posible libertad.

En este sentido, Marcuse piensa que los principios de realidad y del placer (Freud) no necesitan presentarse como opuestos; para lo que se haría necesario revelar las raíces del malestar, por ejemplo, en la expresión coherente y exterior de todo aquello oculto en el Ello (probablemente lo que habría podido *curar* al personaje del guerrero enmascarado prisionero de sus pulsiones). El problema consiste en que tal *tratamiento* habría necesitado emanciparse o salir de la corriente alienante que anula lo que antes se llamara antisistema (lo simplemente opuesto a la normativa hegemónica, de género incluso), y que Marcuse identifica en los grandes medios de comunicación dirigidos al control de las masas.

La cuestión de la alienación tiene, más que diferencia, un complemento tremendamente importante entre Marx y Marcuse: desde las consecuencias de arrebatar al sujeto que trabaja el resultado de su trabajo hasta la sustracción de la propia conciencia de ese mismo sujeto. En lo que cumple un papel estratégico la cultura y todas sus manifestaciones, de ahí la escondida personalidad totalitaria del pensamiento liberal. En estas ideas, Marcuse desglosa lo que entendemos como sociedad de consumo y medios, creando individuos de universo unidimensional (de *encefalograma plano*). Cuya principal característica es la amputación del pensamiento científico-crítico.

Así pues, ¿el héroe necesario para estos tiempos sería aquel que recupera un sentido crítico-práctico sobre la realidad e intenta revertir al hombre unidimensional? ¿Puede existir un Batman más allá del trastorno, un justiciero enmascarado de lo que antes era llamado proletariado? Al pensar en estas preguntas sencillas, es probable que nuestra imaginación nos lleve, como le pasó a Marcuse, hasta algunos de aquellos líderes revolucionarios de Latinoamérica, que presentaron una escala de valores con un sitio destacado para la solidaridad, la fraternidad y la reivindicación de la necesidad natural del sujeto por encima de la artificial (la libertad como contraalienación). Marcuse había ya despojado en su tiempo al propio proletariado intelectual y urbano de la condición de sujeto revolucionario. Éstos, al no haber podido detener la instrumentalización mercantil de la cultura y la cosificación de la consciencia, pasaron a ser parte integrante de una tendencia masiva a lo que antes denominábamos individualismo extremo (uno de los orígenes del militante propio de la cultura corporativa).

Batman, el personaje analizado en este apartado, como sujeto trastornado pero defensor de la justicia normativamente aceptada, es también parte de todo lo que logra mantener vigente los valores hegemónicos del pensamiento neoliberal. El Caballero Oscuro vive sus desviaciones en la guerra contra la deformidad alejada de lo hegemónico de sus psicóticos enemigos, con objeto de proteger la unidimensionalidad, en palabras de Marcuse. Bajo ciertas interpretaciones, este tipo de superhéroes están para negar, desde la ficción, los procesos dialécticos que evidencian los siempre latentes deseos emancipatorios del ciudadano medio. ¿Significa esto que figuras extravagantes y sádicas como el Joker están más cerca de la libertad que los hombres y mujeres que esperan la protección del guerrero enmascarado? La respuesta podría ser problemática, porque también es posible que, así como existe una proporción de la población con problemas mentales, puede existir otra que enferme a causa de las cadenas alienantes de la cultura hegemónica o bien que éstas hagan parte del detonante.

De la misma forma, Batman y todos los personajes que le son cercanos, son una especie de prueba sobre el funcionamiento *correcto* del sistema capitalista (alienante, neoliberal, etc.): si lo antes llamado proletariado volviera a adquirir consciencia de sí (y regresaran todas las oportunidades desprendidas de esto), el superhéroe industrial dejaría de ser necesario. Éste representa una negación de la posible negación dialéctica ciudadana de sus determinantes históricos; y además alienada, ya que los desposeídos parecen profesarle temor, admiración y agradecimiento a partes iguales. Marcuse no habría podido hacer otra cosa, desde su teorización de Marx y Freud, que invitar al hombre murciélago a entrar en la consulta de un psicoanalista, sólo para salir de ella sin máscara y con el fin de unir sus particulares talentos para combatir el crimen a la lucha de los jóvenes en las calles y las aulas.

Que las cosas no sean ni remotamente parecidas a lo anterior en el personaje del Caballero Oscuro llevado al cine, que se pretenda de él, un hombre de origen burgués, el sacrificio para mantener el orden conocido por la fuerza, simboliza hasta qué punto se ha hecho inútil la ilusión de la soberanía popular y la protesta tradicional (la misma que Marcuse conoció) para detener la desigualdad, el crimen o la injusticia. ¿Batman encuentra sus adoradores entre el aburguesamiento del antiguo proletariado? ¿Quienes le desean son los que dejaron de pensar la revolución social como algo posible, pasando a necesitar un guerrero que lidiara única y exclusivamente con los efectos de unas causas que el cambio revolucionario iba a dar por terminadas?

Un superhéroe del cine de las características del hombre murciélago no logra revertir la lucha de clases, y no está pensado para tal fin. Al contrario, los frecuentes ejércitos que acompañan a sus enemigos simbólicos son todos aquellos descartados por el pensamiento neoliberal en alianza con lo que Marcuse llamara la "base popular conservadora": los "extraños", desempleados, extranjeros, distintos, gente sin casa ni pensión, etc. ¿Quién más podría engrosar sus numerosas filas? Todos aquellos fuera de la ilusión democrática visibilizan crudamente a las distintas corrientes totalitarias en el mundo subterráneo que respira bajo nuestro modo de vida. La facilidad, como explicara el brillante miembro de la Escuela de Frankfurt, con que su existencia (aún sin consciencia de clase) puede pasar a ser vehículo de cambios revolucionarios, es la verdadera causa por la que expresiones culturales como Batman pueden ponerlos del lado de los criminales (y ahora lo antisistema es mostrado como criminal por gran parte de la cultura y los discursos políticos hegemónicos). La *víctima de la Ley y el orden* que el pensador alemán identificó es el potencial enemigo del típico héroe llevado al cine.

Tenemos otros aspectos en Marcuse que resultan relevantes para este apartado, por ejemplo, lo extraído por él de los *Manuscritos económico-filosóficos de 1844*, una vez que lograron superar la censura de las autoridades soviéticas. En estas ideas encontramos el estatus dado al trabajo como medio de autoproducción del sujeto. Es el trabajo lo que va a otorgar una historicidad específica a la vida humana. De esto se derivaron lecturas renovadas del materialismo histórico, que tuvieron su influencia en los movimientos de jóvenes durante los 60. Gran parte de estos procesos enfocaron su crítica a la interpretación oficial de Marx por parte de los comunistas bajo la órbita de influencia soviética.

Aquellas gestas se enfrentaron con fuerza a la actuación, digamos típica, del burócrata moderno, al imperialismo (protestas contra la guerra del Vietnam), al trabajo alienado, la pobreza, etc. Todo aquello se mezclaba de varias formas con la revolución sexual.

Para 1966, año en que Batman regresa a la TV, *El hombre unidimensional* prácticamente acaba de ser publicado, al que seguirían otros escritos de gran relevancia. *Eros y Civilización*, que tanta influencia ejerció entre los movimientos juveniles de la época, llevaba una década en circulación. Y hubo otros hechos culturales de enorme simbolismo en ese momento: el dilema entre revolución social e individual se mostró en *Marat/Sade* (*La persecución y asesinato de Jean-Paul Marat representada por el grupo teatral de la casa de salud mental de Charenton bajo la dirección del Marqués de Sade*) (1964). La libertad sexual, por primera vez en forma de desnudo real, impactó a todo el mundo con la obra *Hair: The American Tribal Love-Rock Musical*, representada *off-Broadway* en 1968. En 1966 llega a los oídos del mundo, empezando por EE.UU. y el Reino Unido, *Yellow Submarine*: *We all live in a yellow submarine.*

La base narrativa del justiciero posindustrial es la misma que la del héroe de los 30 del XX. Fijémonos, por nombrar un título más reciente, en la película *En realidad, nunca estuviste aquí* (2017), dirigida por Lynne Ramsay y protagonizada por Joaquin Phoenix, basada en la novela homónima de Jonathan Ames. Joe es un solitario y anónimamente atormentado veterano de guerra, típicamente estadounidense, cuyo trabajo es rescatar jóvenes retenidas para la explotación sexual. La lógica de este personaje es útil para comprender muchos de los rasgos psicológicos e ideológicos del superhéroe enmascarado. Joe es una representación, desde varios ángulos, parecida al héroe reclamado por Marx, uno que no está jerárquicamente por debajo de otros dioses tecnológicos; un héroe de la era industrial (post) emanado de un proletariado reconvertido que decide ir contra los "malos", entendiendo por éstos a criminales que hicieron una aplicación literal de las teorías capitalistas sobre la mercancía en seres humanos, por ejemplo, en la esclavitud-explotación sexual de mujeres jóvenes (algún tipo de imagen de la virgen inocente secuestrada de la tribu sin noción completa del humano-propiedad).

Una de las armas de Joe contra los "capitalistas", en este caso los empresarios de la trata, es un martillo (¿una herramienta simbólica?) al que se le dedica un plano detalle bastante aclaratorio, donde el espectador puede leer: *Made in USA*. Una parte del cine, sobre todo el de EE.UU., utiliza el recurso narrativo de la enfermedad mental como elemento corrector del caos social, en clave heroica, a veces desde una visión del patriota trabajador y bajo una inevitable crítica al modelo social que convierte en salvador al individuo presa de afecciones psiquiátricas. Luego de esto, el personaje se separa algo del *héroe marxiano* y se acerca al prototipo de guerrero urbano con métodos bárbaros. Pero perfectamente capaz de generar en el espectador procesos de identificación con la imagen de quien podríamos considerar prácticamente un asesino en serie, aunque su actividad sea formalmente un trabajo a cambio de un salario. Es decir, ¿algún espectador realmente podría negarse a su íntima y "prohibida" descarga de placer al comprobar que el asesino de la película se dedica a la ejecución de proxenetas y pederastas?

Este "thriller brutal", lleno de crueldad y atisbos difusos de humanidad, como muchas historias de justicieros encadenados por sus propias represiones inconscientes, nos enfrenta a lo mismo que la habitual historia de Batman, aunque con la cuestión ideológica algo más clara: ¿mi deseo de un agente corrector del caos social, sin temor a la suspensión total o parcial de la ley, tiene algo de *fascistoide*? ¿Es mi temor posmoderno, el terror a los otros y la liberalización "capitalista" de sus perversiones, lo que impulsa el rápido reconocimiento y legitimación de la Carga Simbólica del personaje de un demente que combate al mal sin contemplaciones *legales*?

Rubén Lardin (2017) opinadaba para *Eldiario.es*: "Las menciones cinéfilas que envaran la película son muchas. Ramsay pretende dar un retrato de Nueva York con los modales de Samuel Fuller, emparenta a su protagonista con el Norman Bates de *Psicosis* y embellece la violencia a la manera de cierto cine asiático indolente donde los impulsos se presentan como rutinas, si bien su referencia más clara es el *Taxi Driver* de Scorsese, de la que por momentos parece una revisión hipster. [...] La película, un thriller brutalista que ocurre en el sistema límbico, la región cerebral donde se gestionan las emociones, se ve finalmente algo lastrada por su aspiración íntima de epatar y/o embelesar urbanitas, pero triunfa en su presentación de la vida moderna como lo que está siendo: puro estrés postraumático".

Un razonamiento algo emparentado con Joe ya se había visto en el cine. Tenemos una brillantísima muestra en el fascinante personaje de Rorschach, de la novela gráfica *Watchmen* (Alan Moore, 1987), llevada al cine por Zack Snyder en el 2009. La defensa de Walter Joseph Kovacs, nombre real de este antihéroe sangrientamente justiciero, frente al psiquiatra de la prisión es, a mi modo de ver, demoledora con las razones de aquel capitalismo cuyo desperdicio sociocultural puede enfermar al sujeto algo sensible: —*Sigue llamándome Walter, detesto eso. Es obeso, rico, con inclinaciones liberales...* (Lo dice mirando con desprecio al psiquiatra) —*¿Quiere saber sobre Rorschach? Estaba investigando un caso de secuestro... una niña de seis años. Yo era joven, era blando con los criminales. Los dejaba vivir. Le rompí el brazo a un hombre, me llevó a la ubicación de la niña. No vi nada... entonces la encontré.* (Las imágenes muestran, en los recuerdos del paciente, los rastros de sangre y a unos perros peleándose por los restos, todavía podía verse un zapato de niña en el hueso de una extremidad).

—*Cuando el asesino volvió... estaba oscuro*, continuaba relatando el atormentado paciente.

—*Ok, lo confieso. Yo la secuestré y la maté. Arréstame. ¿Qué haces? Puedes arrestarme, tengo un problema, necesito ayuda*, gritaba el criminal en el relato. Pero Rorschach le destroza la cabeza con una herramienta de carnicero. Solo los hombres son arrestados, los demás ejecutados. —*La sangre se esparció por mi cara, lo que quedaba de Walter Kovacs esa noche murió con la niña, después sólo existió Rorschach. Verá, Doctor, Dios no mató a esa niña, la casualidad no la descuartizó y el destino no se la dio de comer a esos perros. Si Dios vio lo que hicimos aquella noche no pareció importarle. Desde entonces lo supe: Dios no hace que el mundo sea así... somos nosotros.*

La declaración del personaje es casi luminosa: si los actos de salvajismo que pueden ser protagonizados por *desechos humanos* del sistema, pero, como sabemos, también por sus cachorros e hijos predilectos (recuerden, ustedes, el caso de la niña colombiana Yuliana Andrea Samboní en diciembre del 2016), no pueden ser equiparados o estimados hechos o actos de una criatura arropada moralmente por Dios ni parte de ninguna finalidad divina, por lo tanto apartados de lo entendido como naturalmente posible (dado que nuestra cultura tiende a vincular designio y ley), entonces nada de lo que sirvió como condición de posibilidad de tales hechos humanos salvajes puede ser considerado probable según las leyes de la naturaleza y la "moralidad" que nos han sido dadas. La argumentación de Rorschach no está menos relacionada con la de algunos filósofos clásicos por ser éste un fanático enloquecido. La empatía difusa y culpable del espectador con el personaje tiene que ver también con la huella dejada por pensadores como Marx, que reclamaban dejar de entender las contradicciones desalmadas del capitalismo (por ejemplo, desde la economía política burguesa) como desarrollos posibles a partir de leyes naturalmente dadas (y naturaleza engloba la idea de Dios). Nada de lo ocurrido, ni en tiempos de Karl ni en el imaginario de *Watchmen*, tiene que ver con la naturaleza (por lo tanto, tampoco es atribuible al teóricamente libre albedrío otorgado por la divinidad). Rorschach quiere lo mismo que Marx en algún momento: que su psiquiatra, la sociedad, reconozca que la sangre vertida en las ciudades humanas se debe única y exclusivamente a la manera como hemos decidido vivir, lo que incluye a las formas de administrar el capital y los comportamientos que éstas traen asociados.

Como señalara Dean Hassler-Forest en *Capitalist Superheroes: Ceped Crusaders in the Neoliberal Age* (2012), la hegemonía del modelo neoliberal en el mundo del XXI ha recreado una sensación de indefensión y decadencia sociocultural en el ciudadano medio relacionada con esa especie de renacimiento del superhéroe enmascarado llevado al cine. El "desafío moral" posterior 11-S tiene entre sus rostros característicos al del Caballero Oscuro, en forma de fenómeno cinematográfico que se da el lujo de mostrar discursos con algún tinte político. Como es conocido, la complejidad *elemental* de la Carga Simbólica exhibida por Batman, sus transformaciones (tan unidas a traumas individuales pero sociales) también reflejan ese problema de la "interpretación" como reflejo de nuestro confuso momento histórico.

Puede que el hombre murciélago no sea una manifestación original de pensamiento *débil* frente al sistema de verdades hegemónicas, pero sin duda su lucha contra el crimen le llevaría por derroteros que terminarían por oponerle a gran parte del orden establecido; en tanto algunos de los delincuentes tenían infiltradas a las instituciones y a la policía, eran casi *hombres* de Estado. En el caso de otros maleantes, su enfrentamiento fue contra amenazas directas a un modelo de verdades hegemónicas con implicaciones políticoeconómicas y socioculturales. El personaje de Batman también ha vivido sus propios conflictos ideológicos, interpretables tanto desde el viejo eje izquierda-derecha como desde las realidades más complejas de la política reciente, donde las alianzas "antinatura" son algo frecuentes.

La simbolización transportada por el superhéroe industrial se enfrenta con una interpretación desde el discurso e imaginario de la izquierda (inevitablemente apoyada en las grandes teorizaciones de Marx) casi desde sus orígenes. Es digno de volver a nombrar ese brillante estudio de Grant Morrison titulado *Supergods: héroes, mitos e historias del cómic* (2011). Entre los múltiples aportes del guionista de cómics escocés tenemos su análisis de la portada del número uno de *Action Comics* de junio de 1938: la aparición de Superman. La llegada del superhombre, que puede ser luz y locura, como en Nietzsche, estaba anunciada con aquella poderosa portada donde un hombre con capa luchaba contra uno de esos robustos automóviles de la época, sin ninguna palabra, salvo esas expresiones asustadas y un neumático saliendo a volar... el relato se convierte en acción.

En palabras de Morrison: «En las manos de cualquier otro, excepto las de Superman, el vehículo verde en esa portada inaugural se habría jactado orgullosamente de la superioridad tecnológica de América y de las maravillas de la producción en masa. Imaginen el rebosante anuncio: "lujosas llantas blancas hacen sentir como si manejaras sobre crema batida", y los autos de los noticieros en blanco y negro en alucinante procesión, rodando por las cintas automáticas de la Ford. Pero esto era agosto de 1939. Las líneas de producción estaban haciendo que trabajadores fueran despedidos a lo largo de todo el mundo desarrollado, mientras la conmovedora obra maestra de Charlie Chaplin *Modern Times* articulaba en pantomima el llanto silencioso del sujeto pequeño, el hombre auténtico, aquel que no debe ser olvidado por encima del estruendo incesante de la fábrica.

Superman estableció su posición claramente: Él era el héroe de esa gente. El Superman original era una valiente respuesta humanitaria a los temores de la Gran Depresión, sobre avances científicos fuera de control y el industrialismo sin alma. Podríamos ver a esa temprana encarnación luchando para detener un gigantesco tren, volcando tanques, enrollando grúas de construcción. Superman reescribió el valor del héroe folclórico John Henry, su inútil batalla contra el martillo de vapor podía tener un final feliz. Él hizo explícitas las fantasías de poder y agencia que mantienen al sujeto pequeño caminando lentamente hacia otra puesta de sol. Él era el personaje del vagabundo de Charlie, con el mismo ardiente desprecio por la injusticia y los abusivos, pero en lugar de la astucia y el encanto, Superman tenía la fuerza de cincuenta hombres, y nada podía dañarlo. Si las distópicas imágenes de pesadilla de la época preveían un mundo mecanizado y deshumanizado, Superman ofrecía otra posibilidad: una imagen de un mañana ferozmente humano, que otorgaba el espectáculo del individualismo triunfante ejerciendo su soberanía sobre las implacables fuerzas de la opresión industrial. No es una sorpresa que fuera un gran éxito entre los oprimidos. Él era tan resueltamente iletrado, tan pro-pobre, como cualquier salvador nacido en una pocilga.» Por supuesto, esta conciencia de clase del superviviente de Krypton puede ser vista al principio del personaje, muchos años después tendría un estatus ideológico muy distinto al encontrarse con el Batman de Alan Moore.

El contexto histórico donde nace el hombre murciélago es el enfrentamiento entre democracia y fascismo militar, junto a una gran crisis financiera, de valores, pobreza, etc. Es decir, Batman nace en un entorno ciertamente parecido a las más sombrías predicciones de algunos grandes teóricos del marxismo: el punto crítico de las contradicciones del capitalismo, la guerra aniquiladora entre imperialismos, etc. Y nace siendo una seria antítesis oscura del luminosamente proletario Superman, Bruce Wayne tiene antepasados nobles e ilustres, es rico, culto, seductor, extravagante, derrochador, lleno de secretos y, además, traumatizado y colmado de una melancolía romántica burguesa.

Superman no llegaría a necesitar demasiada ayuda emocional para entender que era un hijo adoptado por granjeros de la Tierra. Mientras que para tratar las dolencias psicológicas de Batman haría falta un equipo entero de psiquiatras, que incluyera a los nombres más destacados de la corriente fundada por Freud, y puede que a la Dra. Harleen Quinzel, psiquiatra del Joker en el Asilo Arkham, y tal vez la singular habilidad diagnóstica del Dr. Hannibal Lecter.

«Batman era el héroe capitalista definitivo, lo que puede explicar su actual popularidad y la relativa pérdida de relevancia de Superman. Batman cumplía nuestros deseos, ya fuera el asquerosamente rico Bruce Wayne o su alter ego encapuchado. Era un millonario que descargaba su furia infantil en los criminales de las clases bajas. Era un defensor de los privilegios y las jerarquías.

En un mundo donde la riqueza y la fama son las medidas del éxito, no es sorpresivo que los superhéroes más populares de hoy en día —Iron Man y Batman— sean ambos guapos magnates. El socialista y el *socialité*, en lo único que Superman y Batman pudieron ponerse de acuerdo fue en que matar es malo.» (en palabras de Morrison).

No hay completa claridad sobre si el público objetivo de los cómics fueron los jóvenes o los adultos que soportaban el desempleo y la miseria. Batman aparece originalmente en la serie *Detective Comics* de la D.C., su estilo se inscribía más en las líneas del cine y la novela negra. Los enemigos del hombre murciélago eran una pléyade complejísima de perturbados mentales. Pero el mismo personaje presentaba desde el principio una serie de problemas de socialización que le confinaban en estados prolongados de soledad.

La psiquis de un murciélago.

En un hipotético perfil psicológico pueden encontrarse tendencias maniacodepresivas, obsesiones y sed de venganza. Pero también tendencias sadomasoquistas y el rastro de una especie de psicosis infantil postraumática, después de ver con sus propios ojos el asesinato de sus padres.

Marx y Batman (montaje de imagen: V. Carrillo)

Todo esto se veía en un guerrero enmascarado con fuertes cargas de erotismo. En la esfera de lo público Bruce Wayne era un hombre refinado y sofisticado de enorme éxito social, propietario de una gran corporación. A pesar de las bellas mujeres y personalidades que le rodeaban manifestaba un gran déficit de afecto. Una incapacidad para amar derivada de la orfandad provocada por la pérdida de sus padres, psíquicamente el afecto puede tener una asociación/bloqueo con el dolor.

Como se descubriera a lo largo de los años, la manera como Bruce

Wayne simboliza su identidad secreta revela una combinación especial de factores. Por una parte, sus más profundos terrores, venidos desde la infancia, están asociados y se representan con la idea de "oscuridad", un pozo sin fondo aparente y del que se ignora todo. Es como un estar rodeado de la nada desconocida, en la que de repente toma forma una figura animal que la mente de un niño inviste de connotaciones malignas y agresoras. Sin embargo, de pronto llega la figura de su, también exitoso, padre. Aparece la representación de la autoridad (la Ley) que es capaz de rechazar la oscuridad y los seres incognoscibles que habitan en ella, reasegurando el Orden Simbólico del niño. Por eso cuando se produce la pérdida violenta (son asesinados a tiros de revólver por unos asaltantes) la oscuridad regresa y se convierte en un trastorno de re-presentación.

El hundimiento en ese pozo desconocido se da mediante una función pulsional. Rasgos obsesivos y compulsivos de su personalidad se extienden y simbolizan en el espacio físico de la Mansión Wayne, un enorme caserón oscuro, silencioso y solitario, una verdadera extensión de su mente. Sólo su fiel mayordomo, Alfred Pennyworth, recorre la mansión, que pertenece a la familia desde hace varias generaciones. Bruce desciende de un clan escocés, cuyo pariente más lejano parece ser Sir Gawain De Wayne (*Batman: Scottish Connection*, 1998), que hace siglos combatiera en las cruzadas.

La casa ha sido destruida varias veces, en *Batman & Dracula: Red Rain* (1991) y *Batman: Cataclysm* (1998), por ejemplo. Sin embargo, su función como modelo psicoanalítico de Wayne rara vez ha cambiado. En un solo conjunto podemos vislumbrar la Baticueva, la mansión en sí y el *penthouse* del edificio principal de su corporación (que también cuenta con una Baticueva en el subsuelo), como representaciones de tres niveles de la subjetividad (las tópicas presentes en el modelo espacial del aparato psíquico): El Ello (el refugio secreto de Batman), el Yo (la mansión de la familia) y el Superyó (el último piso de Industrias Wayne, el lugar desde donde el hombre poderoso, en el fondo un idealista, conduce sus ricos intereses).

El Yo está tomado por la oscuridad dejada por la pérdida violenta de sus padres, simbolizado en la soledad y el silencio de la enorme construcción de estilo gótico, totalmente llena de sus pertenencias, fotografías, cuadros de antepasados y ricas colecciones. El Superyó está en la figura pública que intenta convencerse cada día de que su deber es contribuir a un mundo mejor... más seguro y *limpio*. El Superyó no soporta la suciedad y la representa en una ciudad tomada por el crimen que urge ser limpiada. Está simbolizado en el despacho donde son dirigidas las empresas y desde donde son visibles los cielos y calles de Gotham City. Finalmente, el Ello es quien realmente tiene, en esa situación, el control de la consciencia del multimillonario, está simbolizado en la red de cuevas bajo la mansión. Bruce recibe sin cesar señales, demandas *divertidas* de limpieza, del Ello. Superyó y Ello son, pues, planos de la subjetividad que pueden comunicarse.

La imagen definitiva del Ello proviene de las formas surgidas de la oscuridad de la cueva, como de una soledad que también inunda al Yo y que, lógicamente, termina contaminando el Superyó como conjunto de mandatos de goce.

Por lo que sabemos, la red de cuevas bajo la mansión estaba densamente poblada por murciélagos... *esos grandes supervivientes*. Culturalmente la imagen de Batman podría estar relacionada con la enorme impronta dejada por la interpretación de Bela Lugosi (para el teatro y el cine) de *Drácula* (1931) dirigida por Tod Browning, una película que generó un gran movimiento cultural que se extendería más allá de los 50. Vampiro y murciélago eran entidades, más o menos cercanas en el imaginario, que podían interpretarse como alguno de los malignos seres que moran dentro de la oscuridad y que pueden ser vehículos de miedo.

El símbolo del Ello es un murciélago, que también es el ser oculto por el inconsciente en la soledad, el silencio y la oscuridad (características de la mansión), que a su vez son los rasgos que inundan al Yo.

El Ello está decidido a "satisfacer" los mandatos de goce del Superyó, que en nuestro sujeto también son presa de un universo de pulsiones silenciosas alejadas de la normativa socialmente aceptada. Como en millones de casos, los mandatos del Superyó pueden incursionar en lo prohibido, pueden rayar en lo criminal. Bruce Wayne no es un caso especial en esto, su Superyó quiere buscar y llegar a estados de satisfacción que, sabemos, van más allá del imperativo ético o moral. Desde lo alto de la torre de Industrias Wayne, esas búsquedas pueden matizarse como la obligación *moral* de luchar por una Gotham City con paz y progreso para sus gentes; pero esconden una "orden" de satisfacción y voluptuosidad lograda a través de la visión de una ciudad que ha practicado una limpieza de la escoria social (incluso por encima de la ley). Es el goce de simbolizar una y otra vez la derrota, acaso la muerte, de los asesinos de sus padres (una "moralidad de la venganza" en el Superyó).

El Ello, que aquí pulula en los laberintos de la Baticueva, es inocente y candoroso, por eso mismo puede usar la violencia en la búsqueda del más puro "placer", que puede estar conectado con las demandas de goce del Superyó. Pero cuando éste no logra ser satisfecho (ya que liberar totalmente a Gotham de criminales es imposible a causa de la corrupción de los empresarios, los políticos y la policía) ataca con fiereza a Bruce; culpándolo por el dolor ajeno, por no entregarse lo suficiente a la lucha por paliar las injusticias, ridiculizando sus ideales y sueños de una vida mejor para los habitantes de la ciudad. Esto produce mucho dolor en el individuo. Entonces, el mandato de goce del Superyó es satisfecho a cualquier precio, sólo que a esas alturas ha sido "visitado" por las pulsiones del Ello (por el espacio-tiempo donde Batman existe). Por eso, cuando el hombre murciélago sale de la Baticueva, en verdad, busca satisfacer unos profundos deseos, unos umbrales de placer inalcanzables (ya que matar a todos y cada uno de los criminales le vaciaría de sentido). Son deseos en el territorio de lo desviado. Batman nunca ha dejado de ser una "válvula de escape". La Carga Simbólica del Caballero Oscuro reclama una legitimidad alrededor de esto: un deseo/catarsis que se repite una y otra vez, impartir una justicia que no tiene fin aparente.

Inocencia y perversión.

Las cruzadas del guerrero enmascarado parecen darse en un terreno estéril para la ley y el orden. Historia tras historia los ataques criminales a los que se enfrenta Gotham City son mas sádicos. Protagonizados por supervillanos con niveles de psicosis muy importantes. Quizá la gravedad de las psicopatías de sus enemigos era directamente proporcional a la propia afección psicológica del guerrero.

Es probable que Batman estuviera en la mira de los aparatos de censura oficiales de los años 30 del XX, ya que su crítica social era demasiado evidente. Pero entonces cosas terribles ocurrieron en el mundo, empezada la Segunda Guerra Mundial, tanto Superman como Batman se unieron en los cómics a las fuerzas aliadas contra los nazis. Frente a la gran popularidad y carga de patriotismo exhibida por Superman y el Capitan América (1941), el hombre murciélago casi pasó inadvertido en su trabajo de infiltración de organismos nazis

Adam West interpretando a Batman en la serie de TV de 1966 (ABC Television) (imagen de dominio público vía Wikimedia Commons)

Para cuando la guerra terminó, las fracturas a las que tuvieron que enfrentarse los Estados Unidos, Europa y el mundo fueron mayúsculas. La industria del crimen (en la ficción y en la realidad), el nicho donde Batman sobrevive, no sólo estaba intacta, sino que se había hecho más moderna. Corrían tiempos de vigilancia y control social, así que numerosas manifestaciones culturales y sus representantes llegaron a figurar en las listas negras del tristemente célebre senador McCarthy: sospechosos de simpatizar con ideas comunistas, algo sin duda ridículo y obtuso en el caso de Bruce Wayne, un multimillonario con tanto dinero y tiempo libre que era capaz de luchar en solitario contra el crimen. Nadie pensó, metafóricamente, en un psiquiatra.

La D.C. Comics cambió por completo el enfoque de Batman, entre muchos otros personajes. Las historias fueron a tener un contenido excesivamente infantil. Como principal signo estaba que los villanos pasaron a ser capturados y entregados al juez. Se cerraba la puerta a las ejecuciones extrajudiciales, que era lo correspondiente a la "tradicional" personalidad del guerrero encapotado. Igualmente, no se volvió a hacer mención a la corrupción política o policial, lo que dio paso a un gran ensalzamiento de la familia típica americana. Es definitorio el hecho de que el personaje empezó a ser atacado desde principios de los 40 por parte de las autodenominadas "ligas de la decencia", que vieron en el déficit de afecto e incapacidad para dar amor de Bruce una homosexualidad oculta.

Pero para 1945 Batman adopta a un joven aprendiz, Robin, el Joven Maravilla. Se considera que toda la producción de esos años, donde este cómic tenía una gran popularidad entre niños y jóvenes, se enfocó a la "educación moral". Serían estas historias sobre las que se crearían las primeras series de televisión en 1943, 1946 y 1966. Con objeto de paliar las acusaciones de homosexualidad y pedofilia los guionistas y dibujantes crearon a la Batichica, con la que quisieron mostrar una especie de relación platónica, que por supuesto no podía leerse como algo distinto a una tensión sexual. La serie televisiva de los años 60 convirtió al *Dúo Dinámico* en un fenómeno de masas, aunque para niños, que incluso introdujo expresiones en el doblaje al castellano que se usaron hasta bien entrada la década de los 80 del XX, algunas verdaderamente legendarias como *¡Santa pantufla, Batman! ¡Santas catástrofes! ¡Recórcholis, Batman! ¡Rayos y centellas! ¡Los destruiré con mi rayo ultracientífico! ¡Santos rascacielos retorcidos, Batman!*

El guerrero enmascarado tuvo que esperar a finales de los 70 y los 80 para reencontrarse con los lectores adultos. Son los tiempos de Alan Moore y Frank Miller, que rescatan y dan nueva lógica a toda la historia del defensor de Gotham City. Es con Miller que el guerrero con máscara de murciélago pasa de ser ese superhombre (*Übermensch*, con un sistema de valores elevado sobre su genuina voluntad de poder [Nietzsche]), simbolización del imperio capitalista, a mostrarse como el americano en problemas con la autoridad y las leyes, alguien sin bandera pero sufriente que se culpabiliza por su orfandad simbólica. A la larga, un guerrero que no podrá evitar atacar al corazón del poder, incluso si el "agente" enviado para detenerle es un Superman convertido al espíritu del Partido Republicano.

Las figuras de Robin y Batgirl continuarían existiendo, pero encuadradas en historias con violencia explícita. Este retroceder en el tiempo para volver a explorar los orígenes del héroe permitió que el lector conociera sus determinantes psicológicos. Así como la historia más íntima donde se dan muchas de sus claves simbólicas. Un tratamiento parecido recibieron sus enemigos, se presenta cierta profundización en los desequilibrios mentales de criminales como Riddler (1940), Mr. Freeze (1951), Penguin (1941) y el terrorífico y sociópata Joker.

Algunos villanos empiezan a mostrar un comportamiento tan extraño como el de Batman. Como Catwoman (1940), con una suerte de doble faz que le impulsa a delinquir, pero a la vez a dar muestras de humanidad o complicidad con el guardián de Gotham. Pero el universo de extraña maldad al que éste se enfrentaría llegaría a los límites de lo mitológico y sobrenatural con personajes como Rhas-al-Gul (1971), una especie de demonio de origen humano y nacido en la época de las cruzadas, que se revelaría luego como el líder de la Liga de las Sombras. Al igual que Batman, Rhas-al-Gul perdió a sus seres queridos violentamente, desde entonces busca erradicar del mundo a la humanidad, a la que considera un cáncer. Sin embargo, el líder de La Liga de las Sombras, que permitió que una de sus hijas fuera capturada y torturada por los nazis, cree que el hombre murciélago hace parte de los humanos superiores que podrían reconstruir el *paraíso perdido*. Intentaría atraerle ofreciéndole la mano de su propia hija, Thalía, que más tarde sería la secreta madre de Damián (*Batman: Son of the Demon*, 1987), uno de los hijos conocidos del guerrero enmascarado (cuya historia se uniría dolorosamente a la "saga" de Robin, los muertos y los sobrevivientes).

El universo simbólico de Batman se consolida a la vez que se hace profundamente tecnológico. Toman forma varios aspectos definitorios y depurativos del carácter del héroe. Para empezar, asume algún tipo de superioridad filosófica, llegando a considerar que no vale la pena eliminar físicamente a sus enemigos.

Bruce Wayne es un hombre extremadamente culto e inteligente, con afán por impartir justicia (su justicia) más allá de toda norma legal. No se debería pensar que no sabe, en la más profunda intimidad, que su mente está trastornada. De hecho, tiene solitarias islas de calma y reflexión. Y es la razón por la que el despertar de Batman de finales de los 70 conserva la presencia de Robin. Era totalmente necesario un contrapeso fresco que evitara una pérdida del sujeto por los recovecos de su psique.

La identidad de Bruce Wayne es, como poco, problemática. Obliga al lector o al espectador a interpretar su significado permanentemente: como Batman vemos la modelización de una mezcla de criaturas posible pero improbable, el humano mortal y el murciélago (un mamífero que vuela y vive de noche, que duerme cabeza abajo, se orienta y caza con ecolocalización y cuya mordida podría transmitir graves enfermedades). ¿Qué puede estar tan cerca pero, a la vez, tan lejos de nosotros como un murciélago?

La unión de los dos seres y la objetivación de un *escudo de armas* (la modelización de su Carga Simbólica) en el pecho del justiciero enmascarado imponen la obligación de reinterpretar lo *posible pero improbable* como condición para reconocer y legitimar en toda su extensión ese ícono de la cultura. No tendríamos problemas en entender el carácter fundamentalmente extraño de un murciélago, por ejemplo, la subfamilia que se alimenta de sangre, los vampiros. Como tampoco nos ofrece muchos misterios la historia del hombre que arrastra dolorosos traumas de la infancia. Pero la fusión de las dos cosas lo cambia todo, porque tenemos que asimilar e interpretar la imagen de una tercera identidad que, cómo no, se aleja de la normalidad aceptada. Como reflexión acerca del estado o momento de la objetividad y de la conciencia de alguien, Batman es pensamiento *débil*. Aunque Bruce sea un multimillonario que viola la ley para, en teoría, proteger el *statu quo*, no deja de ser un humano que experimenta un "extrañamiento" respecto a la dureza de la realidad (un alienado al que han arrebatado algo fundamental).

Y es que, en efecto, los ejemplos narrativos más importantes de Batman (años 80) implican interpretar la ambivalencia como ingrediente fundamental del personaje; puede variar entre la fuerza paramilitar fascista con inclinación al fetichismo o el pseudolíder popular alzado en armas contra la corrupción y la represión. Naturalmente, puede pensarse que la lucha contra identidades perversas o vehículos del mal no codifica otra cosa que la "típica" crónica sobre el terrorista enemigo de nuestro modo de vida. Pero incluso esto último es interpretable, Batman podría compartir una postura aceptada en parte de la izquierda del mundo: la defensa de la institucionalidad y el principio de legalidad más no de las instituciones objetivas tomadas por la corrupción o el crimen organizado y las normativas que éstos emanan para salvaguardar el orden existente.

Tres crónicas.

Tres de las historias centrales de Batman son ejemplo de su estatus *marginal*, incluso de la índole dialéctica de todo aquel ecosistema de Gotham City. En primer lugar, *Batman: The Dark Knight Returns* de Frank Miller (1986). En el cuarto episodio (*La Caída del Señor de la Noche*) observamos una metamorfosis con trasfondo político, durante toda aquella batalla con Superman. Incluyendo muerte simbólica y "resurrección" como comandante de alguna clase de guerrilla urbana. Su defensa del tradicional orden establecido (convertido en *recuerdo dorado* durante los 80) contrasta con la descomposición social y una maldad estructural arraigada en el propio modo de vida americano (capitalista). ¿No podría, de nuevo, "interpretarse" que el personaje defiende el sistema convirtiéndose en antisistema?

En segundo lugar, tenemos *Batman: The Killing Joke* (1988). El análisis de Juan Francisco Ferré (*El devenir murciélago*, en *Batman desde la periferia*, 2013) llama la atención sobre la expresión dialéctica de la guerra entre el héroe y su gran antagonista, el Joker. Y lo hace a varios niveles: «El duelo entre ambas figuras representa, en el fondo, la polaridad maniquea o esquizofrénica del orden establecido: el superyó monomaniaco, con su obstinación normativa y austeridad ascética de siempre, y el ello plebeyo, obsceno y sádico, con su despótica distorsión del principio del placer. El comisario Gordon, aliado policial del murciélago, se ve degradado en la trama en su papel de hombre medio [...] y acaba pagando el más alto precio paterno (la paraplejía de su hija Bárbara, la Batgirl».

En tercer lugar, hay que nombrar *Arkham Asylum* (1989). Grant Morrison y Dave McKean, finalmente, confinan a Batman en el manicomio donde los más lunáticos villanos de Gotham (el mismísimo corazón de la locura) han tomado el control, para enfrentarlo a todas aquellas contradicciones que revelan al personaje en forma de choque dialéctico y corriente *marginal* (una narración interpretable) que le aparta del sistema de verdades hegemónicas (una aspiración de control de naturaleza metafísica). El autor, literalmente, desnuda al hombre murciélago, deja al descubierto todas las heridas y aterradoras noches pobladas de fantasmas de un pobre huérfano que, en realidad, es incapaz de defender hasta las últimas consecuencias aquello que terminaría por enfermarle (la ciudad, el sistema y todo su andamiaje de contradicciones) hasta el extremo de convertirlo en la unión de humano y murciélago. «Tengo miedo... de que cuando las puertas de Arkham se cierren sobre mí... sea como estar en casa» (reflexionaba Batman en *Arkham Asylum: A Serious House on Serious Earth*).

La ciudad que contiene el potencial interno de todas las antítesis propias del capitalismo, cuyos pusilánimes prohombres han permitido que sea arrodillada por el crimen, es la real responsable de recrear entre sus habitantes a la fuerza clandestina enmascarada que administra una justicia unilateral. Por lo tanto, la mayor contradicción, un giro dialéctico, es aspirar a que Batman derrote a sus criminales. El *murciélago-hombre*, desde su particular modelización simbólica, su base de sufrimiento, hasta su real uso de la fuerza, representa una antítesis dialéctica de todo lo que oficial e institucionalmente es Gotham City: una versión para el cómic de una gran metrópoli capitalista, viviendo el cénit de todo su patrón de marginalidad, precariedad y grupos emergentes sin principio de autoridad ni noción de lo público.

En estas proporciones, el guerrero oscuro y los sociópatas a los que combate forman una dualidad indisoluble y mutuamente dependiente. Es la misma lógica del bien y el mal o el cielo y el infierno. Uno necesita de la existencia del otro. Los villanos son los vehículos usados por los mandatos de goce, en este sentido era relativamente fácil decidir que *no valían ni lo de una bala...* porque lo valían todo. Representaban la "versión de miedo" de la realidad de cada uno, además de la proyección de un narcisista.

Lo desviado como praxis político-ideológica.

Es destacable que el héroe no cree ni se encomienda a lo sobrenatural, él mismo se considera un científico en alianza radical con la razón. Otro de los rasgos destacables es la completa decisión de no revelar su doble, digamos, personalidad. Un complicado asunto de dos vías: nadie puede conocer la otra identidad de Bruce y nadie puede conocer la otra identidad de Batman. Esto da lugar a otra reflexión importante: ¿Estamos viendo los efectos de la "mecánica" del álter ego? ¿Una "invasión" completa del Yo fantástico al Yo real, en algún tipo de disociación de la consciencia que una persona tiene de ser ella misma y distinta a las demás? Pero de igual manera podemos preguntar si hay verdaderamente dos personalidades. En caso contrario, asumiendo que el héroe enmascarado es una invención imaginaria del personaje público, ¿existen claras fronteras entre fantasía y realidad? ¿Tal vez una contiene a la otra? En la mente de Bruce/Batman, ¿en qué parte de la realidad está la fantasía? ¿O, tal vez, deberíamos preguntar cuál es la realidad en la fantasía?

Otro aspecto destacable (quizá más ideológico) es que la radicalidad perturbada de sus enemigos es sólo un aspecto más de la decadencia urbana, civil e industrial de la gran Gotham City. Donde, además, hay otras taras que son caldo de cultivo, tanto del delincuente común como del sociópata criminal, como la corrupción de los políticos y la policía.

Lo que en verdad cobra importancia aquí es el contexto estructuralmente violento sin el cual nada de lo que causó a Batman existiría. Hablamos de la Ciudad de la Neurosis.

Uno de los logos del Directorio Principal de Inteligencia de las Fuerzas Armadas de la Federación Rusa, su parecido al escudo de Batman ha generado multitud de comentarios en la red. International Spy Museum, Washington DC (imagen: V. Carrillo)

Todo este escenario tiene un elemento perturbador clave, sólo hay un miembro destacado de las fuerzas policiales en el que el Caballero Oscuro confía, sólo uno que cree no contaminado por la corrupción: James Worthington "Jim" Gordon, aparecido desde el número 27 de la serie (1939). Los dos hombres, uno representante del Estado, el otro un personaje clandestino que intenta implantar el orden por la fuerza, protagonizan una alianza que, por definición, está por encima de la ley. Muchos no estarán de acuerdo, dado que las motivaciones de ambos son casi honestas, pero este tipo de coaliciones generalmente tienen dos tratamientos en la Historia: la unión de Batman/Gordon como manifestación especial de una guerrilla urbana de carácter justiciero, un resurgir del tradicional espíritu americano, o el vínculo entre un miembro de los órganos de seguridad oficiales y una fuerza clandestina como organización paramilitar fascista, que es el calificativo de sus detractores desde la sociedad civil, los que reclaman la reinserción social de los delincuentes.

Los 80 del XX se inician con Ronald Reagan en la presidencia de los Estados Unidos, con quien regresó una época de censura sobre varias manifestaciones culturales. El vigilante de Gotham City volvió a estar en la mira de las campañas moralizadoras por su, a veces no tan velada, crítica social. La corrupción reinante que había hecho necesaria la alianza entre un policía legal y un vengador clandestino resultaba intolerable para muchos conservadores. Siendo así las cosas, los guionistas y dibujantes introdujeron modificaciones en la serie. Pero esta vez con un sentido de la subversión muy propio del carácter secreto y enmascarado de este cómic.

Existen tres historias de varios capítulos, algunas antes nombradas, que podemos entender como los íconos narrativos más importantes de Batman y que marcaron esa época. Para entonces toda la imagen del Caballero Oscuro era ya un símbolo de justicia moderna en la cultura. La primera serie es *Batman: The Dark Knight Returns* (1986), donde el héroe se presentaría en su máxima expresión gótica.

El relato transcurre en unos Estados Unidos apocalípticos, donde un conservador Estado policial dirigido con mano de hierro por el presidente (con asombroso parecido a Reagan), ve el ascenso de un justiciero que raya en el fanatismo. Los medios llevan a cabo una fuerte acción ideologizante que oculta el orden tiránico reinante. Bruce Wayne es un hombre mayor que vive la vida peligrosamente, entregándose a placeres extremos y convertido en un radical contra el crimen. En este escenario llega un nuevo Robin, que sería encarnado por una joven decidida a unirse al hombre murciélago.

El psicótico Joker regresa luego de diez años de anonimato para volver a implantar el tormento en las calles. Gordon es obligado a jubilarse y su lugar es ocupado por una férrea opositora a la cruzada del Caballero Oscuro. El Gobierno de la nación sabe muy bien que éste les identifica como los últimos responsables del caos y la decadencia de su ciudad. La tenebrosa serie concluye, como antes hemos nombrado, con la supuesta caída de Batman, la muerte simbólica del héroe. Pero mientras esto ocurre todo se tiñe de rojo por la sangre de criminales y víctimas inocentes. Los primeros, unidos en una megabanda llamada Los Mutantes, tienen a la ciudad al borde de la guerra civil. Han logrado arrodillar a las instituciones, que les ruegan sentarse a negociar sus demandas para detener la violencia.

Este retrato se ha visto en la realidad en más de una ocasión. Viví en Colombia durante una de las etapas más duras de la llamada guerra narcoterrorista, entre 1988 y 1993, cuando la organización liderada por el capo Pablo Escobar sembró un terror inimaginable por todo el país.

Aclaremos que el Cártel de Medellín es sólo un capítulo más de la siempre violenta historia de Colombia, que rememoro especialmente porque ocurrió cuando era muy joven. Recuerdo vivamente una jornada de enero de 1993 en que estallaron dos coches bomba casi al mismo tiempo. El día estaba gris, frío y lluvioso. Un grupo de amigos nos reunimos casi al anochecer en una cafetería de un viejo barrio al Sur de la ciudad. Estuvimos fantaseando largamente sobre la aparición de un justiciero que, por fin, no se dejara comprar ni tuviera miedo a aquel grupo de asesinos y sus cómplices. Casi con seguridad, en caso de existir, se trataría de alguien con su identidad en secreto y fabulosas herramientas y habilidades para lograr derrotar aquella industria del crimen. Tenía que haber alguien, no todo el mundo podía tener miedo al salir a la calle, no todos podíamos ser débiles. Como en Gotham City, en Colombia la corrupción llegaba hasta las esferas más altas del Estado. En aquella fantasía de la juventud nos referíamos a ese sujeto imaginario con nombres y apodos de héroes del cine y los cómics, mientras reíamos nerviosamente.

Exactamente eso está pasando en *The Dark Knight Returns*. Sólo que en la historia gráfica el justiciero existe y la gente se debate entre temerle o adorarle. La historia transcurre en plena guerra fría. Es el momento en que el personaje intenta curarse sus cada vez más dolorosas heridas. Y cuando, además, se gesta una gran traición. Superman trabaja para el Gobierno de los EE.UU contra la Unión Soviética. Luego de una cruenta batalla en una isla imaginaria, la URSS lanza un misil nuclear contra territorio estadounidense. El Hombre de Acero se ve envuelto en la espantosa conflagración, que origina el caos en varios lugares de Norteamérica, donde todos los aparatos electrónicos quedan inutilizados por la onda electromagnética. El tejido social de Gotham se rompe, los propios ciudadanos empiezan los saqueos y el vandalismo luego de que un avión se estrellara contra un rascacielos. En medio de la emergencia Batman y Robin crean una guerrilla urbana con disidentes de la antigua banda criminal Los Mutantes.

Aquella noche, el ahora líder enmascarado reclama para sí la interpretación de la ley. Y se lanza a ocupar la ciudad para imponer el orden. Es entonces cuando "Reagan" lo declara casi un enemigo del Estado. Superman, a su regreso, prácticamente recibe la orden de ajusticiar a Batman. Los dos héroes se dan cita en la zona donde años antes fueran asesinados los padres de Bruce Wayne, que empieza a ser rodeada por el ejército. Un regreso al lugar donde todo había empezado, para librar la *batalla final* contra la madre de todos sus sufrimientos: la traición de los que debían protegerle. Esa noche es un niño huérfano y asustado el que simbólicamente va a intentar recobrar la paz y la cordura.

El fiel amigo de Bruce, Alfred, comienza a borrar todo rastro de quien fuera el máximo guardián de Ciudad Gótica, ambos están casi seguros de que saldrá muerto de su combate con Superman. Parece ser que lo aceptan estoicamente, sólo con la quietud definitiva llega el descanso para el soldado justiciero. Cuando finalmente se encuentran, Batman lleva una armadura biomecánica y armas que logran aturdir a su oponente. Pero es un aliado del guerrero enmascarado el que logra abatir a Superman temporalmente, disparándole una flecha de kriptonita. El Caballero Oscuro se recrea morbosamente en la derrota del Hombre de Acero, sabe muy bien que él es un humano con sus desviaciones como ejecutoras de sus tecnológicas armas, mientras que el otro es un alienígena increíblemente poderoso. La inminente victoria es demasiado grande e inesperada. Pero mientras está a punto de romperle el cuello, estrepitosamente, sufre un infarto.

Cuando el mundo entero conoce la otra identidad de Batman, el enorme entramado financiero de Industrias Wayne ha desaparecido.

Nadie, o casi nadie, sabe que el posterior funeral es una farsa... un ataúd vacío. Es Bruce Wayne el que ha muerto. En el subsuelo de Gotham City (los laberintos ampliados del Ello) un superviviente y casi anciano Batman se ha convertido en comandante de un grupo armado, cuya intención es ir en busca de los que están por encima y dirigen a los psicópatas y criminales de los Estados Unidos. El héroe, al fin, tras los autores intelectuales de su profundo e incurable dolor.

Tal vez podamos afirmar que algunos de los creadores y guionistas de Batman, como Alan Moore, tuvieran cierto problema no resuelto con las mujeres. Un grupo de ellos nunca fue amigo de una aliada tan exuberantemente femenina para el hombre murciélago como lo fue Batgirl. En *Batman: The Killing Joke*, como ya sabemos, el temible Joker ha logrado escapar del Asilo Arkham para enfermos mentales. Localiza el hogar del viejo y divorciado Gordon y su hija Bárbara (la Batgirl en su identidad secreta), que son salvajemente atacados por la banda del payaso psicótico. Ella es fotografiada desnuda mientras la torturan brutalmente, las heridas son tan graves que la condenan a una silla de ruedas. Su padre es secuestrado y también torturado. Esta historia cuenta el origen del Joker, el que sin lugar a dudas es uno de los villanos más estremecedores de la narrativa moderna; quien lleva a cabo toda clase de actos sociópatas sólo para comprobar que incluso el individuo más normal del mundo enloquece el día en que le ocurre algo mayor de lo que puede soportar... *que la locura está a sólo un mal día de distancia.*

La tercera historia clave en el entendimiento de Batman es *A Death on the Family* (1988-89) de Jim Starlin, como guionista, y Jim Aparo, como dibujante. Es un enrevesado relato gráfico que incluye contrabando de drogas, abortos y venta de misiles nucleares. Y donde el Joker crea una alianza con terroristas de Oriente Medio para perpetrar un ataque contra la ONU. La trama, como es habitual, se combina con la eterna búsqueda de la verdadera identidad que caracteriza a los personajes. El Dúo Dinámico es objeto de una trampa que termina con la captura de Robin, básicamente asesinado a golpes, y una posterior explosión planeada por el payaso psicótico. Para el joven aprendiz de Batman, la verdad sobre sus orígenes (encuentra a su madre perdida) es equivalente a correr un velo de la inocencia, descubriendo una traición de la que no saldrá con vida. Como si el viaje en busca de la totalidad y unidad perdidas, para escapar de una experiencia fragmentada que camina por el mundo con máscara y disfraz, fuera algo probablemente mortal. En el imaginario creado por el héroe es icónica la imagen de Batman con el cuerpo sin vida de Robin en sus brazos. Es así como muere Jason Todd (1983), el segundo joven maravilla que el guerrero encapotado adoptará a lo largo de su lucha contra el crimen. El primero se llamaba Dick Grayson (1940), que se emanciparía para crear su propio álter ego, conocido como Nightwing. Éste regresaría durante la desaparición del hombre murciélago para asumir su imagen. Incluso algunos directores jóvenes en pequeñas producciones cinematográficas (*Untamed Cinema*), piezas para fanáticos del superhéroe, dramatizarían espectacularmente su papel como ejecutor de la venganza por la muerte de Batman (*Grayson*, 2005). El tercer Robin fue Tim Drake, un verdadero hijo adoptivo que casi fue destruido en un combate contra Damián, hijo biológico del Caballero Oscuro y entrenado por la Liga de las Sombras.

Las versiones gráficas de Batman, así como sus adaptaciones y lecturas para películas animadas (definitivamente para adultos) han sido muy amplias. Y han explorado realidades alternativas, reinterpretaciones históricas, etc. Este vasto bagaje, además, se ha alimentado con cortometrajes de bajo presupuesto y películas fan que se han convertido en lecturas, unas veces literales de la obra gráfica y otras liberales. Sin embargo, al estar fuera de los circuitos de las grandes productoras y las normas del mercado, en ocasiones se han convertido en piezas claves para abordar al Batman oscuro, triste y solitario. Algunas de ellas han sido *Batman Dead End* (2003), *Batman: City of Scars* (2010) y *Batman: Puppet Master* (2012).

Batman en el cine del cambio de siglo.

Pero mucho antes, en los años de la caída del Muro de Berlín y la Unión Soviética, tiene lugar el regreso del héroe como fenómeno de masas al cine, de la mano del genial director Tim Burton.

En la historia cinematográfica de Batman hay dos películas que merecen una mención aparte, se trata de las dirigidas por Tim Burton. *Batman* (1989) y *Batman Returns* (1992), protagonizas por Michael Keaton, son una partitura acerca de los laberintos anímicos que surcan la personalidad del Caballero Oscuro; caracterizados por lo múltiple, en un traje y con una estética algo más "cotidiana" aunque hiper-realista. Son como una versión aplicada de cultura pop, en la superposición gótica, burlona y tecnológica.

En la complicada historia de Batman hay una clara rivalidad, relación de amor-odio, con Superman y lo que éste simboliza (es algo muy presente, entre líneas, incluso cuando el superviviente de Krypton no aparece, como en las cintas de Burton); el primero es un hombre culto de noble origen europeo y el segundo un granjero criado en la Norteamérica profunda, gran exponente de la cultura popular. "La mansión es la catedral de la tradición europea. Catedral de la Cultura asaltada por la joven América pop, que halla en el vandalismo de clase, su versión *All-American* del Asalto del Palacio de Invierno" (en palabras de Eloy Fernández en *La bienal de Gotham* [*Batman desde la periferia*, 2013]).

Batman regresa al cine en los años de gran cambio político que siguieron a la caída del Muro de Berlín. East side Gallery, Berlín (imagen: V. Carrillo)

La dialéctica entre museo, la mansión protectora del arte y vandalismo pop reaparece con alguna fuerza en la cinta de 1989, una guerra cultural y política entre catedral europea (el museo) y el pretendido vanguardismo pop, de clase. La escena del asalto del Joker, interpretado por el gran actor Jack Nicholson, y su banda a la pinacoteca de Gotham es uno de esos pasajes del cine lleno de claves ideológicas relacionadas con tal enfrentamiento: mata a los refinados visitantes, los fumiga cual plaga, dejando viva únicamente a Vicky Vale, interpretada por Kim Basinger, a quien quiere convertir, como a su amante, en testigo y muestra de la *nueva estética* (que tiene una de sus simbolizaciones en el rostro deformado por el ácido): —*Juntos haremos la nueva estética... no debemos compararnos con las personas comunes... yo hago arte mientras otros miles de idiotas mueren.*

Recordemos que, con excepción de *La figura con carne* de Francis Bacon, antes ha destruido todas las obras expuestas: el *Autorretrato de la edad de 63 años* y *Los síndicos de los pañeros* de Rembrandt, *La tasadora de perlas* de Vermeer, *El Ateneo* de Gilbert Stuart, las *Dos bailarinas en el escenario* y la escultura *Gran arabesco, segunda vez* de Degas. En conclusión, de Eloy Fernández, aquella coreografía extendida a todos los ambientes del museo, tan acompañada por la cámara, "suscita un placer culpable que galvaniza el inconsciente colectivo de los espectadores en su relación con los templos de la cultura".

Jordi Sánchez Navarro (2013) introduciría una lectura interesante de la escena: un enfrentamiento entre "clasicismo" y dos maneras de entender la "creación no museizable". Por una parte, el "accionismo", algo más importante que el resultado. Y, por otra, lo "corporal". Clasicismo contra "accionismo" y "marca de autor" en aquel Fluggenheim donde las obras aparecen distribuidas sin demasiado sentido (representación de un bazar de pósters antes que templo, refugio y ordenador de la cultura). Es decir, en esta escena parece que asistimos a una suerte de acción crítica desde el imaginario popular contra la idea sobre cómo debe organizarse y contemplarse el arte, la representación del museo, originada en los *media* (siendo el Joker el agitador del típico panfleto *underground*.

Las agresiones a las pinturas y la flor de ácido muestran al Joker como una especie de bestia artística contestataria, filósofo *contra-todo-lo-existente*, en su alegato de la *nueva estética* que ve propaganda y seducción publicitaria liberal en donde otros ven clásica expresión artística. Su baraja como arma cortopuzante pone el origen de su movimiento en el surrealismo (un laberinto de extrañas ideas oníricas).

Batman, naturalmente, es enemigo de todo aquello sospechoso de ser manifestación *contra-todo-lo-existente*, lo que también impregna su atuendo de un romanticismo reaccionario que, a veces, tiene sus encuentros con la cultura pop. Es de recordar que los románticos tenían sus profundas evocaciones de la naturaleza en toda su pureza, de repente explorable por la ciencia, abriendo la posibilidad a extrañas hibridaciones (como el murciélago-hombre o Frankenstein).

La propia institucionalidad cultural y política de Batman puede ser el objeto de crítica de muchos villanos de Gotham mediante el posible desglose "cientificista" (de-sublimador) de esta bestia que habita la jungla urbana: una respuesta posmoderna al romanticismo reaccionario que no quiere ver la caída del capitalismo de Gotham. Descontextualizado el héroe salvador y justiciero (deslegitimada su Carga Simbólica por sus antagonistas agentes del caos), sólo nos queda una criatura que podría ser capturada y diseccionada. Tal vez re-representada como pieza estudiada en un museo de historia natural.

Los villanos de Gotham no quieren la muerte definitiva de Batman, su victoria es a través de un espectáculo-exposición de espíritu vanguardista, pero con un apartado para fenómenos de circo clásicos, una galería con antiguos personajes reaccionarios y nostálgicos de la naturaleza oscura, invernal y mitológica de la vieja Europa, donde tanto adoran a la catedral de la cultura. "Si Superman sucumbía al *kitsch* de la kryptonita, escribía Julián Ríos, Bruce Wayne tiene, visto está, su talón de Aquiles en el arte objetual. *El vengador cazado o la venganza estética del Joker* podría ser el subtítulo de esta pieza, en que el murciélago, especie en vías de extinción, es reducido a la curiosidad de la taxonomía"; la cita de *La Bienal de Gotham* (en *Batman desde la periferia*, 2013) se refiere a la obra de Carlos Pozo, donde el personaje aparece clasificado en un expositor junto a mariposas adheridas con alfileres, como un insecto más... consumible, vendible y coleccionable.

Los *bat-años* 90, luego de las películas de Tim Burton, se vieron inundados de incredulidad y ambigüedad, lo vemos en aquellos carnavales fílmicos dirigidos por Joel Schumacher. Pasado el cambio de siglo vemos una clara desmitificación, tenemos problemas para creer en la pureza redentora del héroe salvador. Ahora el culto a la imagen y el heroísmo, como rasgo claro de la normativa hegemónica de género (masculina), guarda una "economía libidinal" conservadora, basada en la autodefensa y el miedo-ataque al otro.

En Burton, por ejemplo, con *Batman Returns*, observamos enfrentadas a tres criaturas poseedoras de icónica animalidad: murciélago, gata y pingüino. Los dos últimos quieren la aceptación-sometimiento de la extravagancia (autonegada) de Batman. En el duelo a muerte entre animalidades vemos una especie de "historia natural" con estética pop que, en realidad, no oculta nada; bajo todas esas máscaras y naturaleza urbana salvaje son evidentes los habitantes de la monstruosidad metropolitana de Ghotam, una *Ciudad de la Neurosis* en tiempos de la decadencia del capital. Son muestras de un evidente contacto entre nuestra barbarie inconsciente y, tal vez, cultural con la condición civilizada.

En *Batman Returns*, el Pingüino (Danny DeVito) es como un aristócrata de los bajos fondos: con su monóculo y sombrero de copa, esas vestimentas oscuras, escritura con pluma y la colección de paraguas equipados con toda clase de artefactos. El Oswald Cobblepot, su nombre real, de la película revive una imagen parecida a la vieja ilustración del capitalista enemigo del proletariado en un cartel de propaganda soviético (Greg Baldino, 2013). *¡Interponiéndose en el camino de Batman, el más temido de los luchadores contra el crimen, surge la extraña figura del Pingüino..., el hombre paraguas! ¡El jovial rostro del Pingüino parece irradiar buena voluntad hacia todo el mundo... pero detrás de esa máscara sonriente se oculta una mente diabólica!* (Detective Comics nº 58).

La estética que Tim Burton (y Bo Welch en el diseño de producción) recrea en la extremadamente invernal atmósfera de Gotham, con aquella música algo operística, tiene una interesantísima suma de elementos: una altanería un poco industrial y superrealista, rasgos de *art déco*, pero sobre todo la combinación de arquitecturas de inspiración fascista y de la grandiosidad de la Exposición Universal. Recordemos, igualmente, esa doncella de hierro en el ingreso de Wayne a la Baticueva. Todo ese helado ecosistema urbano resulta atacado por la grotesca y peligrosa payasada posmoderna, pero conservadora y capitalista, de la banda del Pingüino.

El Pingüino es, efectivamente, una animalidad capitalista sin demasiados problemas con los negocios en el *sector* del crimen organizado, que incluso aspira a cierta legitimación política; el recurso fascista que atemoriza a las masas con su oculto brazo armado, con el fin de redirigir la intención electoral o derribar al oponente con el efecto publicitario del golpe terrorista (el típico agente que no teme hacer el trabajo sucio). De ahí su alianza con el otro gran capitalista de la película, Max Shreck, interpretado por Christopher Walken: —*Le aseguro que esto es una pesadilla, amigo mío. Usted está en su cama, ha tomado un somnífero y descansa... aunque morirá por culpa de los carcinógenos que ha vomitado en una vida de acaparamiento. ¿Trágica ironía o simple justicia? Usted y yo tenemos algo en común: a los dos nos consideran monstruos. Sin embargo, usted es un monstruo respetado y yo no*, argumenta el Pingüino ante Walken. Los dos personajes entablan una pronta colaboración: el capital tradicional, también neoliberal y reaccionario, con el mundo de lo emergente, una aristocracia de lo subterráneo autorrepresentada como defensora de los principios humanitarios (—*No lo olvide, Max, sus desperdicios son mis beneficios*). La escena del Pingüino emergiendo de una alcantarilla, supuestamente después de haber salvado a un bebé, le equipara al cartel mafioso o al empresario del crimen que intentó ganarse al "pueblo" vendiéndose como su salvador.

La alianza es provechosa para ambos. Les permite dar un seductor golpe emocional-publicitario en la "campaña" por saber quiénes eran los desconocidos padres del extraño habitante de la subciudad oculta (una especie de simbolización de la subjetividad colectiva metropolitana), que al nacer, aterrorizados por su deformidad, le arrojaron a las cloacas. Los términos en que es presentada la campaña por la búsqueda de sus progenitores son profundamente ideológicos.

—*Lo único que pido es la oportunidad de encontrar a mis padres. La oportunidad de averiguar quiénes son. Y así... averiguar quién soy.* Es algo que ya hemos visto en la historia del líder ultraconservador y nacionalista que pregunta a sus seguidores quiénes son y de dónde vienen para, entonces, saber qué valores han de mantenerse puros.

El segundo momento de la alianza entre los dos representantes de la cultura corporativa tiene como fin conquistar la alcaldía de Ghotam, una operación que arranca con la legitimación otorgada al hombre que ha encontrado sus orígenes frente a esa cruz de piedra cubierta de nieve sobre la sagrada tumba de sus padres, a quienes ha perdonado por su crueldad. ¿Quién mejor que él para dirigirlo todo? Pero la maquinaria corporativa que ponen en movimiento para redibujar a un candidato político necesita de un gran golpe desestabilizador del poder que, de hecho, facilite el ascenso del fascismo real: —*Para destituir al alcalde necesitamos un catalizador... un incidente como el del Golfo de Tonkín o el incendio del Reichstag*, explica el multimillonario Max a Oswald Cobblepot.

El Pingüino y Max Shreck son, en efecto, la imagen del dirigente de extrema derecha que defiende la idea de sus orígenes, alega poder defender a la sociedad y es capaz de suspender la ley. En su actuación siempre semipersonal, dado que alegará actuar por el *pueblo* o en nombre de la Historia (como en una especie de Gran Otro), es el continuo violador del buen comportamiento en el espacio público, el posible maltratador, el personaje con una vida íntima llena de excesos o el sujeto harto de elegancia y sofisticación que revela un pensamiento racista, machista u homófobo durante un lapsus del lenguaje.

¿El Pingüino y Max se muestran públicamente como individuos falseadores de la realidad? No, son todo máscara que violenta los principios ilustrados, aliados naturales, burgueses distinguidos con cierta inclinación por el darwinismo social.

Toda la trama se ve complicada con la llegada de Selina Kyle, víctima efímera de un intento de asesinato que regresa de algún lugar remoto de la conciencia como la salvaje y sensual mujer gata. Su arquetípica representación tiene un contenido narrativo muy distinto. Catwoman es una auténtica antagonista de la burguesía capitalista asociada con el fascista Pingüino. Es una ladrona, pero también parece tener una vida, mientras Batman goza de sus síntomas al perseguir a los criminales. Por supuesto, han existido distintas lecturas del personaje, en *Batman: Year One* (escrito por Frank Miller, ilustrado por David Mazzucchelli y publicado en 1988) la vimos como una sofisticada ladrona y prostituta.

En la película de Burton es una trabajadora explotada, humillada, cosificada y casi asesinada por su corrupto jefe. La caída hacia la muerte origina su propio despertar a la conciencia de clase. Catwoman es como una venganza, algo trastornada, de un proletariado que combatirá por una legitimidad simbólica nueva y otro papel en el orden existente. De ahí que entre sus enemigos también esté Batman, aunque éste sea objeto de sus salvajes instintos de seducción. Sus crímenes no son atroces, son acciones de "reapropiación" de algunas posesiones de los ricos de Gotham, mezcladas con algo de duro discurso de género: *Siempre confundiendo las pistolas con los genitales. Qué fácil se lo pones, ¿no? Siempre esperando un Batman que venga a salvarte. Son los llamados tipos normales los que siempre te decepcionan. Los psicópatas nunca me han asustado, al menos se comprometen. ¿Dificultades con la dualidad? No te tocaría ni para arañarte.*

Selina ha llegado, en ocasiones, a aliarse con Batman. Incluso se han amado, pero es un amor sin relaciones desiguales. Ella no es una figura de cera atractiva para exhibir en las fiestas junto a las colecciones de la mansión Wayne. Claro está, nunca se ha desvirtuado verdaderamente su carácter como archienemiga del Caballero Oscuro, pero también lo es de los demás villanos de Ghotam, como Bane. Catwoman es, ante todo, una defensora de su propia Carga Simbólica; su autoafirmación y dignidad salvaje es opositora (¿de clase?) de los que buscan ser dueños o defender el poder.

Hay, por supuesto, diferencias entre la Selina Kyle de *Batman Returns* (interpretada por Michelle Pfeiffer) y la de *The Dark Knight Rises* (interpretada por Anne Hathaway). Pero ambas interpretaciones corroboran cierta conciencia de clase en el personaje y una posición política respecto a los poderosos capitalistas de Gotham (a pesar de la *fuga de los amantes* que protagoniza junto a Bruce Wayne en la película de Nolan). Tenemos, pues, particulares destellos comunes entre ambas interpretaciones. Vemos, por ejemplo, las escenas del baile de máscaras en aquella elegante fiesta entre los personajes de Michelle Pfeiffer y Michael Keaton y entre los de Anne Hathaway y Christian Bale. En ambas, con distinta intensidad y dramatismo, se puede entrever alguna clase de doctrina subversiva en las palabras de Selina al referirse a los escasos principios exhibidos por los capitalistas de Gotham.

Representación artística de Batman y Catwoman

—*No me digas que matar a Max no va a solucionar nada, porque yo creo que sí. ¿No estás harto de ese capitalista moralista y sin escrúpulos, que siempre sale triunfante cuando debería estar enterrado?*, le pregunta Selina (Michelle Pfeiffer) a Bruce luego de sacarse de entre las medias de fiesta una pequeña pistola.

Entre las dos versiones de la escena, quizá mi preferida es, por psicológica, la protagonizada por Michelle Pfeiffer. Aunque la de Anne Hathaway tiene un mensaje político algo más claro: —*Se aproxima una tormenta, Sr. Wayne. Y es mejor que usted y sus amigos cierren las escotillas. Porque cuando llegue, ustedes van a preguntarse cómo es que pensaron que podían vivir tan a lo grande y dejar tan poco para el resto de nosotros.*

En el *Universo Batman* para el cómic, hemos visto al personaje del murciélago sucumbir al enamoramiento en varias ocasiones, tenemos a la *socialité* aventurera Kathy Kane o a Talia al Ghul, madre de su hijo. Pero Selina Kyle es su auténtico apasionamiento, casi podríamos afirmar que constituye su "mejor" espejo: una medida de contra-alienación, un salvavidas para ejecutar una rutina emancipadora de emergencia desde lo emocional-sexual. En el más reciente número 24 de la revista *Batman*, escrita por Tom King y dibujada por David Finch, el Caballero Oscuro expresa la angustia ante la posible pérdida luego de una peligrosa misión: en unas viñetas azuladas, teñidas por una tormenta eléctrica y en el oscuro anonimato de la azotea de un edificio, la incrédula expresión de Catwoman observa como el héroe se descubre el rostro y le ofrece un anillo de compromiso... *Marry me*. Recordemos, a modo de antecedente, el polémico *Catwoman #1* donde el mundo de los cómics asistió a una escena de sexo entre ellos, dos individuos invadidos por sus temores y obsesiones, totalmente conscientes de la fragilidad y brevedad de la existencia humana.

La secuencia de *Batman Returns*, inmediatamente después, desencadena otra metáfora del discurso de extrema derecha contra la burguesía decadente y los políticos de carrera, responsables de la degradación de los símbolos patrios, en esas imágenes casi geométricas donde los asistentes a la fiesta saltan por los aires como preludio a la entrada del hombre pájaro para anunciar una infantil y nueva *matanza de los inocentes*.

Catwoman no sólo es una de las villanas más profundas del universo del hombre murciélago, además estuvo ahí para recordar el rasgo sexista y misógino que jamás dejó de presentirse en la fantasía enmascarada y clandestina de lucha contra el crimen. El personaje desaparece de la historia en 1955 por no cumplir demasiado las pautas de la conservadora y recientemente creada Autoridad del Cómic. Con objeto de dibujar una familia al uso, con un padre modelo heterosexual, se introdujo la Batwoman en 1956. La nueva figura no era tan libertaria como Catwoman, algunas de sus armas eran un pintalabios letal y una versión también mortal de Chanel nº 5.

Por supuesto, Batman siempre hizo lo posible por controlar el comportamiento de la mujer murciélago; la investiga, intenta disuadirla de su lucha, etc. De acuerdo con el *Comics Code*, busca que regrese a su rol tradicional al cuidado de una familia. La ola conservadora hace que la D.C. convierta a Batman en un pequeño macho alfa con afán de dominio heterosexual. Esta nueva imagen intentaba contrarrestar la sensación de ver a un justiciero algo amanerado con inclinación a tomar parte en espantosos hechos violentos.

Incluso cuando Batwoman vuelve a empoderarse, como en 1957, logran regresarla a un estado de niña estúpida jugando con cosas fuera de su alcance y con peligro de hacerse daño: —*¡Estoy cansada de que me manipules! ¿Crees que porque has descubierto quién soy puedes controlarme? ¿Acaso crees que soy tuya?*

El Batman restringido por el *Comics Code* deseaba convertir a la mujer murciélago en ama de casa. Incluso, como parte de su fantasía, llega a engañarla para "protegerla" de su propia debilidad; le dice que la ama para hacerla feliz antes de la muerte (que no llegaría) en *El incidente del beso* (1962). Batwoman desaparece de la escena hasta julio del 2006, la hace regresar el guionista Greg Rucka como Kate Kane, una chica lesbiana hija de militares que simplemente vive al margen de las convenciones. Camina por el mundo tomada por la sed de venganza después de una operación fallida que le cuesta la vida a su familia. Su historia transcurre al margen de Batman, un narcisista que no soporta tener cerca a cargas simbólicas con el riesgo de hacerle sombra y que marchen por libre.

Pero la sospecha de que el universo del Caballero Oscuro tenía problemas con las mujeres se extendería aún más. En los 60 la historia ofrece su respuesta al ascenso del relato feminista con el personaje de Bárbara Gordon... Batgirl, en 1967 entra con paso fuerte en *The Million Dollar Debut of Batgirl!* A diferencia de Batwoman, la chica murciélago no está enamorada de Batman. No necesita ser rescatada ni aprobación y es tan fuerte como cualquiera.

Y, sin embargo, he aquí que Bárbara tiene un destino sospechosamente terrible. Alan Moore la deja en una silla de ruedas por un disparo del Joker en *La broma asesina*. Desde el dolor de sus heridas surge Oráculo, una hacker capaz de piratear las bases de datos de la Interpol, el FBI y la CIA. Asistimos a una misoginia inimaginable. Es decir, tiene que reinventarse para continuar luchando contra el crimen, al mismo tiempo que su antigua Carga Simbólica le es alienada por otras mujeres: Helena Bertinelli, Cassandra Cain, Stephanie Brown.

A gran diferencia de los hombres-héroes, que vuelven a caminar por más grave que sea la herida, Oráculo jamás podrá recuperar su identidad como Batgirl. Por lo menos no hasta el 2011, cuando Gail Simone toma el mando y la D.C. permite regresar al personaje. La presencia de las mujeres en el universo de Batman tendría una inflexión interesante en una de las historias de culto del personaje, la ya nombrada *Batman: The Dark Knight Returns* de Frank Miller, donde el papel de Robin es ocupado por una chica de nombre Carrie Kelley.

Pero esta historia no termina aquí. Luego de otras películas bastante simplonas en la década de los 90, con un dandy glamuroso y chocante a modo de Bruce Wayne, en el 2005 es estrenada *Batman Begins*, que recupera un matiz realista y tétrico para el personaje, cuya sed de venganza cabalga sobre un Batimóvil adaptación especial del vehículo militar Tumbler. En la película se enfrenta contra la famosa secta mafiosa Liga de las Sombras, que pretende destruir todo núcleo humano cuyo caos amenace al resto de la humanidad: —*Cuando un bosque se extiende mucho, un incendio purgador es natural*, argumentó su líder para explicar por qué había intentado destruir la ciudad con una especie de *bomba económica*, ésta se hallaba poseída por la decadencia cultural, la pobreza, la corrupción, las drogas y la violencia.

La cuestión radica en que esta secta fue la que rescató a Bruce Wayne de la miseria humana y luego le enseñó que para superar el "terror" de su infancia, tendría que convertirse en ese "terror". En la película, Wayne vuelve a ser un niño asustado, mimado... y perturbado, que para defenderse del mundo se disfraza de maleante con finas maneras. Como ya sabemos, un mecanismo de trasferencia psíquica le convierte en el hombre murciélago. Esto se explica porque su "terror" está simbolizado por una fobia que desarrolló de niño y que le hace sentir pánico por estos animales. El narcótico con el que la Liga de las Sombras volverá a destruir la ciudad provoca alucinaciones paranoicas en las que las personas se ven perseguidas por sus terrores más profundos.

En el 2008 es estrenada la película *The Dark Knight* y en 2012 *The Dark Knight Rises*, que hemos analizado brevemente al principio de este capítulo. Ambas producciones (al igual que la del 2005), también del director Christopher Nolan, continuarían explorando para el cine la historia más "tradicional" de Batman. En *The Dark Knight* se vuelve a manifestar la simbiosis oculta que existe entre el héroe y su más enigmático enemigo: el Joker, interpretado por Heath Ledger (que se suicidaría en enero del 2008).

El payaso es producto de una macabra y paradójica broma que se simboliza con una eterna sonrisa retorcida. Éste explota el caos, su lugar natural, desde su más pura esencia: como el hombre maquillado que normalmente debería hacer bromas estridentes para divertir a los niños, pero que en algún momento decide que sólo necesita hacerse gracia a sí mismo. Es decir, él y sólo él como referencia absoluta de espacio y tiempo. Originando la caída en una espiral de pensamientos destructivos que sólo pueden llevar a la elemental "broma" (simbólica) en la base de todo. Que no puede ser otra que la nada inquieta y fría, la máxima expresión del caos, posterior a la muerte violenta de todos.

La figura del personaje infantil que se convierte en asesino es algo que remueve temores muy profundos. Crea la sensación de que ya nada es seguro, ni siquiera en la mente, de que no queda nada intocable o sagrado. Pero el archienemigo de Batman no es un resignado sin más a la muerte, reivindica la locura extrema como contramedida al caos en lugar de la rebeldía de los sujetos, pues el primero es justo (da a cada quien una estadística medida de castigo y catarsis solitaria sin nexos sociales) y la segunda sólo intenta inútilmente dar la sensación de que todo vuelve a estar bajo control. Esto hace que su huella en la subjetividad se haga más evidente. Ya que, efectivamente, la locura es más fácil que la acción ciudadana organizada contra el desorden colectivo. Por lo menos lo es en el mundo de la competencia agresiva, el Individualismo y la generalización de violencias a nivel micro (con episodios más o menos frecuentes de violencia mayúscula). La cuestión es que ésa es la experiencia de muchos, recordemos al psicópata que perpetró una masacre durante el estreno de *The Dark Knight Rises* en la ciudad norteamericana de Denver.

El Joker ha simbolizado siempre en la cultura al vehículo del caos (el único poder que le interesa es el de *ver arder el mundo*), así como un fallo en las predicciones realizadas por las teorías de construcción social. Él y el héroe forman la dualidad (descrita en la película) vista como *fuerza imparable* contra *objeto inamovible*.

Pero tanto uno como el otro, aunque con imperativos ubicados en polos opuestos, simbolizan de una manera muy elaborada al hombre *básicamente hombre*, elevado a sujeto cuya imagen es objeto de respeto y adoración en sus respectivos nichos. Es, aunque exista una causa psíquica e incluso propensión a la afección (sin olvidar que ésta se dio como producto de un entorno social dañado), el Individualista llevado a sus máximas expresiones. Estos superhombres, tan presentes en la Carga Simbólica general de la "aldea" global contemporánea, son la desviación que siempre se ha temido del individuo huyendo de la absorción de la *tribu* soñado por Friedrich Nietzsche. Una escapatoria totalmente legítima y revolucionaria para la Filosofía, pero que en caso de no poder simbolizarse eficientemente (en un fallo interpretativo de la hermenéutica del sujeto) y exteriorizarse en lenguaje coherente, resulta nefasta para el aparato cultural y el tejido social.

Uno de los aspectos estremecedores de la dualidad formada por Batman y el Joker es que genera una institucionalización de la mentira: las argumentaciones del payaso psicópata tienen una gran carga de verdad, incluso existe cierta racionalidad (una comprobación de hipótesis en experimentos psicosociales) durante su campaña de terror sobre la ciudad. Mientras la teórica defensa de la ley y el orden está en manos de un guerrero cuya identidad verdadera se desconoce y que, además, cuenta con el apoyo secreto de varias autoridades. En *The Dark Knight*, por ejemplo, esto empieza a consumarse, ya que Gordon se ve "obligado" a mentir sobre la desviación y perversión desarrollada en el postraumatismo de Harvey Dent, dejando que el Caballero Oscuro cargara con sus crímenes. El objeto de esto es mantener una ilusoria calma en los temerosos habitantes de Gotham City, que por otro día ignoren el nivel a donde llega la descomposición en los núcleos del poder en la ciudad. Vemos la implementación de una doctrina antiguamente presente en el pensamiento político, según la cual las masas trabajadoras son demasiado débiles para soportar la verdad sobre el poder, que la verdad política o económica es demasiado compleja y dolorosa para comunicarla tal como es a las masas.

Y en medio de esto puede resurgir la virtualidad del superhombre, antes nombrado, que siempre reclamará subjetivamente la legitimidad que entiende corresponde a su Carga Simbólica, pero ésta no llegará. El mismo Joker se lo restriega a Batman en la película, cuando le increpa por creer que Gotham City le ve simplemente como un "talentoso" hombre de la ley, por llegar a expresarse como ellos, cuando ambos saben que la sociedad sólo los ve, indistintamente, como imágenes pérfidas y extravagantes. Y esta verdad simple y aplastante es la que marca el reclamo de legitimidad para la Carga Simbólica del guerrero oscuro: está totalmente dispuesto a morir como héroe (y pronto), para evitar que tarde o temprano empiece a vivir como un villano. Por supuesto, no hay que olvidar que para los criminales enemigos del hombre murciélago la destrucción es también un asunto de choque violento entre verdades y creencias, una fría cuestión epistemológica.

Esto se decían Batman y el líder de la Liga de las Sombras, antes de que éste intentara destruir la ciudad en *Batman Begins* (2005):

—*Vais a acabar con millones de vidas... [...]*

—*Sólo un cínico diría que lo que esta gente tiene se llama vida, Sr. Wayne. Crímenes, desesperación... Así no es como debería vivir un hombre. La Liga de las Sombras ha sido un obstáculo para la corrupción humana desde hace miles de años: Nosotros saqueamos Roma, llenamos barcos con las ratas de la peste, redujimos Londres a cenizas... Cada vez que una civilización llega al culmen de su decadencia regresamos para restaurar el equilibrio.*

En la lógica del héroe está en delicado juego ese equilibro, donde destaca lo clínico, cultural, filosófico... y simbólico. En *Más allá del bien y del mal,* Nietzsche argumentaba que: *Toda mente profunda necesita de una máscara; en torno de una mente profunda se va formando sin cesar una máscara, gracias a la interpretación constantemente falsa y superficial de todas sus palabras, de todos sus pasos, de toda señal de vida que de él emane.* Afirmaba que los rasgos más profundos del ser (humano) tendían a ocultarse y que era correcto cubrir lo sublime tras una mascarada brutal, imprimiendo abierto castigo hacia quien osara entrar en los misterios de lo que sólo podía ser la *bondad* máxima. Decía: *[...] las cosas más profundas odian hasta la imagen y la semejanza. ¿No sería tal vez el contraste la verdadera forma de vestido que preferiría el pudor de un Dios?*

Batman es un individuo (la mayoría entiende que excepcional, aunque innegablemente perturbado) oculto tras una máscara que combate el crimen por la fuerza y sin miramientos. Como el mitológico semidiós (tecnológico) que en realidad es prisionero de los caprichos humanos. Dado que impunemente nos apropiamos de su máxima *bondad,* para realizar nuestra virtual catarsis unilateral. Un revivir repetidamente la realidad que hay en la fantasía (incrustándolo en el cúmulo, ciertamente informe, de nuestra Carga Simbólica). Es una "asimilación" con su respectiva violencia, con frecuencia no tan imaginaria y tanto inmanente como trascendente a la cultura, capaz de "resetear" simbólicamente el mundo en cualquier momento, es decir, sin dejar de usar el signo más refinado y bárbaro de nuestro tiempo. Como dijo Oscar Wilde, *mientras se considere mala, la guerra conservará su fascinación. Cuando sea tenida por vulgar, cesará su popularidad.*

En la película que estábamos abordando a principio de este capítulo, *The Dark Knight Rises* (que hace parte de esta gran trilogía de Nolan), vemos alguna coherencia ideológica en el relato del héroe. En *The Dark Knight* subsiste el argumento liberal donde el orden establecido es mantenido por la fuerza en nombre de una moralidad aceptada, una defensa llevada a cabo por el superhombre que se convierte en leyenda urbana por romper temporalmente la normativa en nombre de un fin más elevado (lo que le llevará a ser admirado y reivindicado por la Historia, como en el *western* más típico). En su antecesora, *Batman Begins*, la cuestión presenta algunas razones de origen: el guerrero clandestino enmascarado, el guerrillero urbano, el patriota americano combate el crimen y el mal donde la legalidad policial no logra llegar (lo que, nuevamente, pone en duda la eficiencia del servicio público), recreando cierto apoyo no formal por parte del poder.

Es esta articulación la que sale comprometida en *The Dark Knight*, ya que el Joker no es más que un sociópata que refleja la general descomposición social, mientras Harvey Dent es un honesto servidor público cuya actuación y transformación termina desbordada en la misma proporción que la realidad violenta que produjo a Batman. En Dent el poder cruza, aún con mayor radicalidad, las líneas que antes ha borrado el Caballero Oscuro. De ahí que, al final de la película, no exista mayor dificultad en limpiar la memoria de Dent y arrojar toda la culpa criminal sobre Batman. Hay variedad de ejemplos similares en el mundo, uno de ellos es la lógica de la guerra en la ya nombrada Colombia, donde un Estado ha cometido toda clase de crímenes por décadas, durante las cuales aparece y se extiende el fenómeno de los ejércitos narcoparamilitares de extrema derecha, a los que se adjudicarían terribles delitos (los suyos y los de su causa verdadera, el Estado).

Pero todo este ciclo se cierra en *The Dark Knight Rises*, Bane es el necesario personaje post-Dent que finalmente comprende que para cambiar el mundo tendrá que atacarlo frontalmente. Esto es, violenta y políticamente (el *terror popular* donde se deja claro que el pueblo decidirá por sí mismo cómo actuar, algo muy temido por las élites), pero también financieramente (recordemos que las empresas de Bruce Wayne son empujadas al borde de la bancarrota).

Arribamos a la amenaza real al orden establecido (la caricaturización del levantamiento popular comandado por sujetos trastornados), que tiene como respuesta una especie de radicalización de la lucha de clases de amplios alcances en el inconsciente colectivo. Unos alcances que resimbolizan la ilusión del poder popular (que hoy se hace local, diverso y tecnológico e intenta revitalizarse con un discurso hacia el poder financiero y mediático, las industrias de armas, etc.), con la imagen del terrorista o la amenaza supuestamente populista y totalitaria.

La obra de Nolan es maestra en el tratamiento del conflicto mental generado en el espectador, mediante los extraños rasgos del personaje. «En las tramposas manos de Nolan, el *blockbuster* se convierte en ese género hiperbólico y artefacto fascinante, posmoderno en la hibridación formal y reaccionario en lo sustancial, que captura con estilo ampuloso las inquietudes estéticas y los deseos de cambio, las ideas críticas y los anhelos de novedad del espectador, con el socorro atrayente de los efectos especiales y las hiperbólicas escenas de acción, las invierte en reafirmación política del orden establecido, los valores dominantes y la mentalidad convencional» (Juan Francisco Ferré en *El devenir del murciélago. Avatares de Batman en la mediasfera contemporánea*, 2013). El director británico edifica un artilugio-cine íntimamente propagandístico, donde el Caballero Oscuro (y eventualmente la Catwoman interpretada por la extraordinaria actriz Anne Hathaway) son como condición de posibilidad más que consecuencia del capitalismo de Gotham City. Y donde el antagonista real, cierta vanguardia política caricaturizada y sin temor al uso de la violencia como forma de ingeniería social, es retratado como terrorista, en alianza con el crimen organizado, también capitalista... posiblemente un *comunista internacional* postcaída soviética. En su cometido como cine *espejo*, el Batman de Nolan realiza una inversión de imagen-ideología que intenta provocar nuestra identificación con lo retrógrado del discurso político liberal. Entre *Batman Begins* (2005), *The Dark Knight* (2008) y *The Dark Knight Rises* (2012) el director londinense Christopher Nolan nos ha mostrado, primero, el fracaso humillante del liberalismo y, segundo, el descalabro aterrador del neoliberalismo.

También la necesidad del Joker (que enfoca su juego homicida al *Homo œconomicus*) es sospechosa de condición de posibilidad de aquel imperio del capital. De hecho, sin el payaso como espejo no tendríamos claridad sobre quién es Batman, un sujeto atrapado en la personalidad múltiple; con su otra cara de innovador industrial, al frente de una jauría de tiburones financieros, misteriosamente solo y filántropo... un típico cachorro del capitalismo contemporáneo. Con la máscara y en su alianza con la policía se convierte en imagen del funcionario de derecha que comprende las torturas y divertimentos de "nuestros chicos en el frente", la violación de la ley a cambio del apaciguamiento social.

El Joker es un espejo psicópata con fundamentación filosófica, pero con un relato ideológico aún contradictorio. Pero pronto llegaría Bane (que aparece por primera vez en *Batman: Vengeance of Bane Nº 1*, 1993), un espejo con programa político, cuyo discurso se presenta sospechosamente parecido al exhibido por algunos nuevos cuadros de la izquierda del XXI. Si Bane tuviera un pasado algo menos escabroso, si no fuera, en verdad, una caricatura neoliberal del disidente revolucionario, de hecho, si Batman no fuera la fórmula de orientación y saneamiento ideológico en el universo ficticio de Gotham, este personaje podría protagonizar la historia sobre la incorporación a la vida civil de la izquierda que un día pensó en la desobediencia e incluso en la toma del poder por las armas. Tendría fraternales relaciones con organizaciones como Izquierda Unida o Podemos en el Estado español.

Bane llega para el cine en la película *Batman & Robin*, dirigida por Joel Schumacher (1997), interpretado por Robert Swenson, y por Tom Hardy en *The Dark Knight Rises* de Christopher Nolan (2012). Su discurso funciona, aparentemente, sobre algunos ejes clásicos de la izquierda: la revolución, la libertad, la justicia, el reparto de la riqueza y el poder, etc. Pienso que casi podría utilizar una de las escenas de Bane en la película de Nolan junto a algún discurso de campaña de Pablo Iglesias, uno de los fundadores de Podemos, para mis clases sobre Psicología Política.

Como aquella secuencia, magistral por su papel de reorientación ideológica y adoctrinamiento político inverso y subliminal, donde el terrorista llega en carros blindados (exactamente el mismo modelo de vehículo de combate usado por Batman, recordemos la función dialéctica de la imagen-espejo) ante la fachada de la Prisión de Blackgate. La Ley Dent mantenía allí a un gran número de peligrosos delincuentes, incluida a Selina Kyle, Catwoman. Ahora Bane los re-simboliza y reclama como presos políticos cautivos por el viejo régimen. Su mediático acto de agitación enciende a los reclusos, que escuchan los comienzos de una especie de ritual de paso entre la Modernidad iluminada (la Ley, la seguridad, etc.) y la posmodernidad (toda transparencia, una pornografía política en la caída de los principios mítico-institucionales): revela ante las cámaras uno de los secretos mejor guardados entre la alianza del jefe de policía Gordon y Batman, la verdad sobre la muerte de Harvey Dent.

La caída del ídolo, de la idea de institucionalidad y ley, da pie a la primera reivindicación del programa político de Bane: como muchos de nuestros líderes de izquierda actuales, pide *el cese de todos los corruptos*. La única defensa que el atónito Gordon puede esgrimir es la necesidad de un héroe (el culto a su imagen) que impidiera que la ciudad cayera, y su sola idealidad transporta una de las más importantes leyendas del capitalismo, según la cual las masas están demasiado asustadas para ser capaces de decidir su camino político por sí mismas, con lo cual es más seguro darles un héroe-mercancía que puedan comprar y adorar: —*Llega un momento en el que el sistema falla, las normas dejan de ser armas y se convierten en... ataduras que dejan que el malo se salga con la suya. Un día, puede que te toque vivir ese momento de crisis. En ese momento espero que tengas un amigo como lo tuve yo. Capaz de ensuciarse las manos, para que tú las puedas llevar limpias.*

Con el derrumbamiento de la máscara llega la segunda reivindicación del programa político de Bane: —*Les arrebataremos Gotham a los corruptos, a los ricos, a los opresores de generaciones que os han tiranizado con falsas oportunidades. Y os la devolveremos a vosotros... al pueblo*. Al grito de *liberación de los oprimidos*, las puertas de esa nueva Bastilla de los tiempos del capitalismo financiero vuelan por los aires. Es reclutado un "ejército popular" y comienza el asalto al poder. Esta pretendida versión del cine de superhéroes sobre el asalto al Palacio de Invierno contempló juicios y reapropiación de los bienes de la clase adinerada de Gotham. Los tribunales del "nuevo régimen" también tienen cierta simbolización, ya que uno de los jueces es el mismísimo Dr. Jonathan Crane (el villano Espantapájaros).

En efecto, además del Joker hay un villano muy conectado con el problema de los terrores infantiles: el espantapájaros. El Dr. Jonathan Crane es un psicólogo especialista en el "miedo" que desarrolla un fármaco responsable del aumento incontrolado de los miedos latentes de pacientes y otros sujetos. La figura del Espantapájaros es un recurso terrorífico ya usado en el cine y la TV: asusta a los pájaros de las plantaciones como quien asusta a los niños que van por el campo, el mundo, comiendo caramelos sin preocupaciones. Esta especie de "golem" hecho de paja y trapos viejos congela el miedo en la soledad de las plantaciones, lejos de los dominios urbanos e industriales de Bruce, donde éste no tiene ninguna posibilidad. Vemos al administrador de la justicia, el cuasi-sagrado estatus del magistrado, representado en la figura del *médico psiquiatra* perturbado que hace experimentos con sus pacientes y puede actuar a las órdenes del poder. Sus *vistas para sentencia* sólo comprendían tres tipos de condena: muerte, exilio... o muerte por exilio. Estos últimos eran obligados a caminar por la superficie helada del río que separaba Ghotam (Manhattan) del continente, la puesta en escena, una propaganda algo reaccionaria, deja la impresión de que los antiguos campos de prisioneros de Siberia han reaparecido en la costa Este de los EE.UU.

En el director Christopher Nolan estamos asistiendo al éxito de taquilla (¿instrumentalización comercial de la cuestión y angustia social?) como arena de confrontación ideológica entre revolución (presentada como ofensiva terrorista) y viejas estructuras (presentadas como imagen de seguridad y orden). En parte, se llega a ese punto por la terquedad política de los que llevan desde siempre en el poder: continuar viviendo la práctica social a través de un ordenamiento que funcionó en el pasado, pero que "ya no satisface a nadie", en palabras de Rafael Fraguas.

Con el "ejército popular", los juicios, la retención forzosa de la policía, la prisión de la burguesía de Gotham y el aislamiento de la ciudad llega una situación de ofensiva político-ideológica equivalente a la creación de una ciudad-Estado independiente... la «*República Popular de Gotham City*», *la dictadura del proletariado sobre Manhattan* (como explicara Slavoj Žižek en *Problemas en el paraíso*, 2016).

La parodia, algo grosera, sobre la llegada de un comunismo aterrador y la caída de la democracia neoliberal no podía ser más clara. Bane deforma al líder revolucionario para convertirlo en terrorista en tiempos de hecatombe financiera, hundido en su dolor únicamente apaciguado por la medicación que su máscara le administra permanentemente, reforzando esa imagen de agente extraño, foráneo, extranjero y casi "alienígena"... un ladrón de mi propio *goce capitalista*. Y recordemos, cómo no, que Bane actúa bajo las órdenes secretas de Miranda Tate, en realidad Talia Al Ghul, hija del supervillano Ra's al Ghul y líder de la Liga de las Sombras. Y que, además, ella y Bruce son amantes, lo que de alguna forma refuerza el verdadero estatus como antagonista al sistema de Selina Kyle.

Naturalmente, sin el Joker y Bane, sin Pingüino y Catwoman no aparecería Batman. Y sin éste el capitalismo de Gotham no tendría su modelo de seducción que puede justificar el orden, en defensa del cual ha de reprimirse cualquier amenaza a sus propias leyes. Algo como el capital necesita de enemigos para existir, y es mejor si la respuesta a ellos viene de uno de sus hijos, "un dandi hedonista" con gusto por el francés, los vinos caros y toda clase de lujos (*Come Back, Dr. Calagari*, de Donald Barthelme, 1964).

Y recordemos, además, que el hombre murciélago, aunque no Bruce, parece estar por encima de la muerte, por la gracia de la modelización y exteriorización de su Carga Simbólica. En el fondo, tal vez, sus enemigos no desean su desaparición. No pretenden poder en sí, sino grandísimos cambios estructurales, pero representados como destrucción general.

Así como la dialéctica de Batman lo es por su universo de villanos, el capitalismo de Gotham lo es también por su pléyade de contradicciones y retorcidos *plus-personajes*, que unen ciencia, política radical y locura mental. Esto ilustró una diferenciación importante respecto a otras historias como *Dick Tracy* (Chester Gould, 1931), un personaje algo más simple. En contraste, la complejidad simbólica de Batman es mucho más grande, ya que un sistema de terrores infantiles llevados al adulto hace que toda la trama sea oscura y angustiosa.

La cuestión es clara: si Bruce Wayne no viniera de experimentar un grave estrés postraumático, tal vez alguna clase de trastorno psicótico reactivo por haber presenciado el asesinato de sus padres, sería una verdadera estupidez disfrazarle de murciélago y enfrentarle con tipos mucho más duros que él.

Ninguno de los antagónicos de Batman, como el Joker, quiere la muerte del murciélago. El payaso sabe que es el único que puede dar la talla durante la respuesta a su soberana locura, tan sólo quiere *ver arder el mundo* y morirse de la risa al sentarse para ver cómo Batman intenta salvar un par de cosas de las llamas (en reflexiones de Greg Baldino). Por otra parte, también sabe que el hombre murciélago es su única alternativa a una camisa de fuerza, medicación y algo de psicoterapia para todas las barbaridades que ha perpetrado: matar al segundo Robin, dejar paralítica a Batgirl, etc.

El Joker, como los demás villanos, es la cíclica reproducción del hecho traumático en el núcleo de la subjetividad: el asesinato de sus padres. Todos esos malvados personajes son como imágenes de lo inexpresable e imposible que existe en el centro de lo Real, son representaciones de algún tipo de entrada violenta de lo Real en lo Simbólico. Bruce, en realidad, no tiene muchas otras opciones, además de convertirse en "otra cosa", un álter ego para personificar un terror equivalente al núcleo traumático.

En parte, Batman surge en clave de venganza obsesiva-compulsiva, aunque sin la muerte del asesino Joe Chill, responsable de la caída de Thomas y Martha Wayne: —*Juro por las almas de mis padres vengar sus muertes dedicando el resto de mi vida a combatir a los criminales*.

Al intentar responder por los orígenes de Batman es necesario subrayar el peso sociopolítico de sus circunstancias, pero también ese eterno retorno "industrial" de todo lo reprimido. Vemos el reencuentro interpretado de arquetipos colectivos, terribles angustias infantiles y viajes peligrosos al inconsciente. La bat-señal en el cielo nocturno de Gotham es un aviso privado desde el Estado para que, una vez más, salga a perseguir los espectros que pueblan sus noches.

La idea que transportan los villanos es que, aunque derrotados o muertos, siempre regresa el miedo que simbolizan, para Bruce el terrible momento de la pérdida y para las clases pudientes de la ciudad las amenazas al *statu quo*. Obedeciendo a un "espíritu de lo junguiano", cada arquetipo está más lejos que la forma simbólica que pueda asumir. La complejidad arquetípica de los villanos (Joker, Acertijo, Catwoman, Espantapájaros, etc.) prácticamente les convierte en artistas-filósofos de algún movimiento vanguardista. Los "malos" son vanguardias de las interpretaciones, narrativas débiles, por supuesto, contestadas por la Verdad como institución, generadora de códigos culturales y normativas para el comportamiento-consumo ideológico. La Verdad, con mayúscula, como conocemos, puede convertir al defensor de una narrativa débil (como el comunismo) en paciente urgido de recostarse en el diván de un psicoanalista.

¿Los villanos no son, en ocasiones, "interpretaciones terapéuticas" del mundo capitalista donde Bruce y Batman existen? ¿Son interpretaciones de una realidad enferma en gente que escucha voces y, en el caso de Bruce, une deber-deseo ciudadano con represión inconsciente?

Pero, sobre el Yoker y el problema de la "interpretación terapéutica", es ya imposible dejar de referirse a la impresionante película *Yoker* (2019) dirigida por Todd Phillips y protagonizada por el extraordinario Joaquin Phoenix. Hasta ese momento, el payaso psicótico era para mí un filósofo criminal, tal vez un aspirante a ingeniero social.

Representación artística del Yoker interpretado por Joaquin Phoenix en el
2019

Luego de la película de 2019, además, era alguien cargado de razones y sentido de la justicia, a quien bien haríamos al pedirle perdón por todo el sufrimiento que el sistema insistía en causarle. Este es uno de los efectos perturbadores de la película: nos han hecho empatizar con quien clásicamente simbolizara la fuente de múltiples terrores nocturnos y diurnos. En efecto, quien fuera un terrible perturbado creado para el universo de la *industria-mitología* de los héroes, con cierta inclinación velada por la interpretación hermenéutica, ahora resultaba desnudado frente a espectadores que se doblegaban ante el engaño del que habían sido víctimas, enseñados desde niños a odiar y temer al débil que decide defenderse.

Hay una serie de simbolizaciones verdaderamente impagables en esta película. Como la huelga en la recogida de basuras que vive la ciudad, provocando una invasión de ratas (tan conectada con aquellas demandas del Superyó que viviría el huérfano de la familia Wayne). Pero también tenemos la ambientación de todo ese sufrimiento de los 70 del XX, con jóvenes violentos que gustan de agredir al débil. Es el payaso reducido a la basura que huye, la sociedad que talla un dolor con meticulosidad, la enfermedad mental que le hace reír y llorar al mismo tiempo. Y, además, tenemos a la terapeuta o trabajadora social, representante del Estado que se derrumba ante los credos neoliberales: recortes, masificación, estadísticas, pérdida de derechos sociales...

—*Esta será la última vez que te vea*, le advierte su propia terapeuta, sin respuesta a su trastorno ni ayuda para conseguir sus medicinas. Vemos la terapia fallida de quien ruega que le presten ayuda: orientación para cumplir su sueño de dedicarse a la comedia, un aumento de la medicación para detener el sufrimiento, etc. El que, al principio, se esforzó por lograr algo de normalidad, pronto comprendió que necesitaba ejecutar la mayor de las bromas gracias a su propia muerte. Parafraseando a Marx, el Joker pensó que su vida era una tragedia, pero ahora sabe que es una comedia.

Este Joker de Joaquin Phoenix es el asesinato simbólico que nuestras propias pulsiones muestran como justo, la destrucción política y el desorden filosófico de ascendencia alemana pero hecho a la estética capitalista norteamericana irradiándose desde los setenta al mundo entero.

Sí, el Joker niega que pretenda un fin político, ¿pero puede negarse el sentido político del propio relato en directo (el golpe de efecto) o de la delicada danza en el sucio baño público luego del asesinato, por ejemplo? Aquel artista incomprendido que se pregunta por qué todos eran tan groseros solo quiere un poco de decencia en la ciudad y que la gente finalmente se percate de que él existe, que no es un felpudo sucio en la calle que pueda pisarse sin más. Y en su idea de decencia probablemente incluya al sentido estético, imagen artística e intensidad literaria. Cuando sale en vivo por la TV su actuación es delicada, sensible y refinada. Las premisas de su argumentación son simples: —*La muerte se convirtió en comedia, porque sencillamente el sistema decide*

lo que es gracioso y lo que no lo es. Nadie es civilizado, nadie empatiza...
los ricos creen que lo toleraremos todo y no atacaremos. Si desde
ciertos sentidos Batman puede, sin mayores sorpresas, ser interpretado
como un paramilitar fascista que actúa en defensa del Statu quo, el
Joker se presenta como el líder popular que no pretendía serlo,
confundible con un sujeto de izquierdas, pero con claro peligro de
derivar en vehículo de transformaciones algo emparentadas con
Nietzsche y Heidegger.

¿El Joker es un delincuente o un filósofo? ¿Es la imagen mental del
capitalismo en crisis? ¿La crisis capitalista que provoca la locura popular
se purga a sí misma creando a golpes al Joker? ¿Estamos viendo la
oscuridad explotada y enfermada levantándose contra el iluminismo
instrumentalizado, hecho financiero, del candidato a la alcaldía Tomas
Wayne, el mismísimo padre de quien se convertirá en Batman? ¿El que
llamara "payasos" a los pobres y originará esa furiosa manifestación de
gentes disfrazadas frente al teatro, ese templo de la elegancia y el buen
gusto donde (¡oh extraordinaria paradoja!) los ricos asisten a una
proyección benéfica de *Tiempos Modernos* de Chaplin?

Y, a propósito de la familia Wayne, no olvidemos que la película nos
muestra cómo es el Joker (aunque todavía no aparece como tal) quien
dibuja a 'navajazos' simbólicos la primera sonrisa forzada de aquella era
de crímenes: introduce sus dedos huesudos en la boca infantil e
inocente del futuro Batman, antes del terrible post-trauma que le
conducirá a la locura de convertirse en el Caballero Oscuro. La escena
no podría ser más dialéctica, la simulación del espejo no podría ser más
psicoanalítica.

Para finalizar este apartado.

Hubo siete años en los que Batman es escrito por el talentoso Grant
Morrison. El murciélago de Morrison es un ciclo también icónico de la
historia del personaje, comenzando por *Batman R.I.P.* (2008) Es un
momento donde la serie realmente adquiere una estructura de novela,
con cuadros psicológicos más complicados. Es, por ejemplo, el
sobresaliente caso de Damian Wayne, una historia freudiana casi
completa: vive la separación de la madre y la transmisión de la ley por
parte del padre, de quien, sabemos, recibirá una genealogía y una Carga
Simbólica objetivada como Robin (*Batman renacido*). En *Batman R.I.P.*,
quien había sido el héroe capitalista por excelencia se enfrentaba a "la

ruina total y absoluta de un espíritu noble". Es la trama donde unos "mega-ricos" aún más oscuros que el atormentado Bruce le reducen casi a la viva imagen de una víctima del sistema: loco, enajenado, presa de las drogas... un vagabundo sin esperanza.

Con Morrison, Batman revive acontecimientos del pasado, retrocede hasta el siglo XVIII. Su teoría sobre el Caballero Oscuro se basa en la historia natural de Gotham, la animalidad mitológica del personaje: "episodios demenciales sobre lo inexplicable, lo misterioso y lo sobrenatural. A fin de cuentas, el suyo era territorio del subconsciente oscuro (y) los elementos grotescos [...] lo completaban una serie de villanos que personificaban con gran eficacia los diferentes tipos de trastornos psiquiátricos" (Grant Morrison en *Supergods: héroes, mitos e historias del cómic*, 2011).

Como el *Comics Code* impedía una alusión demasiado directa y "contemporánea" al crimen, el Caballero Oscuro tendría que enfrentarse a monstruos y alienígenas que, nuevamente, eran representaciones de una invasión de lo Real en lo Simbólico.

La trama completa de Morrison es algo compleja, compuesta por varios títulos, entre ellos *Batman R.I.P.*, *Batman and Robin*, *The Return of Bruce Wayne* y *Batman Incorporated*. El personaje descubre al violento y algo sádico Damian, hijo suyo y de Talia al-Ghul. El joven busca el *asesinato simbólico* del padre, intenta sobrepasarle y heredar su autoridad. Casi al mismo tiempo, Bruce ve revelada su "némesis": Simon Hurt, psiquiatra y jefe de la organización criminal Guante Negro. Este retorcido personaje ha recreado tres "versiones" psicóticas de Batman. Luego se las ingenia para convocar al "Club Internacional de los Batman de todas las Naciones" con la pretensión de perpetrar una masacre. En el curso de los acontecimientos ha logrado la enajenación mental de Batman.

Tras el ataque, el mismo personaje principal sufre graves cambios, parte de la subjetividad original sobrevive en algún rincón perdido del inconsciente como Batman of Zur-En-Arrh. Sin embargo, el villano Darkseid logra exiliarle en un lejano pasado. Así que Dick Grayson y Damian se ven abocados a personificar a Batman y Robin. Aquí se presenta un extraordinario recurso narrativo, según el cual tanto Bruce como Simon Hurt dejan pistas sobre su existencia desde el pasado y a través de la Historia: el neolítico, los peregrinos, el salvaje Oeste, el siglo XX... hasta que Wayne-Batman logra regresar al presente a tiempo para detener a Hurt.

La guerra contra el crimen, al regreso de este Batman de Morrison, podría utilizarse como ejemplo de la surrealista fragmentación de las fuerzas algo progresistas del mundo: la dispersión entre los "colaboradores" es total. Ante este escenario, Bruce crea *Batman Incorporated* para reunir a todos los guerreros que comparten y readaptan su Carga Simbólica, entre ellos a los *Batman de todas las Naciones*.

«Los Batman de todas las Naciones son héroes de todo el mundo que fueron inspirados por Batman y Robin para unirse a la lucha contra el crimen. Reunidos por el millonario John Mayhew, se les dio como sede una isla privada y un gran presupuesto. En conjunto, se convirtieron en el Club de los Héroes. Sin embargo, los miembros eran demasiado propensos a luchar unos contra otros. Se separaron sobre todo para mantenerse fuera del camino del otro. El grupo llegó en ayuda de Batman durante el asalto del doctor Hurt a Ciudad Gótica, en la historia *Batman R.I.P.* (incluía a Knight, Squire, Dark Ranger, El Gaucho, Musketeer, Man-Of-Bats y Red Raven)» (*Batpedia*).

La estructura de Morrison cuenta algo de trascendencia psicoanalítica y filosófica. Y es que el hombre murciélago sufre, literalmente, un juego dialéctico con su propia imagen. De lo que resulta una cadena de alienaciones (*en* y respecto a *sí*), el personaje se enfrenta a una tremenda fragmentación.

Pero, además, tenemos el horror de los *Tres fantasmas de Batman*, expolicías que son sometidos a distintas torturas para transformarlos en auténticas copias *plus*-perturbadas del Caballero Oscuro. Son como versiones psiquiátricas de Batman, compartiendo su misma Carga Simbólica (múltiples individuos tan trastornados como el Yoker, pero auto-representados como el hombre murciélago).

Una de las cuestiones centrales es que todas las versiones del hombre murciélago son espejos mostrando distintos ángulos de la subjetividad, incluso diferentes modelizaciones o ramificaciones de una misma Carga Simbólica. Son la mirada especular de un *otro* alienante. Es como si el Yo auténtico del Caballero Oscuro, oculto en el inconsciente de Zur-En-Arrh (*The Zorro of Arkham*), hubiese explotado en pedazos al partir de la mirada de muchos alter-Batmans (un *otro* super-alienante). En el caso de *Batman de todas las Naciones*, además, la Carga Simbólica se ve "versionada" o matizada con elementos culturales locales (como en *Man of Bats*, un justiciero nativo americano o *The Gaucho*).

El justiciero se ve, pues, superfragmentado, junto a todos sus trastornos: desaparición por masificación. En efecto, aquí tenemos un encuentro-choque de raíz entre toda la teorización simbólica de Batman y las corrientes de pensamiento con preocupación por la emancipación y los dramas alienantes y cosificantes del sujeto, por ejemplo, con Marx:

«La disolución de la identidad es un tema posmoderno por antonomasia. Según la teoría postmoderna, es la multiplicidad de experiencias, contextos, relaciones y mutaciones sociales la que liquida la concepción esencialista del sujeto. Y en efecto, si para sustentar la propia identidad hace falta una narrativa que la apoye, entonces el Batman de Morrison se cargaría esa identidad por exceso flagrante de narrativas, por integrar demasiadas variantes del héroe. Se trata de un tema muy capitalista, el de la franquicia, la marca pirata o la versión devaluada por exceso de oferta. Antes de presentarnos *Batman Incorporated*, Morrison ya ha convertido a Batman en algo básicamente descarnado, una empresa, un disfraz o una idea comercial capaz de albergar personalidades distintas y hasta contrapuestas» (Juan Calvo en *Batman desde la periferia*, 2018).

En una estrategia postmoderna de deconstrucción se arriba a cierto fin de la lógica dual entre Bruce y Batman. Pero ésta no hace que el trastorno psicótico se diluya, dada esta nueva época de pérdida de las coordenadas de una objetividad más o menos ultimada y la múltiple partición del Yo. Posiblemente, todas esas curiosas imágenes y versiones del personaje principal, esas distintas modelizaciones de la Carga Simbólica raíz del guerrero enmascarado, son la sugerencia o pretensión de Morrison de que exista una gran metarrealidad que explica la textura esencial tras todo su arco narrativo, de que lo dual puede hacerse supermúltiple y que hay una realidad *otra* acerca de esta realidad.

«Para descubrir qué aspecto podrían tener las dimensiones superiores nos basta con estudiar la relaciones entre nuestro mundo, de tres dimensiones, y los cómics, de dos: una criatura de cuatro dimensiones podría mirar hacia abajo y contemplarnos a través de nuestras paredes, nuestra ropa e incluso nuestro esqueleto [...] Como lectores de cómics, al mirar hacia abajo desde una dimensión superior, podemos escudriñar en los pensamientos de los personajes y los cartuchos con los comentarios en directo del narrador. También podemos controlar el tiempo en el universo del cómic [...] Los personajes seguirán representando sus historias en la misma secuencia lineal, inconscientes de nuestra perspectiva cambiante» (*Supergods*).

La evidencia de la "despersonalización múltiple" en la historia de Morrison, testimoniada en *Batman Incorporated*, es también el viaje psicoanalítico entre mito y "marca registrada y franquicia", por medio de una alienación capitalista. Batman es teoría de la fetichización de la mercancía en estado de casi pureza teórica y simbólica. Cada para-Batman es una reducción, fragmentación corporativa y alienación del original... una mercancía atacando trozos del mercado de la industria del crimen. Incluso la introducción de ficciones simbólicas, ideológicas, se hacen más complejas con Morrison, el Caballero Oscuro nunca había obedecido tanto a los caprichos del capitalismo. Sólo el Psicoanálisis y la crítica marxiana permitirían explorarlo en toda su intensidad.

Para concluir este capítulo, podemos decir que el fenómeno de los superhéroes, en cualquiera de las esferas sociales en donde se manifiesten, se convierte en vehículo eficaz de ideología dirigido al sujeto-mercancía que objetiva su trabajo en un producto (sobre todo si éste es un intangible). Pero, a su vez, son reflejo de la psique de esos mismos individuos: también canalizan unos mandatos de goce (por ejemplo, una justicia-catarsis unilateral) totalmente virtual y simbólica, que no amenaza a la ideología hegemónica (es la realidad, esta vez *deseada*, oculta en la fantasía). El superhéroe del cine es una mercancía que permite simbolizar un punto de inflexión donde el sujeto puede imaginar una teórica reversión de la alienación, mediante la emancipación (incluso violenta) que redibuja el orden de las cosas y las relaciones sociales determinadas por la producción. Pero esos personajes mitad míticos y mitad industriales, igualmente, pueden ser utilizados para arrastrar a comportamientos muy determinados de índole moral o política.

Respecto al carácter psíquicamente "imprescindible" de los superhéroes, debemos recordar que todas las sociedades necesitan exteriorizar, aunque sea una exteriorización controlada por el poder, sus esperanzas, temores y odios. Cuando triunfó la Revolución Cubana, por ejemplo, y fueron retiradas de la educación de los niños y niñas determinadas expresiones de la cultura norteamericana (entre ellas a los héroes) pronto tuvieron que ser remplazadas por otras que re-representaran la nueva coyuntura en las asociaciones psicológicas y el ejercicio de socialización. Así nacieron cómics y dibujos animados sobre un nuevo superhéroe al estilo propio de la Revolución. Su nombre era Elpidio Valdés, un experimentado combatiente de la Guerrilla Mambí y

Oficial de la República en Armas, bajo las órdenes del General Máximo Gómez. Peleaba temerariamente contra la policía de Nueva York, los Marines que ocupaban Puerto Rico y el ejército colonial español, cuyos soldados aparecían como torpes borrachos que corrían despavoridos al escuchar el nombre del héroe.

Capítulo cinco

5.1 Un relato destinado a un guion para cortometraje… con sus extrañas influencias (entre líneas) de Marx

Crónica sobre un asesinato en una vieja tienda de barrio

«Un sueño mitológico le convenció por fin de que los monstruos malvados en realidad nunca habían sido derrotados. Y extrañamente no recordaba el origen de sus batallas, su memoria se había convertido, a causa del desastre, en un camino pedregoso que no conducía a ninguna parte. Pero las heridas de guerra persistían y sólo por ellas sabía que un día había sido un soldado...

Un soldado que había probado la embriaguez de la gloria, que se había autocoronado con las estrellas más altas, que en los amaneceres despertaba con la contundente conciencia del poder con la que con mano firme y sin titubear tomaba las decisiones que echaban a andar la Historia...

Apagando los últimos vestigios de sueño con una cerveza alemana a las cuatro de la mañana, sentado a la cabecera de su imponente comedor francés, en una habitación ricamente decorada cuyos espejos enormes reflejaban en todas direcciones la luz de las dos lámparas de cristal de roca que pendían de un techo decorado con mosaicos renacentistas y cuyas caprichosas formas habían sido inspiradas por históricas erupciones volcánicas; le sobrecogió la impresión de ver en el recinto a la mañana en pleno esplendor, con los enormes arreglos de flores tropicales del centro más brillantes por la luz abundante y los canarios traídos de la Maraconesia para que en la entrada endulzaran el oído con su canto sonoramente alborotados por el ir y venir de los oficiales. Su propia mañana en pleno apogeo, horas antes de que ésta por voluntad de Dios y los dioses apareciera en su parte del mundo.

Un recorrido con la mirada lo llevó hasta la puerta principal, de cuyos cristales gruesos brotaban desafiantes los grabados de árboles milenarios que simulaban una selva blanca. Era tan brillante que por un momento le pareció rechinante, pero de inmediato recordó que los había ordenado así porque en un sueño creyó ver el cielo como una selva blanca.

Abstraído por unos segundos en sus pensamientos su mirada se hizo penetrante, con esa misma mirada que de manera inexplicable le permitía descubrir en otros ojos verdades ocultas, se encontró frente a frente con él mismo; en el fondo del reflejo que del comedor francés hacía la parte lisa de los cristales de la puerta principal, que ahora parecía medir kilómetros en las marismas de su mente.

Se vio de pronto vivo, virgen, ingenuo, inocente... y si no fuera por lo que encontró exactamente sobre su cabeza, su escudo de armas, jamás se habría creído dueño de su destino. El blasón, expresión de la soberanía más grande de entre todas las posibles a este lado y el otro de la realidad, era de sólido oro llameante. Estaba firmemente anclado a la parte superior de la cátedra imperial donde se apoyaban sus posaderas antiguas, pero de embrujado aspecto joven. Un ruido lo sacó del trance, pequeñas pantallas de cristal líquido instaladas frente a él y otros artilugios de espanto se encendieron. Se inclinó hacia adelante para girar su cabeza hacia atrás y contemplar nuevamente sus armas doradas.

—Es bellísimo —dijo—. Pero es sólo metal, aunque tenga mi alma embutida en las entrañas... y el poder no es sólo de los que se sientan en una silla colosal —continuó luego de beber un largo sorbo de su cerveza alemana—. Es de los que mentimos, nos creemos nuestras propias fantasías, mentimos y mentimos hasta que éstas empiezan a ser creídas por todos. Y también de los audaces —dijo tras una pausa—. De los que en su reloj ven las nueve y tres cuartos de la mañana, mientras que los demás ven las cinco en punto y viven el 26 mientras el resto de los mortales viven el 25. Es de ellos... es nuestro.

Para entonces todos los presentes le observaban en silencio, aquellas frases provocadoras de sensaciones definitivas siempre vaticinaban grandes acontecimientos.

—El poder es nuestro, amigos y nunca bien apreciados enemigos míos, porque en este sitio es 26 de noviembre. Y fuera de estos muros es 25 de noviembre. Y porque gracias a eso aquí y ahora decidiremos lo que nuestro público de parroquianos, súbditos sin marca ni escudo que no coinciden consigo mismos... verán, sabrán, lo que soñarán y, más importante aún, lo que desearán y recordarán gozosos cuando por sus vidas esté corriendo el 26 de noviembre y nosotros estemos construyendo el día 27. Somos poderosos porque lo que deseemos y seamos hoy deseará y será mañana el Imperio.

Quienes estaban más cerca de él en ese momento sintieron cómo los vellos de su cuerpo se erizaban y un ligero temblor se apoderaba de sus piernas, en el instante en que el soberano, general, presidente y director reveló en pleno la crudeza sanguinaria de su mirada.

Una sonata mágica corrió por los rincones del palacio cuando el más grande atravesó un salón de muebles victorianos rumbo a un balcón con puertas de madera preciosamente labrada. Al salir, contempló el momento en que el sol empezaba a bañar de luz los rascacielos de una ciudad que comenzaba a balbucear. El peso de todo su poder enajenante, una mañana más, se le reveló en toda su locura ideológica: las edificaciones estaban construidas a lo largo de las anchas avenidas por estricto orden de tamaño; aparecían como titanes de otro tiempo, con sus tragaderas llenas de células semiconscientes de la especie original, esclavizados por la supremacía de sus *Homo optimus* (su especial pornografía entre *hombre* y máquina).

Más baja que su mirada estaba una de las capitales del Imperio, creía ver en ella una resplandeciente y decadente magnificencia, que al llegar hasta él era aspirada por todos sus poros con una ansiedad que no le cabía en el pecho. Esta ciudad, esta montaña, este balcón y él eran uno de los vértices del mundo. Y lo sabía. Completamente lúcido, tenía consciencia de sí. Nuevamente tenía esa sensación que prácticamente no había dejado de palpar durante los últimos siglos. El corazón acelerando sus latidos, a la vez que el pecho parecía encogerse hasta casi cortarle la respiración, era una emoción como de caída dramática que vaticinaba un presentimiento. La certeza inequívoca de que los acontecimientos se antojaban aún más estridentes y su furia retumbaría hasta en el último rincón de todas las tierras, las nuevas y las antiguas. No existía nada entre el cielo y el océano que él no supiera, nada que ahora no creyera poder alcanzar... Pero ahora... la contemporánea existencia de estos muros enmohecidos no le contaba nada de lo ocurrido. ¿Qué es lo que ha ocurrido?»

Al terminar de leer con dificultad esta última línea del misterioso libro de historias proveniente del baúl de sus parientes difuntos, el viejo Dámaso se frotó los ojos con algo de angustia. Cerró el libro y lentamente lo dejó sobre el mostrador, junto al anciano marco que alguna vez había sido de color dorado.

Estaba a punto de anochecer cuando se agachó sobre uno de los cajones del mostrador para buscar las llaves de la tienda y emprender el lento proceso del cierre nocturno. Con las sombras más oscuras en su corazón sintió que alguien entraba por la puerta, llevándose el que pensaba sería el último susto de su vida...

La primera en salir de casa de doña Elvira, la gris y fría mañana siguiente, por lo tanto, una de los varios testigos de lo extraño que empezaba ese día, fue la mayor de sus hijas, por lo menos de las que seguían viviendo con ella. No podían ser más de las cinco y treinta de la mañana. Desde que, con las primeras luces, empezara el tráfico de gente, los rumores se apoderaron de aquel singular cruce de caminos; donde la casa de doña Elvira y la tienda del viejo Dámaso dominaban la esquina suroriental de esa olvidada glorieta arbolada, que surcada por quebrados y estrechos caminos de ladrillo, daba la impresión de ser el último rastro de una antigua ciudad perdida desenterrada por arqueólogos y buscadores de tesoros no hacía mucho tiempo.

Y es que el antiguo barrio Muzú, al Sur de la ciudad de Bogotá, estaba cargado de raras historias cuyos recovecos más ocultos solamente eran conocidos en su totalidad por los habitantes de más edad del barrio. En algún momento esto cobró su peso en la crónica de los hechos, ya que sólo ellos, los más longevos, no se dejaron asustar por la lluvia de explicaciones estrafalarias y razones del más allá que vinieron a describir el misterioso matiz que desde el principio cubrió todo lo ocurrido.

Como muchas historias de este tipo, en un principio no pudo conocerse en toda su extensión, en toda su intensidad barrial y dramatismo metropolitano. La versión oficial, desde el primer instante, estuvo llena de lagunas y contradicciones. Sólo los retazos, recuerdos fragmentados y siempre aislados de los vecinos del lugar, pudieron finalmente usarse para conocer, tan sólo de forma aproximada, lo que pudo haber pasado la oscura y anónima noche de autos...

Eliécer Marín, así se llamaba el detective que enviaron desde la estación de la Policía Nacional más cercana para que se hiciera cargo del caso. Según se decía, fue elegido, en primer lugar, por veterano (63 años recién cumplidos y bastante mal llevados) y, en segundo lugar, por discreto (se ufanaba de no soltar detalles de un trabajo, salvo untada, que por cuestiones de prestigio únicamente aceptaba si venían de un superior). La tienda del viejo Dámaso estaba relativamente cerca a una importante Academia de Guerra del Ejército; cuyos responsables, al parecer, no querían que hubiese asuntos como el que nos ocupa sin solución... cualquier solución. Era conocido que esto estaba obligando a la policía a redoblar esfuerzos, porque la verdad era que asuntos sin resolver había cientos en los barrios que rodeaban a la Academia, todos ellos con problemas graves de inseguridad.

El caso es que Marín dejó un amplio rastro de gente a la que interrogó, a veces no tan amablemente. Por ejemplo, tomó declaración a cada una de las hijas de doña Elvira, en el estricto orden en que fueron saliendo de su casa, durante la mañana que se cree fue la posterior a la noche de los hechos. Se sentó en el centro del sofá que dominaba la sala de recibir, puso a un policía de uniforme en la reja blanca del antejardín, pidió un café bien cargado para combatir el frío e hizo que las muchachas formaran en fila, insistiendo en que ésta obedeciera escrupulosamente el orden en que las siete mujeres, todavía jóvenes, salieron a la calle durante esa misma mañana, tan sólo unas horas antes. Su informe empezaba con una mención mal disimulada a las alfombras rojas, las cortinas color turquesa y el tapizado a rayas de los añejos pero venerables muebles de doña Elvira.

Así dio comienzo el registro de informaciones con las que se trató de reconstruir la vida del sujeto, tan sólo llamado el viejo Dámaso. Ya que tan pronto como empezó la investigación, el detective Marín declaró que la identidad completa de la víctima sería, con total seguridad, parte del secreto sumarial decretado por el juez que instruiría el caso, cuando el culpable fuera detenido. Nadie se planteó siquiera contradecir la orden del policía sobre ocultar el nombre completo del muerto. Porque hay que aclarar que, en esta historia, el muerto estuvo presente desde el principio.

Por lo que se sospechaba había heredado de sus padres la casa, donde hacía unos 40 años tomó la decisión de usar parte del primer piso para abrir una tienda con poca estética y sin mucha preocupación por esos detalles que hoy en día son norma en los establecimientos de cara al público, nada de carteles con colorida publicidad ni letreros de dos por uno, nada de escaparates relucientes que invitaran a girarse para mirar. Sólo una sucesión de artículos, casi siempre sin relación inmediata entre ellos, salvo su destino de ser consumidos en hogares presumiblemente decentes; puestos en grupos unos junto a los otros en altos estantes y cajas que crecían como rascacielos desde el suelo de cemento a cada lado del único pasillo, que hacía las veces de ancha avenida en una ciudad de bandera desconocida. Por lo que ha podido ser reconstruido existía un único criterio de orden, u obsesión, en el pequeño local del viejo: el tamaño.

Las señoras de las casas que tenían al lugar en el invaluable estatus de establecimiento más cercano coincidieron al afirmar que la estancia recordaba a algunas de esas viejas tiendas de los pueblos más pequeños; donde podía haber casi de todo, pero en cuya organización se notaba la mano de un hombre solo, que posiblemente quiso hacer gala de un gran pragmatismo pero que en realidad lograba mostrar un sentido ridículo del orden, la proporción y, sobre todo, la utilidad.

Una de estas señoras, escandalizada, recuerda con toda claridad haber visto las panelas junto a las pastillas de jabón (aquellas de color azul marino envueltas en un fino plástico transparente); no resistiendo las ganas de preguntar, obtuvo como respuesta un par de frases golpeadas que argumentaban la innegable similitud de tamaño de los dos objetos:

—¿Qué importa que la panela se coma y el jabón no? —dijo el viejo Dámaso.

La testigo abre los ojos al relatar el raro episodio.

—La olleta del agua de panela tendrá que estar limpia antes de ponerla al fogón, ¿no? Pues entonces jabón y panela tienen que estar juntos —dijo el viejo—, según relató la buena señora, de quien se cree fue la última persona con la que la víctima tuvo una comunicación inteligente (puntualizando que la misma tuvo lugar hace varios años). El tamaño, sobre todo el tamaño, se notaba como criterio de orden en la tienda.

Se ha establecido constancia, por amarillentos papeles del registro catastral, que la familia del padre del tendero se hizo con algunos terrenos del barrio desde antes de los años 50 del siglo XX. Una antigua vecina, ya fallecida, contó a la propietaria de una panadería cerrada hacía casi 20 años, pero de la que doña Elvira era cliente asidua, que los antepasados del viejo Dámaso algo tuvieron que ver con esos enigmáticos hombres que ordenaron abrir entre los pastos para vacas y los prehistóricos y originales humedales de la zona, lo que se convertiría en una pista de tierra negra apisonada donde aterrizara el primer avión en surcar los cielos todavía limpios de la ciudad.

Fue el 18 de junio de 1919, un Curtiss Standard tomó tierra ante la sorpresa y asombro de los habitantes de entonces y algunas personalidades que habían acudido desde el centro de la capital en sus coches tirados por caballos. En ese instante, un personaje anónimo tomó una fotografía. El dato de inmediato captó la atención del detective Marín, que con pose muy profesional sostenía que todo caso criminal que se respete debe tener su capítulo dedicado a los "antecedentes históricos":

—Que estos tengan o no relación con los hechos ya sería algo juzgado, precisamente, por la Historia —declaró.

El interés de Marín se vio acentuado cuando preguntaba a sus testigos y todos recordaban haber visto un marco de fotos que alguna vez había sido de color dorado, sobre el descolorido y gastado mostrador de madera en la tienda del viejo Dámaso. Éste contenía una deteriorada fotografía en blanco y negro. Según los testimonios, en ella podía verse el avión que en 1919 aterrizó en esos terrenos, pero en ese momento tomando altura contra un cielo nublado que amenazaba lluvia. Más abajo, en tierra, dos carros, uno tirado por dos caballos oscuros y el otro por dos caballos blancos, eran sujetados cada par por un hombre, al parecer estaban nerviosos por el ruido del único motor del avión, hasta ese momento desconocido en esa parte del mundo; aunque ello no evitaba que como mínimo cuatro hombres y una mujer de vestido claro y, naturalmente, muy largo agitaran sus sombreros al viento para dar merecida despedida al intrépido piloto que se había atrevido a remontar las montañas hasta llegar a los 2600 metros de altura de Bogotá.

Todos los personajes de la fotografía estaban de espaldas, el avión iba demasiado frontal, así que el piloto tampoco podía verse. Para todos los forzados clientes del viejo Dámaso, aquellas gentes llevaban décadas en el más completo anonimato, nunca se supo exactamente quiénes eran. Y, sin embargo, el tendero no dejaba de exhibir el marco en un sitio privilegiado del mostrador. A las pocas personas con las que, se dice, cruzó palabra décadas atrás, más allá de la fría y en su caso abusiva transacción comercial, les dijo ser descendiente (mientras señalaba la fotografía) de los que hicieron posible la llegada del correo aéreo al centro del país. De ninguna de las personas con las que trabó conversación sobre el tema se conoce su actual paradero.

Sí, todos los testigos recordaban haber visto desde que tenían memoria o desde que vivían en el barrio la añeja imagen de los hipotéticos antepasados del viejo Dámaso (concretamente de sus espaldas). Y fue eso precisamente lo que más llamó la atención e incomodaba visiblemente a Marín: la famosa foto no aparecía por ninguna parte. Al escuchar tantas referencias a ella ordenó tres veces a los agentes bajo su mando que se la trajeran, pero ésta había desaparecido de la escena sin dejar ningún rastro.

¿Qué interés podía tener nadie en un pedazo de papel tan viejo que posiblemente se rompería de sólo mirarlo? Muzú es un barrio demasiado humilde e incluso peligroso como para toparse con un ladrón de antigüedades de origen totalmente dudoso. Pero, además, estaba el desenlace del presunto robo del marco y su contenido... indescriptiblemente violento, acaso terrorífico, para un trabajo en el que habría bastado con pagarle unas monedas a un raponero de poca monta. Los agentes de menor rango que ayudaron al detective en el caso recuerdan que la desaparición "forzada" de la fotografía como móvil resultaba pueril, incluso para Marín; cuyos remiendos para cerrar investigaciones sin salida eran bastante conocidos entre los entendidos.

Tal vez la razón por la que todos los interrogados recordaban aquel objeto se debía a que contrastaba muy notoriamente con la disposición general de la tienda, donde absolutamente todo estaba ordenado por tamaño. El hijo menor de una vecina cuya casa estaba en la esquina opuesta de la glorieta, hasta recordaba cómo la fotografía estaba —como perdida —dijo— en medio de varias torres hechas con cajitas de chicles—.

Esta desaparición no habría sido tan extraña si no existiera el pequeño detalle de que, aparentemente, no faltaba nada más en la tienda. Es más, por lo que podía analizarse inicialmente nada estaba fuera de su lugar. La extraña y hasta perturbadora organización por tamaños, de mayor a menor, en dirección de izquierda a derecha en cada uno de los estantes y al interior de las cajas y cajones, parecía estar intacta. Marín no podía dejar de pensar en esto, aseguraba la tercera de las hijas. Ésta pudo observarlo mientras giraba el cuello y miraba a través del velo de flores de la ventana que se abría a espaldas del sofá de doña Elvira. En ese momento los policías de uniforme volvían a precintar toda la entrada y la acera frente a la tienda, la llegada de curiosos rompía la barrera cada poco tiempo.

El detective parecía preguntarse si entre ésos que mostraban tanto interés por asomarse al interior de los extraños dominios del viejo podía estar quien supiera exactamente por qué ocurrió todo. Por qué. Varios de los que fueran allegados a Marín estuvieron de acuerdo en que éste pertenecía a esa clase de policías a los que la experiencia, combinada con el desencanto y la proximidad de la jubilación, les había dado la vuelta. No daba la más mínima importancia al quién ni al cómo del crimen. Sólo el porqué parecía importarle, era como si buscara una última causa que pudiera sorprenderle antes de dejar el servicio. Pero, una vez conocida, el detective perdía todo interés, incluso se dice que tenía problemas para recordar casos en los que había trabajado hacía un día o dos.

Justo en ese instante, recuerdan muy vivamente las muchachas, fue otra la información que llamó la atención del detective. La misma pudo ser, más o menos, corroborada por la mayor parte de los testigos con los que habló a lo largo de aquel día. El viejo Dámaso se había ganado la antipatía de sus clientes con cuentagotas a lo largo de los años. Por lo que pudo establecerse, la razón fue una mezcla. Por una parte, estaba su conducta extraña. El dueño de un taller dedicado a remplazar tacones y suelas de zapatos a no más de cuatro calles de allí describió al tendero como alguien visiblemente molesto por tener que interactuar con otros seres humanos.

Las señoras de la calle paralela le recordaban como un hombre de unos cincuenta y siete años, baja estatura, piel pálida, eternamente vestido con una bata de trabajo color caqui y al que jamás escucharon articular palabra alguna en buen cristiano. Tan sólo un primitivo ruido gutural, quizá algo parecido a un gruñido si quería decir "sí" y dos gruñidos seguidos si quería decir "no". Aunque, por supuesto, sabía leer y escribir y algo de hacer cuentas. Ya que cada vez que entregaba a un cliente su compra, religiosamente se retiraba el bolígrafo de la oreja, rasgaba un trozo de papel en blanco (hacía acopio de ellos bajo el mostrador) y sumaba el precio de cada artículo. Se aseguraba de que el resultado fueran números grandes y de trazo fuerte para, finalmente, a modo de firma, crear un círculo alargado alrededor de la cifra a pagar por parte del cliente. Este sistema, por lo que parecía, perfeccionado a lo largo de los cuarenta años de poseer la tienda, puede que le ofreciera grandes ventajas. Como no tener que cruzar palabra con nadie, los clientes sólo debían limitarse a pedirle las mercancías que deseaban comprar y mirar el precio final en el trozo de papel. Incluso si era solamente una cosa la que querían, el tendero hacía lo mismo: escribir el precio en un trozo de papel y encerrarlo en un círculo alargado.

El detective pudo establecer esto definitivamente gracias a las preguntas hechas a la cuarta hija de doña Elvira, que quizás fue la última clienta de este mundo del viejo Dámaso. La susodicha entró a la tienda justo antes del anochecer para comprar una caja de fósforos marca El Rey con que encender la estufa para prestarse a preparar la cena. Esta parte dio la primera clave a Marín sobre el otro ingrediente de la antipatía general sentida hacia el dueño de la tienda: en todas y cada una de las ocasiones en que alguien entraba a comprar algo, el viejo Dámaso intentaba cobrar de más. Lo hacía con una estratagema que vista de lejos y contada por terceras personas no dejaba de parecer infantil y hasta ridícula. Propia de alguien que hace mucho tiempo no cruzaba las puertas de su tienda y casa, salvo unos metros para recibir el pedido hecho a algún mayorista ocasional (el caso de las gaseosas y las cervezas, por ejemplo). Ya que para reponer la mayor parte de las existencias recurría a un muchacho de 17 años que también ejercía como ayudante de la dueña de una droguería a no más de cinco minutos de allí. Se limitaba a darle una larga lista, bolsas y costales enrollados y un grupo de billetes sujetos con un caucho color marrón claro. El muchacho aparecía cargado como un pobre burro y el rostro pálido unas tres horas después. Entonces el tendero le pagaba, no más de escasos 500 pesos, según declaró el muchacho, daba media vuelta y se entregaba a una labor que parecía absorberlo por completo: ordenar las nuevas mercancías por tamaño, integrándolas con mucho cálculo entre las anteriores.

El muchacho de los mandados, por otra parte, insistió en que aquello generaba en el local un aire como de ritual, tal era la lentitud y concentración acompasada con la que el viejo se dedicaba a la tarea. Después, invariablemente, se giraba y caminaba en dirección al lugar exacto del mostrador donde la fotografía ajada de sus supuestos ascendentes miraba en silencio (aunque éstos estuvieran de espaldas). La tomaba con total solemnidad para limpiarle el polvo con la bayetilla roja que siempre llevaba en el bolsillo derecho de la bata de trabajo color caqui. Luego la volvía a poner en su sitio y de una manera que nunca dejó de parecerle muy rara al joven, le daba la espalda a la misma y flexionaba un poco las piernas, como si quisiera observar la tienda desde la perspectiva de la antigua imagen.

Luego de esto sencillamente seguía con su rutina: limpiar un poco, encender un pequeño y antiguo televisor en blanco y negro que mantenía encajado en el estante a la izquierda de su lado del mostrador, justo entre las botellas vacías de refresco de un litro. No sólo el muchacho de los mandados (que pudo ver la escena algunas veces, como si el hombre no llegara a darse cuenta de que él seguía allí), sino la mayor parte de los testigos concuerdan en que todas o la mayor parte de las veces que entraron en la tienda, el sujeto estaba sentado sobre una pequeña banqueta de madera con la vista perdida en la pantalla del televisor blanco y negro. Sin embargo, en cuanto entraba alguien y le pedía algo, contaba al detective la quinta hija de doña Elvira, daba inicio a su actuación particular: tomaba el o los artículos de sus lugares respectivos y, sin soltarlos aún, se apresuraba a mover el resto del contenido de los estantes o cajones para llenar el espacio vacío con toda la prisa de la que parecía ser capaz.

Una vecina ya mayor, que vivía al otro lado de la glorieta, declaró que el tendero remediaba los agujeros dejados por las mercancías que vendía con una urgencia casi desesperada, que parecía delatar una especie de miedo a que algo arribara o se filtrara a su pequeño universo de irracionalidad ordenada por tamaños desde algún tenebroso lugar más allá de las mercancías, las paredes y los muebles. Según los testigos, luego recuperaba su actitud entre impasible y molesta, ordenaba la compra sobre el mostrador y frente al cliente, y sin mirarle, rasgaba un trozo de papel. Ahí llevaba a cabo su insultante e infantil estratagema para cobrar de más: justo antes de escribir con fuerza el valor final de toda la suma de mercancías, entre la última cifra y la raya horizontal que separaba el resultado, caligrafiaba un texto minúsculo e ininteligible: IVA.

Esta costumbre era ya conocida por todos sus clientes. Algunos testigos admitieron haber protestado. Pero la respuesta del viejo era agravar su expresión de desagrado por todo el género humano, retiraba los artículos y los devolvía con sumo cuidado a su antiguo lugar. Luego, sencillamente, daba la venta por truncada y se volvía a sentar frente al televisor, esperando que el cliente se marchara con sus quejas a otra parte. Por lo poco que pudo averiguarse, solamente en dos ocasiones respondió con virulencia (una cascada de improperios y palabrotas, casi imposibles de reproducir por escrito) a los insultos de dos clientas verdaderamente hartas de sus abusos en el valor final de las compras. Según se cuenta fue una de ellas la que más gritó durante la discusión en plena calle, no paraba de llamarle "vampiro chupasangre". Pero ambos episodios habían tenido lugar hace tanto tiempo que las dos clientas llevaban varios años fallecidas, quedando con esto totalmente libres de sospecha.

El tema del IVA atrapó en demasía la atención de Marín, aunque no tanto como debió haber sido. Sobre todo, porque no logró obtener más detalles de la pública práctica fraudulenta del viejo Dámaso. Éste simplemente caligrafiaba, lo más enrevesadamente posible, las letras I, V y A antes del resultado de la suma. Puede que fuera el cobro unilateral e intencionado de algún tipo de impuesto sólo vigente en el territorio de su antigua tienda, donde las leyes del universo y el mercado parecían comportarse de manera un tanto extravagante, claro está que lo hacían en total relación a la mente inexplorada y excéntrica del tendero que se desvivía por la organización por tamaños de los productos cargados a las espaldas mal pagadas del muchacho de los mandados.

El hecho de que el impuesto que obligaba a pagar a sus aturdidos clientes se llamara IVA, igual que ese otro que cobra el Estado en el resto de la realidad, tal vez era una simple coincidencia. Después de todo, nadie recordaba haber visto al tendero ir, viajar, más allá de la acera enfrente de su tienda, su mundo era ese bazar de mercadeo abusivo y obsceno. Con lo que algunos expertos consultados opinaron que cabía la posibilidad de que éste no supiera demasiadas cosas sobre la marcha actual del mundo. Esta postura se vio reforzada con la declaración del joven de 17 años dedicado a los mandados, que en una de sus partes aseguró que al televisor en blanco y negro instalado entre las botellas de refresco de un litro sólo le entraba un canal, totalmente dedicado a vídeos musicales, sobre todo de origen mexicano.

Más allá de esto, la investigación no logró aclarar la lógica de esa indescifrable partida, que sumaba cada vez una cantidad distinta al remedo de factura en papel rasgado que el cliente debía mirar para conocer la plata por pagar. Unas veces eran 10 pesos, otras eran 15, a veces 20... aparentemente no tenía orden ni concierto. Como si el voluble gravamen obedeciera en el mismo día, en la misma hora, de un minuto a otro, a unos lejanos juegos financieros de los que sólo llegara noticia a la fría propiedad donde funcionaba aquel negocio usurero.

Tanto capricho no gustaba al detective Marín. Así que cerca al final de la mañana abandonó el curioso tema del IVA como línea prometedora de investigación. Aunque se recuerda un último detalle que trató de atraer su atención: si el tendero era un ladrón, ¿por qué seguían existiendo clientes que insistían en comprar en ese rancio y feo lugar? Pero esa vez la respuesta se la proporcionó doña Elvira, rememoran sus hijas: todas las casas de esa glorieta y las varias que mantenían vecindad con ella, le habían conferido a la tienda el cuasi-sagrado estatus de establecimiento más cercano. Ninguna persona habituada a los tiempos que corren, conocedora de la vida en la gran ciudad (o la versión de ésta imperante en el barrio Muzú), decide ir más lejos de lo necesario para comprar cosas como una panela, un petaco de cerveza, un jabón o una caja de fósforos.

Ir, viajar, más allá de la tienda más cercana es casi como estar en contra del orden natural de las cosas. Porque no debemos engañarnos, a pesar de vivir en una capital con millones de habitantes y tener que emplear horas en el sucio tráfico para llegar de un sitio a otro, las buenas gentes de la ciudad se acomodan pronto en una pereza tóxica que invade los pequeños oficios de la cotidianidad. Entre ellos el acto de ir a una tienda a comprar algo urgente, pero sin importancia.

Así que cuando una de las hijas de doña Elvira se vio sin fósforos al filo de las seis de la tarde, para encender la estufa y preparar la cena, como se llevaba haciendo en aquella casa durante años, ni se le cruzó por la cabeza acudir a otro lugar que no fuera la tienda de la esquina, separada de su puerta por sólo unos metros. Y eso a pesar de conocer sobradamente la existencia del impuesto abusivo del sujeto en cuestión. La cándida joven recordaba con toda claridad los cinco pesos de más que le cobró. Además de lo anterior, pudo concretar que la tienda estaba a punto de cerrar cuando entró. Y otro detalle que a todo el mundo le pareció inusual, menos al detective Marín: el viejo se asustó al sentir que alguien entraba en el local. Incluso intentó esconderse por un instante, antes de lograr reconocer a la joven, que sin demora le dijo lo que buscaba, pero tuvo que esperar durante un minuto largo que el tendero empleó en tomar la fotografía del mostrador, limpiarle el polvo con parsimonia y volver a dejarla en su sitio. Al entregarle la vuelta, la hija de doña Elvira no pudo dejar de advertir un ligero temblor en las manos del tendero. Luego tomó un viejo libro que descansaba sobre el mostrador y lo guardó en un anónimo bolsillo interior de la bata de trabajo color caqui.

De las pesquisas del detective se ha extraído que, después de esta última venta del día, nadie más volvió a ver al viejo Dámaso. Es decir, nadie volvió a verlo con vida.

Cuando las hijas de doña Elvira empezaron a salir de su casa impecable, rumbo a sus trabajos, y los demás habitantes que debían pasar por allí hacían lo propio, un aire gélido y una neblina espesa que se movía con lentitud lo dominaban todo. Quienes caminaron por los estrechos caminos de ladrillo de la glorieta recuerdan una especie de ardor en los pulmones cuando respiraron aquel frío y definitivo aire; que, además e inexplicablemente, devoraba sus propios rumores, ésos que no paraban de aventurarse a responder qué insólita crónica resultaría del final de ese día. Todas sus palabras se convertían en murmullos que no viajaban más lejos que sus labios apretados por el aire helado. Describieron cómo la neblina tenía un aspecto sedoso, hasta el extremo de verla rasgarse cuando atravesaba las ramas de los pinos y los rosales que dominaban los jardines de la glorieta.

Pero extrañamente, a pesar de que la blancura imperante no dejaba ver las fachadas de las casas, la entrada a la tienda del viejo Dámaso era totalmente visible. Hubo por lo menos doce testigos, entre ellos todas las hijas de doña Elvira, que dijeron ver cómo la neblina se detenía, retrocedía o tomaba otra dirección cuando parecía que iba a calar frente a la tienda. Este hecho, para todos estremecedor, se sumó a que la persiana enrollable de acero que hacía las veces de nocturna puerta de seguridad del local estaba a medio bajar. Como si se hubiese quedado a medio camino, aunque nunca se supo con certeza si fue a medio camino de cerrar o de abrir. Solamente se atinó a certificar que la frontera entre el mundo y los raros dominios del viejo se hallaba desde una hora indeterminada en un estado de indefinición.

Todas las personas que pasaron por allí captaron que algo había cambiado de manera fundamental en esa esquina, una entre muchas, del barrio. Para empezar, era muy temprano, la tienda no abría hasta por los menos las ocho de la mañana. Además, notaron la luz moribunda de una bombilla que venía del interior. Esto no habría sido del todo raro, si no fuera porque ésta parecía denunciar una quietud perversa en las profundidades de aquella casa. Nadie recordaba haber escuchado ningún ruido que viniera desde dentro. Tampoco nadie parecía haberse percatado de que aquella construcción de casi cien años tuviera un aspecto tan destartalado y triste. Nunca, hasta esa mañana.

Esos mismos doce testigos, entre ellos todas las hijas de doña Elvira, obviaron un detalle en sus declaraciones (aunque posteriormente han afirmado en reiteradas ocasiones el carácter involuntario de la omisión y negado con rotundidad que hubiesen hablado entre ellos antes de ser requerido su testimonio por la autoridad): el hecho es que no comentaron haber visto algo similar a unas manchas, trazas o líneas, que parecían haber sido hechas con pintura blanca, plasmadas de manera muy difusa en la persiana enrollable de acero de la tienda. En cualquier caso, se vio el atisbo o esbozo de algo cuyo significado no podía conocerse en esos momentos, bien sea porque la persiana, varada a medio camino, lo ocultaba parcialmente o porque esas doce personas, luego de sobreponerse a la espeluznante escena neblinosa, hicieron todo lo posible por continuar con sus vidas, en ese momento marchando hacia sus trabajos y la inconmensurable laguna de olvido que éste habitualmente les provocaba.

Fue a las ocho y diez minutos. El muchacho de los mandados llegó, como todos los martes, a "escuchar" los encargos del viejo Dámaso para reponer mercancía. Quizá fue su juventud, sus ojos inexpertos que lo ven todo con avidez y brevedad, sin hacer caso de los símbolos de advertencia y las señales. Al ver que el tendero no respondía a su llamado ni a su educado golpeteo en la persiana, que al mirar al cielo y constatar que en cuestión de minutos podía materializarse la amenaza de un terrible aguacero y que ya eran las ocho y quince, decidió empujar hacia arriba y abrir del todo la persiana. En su declaración afirmó que lo primero en que inevitablemente reparó era lo más evidente: el marco. La foto de los supuestos antepasados (o sus espaldas) del tendero no estaba. La mortecina luz amarillenta de la bombilla no le permitió darse cuenta de lo ocurrido hasta que entró y se apoyó en el mostrador de madera.

Cuando el muchacho entrevió el primer indicio del crimen, por un brevísimo momento se arrepintió de su osadía al haber penetrado en la tienda. Pero ya era demasiado tarde. El cuerpo blanquecino azulado del viejo Dámaso estaba rígido sobre el piso de cemento, a su lado del mostrador. Supo de inmediato que estaba muerto. Pero, como contó a la policía, lo que más le estremeció no fue la visión del cadáver en sí, sino que parecía un hombre de ochenta años recién peinado, la bata de trabajo color caqui perfectamente arreglada y sin una sola arruga o mancha. Como si el encuentro con la muerte fuera tan importante como la primera entrevista de trabajo, sin duda un pensamiento perturbador para un muchacho de los mandados de 17 años. Pronto saltó la alarma por todo el barrio, las caras de espanto se encadenaron unas con otras.

Ante las noticias maliciosas que algunos de los más jóvenes hicieron circular por las calles aledañas, según las cuales el tendero había sido brutalmente asesinado y que el criminal podía estar todavía oculto en cualquier esquina, entre los jardines o, peor aún, entre la neblina, hubo momentos de pánico generalizado.

Fue doña Elvira la que tuvo la calma suficiente, dejó de mirar por la ventana de su habitación en el segundo piso de su casa, terminó despacio su café recién hecho, depositó la taza de porcelana en la mesita de noche y descolgó el teléfono para hacer la única llamada que podía hacerse. La policía hizo su aparición a las ocho y treinta y siete de la mañana. A las diez de la mañana el detective Eliécer Marín tomaba el mando de la investigación. Y lo hizo notar hablando con los policías de patrulla y vecinos que se encontraban en la entrada de la tienda a su llegada. Pero eso fue luego de haber observado el cadáver durante algo más de medio minuto y desde el otro lado del mostrador.

—¿Cómo saben que fue asesinado? —preguntó, según recuerda uno de los policías de menor rango.

Todos se miraron entre ellos, hasta que uno de los patrulleros le pidió que le acompañase junto al cuerpo. Éste abrió con extremo cuidado la inmaculada bata de trabajo color caqui y la camisa de cuello y mangas color hueso impecablemente planchada del interior. Entonces todo, la gravedad de todo, se hizo más evidente para Marín. El pecho del viejo Dámaso estaba perforado por tres agujeros, tal vez, provocados por las balas de un arma calibre 38 (según calculó a ojo el detective).

Los huecos sobre la piel eran hondos, claros y limpios. En sus profundidades podían verse trozos de hueso y casi el misterioso laberinto interior que solía mantener vivo al tendero. Exactamente en ese instante tomó conciencia, como si de una tonelada de ladrillos cayendo sobre su cabeza se tratase, de lo sutilmente limpio que estaba todo. El agente que le acompañó llegaría a describir cómo la palidez se apoderó del rostro del detective... de repente parecía otro. Desde ese instante una pregunta se instaló en su mente cansada, como un fantasma que temió sobreviviría por mucho tiempo en aquella esquina poco iluminada del barrio Muzú: ¿Por qué mataron al viejo Dámaso?

Por informaciones recogidas posteriormente se supo que Marín elaboró en cuestión de minutos (con ayuda de los agentes a su disposición, que fueron preguntando de casa en casa de la glorieta por las rutinas de sus habitantes) una lista detallada de todas las personas que pasaron por allí desde primera hora hasta el descubrimiento del cuerpo. Y pidió más agentes para, en no más de dos horas, enviar patrullas a buscarlos y traerles de vuelta al barrio. Semejante despliegue de medios hizo que sus superiores lo llamaran por radioteléfono desde la estación. Los presentes en aquella conversación sólo concuerdan entre mucha confusión que el detective pronunció unas pocas frases y un par de preguntas:

—Aquí lo importante no es quién lo mató. Esto sólo lo pudo hacer un loco... o alguien con especial talento para recobrar el equilibrio de las cosas... o incluso con ganada habilidad para encontrar algo viejamente perdido. Lo más importante es saber, ¿por qué lo mataron?

Pero sus superiores seguían reclamándole una explicación detallada sobre las razones por las que estaba empleando tantos recursos, más en una ciudad donde los actos criminales no dejaban de crecer como la espuma. Pero Marín se limitó escasamente a responder con una frase entrecortada y otra pregunta:

—Todo está limpio… ¿Dónde está la sangre?

A las cuatro y media de la tarde casi había terminado de interrogar a los testigos, ninguno pudo contarle algo que en ese momento le pareciera relevante, dado que todo el asunto del IVA imaginario que el pequeño capitalista de barrio cobraba abusivamente a sus clientes en ningún momento de la mañana o la tarde le convenció como vía sólida de investigación. Una media hora antes el juez de turno había hecho el levantamiento del cadáver. Para las cinco, aunque todavía no tenía un parte definitivo, un especialista le confirmó que prácticamente no había ninguna huella dactilar en la vieja tienda. Únicamente pudo decirle que todo estaba organizado por tamaños… y muy limpio. Para estupor de Marín, y como consta en el informe posterior, medicina legal le comunicó por teléfono, a las cinco y veinticinco de la tarde, que al cuerpo del viejo Dámaso le habían extraído la sangre.

Tenía una perforación post-mortem hasta la arteria femoral, totalmente limpia. No le dieron en ese momento la hora aproximada de la muerte. Y para terminar de cerrar el dantesco balance de antes del anochecer, lo único que parecía haber desaparecido de la tienda era aquella vieja fotografía que todo el mundo decía haber visto durante años.

—¿Por qué mataron al viejo Dámaso? —la pregunta se escuchó decenas de veces. Marín llegó a plantearla de forma directa a mucha de la gente con la que llegó a hablar.

Eran las seis de la tarde y el detective todavía daba vueltas por la glorieta, relataron después los vecinos. Algunos vieron cómo doña Elvira salió al antejardín y, sin abrir la reja blanca, le ofreció una taza de café bien caliente.

—¿Por qué mataron al viejo Dámaso? —volvía a preguntar.

Iba a tomar la decisión más difícil y comprometida de todo ese día: pronunciar por fin la teoría que se había formado en su cabeza a lo largo de las horas sobre el móvil del crimen.

Según quedó registrado en los informes requeridos a otros policías de menor rango, para tratar de dilucidar la gran movilización de agentes en una sola jornada y para investigar un solo asesinato, hacia el anochecer el detective creía con firmeza que en horas de la noche anterior, mientras todos se preparaban para dormir y sin hacer apenas ruido, un loco, alguna clase de sujeto dedicado a la reapropiación, quizá un sádico de una secta satánica o un militante de alguna organización de ideología potencialmente terrorista, mató al pequeño capitalista de barrio a quemarropa sin pretender quitarle absolutamente nada. Salvo su sangre. Muy posiblemente entró en la vetusta tienda y lo encañonó hasta asustarle y lograr tenerlo quieto y en silencio, con lo que pudo haber contado con la libertad y el tiempo para prepararlo todo: casi con seguridad protegió el piso de cemento para no dejarlo manchado, luego lo habría obligado a desnudarse. Y entonces procedió a asesinarle. La muerte no pudo ser muy tarde, porque todavía le dio tiempo a desangrarlo (para lo cual tuvo que llevar consigo el equipo y el instrumental necesario), pero es que además pudo limpiar el cuerpo, repasarle la ropa con la plancha, vestirlo y dejarlo impoluto... como si la primera comunión le esperara con la llegada de la luz del día.

Que lo único que faltara fuera la dichosa fotografía en blanco y negro, le hacía pensar que el asesino era, además, un coleccionista. Dejándose llevar por su propia imaginación, era posible que Marín pensara en la víctima obligada a confesar cuál era su mayor tesoro. Desposeída de un objeto de incalculable valor sentimental justo antes de morir. Claro está que su teoría tenía el problema más grande que cualquier teoría podía tener: no había pruebas reales, salvo la evidencia misma del asesinato. No podía creer que nadie viera o escuchara nada, ni gritos, ni ruidos extraños al interior de la tienda... ni los disparos. Nada. Por supuesto, tampoco nadie vio caminar por esas calles nocturnas a alguien extraño cargando bolsas o un maletín... obviamente nada cuyo contenido pudiera ni lejanamente interpretarse como cinco o seis litros de sangre.

—¿Por qué mataron al viejo Dámaso? —volvía a preguntarse.

En ese momento la hija mayor de doña Elvira salió al antejardín. La misma todavía recuerda con claridad la pesadumbre que se adivinaba en el rostro del detective. Parecía dolerle ser el único ser sobre la Tierra con el cometido, y sólo por trabajo, de preocuparse por lo que había pasado en los últimos minutos de vida de un nada apreciado y pobre tipo, al que ya no se le conocía ningún familiar vivo. La reconstrucción de la investigación hace pensar que el policía no quiso admitir lo evidente: lo mucho que llegaba a angustiarle la existencia en aquel barrio de un sujeto desconocido (un psicópata en aquellas zonas proletarias), o un grupo de ellos, que había decidido cobrarle la sangre y una fotografía en blanco y negro a un hombre que, después de todo, únicamente robaba pequeñas cantidades de dinero al cobrar a sus clientes. Pero tampoco eso parecía tener importancia en el móvil del crimen, la caja del dinero estaba intacta.

—¿Por qué mataron al viejo Dámaso? —volvía a preguntarse.

A las siete de la noche el frío empezaba a hacerse notar en la glorieta. El detective se cerró el abrigo, dio las gracias a doña Elvira y anunció que estaba pensando en marcharse a descansar. Los agentes bajo su mando estaban terminando de hacer el último registro ordenado por él. Iba a decirles que cerraran la tienda y la precintaran para continuar en la mañana, pero de nuevo la pregunta que reverberaba en su cabeza logró abrirse paso hasta su garganta y escapar de sus labios agrietados.

Ninguno de sus compañeros de profesión ha podido recordar una obsesión tan fuerte, y a la vez tan pasajera, por ningún caso en el decano detective. Simplemente algo le impedía salir de allí sin un atisbo de respuesta a la pregunta que rebotaba en los muros de su mente. Y, sin embargo, estaba por decidirse, a punto de dar la orden, cuando la hija mayor de doña Elvira, que llevaba ya un rato largo allí, le llamó desde el antejardín.

—Detective, ahora que me acuerdo... ¿ha visto los manchones de pintura blanca? —le preguntó la joven.

Ésta relató posteriormente cómo los ojos del policía se abrieron como platos. —¿Cuáles manchones, niña? —le preguntó con voz fuerte y contrariada.

—Los de la persiana metálica —contestó ella con timidez.

Fue el momento en que Marín se dio cuenta de su inexplicable error de principiante, nunca preguntó a nadie si la tienda estaba abierta, medio abierta o medio cerrada (porque había asumido inconscientemente que cerrada del todo nunca estuvo) cuando encontraron el cadáver.

—¿Por qué mataron al viejo Dámaso? —le volvió a preguntar algo dentro de su cabeza. Cruzó corriendo los pocos metros hasta la entrada del local y se detuvo. Levantó los brazos para sujetar con las manos un par de argollas que casaban con otras del suelo y por donde, con seguridad, se cerraban un par de candados. Imprimió hacia abajo toda la fuerza de la que disponía, desenrollando con gran estruendo la persiana metálica. Mientras ésta bajaba en toda su sucia pesadez y una pequeña nube de polvo se formaba, Marín volvía a balbucear:

—¿Por qué mataron al viejo Dámaso?

‹‹POR EL IVA››

Las letras, efectivamente, estaban hechas con brocha y pintura blanca. No llegaban a ocupar ni la mitad superior de la persiana, aunque sí todo su ancho. Pero el hecho más importante del momento fue que la pregunta que llevaba todo el día taladrando la mente del detective Eliécer Marín desapareció en el mismísimo instante en que leyó la respuesta escrita, o más bien pintada, sobre la persiana metálica de la tienda, que con esto vivía su última jornada con el estatus de establecimiento más cercano a todas las casas de la glorieta. Ya que, por respeto al muerto, todas las señoras habían ordenado paralizar las compras de sus hogares por un día.

Pocos minutos después, Marín ya ni recordaba qué le había impulsado a estar allí durante tantas horas de su vida. Su informe, entregado varios días después, se limitaría a decir a modo de conclusión que el tendero asesinado en el barrio Muzú fue víctima de un ajuste de cuentas. Y que se carecía de pistas para encontrar al culpable. El asunto de la ausencia de sangre en el cuerpo fue omitido y silenciado.

La crónica definitiva de los hechos sólo pudo cerrarse mucho más tarde. Unas dos semanas después, el detective revisaba su correspondencia atrasada y otros papeles olvidados sobre una mesa de trabajo. Y entre cartas del banco y recibos de agua y luz halló una fotografía a blanco y negro en extremo antigua. La misma parecía mostrar la escena de un avión monomotor despegando contra un cielo gris que amenazaba lluvia, mientras en tierra dos hombres se empleaban en contener a cuatro caballos algo asustados, todavía sujetos a sendos carros, sobre los cuales varias personas agitaban sombreros al viento. Por el reverso de la foto una nota escrita con bolígrafo azul y elegante caligrafía rezaba: "Recuerdo de mis antepasados. Ayudaron a que el correo aéreo llegara al centro del país, pero están todos en el infierno, como yo, por chupasangres." La nota terminaba con una gruesa "D" a modo de firma, estaba escrita burdamente y en color rojo, como si el autor sencillamente hubiese sumergido el dedo en un frasco de tinta roja. Dejando un denso manchón que llegó a traspasar al otro lado del papel, creando una nube sangrante en el lugar exacto donde estaba la cabeza de una mujer de vestido claro muy largo, que como los demás se afanaba en mover su sombrero, aparentemente para despedir al piloto. Por razones desconocidas, la existencia de la foto no fue revelada por Marín, sólo en años posteriores su viuda hizo mención a ella (aunque sin encontrarla), al devolver diversa documentación sobre casos policiales a sus antiguos colegas.

La muerte del viejo Dámaso pasó a ser parte de esa pléyade de leyendas urbanas asociadas a viejos caserones en pequeñas calles poco transitadas y gentes viviendo casi al límite del resto de la sociedad. Terminando por alimentar nuevas, extrañas y marginales tradiciones. El lugar, donde por cuarenta años existió una tienda de barrio, fue cerrado con llave, la misma terminó perdida entre unos sobres cerrados al interior del expediente del caso, que a su vez se archivó para siempre en los sótanos de una antigua estación de policía. Al aproximarse a la casa la gente aceleraba el paso y evitaba detenerse. Nadie se atrevió jamás a intentar entrar, a pesar de que los vecinos cuyas viviendas daban al patio de atrás de la tienda vieron abiertas durante muchos años las cortinas traseras del segundo piso, donde estaba el dormitorio del viejo Dámaso. Aseguraban que a veces se escuchaban ruidos y pequeñas voces venidas de aquella habitación... como de un niño jugando con aviones de juguete. No se ha podido establecer la veracidad de estas informaciones.

Sólo hasta muy recientemente los técnicos de una empresa municipal recibieron orden de abrir la casa por la fuerza. Según consta, la Alcaldía Local recibió por escrito informe sobre el claro riesgo de derrumbe en el citado inmueble por causa del abandono y la humedad. Ayudados por los bomberos, los técnicos volvieron a abrir las viejas puertas. La mayoría de ellos eran unos niños cuando ocurrió el asesinato. Del que, por supuesto, no tenían noticia detallada. Constataron la podredumbre general de las otrora mercancías de un negocio que hace muchos años funcionara en el lugar, haciendo hincapié en el impecable orden por tamaños.

Al subir al segundo piso y entrar en el dormitorio del que, al parecer, fue el último propietario conocido, únicamente certificaron que una humedad irrespirable se había apoderado de las paredes y un armario lleno de ropa bastante antigua (de la que destacaron un vestido de mujer claro muy largo y algunos sombreros de caballero).

En el centro de la cama de madera medio podrida, que todavía conservaba un cubrelecho negro y de flores rojas, técnicos y bomberos vieron una antediluviana fotografía en blanco y negro medio disuelta por la humedad. En ella sólo podía verse un antiquísimo aeroplano tomando altura contra un cielo nublado que amenazaba lluvia.

Al lado derecho de la cama, en el suelo y junto a un muro enmohecido, se halló un antiguo libro totalmente tomado por los hongos, tan sólo se podía leer parte de una línea en la página por donde estaba abierto: «¿Qué es lo que ha ocurrido?»

El informe final recomendaba la demolición completa de la estructura. Aunque la diligencia aún tardó varios meses, hasta quedar completa certeza de que el último dueño no tenía familiar conocido. Nadie se preguntó jamás sobre lo raro que parecía que éste realmente no tuviera pariente alguno vivo, al menos lejano. A pesar de que se supo que la madre podría haber tenido al menos un hermano, desaparecido sin dejar rastro hace más de setenta años, pero del que no se sabe si pudo dejar descendencia.

El día señalado, un representante de la autoridad (al frente de un equipo de obreros y algunas máquinas) leyó frente a la puerta abierta de la tienda y en voz alta la orden de derrumbe. En ella, los vecinos conocedores de la leyenda de la casa escucharon por primera vez el nombre completo del hombre que había sido asesinado allí hacía tantos años: Dámaso Alonso Esteves Marín, tendero de profesión. **FIN.**

Referencias bibliográficas

Homer, S. (2016). *Jacques Lacan. Una Introducción*. Plaza y Valdés.

Roca, L (8 de septiembre del 2019) *Lo simbólico*. Filosofía y Psicoanálisis: un encuentro imposible. http://elpsicoanalisisylafilosofia.blogspot.com/2015/11/lo-simbolico.html

Cinemanía (16 de agosto del 2013). *¿Existe el 'blockbuster' de izquierdas?* Cinemanía. Recuperado el 11 de junio del 2016 de https://www.20minutos.es/cinemania/noticias/existe-el-blockbuster-de-izquierdas-11603/

Sáliche, L. (22 de septiembre del 2019). *80 años sin Freud: psicoanálisis, pulsión de muerte y últimos días antes de la guerra*. Infocable. Recuperado el 22 de septiembre de 2019 de https://www.infobae.com/america/cultura-america/2019/09/22/80-anos-sin-freud-psicoanalisis-pulsion-de-muerte-y-ultimos-dias-antes-de-la-guerra/

Solano, S. (2017). Psicoanálisis y Realidad Virtual: Indagaciones teóricas por el sujeto en un videojuego [Tesis de grado, Pontificia Universidad Javeriana]. repository.javeriana.edu.co

Hernández, R. (2006). Ese sublime objeto: la ideología en Zizek. *Argumentos* (México, D.F.), 19(52), 149-176. Recuperado en 23 de agosto de 2020 de http://www.scielo.org.mx/scielo.php?script=sci_arttext&pid=S0187-57952006000300008&lng=es&tlng=es.

Fernández, M. (19 de septiembre del 2011). *Filosofía aquí y ahora I. José Pablo Feinmann. Encuentro 9: La modernidad desbocada*. De todo un poco. Recuperado el 23 de septiembre de 2016 de http://marcelogfernandez.blogspot.com/2011/09/filosofia-aqui-y-ahora-i-jose-pablo_9491.html

Rubel, M. (2014). *Karl Marx: Ensayo de una biografía intelectual*. RYR.

Marx, C. (1844). *Manuscritos económicos y filosóficos de 1844*. MIA. https://www.marxists.org/espanol/m-e/1840s/manuscritos/

Marx, C. (1846-47). *La miseria de la filosofía*. Marxists.org. https://www.marxists.org/espanol/m-e/1847/miseria/index.htm

Iliénkov, E. (1977). *Lógica dialéctica, ensayos sobre historia y teoría*. Editorial Progreso.

Carrera, O. (2017). *Fundamentación en Francmasonería. Del mito al logos*. En *1717-2017. 300 años de Francmasonería* (pp. 137-164). Masonica.es.

Engels, F. (1878). *Anti-Dühring*. Marxists.org. https://www.marxists.org/espanol/m-e/1870s/anti-duhring/index.htm

Lenin, V. (1908). *Materialismo y empiriocriticismo*. Marxists.org. https://www.marxists.org/espanol/lenin/obras/1908/mye/index.htm

Paramo-Ortega, R. (2013). Marxismo y Psicoanálisis – un intento de una breve mirada ante un viejo problema. *Teoría y crítica de la psicología 3*, 344–372. https://dialnet.unirioja.es/descarga/articulo/5895415.pdf

Marrades, J (1985). Descartes, Newton y Hegel: sobre el método de análisis y síntesis. *Pensamiento 41*, 393-430. Recuperado el 25 de agosto de 2020 de https://roderic.uv.es/handle/10550/33412

Léonard, A. (2014). La estructura del sistema hegeliano. *Universitas Philosophica, 7*(14). Recuperado a partir de https://revistas.javeriana.edu.co/index.php/vniphilosophica/article/view/11689

Losev, A. (1998). *La dialéctica del mito*. Universidad Nacional de Colombia.

Freud, S. (2020). *Más allá del principio del placer*. Ediciones Akal (trabajo originalmente publicado en 1920).

Carrillo, V. (2020). Star Wars: la fuerza nunca ha dejado de ser una cuestión psicopolítica. *Revista Entreletras*. Recuperado en 1 de septiembre de 2020 de https://www.entreletras.eu/cine/star-wars/.

Sharp, D. (1994). *Lexicon jungiano: compendio de términos y conceptos de la psicología de Carl Gustav Jung*. Cuatro Vientos.

Marín, M. (2006). Estudio de los ambientes de enseñanza-aprendizaje generados en redes de ordenadores [Tesis de doctorado, Universidad Complutense de Madrid]. https://eprints.ucm.es/id/eprint/5145/

Keska, M. (2004). La búsqueda de la obra de arte total en el cine contemporáneo: Derek Jarman. *Espacio Tiempo Y Forma. Serie VII, Historia Del Arte*, (17). https://doi.org/10.5944/etfvii.17.2004.2428

Drivet, L. (2016). Nietzsche y Freud ante el problema de la verdad. *Desde el Jardín de Freud*, (16), 255-270. https://doi.org/10.15446/djf.n16.58168

Barbarroja, C. (21 de septiembre del 2016). Jorge Alemán: "Es más fácil pensar el fin del mundo que el fin del capitalismo. *Público*. https://www.publico.es/politica/jorge-aleman-mas-facil-pensar.html

Marx, C. (2010). *Contribución a la Crítica de la Economía Política*. Biblioteca nueva (trabajo originalmente publicado en 1859).

Groys, B. (2 de octubre del 2008). *Las políticas de la instalación*. Fin(es) del Arte. Recuperado el30de septiembre de 2016 de http://artecontempo.blogspot.com/2011/05/boris-groys.html

Hurtado, J. (2003). La teoría del valor Adam Smith: La cuestión de los precios naturales y sus interpretaciones. *Cuadernos de Economía, 22*(38), 15-45. Recuperado el 24 de febrero del 2021 de: http://www.scielo.org.co/scielo.php?script=sci_arttext&pid=S0121-47722003000100002&lng=en&tlng=es.

Durán, M. (2012). El valor de la obra de arte desde una perspectiva marxista. *Ensayos de Economía, 40*, 205-217. Recuperado el 24 de febrero del 2021 de https://www.docsity.com/es/el-valor-de-las-obras-de-arte-desde-una-perspectiva-marxista/3313673/.

Negri, T. (2016). El común como modo de producción. *Revista Trasversales 38*. Recuperado en 1 de septiembre de 2020 de http://www.trasversales.net/t38negri.htm.

Caparrós, J. (2017). *El pasado como presente. 50 películas de género histórico*. Editorial UOC.

Gubern, R. (3 de febrero de 1983). D. W. Griffith: actualidad de un pionero. *El País*. https://elpais.com/diario/1983/02/03/cultura/413074802_850215.html

Chateau, D. (2011). Cine y filosofía. *Arkadin, 3*, 101-103. Recuperado el 24 de febrero del 2021 de http://sedici.unlp.edu.ar/handle/10915/39969.

Narváez, D. (2018). Arte e ideología en el cine de S. M. Eisenstein. *Fotocinema. Revista Científica De Cine Y Fotografía 17*, 151-177. https://doi.org/10.24310/Fotocinema.2018.v0i17.5105

Deleuze, G. (1983). *La imagen-movimiento. Estudios sobre cine 1*. Paidós.

Alvarez, L. (1988). *Páginas de cine, Volumen 1*. Universidad de Antioquia.

Jameson, F. (2020). Marx y el montaje. Sobre Noticias de la antigüedad ideológica de Alexander Kluge. *Revista La Fuga*. Recuperado en 3 de septiembre de 2020 de https://lafuga.cl/marx-y-el-montaje/361.

Piña, B. (7 de abril del 2017). Aki Kaurismäki: "Karl Marx nunca ha tenido tanta razón como hoy". *Público*. https://www.publico.es/culturas/kaurismaeki-marx-razon.html.

Fedoséev, P., Golman, L., Kolpinski, N., Stepánova, B. (1990). *Carlos Marx. Biografía*. Editorial Progreso.

Vattimo, G., & Zabala, S. (2011). *Comunismo hermenéutico: De Heidegger a Marx*. Herder.

Hobsbawm, E. (1980). *Las revoluciones burguesas*. Ediciones Guadarrama.

Žižek, S. (2006). *Porque no saben lo que hacen: El goce como factor político*. Paidós.

Carrillo, V. (2020). *Pensamiento en el siglo XIX y su posible influencia en la Francmasonería*. Masonica.es.

Bonino, L. (marzo de 1998). *Desconstruyendo la "normalidad" masculina*. Programa Hombres por la igualdad - Ayuntamiento de Jerez. https://www.jerez.es/fileadmin/Documentos/hombresxigualdad/fondo_documental/Masculinidad_y_salud/deconstruyendo_la_normalidad_masculina.pdf

Lacan, J. (2012). *El Seminario. Libro 20. Aun*. Paidós (trabajo originalmente publicado en 1972).

Marx, C. (2002). El fetichismo de la mercancía (y su secreto). En C. Marx, *El Capital I*. Siglo XXI.

Žižek, S. (2017). *Porque no saben lo que hacen. El sinthome ideológico*. Akal.

Davis, M. (2014). *Planeta de ciudades miseria.* Akal.

Fazio, A. (2018). La automatización contemporánea y el ideal velado del tiempo libre. *Nómadas 48*, 37-47. Recuperado el 26 de febrero del 2021 de: http://www.scielo.org.co/pdf/noma/n48/0121-7550-noma-48-00033.pdf.

Calva, A. (24 de agosto de 2017). *La gestión de calidad y su influencia en la generación de valor en productos y servicios*. Ultmach. Recuperado el 27 de febrero del 2020 de http://repositorio.utmachala.edu.ec/handle/48000/10774

Marx, C. (1975). *Cartas a Kugelmann*. Editorial de Ciencias Sociales (textos originalmente escritos entre 1862 y 1874).

Zucconi, M. (2014). Vida cotidiana y trabajo social. El método desde Marx para superar la inmediaticidad. *Revista de Trabajo Social – FCH – UNCPBA*, 300-317. https://revistaplazapublica.files.wordpress.com/2015/03/11-17.pdf

Sossa, A. (2010). La alienación en Marx: El cuerpo como dimensión de

utilidad. *Revista de Ciencias Sociales 25*, 37-55.
https://www.redalyc.org/articulo.oa?id=70817741003

Rodríguez, R. (2003). De la sociedad de la información a la sociedad del conocimiento: la sociedad del bit [Tesis de doctorado, Universidad Complutense de Madrid].
https://eprints.ucm.es/id/eprint/5161/1/T26909.pdf

Carrillo, S. (2014). *Vida, trabajo y emociones en la realidad contemporánea*. Heriwald.

Medina, L. (2014). *El fénix rojo: las oportunidades del socialismo*. Catarata.

Rodríguez, J. (18 de noviembre del 2015). César Rendueles pone el capitalismo frente al espejo de la literatura. *El País*.
https://elpais.com/cultura/2015/11/16/actualidad/1447690345_299017.html

Millas, O. (1968). *El humanismo científico de los Comunistas*. Editorial Andrés Bello.

Grüner, E. (1995). Foucault, una Política de la interpretación, Nietzsche, Freud, Marx. *Revista Eco 113*, 9-57.
https://es.scribd.com/doc/6952704/060027-Foucault-Una-politica-de-la-interpretacion-Nietszche-Freud-Marx

García, J. (2005). ¿En qué consiste el "estadio del espejo"? *Anales de Psiquiatría 3*, 102.
https://dialnet.unirioja.es/servlet/articulo?codigo=1278444.

Kojéve, A. (1982). *La dialéctica del amo y del esclavo en Hegel.* La Pléyade (textos originalmente creados en 1933-39).

Lacan, J. (2009). El estadío del espejo como formador de la función del yo [je] tal como se nos revela en la experiencia psicoanalítica. En J. Lacan, *Escritos I*. Siglo XXI (trabajo originalmente publicado en 1949).

Gallón, J. (2016). El goce como ideología dominante en la modernidad tardía. Revista de Estudiantes de Ciencia Política, 9, 37-42.
https://revistas.udea.edu.co/index.php/recp/article/download/3352 45/20790913/

Žižek, S. (2011). *El acoso de las fantasías.* Akal.

Conde, F. (2012). Marxismo y psicoanálisis lacaniano: la incontabilidad de la plusvalía. *Daimon Revista Internacional de filosofía*, (55), 157–169. Recuperado a partir de
https://revistas.um.es/daimon/article/view/134301

Žižek, S. (1992). *El sublime objeto de la ideología.* Siglo XXI.

Lichtman, R. (1976). La teoría de la ideología en Marx. *Cuadernos*

Políticos 10, 7-24.
http://www.cuadernospoliticos.unam.mx/cuadernos/contenido/CP.
10/CP.10.3.RichardLichtman.pdf

Ambriz-Arévalo, G (2015). La ideología en Marx. Más allá de la falsa conciencia. *Pensamiento y Cultura 18* (1), 107-131.
https://www.redalyc.org/articulo.oa?id=70142406005

Interrogatorio Arcadia. [Arcadia] (6 de marzo del 2015). *Interrogatorio Arcadia: Sergio Cabrera* [Video]. Youtube. https://youtu.be/2WG9p-cvsG0

Martínez, L. (25 de mayo del 2016). Sergio Cabrera revela el verdadero final de "La estrategia del caracol". *Semana.*
https://www.semana.com/agenda/multimedia/la-estrategia-del-caracol-escenas-descartadas-memorias-de-rodaje/48970.

Luri, G. (2001). *Prometeos. Biografías de un mito.* Trotta.

Brinkman, W. (2013). Ciudad Gótica, ciudad concepto: una historia de dos ciudades. *Historia y grafía 41*, 149-181.
http://www.scielo.org.mx/scielo.php?script=sci_arttext&pid=S1405-09272013000200006&lng=es&tlng=es.

Segarra, M., Carabí, A (2000). *Nuevas masculinidades.* Icaria.

Kottow, A. (2019). Entre significantes y significados: algunas encrucijadas del pensamiento de Susan Sontag. *Aisthesis 66*, 251-267. https://dx.doi.org/10.7764/aisth.66.14

Foucault, M. (1999). *Nietzsche, Freud, Marx.* El Cielo por Asalto.

Lardín, R. (24 de noviembre de 2017). "En realidad, nunca estuviste aquí": cine depresivo para el espectador moderno. *Eldiario.es.*
https://www.eldiario.es/cultura/cine/realidad-cine-depresivo-espectador-moderno_1_3043183.html

Hassler-Forest, D. (2012). *Capitalist Superheroes – Caped Crusaders in the Neoliberal Age.* John Hunt Publishing.

Vv.Aa. (2013). *Batman desde la periferia.* Alpha Decay.

Sobre el autor: Vladimir Carrillo Rozo es sociólogo, Máster en Psicología Clínica y psicoanalista. Docente y director de contenidos en el programa "Psicología de la Comunicación Política" y "Sociedades de libre pensamiento: su contribución al imaginario de occidente" de la FUNED (Universidad Nacional de Educación a Distancia). Docente y director de contenidos en el programa de "Experto en Psicología Política y Comunicación Digital" de la Asociación Europea de Profesionales y Empresas de la Innovación. Responsable de comunicación en el Máster en Big Data y Data Science de la UNED. Profesor de la Universitat LLiure de L´Empordà y profesor en el Máster en Comunicación Empresarial y del Máster en RR-HH de la Escuela de Estudios Empresariales de la UB. Es autor de "Dela fiesta y la resistencia, no hay cielo en los bares de Madrid (2023), "Tenemos una segunda oportunidad bajo los cielos de la Tierra" (2022), "Influencia del pensamiento decimonónico en la francmasonería" (2019) "Karl Marx en el cine: Extracto de una huella filosófica" (2017), "En el tiempo de la bala y la salamandra" (2015), "Vida, trabajo y emociones en la realidad contemporánea" (2014) y "Colombia: Terrorismo de Estado" (2006).

La primera edición de este libro terminó de escribirse en Madrid durante la noche lluviosa del 25 de noviembre del 2016, al otro lado del Atlántico, en La Habana, fallecía el comandante de la Revolución Cubana Fidel Castro. ★

La segunda edición de este libro se envió a la imprenta en la mañana del 7 de noviembre del 2017, se conmemoraban 100 años de la Revolución Bolchevique según el calendario gregoriano. ★

La tercera edición de este libro se envió a la imprenta en la triste tarde del viernes 13 de agosto del 2021, Madrid era atravesada por una terrible ola de calor. ¡Cuidado! El calcinante verano de Madrid puede arrebatarte aquello que más amas. ★

Kercentral
Magazine

GABINETE EUROPEO
DE INVESTIGACIÓN Y FORMACIÓN

www.ingramcontent.com/pod-product-compliance
Lightning Source LLC
Chambersburg PA
CBHW060231290526
45789CB00001B/7